JEAN GIRODET

SAVOIR ORTHO-GRAPHIER LES MOTS FRANÇAIS

Bordas

© Bordas, Paris, 1988
ISBN 2-04-018178-4

AVERTISSEMENT

Si l'on considère la richesse de l'information, un dictionnaire général de la langue française peut fort bien tenir lieu de dictionnaire d'orthographe. En revanche, du point de vue de la commodité de consultation, une simple liste alphabétique est très nettement supérieure à un dictionnaire général, quand on se sert du livre de manière fréquente pour vérifier l'orthographe des mots usuels.

Pour qu'une telle liste alphabétique soit adaptée à la consultation rapide et ponctuelle, elle doit se limiter aux vocables dont on a vraiment besoin pour résoudre les difficultés orthographiques dans l'expression écrite courante. Nous avons borné notre nomenclature à vingt-cinq mille entrées, ce qui est très largement suffisant. Nous avons rejeté tous les termes trop techniques ou trop spéciaux, dont la fréquence est faible dans l'usage habituel. En même temps, pour accroître la densité de l'information utile, nous avons écarté de notre liste beaucoup de mots courants, quand leur graphie se déduit aisément de celle d'un mot de la même famille qui figure dans la nomenclature.

Un dictionnaire d'orthographe serait d'une faible utilité s'il se contentait d'aligner des mots, sans résoudre certaines difficultés, notamment celles que soulève leur flexion. C'est pourquoi nous ne passons pas sous silence la question du pluriel, quand celui-ci peut embarrasser le lecteur ; ou bien nous signalons que le mot est invariable ou bien nous mentionnons la forme du pluriel.

Nous avons aussi, quand cela s'imposait, indiqué les homophones qui peuvent donner lieu à des fautes (par exemple, *cep*, *cèpe*, *sep*).
Nous avons de même mentionné les doubles graphies (par exemple, *balluchon*, *baluchon* ; *ilote*, *hilote*), en précisant, le cas échéant, quelle est la graphie la meilleure ou la plus fréquente.

Certains mots, tels que *air*, *gens*, *même*, *nous*, *orgue*, *quelque*, soulèvent des questions trop complexes pour être traitées en deux ou trois lignes dans la liste alphabétique. Nous avons renvoyé à la page où chaque problème difficile est traité en détail à la fin de l'ouvrage, dans un petit dictionnaire des difficultés du français, restreint à cent cinquante articles et consacré à des mots particulièrement délicats.

Enfin, un chapitre très détaillé sur l'accord du participe passé termine ce dictionnaire d'orthographe.

Nous espérons que notre ouvrage rendra service à tous ceux qui ont à résoudre des questions d'orthographe d'usage, et plus spécialement aux élèves de l'école élémentaire, des collèges et des lycées.

J. G.

Liste

ORTHOGRAPHIQUE

à prép.
abaisser v.
abandon n. m.
abandonner v.
abasourdir v.
abasourdissement n. m.
abâtardir v.
abâtardissement n. m.
abat-jour n. m. inv.
abats n. m. pl.
abattage n. m.
abattement n. m.
abattis n. m.
abattoir n. m.
abattre v.
abbatial, iale, iaux adj.
abbatiale n. f.
abbaye n. f.
abbé n. m.
abbesse n. f.
abc n. m. inv. *Des abc.*
abcès n. m.
abdication n. f.
abdiquer v.
abdomen n. m.
abdominal, ale, aux adj.
abécédaire n. m.
abeille n. f.
aberrant, ante adj.
aberration n. f.
abêtir v.
abêtissement n. m.
abhorrer v.
abîme n. m.
abîmer v.
abject, ecte adj.
abjection n. f.
abjuration n. f.
abjurer v.
ablatif n. m.
ablette n. f.
ablution n. f.
abnégation n. f.
aboi n. m.
aboiement n. m.
abolir v.

abolition n. f.
abolitionnisme n. m.
abomination n. f.
abominer v.
abondamment adv.
abondance n. f.
abondant, ante adj.
abonder v.
abonnement n. m.
abonner v.
abord n. m.
aborigène adj. et n.
aboucher v.
aboutir v.
aboyer v.
abracadabrant, ante adj.
abrasif, ive adj.
abrégé n. m.
abrègement n. m.
abréger v.
abreuver v.
abreuvoir n. m.
abréviation n. f.
abri n. m.
abricot n. m.
abricotier n. m.
abriter v.
abrogation n. f.
abroger v.
abrupt, te adj.
abrutir v.
abscisse n. f.
absence n. f.
absent, ente adj. et n.
absentéisme n. m.
absenter (s') v.
abside n. f.
absidiole n. f.
absinthe n.f. et adj. inv. *Des absinthes,* mais *des écharpes absinthe.*
absolu, ue adj.
absolument adv.
absolution n. f.
absolutisme n. m.
absorber v.

absorption n. f.
absoudre v.
absoute n. f.
abstenir (s') v.
abstention n. f.
abstentionnisme n. f.
abstinence n. f.
abstraction n. f.
abstraire v.
abstrait, aite adj.
abstrus, use adj.
absurde adj. et n. m.
absurdité n. f.
abus n. m.
abuser v.
abusif, ive adj.
abyssal, ale, aux adj.
abysse n. m.
acabit n. m.
acacia n. m.
académicien, ienne n.
académie n. f.
acadien, ienne adj. et n.
acajou n. m. et adj. inv. *Des acajous,* mais *des chaussures acajou.*
acanthe n. f.
acariâtre adj.
accabler v.
accalmie n. f.
accaparement n. m.
accaparer v.
accapareur, euse n.
accéder v.
accélérateur, trice adj. et n. m.
accélération n. f.
accélérer v.
accent n. m.
accentuation n. f.
accentuer v.
acceptation n. f.
accepter v.
acception n. f.
accès n. m.
accession n. f.

accessit n. m. *Des accessits.*
accessoire adj. et n. m.
accessoiriste n. m.
accident n. m.
accidenté, ée adj.
accidentel, elle adj.
accidentellement adv.
acclamation n. f.
acclamer v.
acclimatation n. f.
acclimater v.
accointance n. f.
accolade n. f.
accoler v.
accommodant, ante adj.
accommodation n. f.
accommodement n. m.
accommoder v.
accompagnateur, trice n.
accompagnement n. m.
accompagner v.
accomplir v.
accomplissement n. m.
accord n. m.
accordailles n. f. pl.
accordéon n. m.
accordéoniste n.
accorder v.
accordeur n. m.
accort, orte adj.
accoster v.
accotement n. m.
accoter v.
accoucher v.
accoucheur, euse n.
accouder (s') v.
accoudoir n. m.
accoupler v.
accoutrer v.
accoutumance n. f.
accoutumée (à l') loc. adv.
accoutumer v.
accréditer v.
accroc n. m.
accrochage n. m.
accroche-cœur n. m. *Des accroche-cœur* ou *des accroche-cœurs.*
accrocher v.
accrocheur, euse adj. et n.
accroire v.
accroissement n. m.
accroître v.
accroupir (s') v.
accu n. m. *Des accus.*
accueil n. m.
accueillir v.
acculer v.

accumulateur n. m.
accumulation n. f.
accumuler v.
accusateur, trice adj.
accusatif n. m.
accusation n. f.
accuser v.
acerbe adj.
acéré, ée adj.
acétique adj. *Acide acétique.* — Homophone : *ascétique.*
acétone n. f.
acétylène n. m.
achalandé, ée adj.
acharner (s') v.
achat n. m.
ache n. f.
achéen, éenne adj. et n.
acheminer v.
acheter v.
acheteur, euse n.
achevé n. m. *Un achevé d'imprimer.*
achèvement n. m.
achever v.
achoppement n. m.
achopper v.
acide adj. et n. m.
acidité n. f.
acidulé, ée adj.
acier n. m.
aciérie n. f.
acolyte n. m.
acompte n. m.
aconit n. m.
acoquiner (s') v.
à-côté n. m. *Un à-côté, des à-côtés,* mais *il habite à côté.*
à-coup n. m. *Un à-coup, des à-coups,* mais *se battre à coups de poing.*
acoustique adj. et n. f.
acquéreur n. m.
acquérir v.
acquiescement n. m.
acquiescer v.
acquis, ise adj. et n. m. *Un solide acquis.* — Homophone : *acquit.*
acquisition n. f.
acquit n. m. *Par acquit de conscience. Bon pour acquit.* — Homophone : *acquis.*
acquittement n. m.
acquitter v.
âcre adj.
âcreté n. f.
acrimonie n. f.

acrimonieux, euse adj.
acrobate n. m.
acrobatie n. f.
acropole n. f. *Une acropole,* mais *l'Acropole,* celle d'Athènes.
acte n. m.
acteur, trice n.
actif, ive adj. et n.
action n. f.
actionnaire n.
actionner v.
activer v.
activité n. f.
actualiser v.
actualité n. f.
actuel, elle adj.
actuellement adv.
acuité n. f.
acuponcteur, trice n. Éviter la graphie *acupuncteur.*
acuponcture n. f. Éviter la graphie *acupuncture*
adage n. m.
adaptation n. f.
adapter v.
addenda n. m. pl. *Des addenda.*
additif, ive adj. ou n. m.
addition n. f.
additionnel, elle adj.
additionner v.
additionneur n. m.
adduction n. f.
adepte n.
adéquat, ate adj.
adhérence n. f.
adhérent, ente adj. et n.
adhérer v.
adhésif, ive adj. et n. m.
adhésion n. f.
ad hoc loc. adv.
adieu interj. et n. m. *Une cérémonie d'adieux.*
à Dieu vat ! loc. interj. On dit aussi, quelquefois, *à Dieu va !*
adipeux, euse adj.
adjacent, ente adj.
adjectif n. m.
adjoindre v.
adjoint, ointe adj. et n.
adjonction n. f.
adjudant n. m.
adjudant-chef n. m. *Des adjudants-chefs.*
adjudication n. f.
adjuger v.
adjurer v.

ad libitum loc. adv.
admettre v.
administrateur, trice n.
administration n. f.
administrer v.
admirateur, trice n.
admiration n. f.
admirer v.
admission n. f.
admonestation n. f.
admonester v.
adolescence n. f.
adolescent, ente n.
adonis n. m. *Un adonis*, beau jeune homme, mais *Adonis*, divinité.
adonner v.
adopter v.
adoption n. f.
adorateur, trice n.
adoration n. f.
adorer v.
adosser v.
adouber v.
adoucir v.
adoucissement n. m.
adresse n. f.
adresser v.
adret n. m.
adroit, te adj.
adulateur, trice n.
adulation n. f.
aduler v.
adulte adj. et n.
adultération n. f.
adultère adj. et n.
adultérer v.
adultérin, ine adj. et n.
advenir v.
adverbe n. m.
adverbial, iale, iaux adj.
adversaire n.
adverse adj.
adversité n. f.
aède n. m.
aération n. f.
aérer v.
aérien, ienne adj. et n. m.
Aérobic n. m. Nom déposé : *A* majuscule.
aéro-club n. m. *Des aéro-clubs.*
aérodrome n. m.
aérodynamique n. f. et adj.
aérogare n. f.
aéroglisseur n. m.
aérolithe n. m. On écrit aussi *aérolite.*

aéronautique adj. et n. f.
aéronaval, ale, als adj. et n.f.
aéronef n. m.
aéroplane n. m.
aéroport n. m.
aéroporté, ée adj.
aérosol n. m.
aérospatial, iale, aux adj.
aérostat n. m.
aérostation n. f.
aérostier n. m.
affabilité n. f.
affable adj.
affabulation n. f.
affabuler v.
affadir v.
affaiblir v.
affaire n. f. *J'ai affaire à forte partie*, mais *j'ai à faire une course urgente.*
affairer (s') v.
affairisme n. m.
affairiste n.
affaisser v.
affaler v.
affamer v.
affameur, euse n.
affectation n. f.
affecté, ée adj.
affecter v.
affectif, ive adj.
affection n. f.
affectionner v.
affectueux, euse adj.
afférent, ente adj.
affermer v.
affermir v.
affiche n. f.
afficher v.
afficheur n. m.
affichiste n.
affidé, ée adj. et n. m.
affilée (d') loc. adv.
affiler v.
affiliation n. f.
affilier v.
affinage n. m.
affinement n. m.
affiner v.
affinité n. f.
affirmation n. f.
affirmer v.
affleurer v.
affliction n. f.
affligeant, ante adj.
affliger v.
affluence n. f.
affluent n. m.

affluer v.
afflux n. m.
affolement n. m.
affoler v.
affranchir v.
affres n. f. pl.
affrètement n. m.
affréter v.
affreux, euse adj.
affriolant, ante adj.
affront n. m.
affronter v.
affubler v.
affût n. m.
affûtage n. m.
affûter v.
affûteur n. m.
afghan, ane adj. et n.
afin loc. prép., loc. conj.
a fortiori loc. adv.
africain, aine adj. et n.
africaniser v.
aga ou **agha** n. m. Les deux graphies sont admises.
agaçant, ante adj.
agacement n. m.
agacer v.
agaceries n. f. pl.
agape n. f.
agate n. f.
agave n. m.
age n. m. *Un age* (de charrue), mais *à l'âge de dix ans.*
âge n. m.
âgé, ée adj.
agence n. f.
agencement n. m.
agencer v.
agenda n. m. *Des agendas.*
agenouillement n. m.
agenouiller (s') v.
agent n. m.
aggiornamento n. m. Inusité au pluriel.
agglomération n. f.
agglomérer v.
agglutination n. f.
agglutiner v.
aggravant, ante adj.
aggravation n. f.
aggraver v.
agha n. m. ▷ **aga.**
agile adj.
agilité n. f.
agio n. m. *Des agios.*
a giorno loc. adv.
agiotage n. m.

agioter v.

agioteur, euse n. m.

agir v.

agissements n. m. pl.

agitation n. f.

agiter v.

agneau n. m.

agnelet n. m.

agnelle n. f.

Agnus Dei n. m. inv. Prière de la messe. — A distinguer de *agnus-Dei,* « médaille de cire », invariable aussi.

agonie n. f.

agonir v.

agoniser v.

agora n. f. *Une agora,* mais *l'Agora,* celle d'Athènes.

agrafage n. m.

agrafe n. f.

agrafer v.

agrafeuse n. f.

agraire adj.

agrandir v.

agrandissement n. m.

agréable adj.

agréer v.

agrégation n. f.

agréger v.

agrément n. m.

agrès n. m. pl.

agresseur n. m.

agressif, ive adj.

agression n. f.

agreste adj.

agricole adj.

agriculteur, trice n.

agriculture n. f.

agripper v.

agronome n. m.

agronomie n. f.

agrumes n. m. pl.

aguerrir v.

aguets (aux) loc. adv.

aguicher v.

ah ! interj. et n. m. inv.

ahaner v.

ahurir v.

ahurissement n. m.

1. aide n. f.

2. aide n. m. et f. *Des aides-comptables. Des aides cuisiniers.*

aide-mémoire n. m. inv.

aider v.

aïe ! interj.

aïeul, eule n. *Des aïeuls :* des grands-pères. *Des aïeux :*

des ancêtres.

aigle n. ▷ **p. 177.**

aiglefin ou **églefin** n. m. Préférer la graphie *églefin.*

aiglon, onne n.

aigre adj.

aigre-doux, -douce adj. *Des cerises aigres-douces.*

aigrefin n. m. Escroc ; poisson. Au sens de « poisson », on dit plutôt *aiglefin* ou, mieux, *églefin.*

aigrelet, ette adj.

aigrette n. f.

aigreur n. f.

aigrir v.

aigu, uë adj. et n. m. Par une décision récente, l'Académie autorise la graphie *aigüe* au lieu de *aiguë.*

aiguière n. f.

aiguille n. f.

aiguillée n. f.

aiguiller v.

aiguillon n. m.

aiguillonner v.

aiguiser v.

ail, ails ou aulx n. m. *Des aulx* (vieilli) ou *des ails* (moderne).

aile n. f.

aileron n. m.

ailette n. f.

ailier n. m.

ailleurs adv.

ailloli n. m. On préférera la graphie *aïoli.*

aimable adj.

1. aimant n. m.

2. aimant, ante adj.

aimantation n. f.

aimanter v.

aimer v.

aine n. f.

aîné, ée adj. et n.

aînesse n. f.

ainsi adv.

aïoli n. m. On évitera la graphie *ailloli.* — *Des aïolis.*

air n. m. *Elles ont l'air malicieuses* ▷ **p. 177.**

airain n. m.

aire n. f. Surface ; nid de l'aigle. — Homophones : *air, ère, erre.*

airelle n. f.

ais n. m.

aisance n. f. *Cabinets, fosse, lieux d'aisances.*

1. aise n. f.

2. aise adj.

aisé, ée adj.

aisément adv.

aisselle n. f.

ajonc n. m.

ajour n. m. *Les ajours d'une broderie,* mais *des draps à jours* et *mon travail est à jour.*

ajourer v.

ajourner v.

ajout n. m.

ajouter v.

ajuster v.

alacrité n. f.

alaise ou **alèse** n. f. Les deux graphies sont correctes et usuelles. La graphie *alèze* est plus rare.

alambic n. m.

alambiqué, ée adj.

alanguir v.

alarme n. f.

alarmer v.

albanais, aise adj. et n.

albâtre n. m.

albatros n. m.

albigeois, oise adj. et n.

albinos adj. et n.

album n. m. *Des albums.*

albumine n. f.

alcali n. m. *Des alcalis.*

alcarazas n. m. *Des alcarazas.*

alcazar n. m. *Des alcazars.*

alchimie n. f.

alcool n. m.

alcoolique adj. et n.

alcooliser v.

alcoolisme n. m.

alcôve n. f.

alcyon n. m.

aléa n. m. *Des aléas.*

aléatoire adj.

alémanique adj. et n. m.

alêne n. f. Outil. — Homophone : *l'haleine.*

alentour adv. *Les prairies s'étendent alentour. Les maisons d'alentour. Les alentours du village.* Les formes *à l'entour* et *à l'entour de* sont très vieillies.

1. alerte adj.

2. alerte n. f.

alèse n. f. ▷ **alaise.**

aléser v.

alevin n. m.

alexandrin, ine adj. et n. m.

alezan, ane adj. et n. *Une jument alezane* mais *la couleur alezan.*
alfa n. m. Plante ; papier. — Homophone : *alpha.*
algarade n. f.
algèbre n. f.
algébrique adj.
algérien, ienne adj. et n.
algérois, oise adj. et n.
algue n. f.
alias adv.
alibi n. m. *Des alibis.*
aliénation n. f.
aliéner v.
aliéniste n. m.
aligner v.
aliment n. m.
alimentaire adj.
alimenter v.
alinéa n. m. *Des alinéas.*
aliter v.
alizé adj. et n. m.
allaiter v.
allant, ante n. et adj.
allécher v.
allée n. f.
allégation n. f.
allégeance n. f.
allégement n. m.
alléger v.
allégorie n. f.
allègre adj.
allègrement adv.
allégresse n. f.
allegro adv. et n. m.
alléguer v.
alléluia n. m. *Des alléluias.*
allemand, ande adj. et n.
1. aller v.
2. aller n. m. *Des aller et retour. Des billets aller et retour. Des aller-retour.*
allergie n. f.
alleu n. m. *Des alleux.*
alliage n. m.
alliance n. f.
allier v.
alligator n. m.
allitération n. f.
allô ! interj.
allocation n. f.
allocution n. f.
allonge n. f.
allonger v.
allouer v.
allume-feu n. m. inv.
allumer v.

allumette n. f. *Des allumettes-bougies.*
allure n. f.
allusif, ive adj.
allusion n. f.
alluvion n. f.
almanach n. m.
aloès n. m.
aloi n. m.
alors adv.
alouette n. f.
alourdir v.
aloyau n. m. *Des aloyaux.*
alpaga n. m.
alpage n. m.
alpestre adj.
alpha n. m. Lettre grecque. — Homophone : *alfa.*
alphabet n. m.
alphabétique adj.
alphabétiser v.
alpin, ine adj.
alpinisme n. m.
alsacien, ienne adj. et n.
altération n. f.
altercation n. f.
altérer v.
alternance n. f.
alternateur n. m.
alternatif, ive adj.
alterner v.
altesse n. f.
altier, ière adj.
altimètre n. m.
altitude n. f.
alto n. m. *Cette cantatrice est un alto. Des altos.*
altocumulus n. m. inv.
altostratus n. m. inv.
altruisme n. m.
aluminium n. m.
alun n. m.
alunir v.
alvéole n. m.
amabilité n. f.
amadou n. m. *Des amadous.*
amadouer v.
amaigrir v.
amalgame n. m.
amalgamer v.
amande n. f. Fruit. — Homophone : *amende.*
amandier n. m.
amanite n. f.
amant, ante n.
amarante n. f. et adj. inv. *Des amarantes. Des écharpes amarante.*

amarre n. f.
amarrer v.
amas n. m.
amasser v.
amateur n. m.
amazone n. f.
amazonien, ienne adj. et n.
ambages n. f. pl.
ambassade n. f.
ambassadeur n. m.
ambiance n. f.
ambiant, ante adj.
ambigu, uë adj. Par une décision récente, l'Académie autorise les graphie *ambigüe* et *ambigüité* au lieu de *ambiguë* et *ambiguïté.*
ambiguïté n. f.
ambitieux, ieuse adj.
ambition n. f.
ambitionner v.
amble n. m.
ambon n. m.
ambre n. m.
ambré, ée adj.
ambroise n. f.
ambulance n. f.
ambulancier, ière adj. et n.
ambulant, ante adj.
âme n. f.
améliorer v.
amen interj. et n. m. inv.
aménager v.
amende n. f. Pénalité. — Homophone : *amande.*
amendement n. m.
amender v.
amène adj.
amener v.
aménité n. f.
amenuiser v.
amer, ère adj.
amèrement adv.
américain, aine adj. et n.
amérindien, ienne adj. et n.
amerrir v.
amerrissage n. m.
amertume n. f.
améthyste n. f. et adj. inv. *Des améthystes. Des écharpes améthyste.*
ameublir v.
ameuter v.
ami, ie n. et adj.
amiable adj.
amiante n. m.
amibe n. f.

amical, ale, aux adj.
amicale n. f.
amicalement adv.
amidon n. m.
amidonner v.
amincir v.
amiral n. m. *Des amiraux.*
amirale n. f.
amirauté n. f.
amitié n. f.
1. ammoniac n. m.
L'ammoniac (masculin) est
un gaz. *L'ammoniaque*
(féminin) est une solution de
ce gaz.
2. ammoniac, aque adj.
ammoniacal, ale, aux adj.
ammoniaque n. f. ▷
ammoniac 1
amnésie n. f.
amnistie n. f.
amnistier v.
amoindrir v.
amollir v.
amollissement n. m.
amonceler v.
amoncellement n. m.
amont n. m.
amoral, ale, aux adj.
amorçage n. m.
amorce n. f.
amorcer v.
amorphe adj.
amortir v.
amortisseur n. m.
amour n. m. ▷ **p. 177.**
amouracher (s') v.
amourette n. f.
amoureux, euse adj. et n.
amour-propre n. m. *Des
amours-propres.*
amovible adj.
ampère n. m.
amphibie adj.
amphibologie n. f.
amphictyonie n. f.
amphigouri n. m.
amphithéâtre n. m.
amphitryon n. m.
amphore n. f.
ample adj.
ampleur n. f.
amplificateur, trice adj.
et n. m.
amplification n. f.
amplifier v.
amplitude n. f.
ampoule n. f.

ampoulé, ée adj.
amputer v.
amulette n. f.
amure n. f. *Point d'amure
d'une voile. Naviguer bâbord
amures.*
amuse-gueule n. m. inv. *Des
amuse-gueule,* mieux que
amuse-gueules.
amuser v.
amusette n. f.
amuseur, euse n.
amygdale n. f.
an n. m.
anachorète n. m.
anachronique adj.
anachronisme n. m.
anacoluthe n. f.
anaérobie adj.
anagramme n. f.
analgésique adj. et n. m.
analogie n. f.
analogue adj.
analphabète adj. et n.
analphabétisme n. m.
analyse n. f.
analyser v.
analytique adj.
ananas n. m.
anarchie n. f.
anarchisme n. m.
anathème n. m.
anatomie n. f.
ancestral, ale, aux adj.
ancêtre n. m.
anche n. f. Partie d'un
instrument de musique. —
Paronyme : *la hanche.*
anchois n. m.
ancien, ienne adj.
anciennement adv.
ancienneté n. f.
ancrage n. m.
ancre n. f. *La maîtresse ancre
d'un navire.* — Homophone :
encre.
ancrer v.
andain n. m.
andalou, ouse adj. et n. *Des
Andalous.*
andin, ine adj.
andouille n. f.
andouillette n. f.
andrinople n. f.
androgyne adj. et n. m.
âne n. m.
anéantir v.
anecdote n. f.

anémie n. f.
anémier v.
anémone n. f.
ânerie n. f.
ânesse n. f.
anesthésie n. f.
anesthésier v.
anesthésique adj. et n. m.
anesthésiste n.
anfractuosité n. f.
ange n. m.
1. angélique adj.
2. angélique n. f.
angelot n. m.
angélus n. m. inv. *L'Angélus :*
prière. *L'angélus :* sonnerie.
angevin, ine adj. et n.
angine n. f.
anglais, aise adj. et n.
angle n. m.
anglican, ane adj. et n.
anglicanisme n. m.
angliciser v.
anglicisme n. m.
anglomanie n. f.
anglophile adj. et n.
anglophilie n. f.
anglophobe adj. et n.
anglophobie n. f.
anglophone adj. et n.
anglo-saxon, onne adj. et n.
*Les nations anglo-saxonnes.
Les Anglo-Saxons.*
angoisse n. f.
angoisser v.
angora adj. et n. *Une chèvre
angora, des chèvres angoras.
Une angora, des angoras.*
anguille n. f.
anguleux, euse adj.
anicroche n. f.
ânier, ière n.
animadversion n. f.
1. animal n. m. *Des animaux.*
2. animal, ale, aux adj.
animalcule n. m.
animalier n. m.
animalité n. f.
animer v.
animisme n. m.
animosité n. f.
anis n. m.
anisette n. f.
ankylose n. f.
ankyloser v.
annales n. f. pl.
anneau n. m.
année n. f.

annelé, ée adj.

annexe adj. et n. f.

annexer v.

annexion n. f.

annihiler v.

anniversaire adj. et n. m.

annonce n. f.

annoncer v.

annonciateur, trice adj.

annonciation n. f.

annoter v.

annuaire n. m.

annuel, elle adj.

annuellement adv.

annuité n. f.

annulaire adj. et n. m.

annulation n. f.

annuler v.

anoblir v. Rendre noble un roturier. — Paronyme : *ennoblir.*

anode n. f.

anodin, ine adj.

anomalie n. f.

ânon n. m.

ânonner v.

anonymat n. m.

anonyme adj. et n.

anorak n. m.

anormal, ale, aux adj. et n.

anse n. f.

antagonisme n. m.

antagoniste adj. et n.

antan (d') loc. adv.

antarctique adj. et n. *Le continent Antarctique* ou *l'Antarctique.*

antécédent, ente adj. et n.

antéchrist n. m.

antédiluvien, ienne adj.

antenne n. f.

antépénultième adj.

antérieur, eure adj.

antérieurement adv.

antériorité n. f.

anthologie n. f.

anthracite n. m. et adj. inv. *Des anthracites,* mais *des costumes anthracite.*

anthrax n. m.

anthropocentrique adj.

anthropologie n. f.

anthropologue n.

anthropométrie n. f.

anthropomorphe adj.

anthropomorphique adj.

anthroponymie n. f.

anthropophage adj. et n.

anthropophagie n. f.

anti- préf.

antiaérien, ienne adj.

antialcoolique adj.

antibactérien, ienne adj. et n.

antibiotique n. m. et adj.

antibrouillard adj. inv. et n. m. *Des phares antibrouillard* mais *des antibrouillards.*

anticancéreux, euse adj. et n.

antichambre n. f.

antichar adj. *Des mines antichars* ou *des mines antichar.*

anticipation n. f.

anticiper v.

anticlérical, ale, aux adj. et n.

anticolonialisme n. m.

anticonceptionnel, elle adj. et n.

anticonformiste adj. et n.

anticonstitutionnel, elle adj.

anticorps n. m. inv.

anticyclone n. m.

antidater v.

antidote n. m.

antienne n. f.

antigang adj. et n. m. *Les brigades antigang* ou *les brigades antigangs. Les antigangs.*

antigel n. m. et adj. inv. *Des produits antigel,* mais *des antigels.*

anti-inflammatoire adj. et n. m.

antillais, aise adj. et n.

antilope n. f.

antimilitarisme n. m.

antimite adj. et n. m. *Un produit antimite* (parfois *un produit antimites), des produits antimites. Des antimites.*

antimoine n. m.

antinomie n. f.

antipape n. m. *Des antipapes.*

antiparasite adj. et n. m. *Des dispositifs antiparasites. Des antiparasites.*

antipathie n. f.

antiphonaire n. m.

antiphrase n. f.

antipode n. m.

antiquaire n.

antique adj. et n.

antiquité n. f.

antirabique adj.

antirouille adj. inv. et n. m. *Des produits antirouille,* mais *des antirouilles.*

antisémite n. et adj.

antiseptie n. f.

antiseptique adj. et n. m.

anti-sous-marin, ine adj. *Des armes anti-sous-marines.*

antistrophe n. f.

antitabac adj. inv.

antitétanique adj.

antithèse n. f.

antithétique adj.

antituberculeux, euse adj.

antivol n. m. et adj. inv. *Des dispositifs antivol,* mais *des antivols.*

antonyme n. m.

antre n. m.

anus n. m. inv.

anxiété n. f.

anxieux, ieuse adj.

aoriste n. m.

aorte n. f.

août n. m.

aoûtat n. m.

aoûtien, ienne n.

apaiser v.

apanage n. m.

à part loc. prép. ou loc. adv.

aparté n. m. *Des apartés.*

apartheid n. m.

apathie n. f.

apatride n. et adj.

apercevoir v.

aperçu n. m.

apéritif, ive adj. et n. m.

apesanteur n. f.

à-peu-près n. m. inv. *Un à-peu-près. Il a horreur de l'à-peu-près,* mais *il est à peu près cinq heures.*

apeurer v.

aphone adj.

aphorisme n. m.

aphrodisiaque adj. et n. m.

aphte n. m.

aphteux, euse adj.

api (d') loc. adj.

à pic loc. adv. *La falaise tombe à pic dans la mer. Un à-pic vertigineux. Des à-pics.*

à-pic n. m.

apiculteur n. m.

apiculture n. f.

apitoiement n. m.

apitoyer v.

aplanir v.

aplat n. m. *Peindre par larges aplats,* mais *poser la valise à plat.*
aplatir v.
aplomb n. m., loc. adv. *Le meuble est d'aplomb. Ce garçon a de l'aplomb. Un fil à plomb.*
apnée n. f.
apocalypse n. f.
apocalyptique adj.
apocope n. f.
apocryphe adj. et n.
apogée n. m.
apolitique adj.
apollon n. m. *Un apollon,* un homme très beau, mais *Apollon,* dieu grec.
apologétique adj. et n.
apologie n. f.
apologue n. m.
apophtegme n. m.
apoplectique adj. et n.
apoplexie n. f.
apostasie n. f.
apostasier v.
apostat n. m.
aposter v.
a posteriori loc. adv. et adj. inv.
apostolat n. m.
apostolique adj.
apostrophe n. f.
apostropher v.
apothéose n. f.
apothicaire n. m.
apôtre n. m.
apparaître v.
apparat n. m.
appareil n. m.
appareillage n. m.
appareiller v.
apparemment adv.
apparence n. f.
apparent, ente adj.
apparenter v.
appariement n. m.
apparier v.
appariteur n. m.
apparition n. f.
appartement n. m.
appartenance n. f.
appartenir v.
appât n. m. ▷ **p. 177.**
appâter v.
appauvrir v.
appeau n. m. *Des appeaux.*
appel n. m.

appeler v.
appellation n. f.
appendice n. m.
appendicite n. f.
appendre v.
appentis n. m.
appesantir v.
appétissant, ante adj.
appétit n. m.
applaudir v.
application n. f.
applique n. f.
appliquer v.
appoint n. m.
appointements n. m. pl.
appointer v.
appontement n. m.
apponter v.
apport n. m.
apporter v.
apposer v.
apposition n. f.
appréciation n. f.
apprécier v.
appréhender v.
appréhension n. f.
apprendre v.
apprenti, ie n.
apprentissage n. m.
apprêt n. m.
apprêter v.
apprivoisement n. m.
apprivoiser v.
approbateur, trice adj. et n.
approbation n. f.
approche n. f.
approcher v.
approfondir v.
appropriation n. f.
approprier v.
approuver v. *Lu et approuvé* (invariable).
approvisionner v.
approximation n. f.
appui n. m.
appuie-nuque n. m. inv. Éviter la graphie *appui-nuque.*
appuie-tête n. m. inv. Éviter la graphie *appui-tête.*
appuyé, ée adj.
appuyer v.
âpre adj.
après prép.
après-demain adv.
après-guerre n. m. *Des après-guerres.* Rarement féminin.

après-midi n. m. inv. *Des après-midi.* Rarement féminin.
après-rasage loc. adv. inv. et n. m. inv.
après-ski n. m. inv.
après-vente adj. inv.
âpreté n. f.
a priori loc. adv., loc. adj. inv., n. m. inv.
à-propos n. m. *Avoir de l'à-propos,* mais *à propos de cette affaire.*
apte adj.
aptéryx n. m. inv.
aptitude n. f.
apurement n. m.
apurer v.
aquafortiste n. Éviter la graphie *aqua-fortiste.*
aquarelle n. f.
aquarelliste n.
aquarium n. m. *Des aquariums.*
aquatique adj.
aqueduc n. m.
aqueux, euse adj.
à quia loc. adv.
aquifère adj.
aquilin adj. m.
aquilon n. m.
aquitain, aine adj. *Le Bassin aquitain.*
ara n. m.
arabe adj. et n.
arabesque n. f.
arable adj.
arachide n. f.
arachnéen, éenne adj.
araignée n. f. *Des toiles d'araignée.*
araire n. m.
araser v.
aratoire adj.
arbalète n. f.
arbalétrier n. m.
arbitraire adj. et n. m.
arbitre n. m.
arbitrer v.
arborer v.
arborescence n. f.
arborescent, ente adj.
arboricole adj.
arboriculture n. f.
arbouse n. f.
arbre n. m.
arbrisseau n. m. *Des arbrisseaux.*
arbuste n. m.

arc n. m.
arcade n. f.
arcane n. m.
arcature n. f.
arc-boutant n. m. *Des arcs-boutants.*
arc-bouter v.
arc-doubleau n. m. *Des arcs-doubleaux.*
arceau n. m. *Des arceaux.*
arc-en-ciel n. m. *Des arcs-en-ciel.*
archaïque adj.
archaïsant, ante adj.
archaïsme n. m.
archal n. m. sing.
archange n. m.
arche n. f.
archéologie n. f.
archéologue n.
archer n. m.
archère n. f.
archet n. m.
archétype n. m.
archevêché n. m.
archevêque n. m.
archiduc n. m.
archiduchesse n. f.
archiépiscopal, ale, aux adj.
archipel n. m.
archiprêtre n. m.
architecte n.
architectural, ale, aux adj.
architecture n. f.
architrave n. f.
archiver v.
archives n. f. pl.
archontat n. m.
archonte n. m.
arçon n. m.
arctique adj. et n. *L'océan Arctique* ou *l'Arctique.*
ardemment adv.
ardennais, aise adj. et n.
ardent, ente adj.
ardeur n. f.
ardoise n. f.
ardoisière n. f.
ardu, ue adj.
are n. m.
arène n. f.
aréole n. f.
aréopage n. m. *Un aréopage,* mais *l'Aréopage,* le tribunal d'Athènes.
arête n. f.
argent n. m.
argenter v.

argenterie n. f.
argentier n. m.
argentin, ine adj. et n. *La république Argentine.*
argien, ienne adj. et n.
argile n. f.
argonaute n. m.
argot n. m.
argousin n. m.
arguer v. Par une décision de 1975, l'Académie a autorisé le tréma sur le *u* à toutes les formes : *argüer, nous argüons,* etc.
argument n. m.
argumenter v.
argutie n. f.
1. aria n. f. Mélodie.
2. aria n. m. Souci.
arianisme n. m.
aride adj.
aridité n. f.
arien, ienne adj. et n. *Les ariens* : hérétiques. — Homophone : *les Aryens.*
ariette n. f.
aristocrate n.
aristocratie n. f.
aristocratique adj.
aristotélicien, ienne adj. et n.
aristotélisme n. m.
arithmétique n. f. et adj.
arlequin, ine n.
arlésien, ienne adj. et n.
armada n. f. *Une armada,* mais *l'Invincible Armada.* — *Des armadas.*
armagnac n. m.
armateur n. m.
armature n. f.
arme n. f.
armée n. f.
armement n. m.
arménien, ienne adj. et n.
armer v.
armet n. m.
armistice n. m.
armoire n. f.
armoiries n. f. pl.
armorial n. m. Le masculin pluriel *(armoriaux)* est très rare.
armorier v.
armure n. f.
armurerie n. f.
armurier n. m.
arnaque n. f.
arnica n. m. ou f. Genre

incertain. Préférer le féminin.
aromate n. m.
aromatique adj.
aromatiser v.
arôme n. m. La graphie *arome* est vieillie.
aronde n. f.
arpège n. m.
arpent n. m.
arpenter v.
arpète n. f. Éviter la graphie *arpette.*
arquebuse n. f.
arquebusier n. m.
arquer v.
arraché n. m. *Obtenir la victoire à l'arraché.*
arrache-clou n. m. *Des arrache-clous.*
arrache-pied (d') loc. adv.
arracher v.
arraisonnement n. m.
arraisonner v.
arrangeable adj.
arrangeant, ante adj.
arrangement n. m.
arranger v.
arrérages n. m. pl.
arrêt n. m.
arrêté n. m.
arrêter v.
arrhes n. f. pl.
arriération n. f.
1. arrière adv.
2. arrière adj. et n. m.
arriéré, ée adj. et n.
arrière-ban n. m. *Des arrière-bans.*
arrière-boutique n. f. *Des arrière-boutiques.*
arrière-cour n. f. *Des arrière-cours.*
arrière-garde n. f. *Des arrière-gardes.*
arrière-gorge n. f. *Des arrière-gorges.*
arrière-goût n. m. *Des arrière-goûts.*
arrière-grand-mère n. f. *Des arrière-grand-mères.*
arrière-grand-père n. m. *Des arrière-grands-pères.*
arrière-grands-parents n. m. pl.
arrière-pays n. m. *Des arrière-pays.*
arrière-pensée n. f. *Des arrière-pensées.*

arrière-petite-fille n. f. *Des arrière-petites-filles.*
arrière-petit-fils n. m. *Des arrière-petits-fils.*
arrière-petits-enfants n. m. pl.
arrière-plan n. m. *Des arrière-plans.*
arriérer v.
arrière-saison n. f. *Des arrière-saisons.*
arrière-salle n. f. *Des arrière-salles.*
arrière-train n. m. *Des arrière-trains.*
arrimage n. m.
arrimer v.
arrivant, ante n. *De nouvelles arrivantes.*
arrivé, ée adj. *Les dernières arrivées.*
arrivée n. f.
arriver v.
arriviste n. et adj.
arrogamment adv.
arrogance n. f.
arrogant, ante adj.
arroger (s') v.
arrondir v.
arrondissement n. m.
arrosage n. m.
arroser v.
arroseur, euse n.
arrosoir n. m.
arsenal n. m. *Des arsenaux.*
arsenic n. m.
arsouille n. et adj.
art n. m.
artère n. f.
artériel, elle adj.
artériosclérose n. f.
artésien adj.
arthrite n. f.
arthrose n. f.
artichaut n. m.
article n. m.
articuler v.
artifice n. m.
artificiel, elle adj.
artificiellement adv.
artificier n. m.
artificieux, euse adj.
artillerie n. f.
artilleur n. m.
artimon n. m.
artisan, ane n.
artisanal, ale, aux adj.
artisanat n. m.

artiste n.
arum n. m. *Des arums.*
aruspice n. m. On écrit plus souvent *haruspice.*
aryen, yenne adj. et n. *Les peuples aryens. Les Aryens.* — Homophone : *les ariens.*
as n. m.
ascendance n. f.
1. ascendant n. m.
2. ascendant, ante adj.
ascenseur n. m.
ascension n. f.
ascèse n. f.
ascète n. m.
ascétique adj. *Une vie ascétique.* — Homophone : *acétique.*
ascétisme n. m.
asepsie n. f.
aseptique adj.
aseptiser v.
asiate adj. et n.
asiatique adj. et n.
asile n. m.
asocial, ale, aux adj. et n.
aspect n. m.
asperge n. f.
asperger v.
aspérité n. f.
aspersion n. f.
asphalte n. m.
asphodèle n. m.
asphyxie n. f.
asphyxier v.
aspic n. m.
aspirant, ante adj. et n. m.
aspiratoire adj.
aspirer v.
aspirine n. f.
assagir v.
assaillant, ante adj. et n. m.
assaillir v.
assainir v.
assaisonnement n. m.
assaisonner v.
assassin n.
assassinat n. m.
assassiner v.
assaut n. m.
assèchement n. m.
assécher v.
assemblée n. f.
assembler v.
assener v. Éviter la forme incorrecte *asséner.*
assentiment n. m.
asseoir v.

assermenté, ée adj.
assertion n. f.
asservir v.
assesseur n. m.
assez adv.
assidu, ue adj.
assiduité n. f.
assidûment adv.
assiégeant, ante adj. et n. m.
assiéger v.
assiette n. f.
assiettée n. f.
assignat n. m.
assigner v.
assimiler v.
assis, ise adj.
assise n. f. *La cour d'assises.*
assistance n. f.
assistant, ante n.
assister v.
association n. f.
associé, ée n.
associer v.
assoiffer v.
assolement n. m.
assoler v.
assombrir v.
assommer v.
assommeur n. m.
assommoir n. m.
assonance n. f.
assonancé ée adj.
assonant, ante adj.
assortiment n. m.
assortir v.
assoupir v.
assouplir v.
assourdir v.
assouvir v.
assujettir v.
assumer v.
assurance n. f.
assurément adv.
assurer v.
assureur n. m.
assyrien, ienne adj. et n.
astérisque n. m.
asthénie n. f.
asthmatique adj. et n.
asthme n. m.
asticot n. m.
asticoter v.
astigmate adj. et n.
astigmatisme n. m.
astiquage n. m.
astiquer v.
astragale n. m.
astrakan n. m. Fourrure. —

Homophone : *Astrakhan* (ville).

astral, ale, aux adj. Le masculin pluriel *(astraux)* est peu usité.

astre n. m.

astreindre v.

astreinte n. f.

astringent, ente adj. et n. m.

astrolabe n. m.

astrologie n. f.

astrologue n.

astronaute n.

astronautique n. f.

astronef n. m.

astronomie n. f.

astuce n. f.

astucieux, ieuse adj.

asymétrie n. f.

asymétrique adj.

asyndète n. f.

atavisme n. m.

atelier n. m.

atermoiement n. m.

atermoyer v.

athée adj. et n.

athéisme n. m.

athénée n. m.

athénien, ienne adj. et n.

athlète n.

athlétique adj.

athlétisme n. m.

atlantique adj. *L'océan Atlantique. L'Atlantique.*

atlantisme n. m.

atlas n. m.

atmosphère n. f.

atmosphérique adj.

atoll n. m.

atome n. m.

atomique adj.

atomiser v.

atomiseur n. m.

atone adj.

atonie n. f.

atour n. m.

atout n. m.

atrabilaire adj.

âtre n. m.

atrium n. m. *Des atria,* plutôt que *des atriums.*

atroce adj.

atrocité n. f.

atrophie n. f.

atrophier v.

attabler (s') v.

attache n. f.

attaché n. m.

attaché-case n. m. *Des attaché-cases* (plus logique) ou *des attachés-cases* (plus fréquent).

attacher v.

attaquable adj.

attaquant, ante n.

attaque n. f.

attaquer v.

attarder (s') v.

atteindre v.

atteinte n. f.

attelage n. m.

atteler v.

attenant, ante adj.

attendre v.

attendrir v.

attendu adj. et n. m. ▷ **p. 178.**

attentat n. m.

attentatoire adj.

attente n. f.

attenter v.

attentif, ive adj.

attention n. f.

attentionné, ée adj.

atténuer v.

atterrer v.

atterrir v.

atterrissage n. m.

attester v.

atticisme n. m.

attiédir v.

attifer v.

attique adj. et n. m.

attirail n. m. *Des attirails.*

attirance n. f.

attirer v.

attiser v.

attitré, ée adj.

attitude n. f.

attractif, ive adj.

attraction n. f.

attrait n. m.

attrape n. f.

attrape-nigaud n. m. *Des attrape-nigauds.*

attraper v.

attrayant, ante adj.

attribuer v.

attribut n. m.

attribution n. f.

attrister v.

attrouper v.

au, aux article

aubade n. f.

aubaine n. f.

aube n. f.

aubépine n. f.

auberge n. f.

aubergine n. f.

aubergiste n.

aubette n. f.

aubier n. m.

aucun, une pron. et adj. indéf. ▷ **p. 178.**

audace n. f.

audacieux, ieuse adj. et n.

au-deçà loc. *Au-deçà* et *au-deçà de,* mais *en deçà.*

au-dedans loc. *Au-dedans* et *au-dedans de,* mais *en dedans.*

au-dehors loc. *Au-dehors* et *au-dehors de,* mais *en dehors.*

au-delà loc. et n. m. *Au-delà* et *au-delà de,* mais *en delà. L'au-delà.*

au-dessous loc. *Au-dessous* et *au-dessous de,* mais *en dessous.*

au-dessus loc. *Au-dessus* et *au-dessus de,* mais *en dessus.*

au-devant loc. *Au-devant de.*

audience n. f.

audiovisuel, elle adj.

audit On écrit *audit, auxdits, auxdites,* mais *à ladite*

auditeur, trice n.

audition n. f.

auditionner v.

auditoire n. m.

auge n. f.

augmenter v.

augure n. m.

augurer v.

1. auguste adj.

2. auguste n. m.

aujourd'hui adv.

aulnaie n. f. ▷ **aunaie.**

aulne n. m. ▷ **aune 2.**

aulx n. m. pl. ▷ **ail.**

aumône n. f.

aumônerie n. f.

aumônier n. m.

aumônière n. f.

aunaie n. f. Éviter la graphie *aulnaie.*

1. aune n. f. Ancienne unité de longueur.

2. aune n. m. Arbre. Éviter la graphie *aulne.*

auparavant adv.

auprès adv.

auprès de loc. prép.

auquel, à laquelle, auxquels, auxquelles pron. relatif.

aura n. f. *Des auras.*
auréole n. f.
auréoler v.
auriculaire adj. et n.
aurifère adj.
aurifier v.
aurige n. m.
aurochs n. m. inv.
aurore n. f. et adj. inv. *Des aurores. Des écharpes aurore.*
ausculter v.
auspices n. m. pl.
aussi adv.
aussière n. f. On écrit aussi parfois *haussière.*
aussitôt adv. *Il m'appela, j'accourus aussitôt,* mais *il est six heures, pourquoi es-tu venu aussi tôt ?*
austère adj.
austérité n. f.
austral, ale, als adj. Le masculin pluriel *(australs)* est très rare. A éviter.
australien, ienne adj. et n.
austro-hongrois adj. et n. *Les populations austro-hongroises.*
autan n. m.
autant adv.
autarcie n. f.
autel n. m.
auteur n. m.
authenticité n. f.
authentifier v.
authentique adj.
auto n. f.
autobiographie n. f.
autobus n. m.
autocar n. m.
autochenille n. f.
autochtone adj. et n.
autoclave adj. et n. m.
autocollant, ante adj. et n. m.
autocrate n. m.
autocratie n. f.
autocratique adj.
autodafé n. m. *Des autodafés.*
autodidacte adj. et n.
autodrome n. m.
auto-école n. f. *Des auto-écoles.*
autogestion n. f.
autographe adj. et n. m.
autoguidé, ée adj.
automate n. m.
automatique adj. et n.

automatiser v.
automitrailleuse n. f.
automnal, ale, aux adj. Masculin pluriel *(automnaux)* très rare. A éviter.
automne n. m.
automobile n. f.
automobiliste n. m.
automoteur, trice adj. et n.
autonome adj.
autonomie n. f.
autonomisme n. m.
autoportrait n. m.
autopropulsé, ée adj.
autopsie n. f.
autopsier v.
autoradio n. m.
autorail n. m.
autoriser v.
autoritaire adj.
autorité n. f.
autoroute n. f.
auto-stop n. m. sing. Inusité au pluriel.
auto-stoppeur, euse n. *Des auto-stoppeurs.*
autosuggestion n. f.
1. autour adv.
2. autour n. m.
autre adj. et pron. indéf.
autrefois adv.
autrichien, ienne adj. et n.
autruche n. f.
autrui pron. indéf. inv.
auvent n. m.
auvergnat, ate adj. et n.
auxiliaire adj. et n.
avachir v.
1. aval, als n. m. Accord. — *Des avals.*
2. aval n. m. Contraire de *amont.* Inusité au pluriel.
avalanche n. f.
avaler v.
avaliser v.
avance n. f.
avancée n. f.
avancer v.
avanie n. f.
1. avant adv.
2. avant n. m.
avantage n. m.
avantager v.
avant-bras n. m. inv.
avant-centre n. m. Usage flottant. On écrit de plus en plus *un avant-centre, des avant-centres.*

avant-corps n. m. inv.
avant-coureur adj. *Les signes avant-coureurs.*
avant-dernier, ière adj. et n. Pluriel : *avant-derniers, avant-dernières.*
avant-garde n. f. *Des avant-gardes.*
avant-goût n. m. *Des avant-goûts.*
avant-guerre n. m. *Des avant-guerres.* Rarement féminin.
avant-hier adv.
avant-port n. m. *Des avant-ports.*
avant-poste n. m. *Des avant-postes.*
avant-première n. f. *Des avant-premières.*
avant-propos n. m. inv.
avant-scène n. f. *Des avant-scènes.*
avant-train n. m. *Des avant-trains.*
avant-veille n. f. *Des avant-veilles.*
avare adj. et n.
avarice n. f.
avaricieux, euse adj.
avarie n. f.
avarier v.
avatar n. m.
à vau-l'eau loc. adv.
Ave ou **Ave Maria** n. m. inv.
avec prép.
Ave Maria ou **Ave** n. m. inv.
▷ **Ave.**
aven n. m. *Des avens.*
avenant, ante adj.
avenant (à l') loc. adv.
avènement n. m.
avenir n. m. *Nous ignorons l'avenir,* mais *les événements à venir.*
aventure n. f.
aventurier, ière n.
aventurine n. f.
avenu, ue adj.
avenue n. f.
avérer v.
avers n. m.
averse n. f. *Une averse violente,* mais *il pleut à verse.*
aversion n. f.
avertir v.
avertisseur, euse adj. et n. m.

aveu n. m. *Des aveux. Un homme sans aveu.*
aveugle adj. et n. *Un aveugle-né. Une aveugle-née. Des aveugles-nés. Des femmes aveugles-nées.*
aveuglement n. m.
aveuglément adv.
aveugler v.
aveuglette (à l') loc. adv.
aveulir v.
aviaire adj.
aviation n. f.
aviculteur, trice n.
avide adj.
avidité n. f.
avilir v.
aviné adj.
avion n. m.

avion-cargo n. m. *Des avions-cargos.*
avion-école n. m. *Des avions-écoles.*
avion-taxi n. m. *Des avions-taxis.*
aviron n. m.
avis n. m.
avisé adj.
aviser v.
aviso n. m. *Des avisos.*
aviver v.
1. **avocat, ate** n.
2. **avocat** n. m.
avoine n. f.
1. **avoir** v.
2. **avoir** n. m.
avoisiner v.
avorter v.

avorton n. m.
avoué n. m.
avouer v.
avril n. m. *Le 15 avril.*
axe n. m.
axer v.
axial, ale, aux adj.
axiome n. m.
ayant droit n. m. *Des ayants droit.*
ayatollah n. m. *Des avatollahs.*
azalée n. f.
azimut n. m.
azote n. m.
aztèque adj. et n.
azulejo n. m. *Des azulejos.*
azur n. m.
azuré, ée adj.
azyme adj. et n.

B

baba n. m.
babeurre n. m.
babil n. m.
babillage n. m.
babillard, arde adj.
babiller v.
babines n. f. pl.
babiole n. f.
bâbord n. m.
babouche n. f.
babouin n. m.
bac n. m.
baccalauréat n. m.
baccara n. m. Jeu de hasard.
baccarat n. m. Cristal.
bacchanale n. f.
bacchante n. f.
bâche n. f.
bachelier, ière n.
bâcher v.
bachique adj. Un seul c, mais *Bacchus, bacchante, bacchanale.*
bachot n. m.
bachoter v.
bacille n. m.
bâclage n. m.
bâcler v.
bacon n. m.
bactéricide adj.
bactérie n. f.
bactérien, ienne adj.
badaud, aude adj. et n.
badauderie n. f.
baderne n. f.

badge n. m.
badigeon n. m.
badigeonnage n. m.
badigeonner v.
badigeonneur n. m.
badin, ine adj.
badine n. f.
badiner v.
badinerie n. f.
badminton n. m.
baffle n. m.
bafouer v.
bafouiller v.
bagage n. m. Homophone : *baguage.*
bagarre n. f.
bagarrer (se) v.
bagarreur, euse adj. et n.
bagatelle n. f.
bagnard n. m.
bagne n. m.
bagnole n. f.
bagou n. m. Éviter la graphie *bagout.*
baguage n. m. Action de baguer : *le baguage des oiseaux.* — Homophone : *bagage.*
bague n. f.
baguenauder v.
baguer v.
baguette n. f.
bah ! interj.
bahut n. m.
bai, baie, adj. *Un cheval bai,*

des chevaux bais, une jument baie, des juments baies, mais *des cavales bai châtain, des juments bai miroité.*
baie n. f.
baignade n. f.
baigner v.
baigneur, euse n.
baignoire n. f.
bail n. m. *Des baux.*
bâillement n. m.
bailler v. Donner. — Paronyme : *bâiller.* Homonyme : *bayer.*
bâiller v. ▷ **bailler.**
bailleur, bailleresse n. Personne qui cède quelque chose par bail. — Paronyme : *bâilleur, bâilleuse,* personne qui bâille.
bailli n. m.
bailliage n. m.
bâillon n. m.
bâillonner v.
bain n. m.
bain-marie n. m. *Des bains-marie.*
baïonnette n. f.
baisemain n. m.
1. **baiser** v.
2. **baiser** n. m.
baisse n. f.
baisser v.
bajoue n. f.
bakélite n. f.

bal n. m.

balade n. f. Promenade. — Homophone : *ballade*.

balader v.

baladeur, euse n. et adj.

baladin n. m.

balafre n. f.

balafrer v.

balai n. m. *Un balai* (ustensile), mais *un rubis balais*.

balai-brosse n. m. *Des balais-brosses.*

balais adj. m. *Un rubis balais*, mais *un balai* (ustensile).

balalaïka n. f. *Des balalaïkas.*

balance n. f.

balancer v.

balancier n. m.

balançoire n. f.

balayage n. m.

balayer v.

balayette n. f.

balayeur, euse n.

balayures n. f. pl.

balbutiement n. m.

balbutier v.

balcon n. m.

baldaquin n. m.

baleine n. f.

baleineau n. m. *Des baleineaux.*

baleinier, ière adj. et n.

balise n. f.

baliser v.

1. baliste n. f. Machine de guerre.

2. baliste n. m. Poisson.

balistique adj. et n. f.

baliveau n. m. *Des baliveaux.*

baliverne n. f.

balkanique adj.

ballade n. f. Poème. — Homophone : *balade*.

ballant, ante adj. et n. m.

ballast n. m.

balle n. f.

ballerine n. f.

ballet n. m.

ballon n. m. *Des ballons*, mais *des manches ballon, des pneus ballon.*

ballonner v.

ballonnet n. m.

ballot n. m.

ballotine n. f. ▷ **ballottine.**

ballotter v.

ballottine n. f. On évitera la graphie *ballotine*.

balluchon n. m. Éviter la graphie *baluchon*.

balnéaire adj.

balourd, ourde n. et adj.

balourdise n. f.

balsamique adj. et n.

balte adj. et n.

baluchon n. m. ▷ **balluchon.**

balustrade n. f.

balustre n. m.

bambin, ine n.

bamboche n. f.

bambocher v.

bambou n. m. *Des bambous.*

ban n. m.

1. banal, ale, aux adj. *Des fours banaux, des moulins banaux.*

2. banal, ale, als adj. *Des événements banals.*

banalement adv.

banaliser v.

banalité n. f.

banane n. f.

bananeraie n. f.

bananier n. m.

banc n. m.

bancaire adj.

bancal, ale, als adj. et n.

banco n. m. *Des bancos.*

bancroche adj. et n.

bandage n. m.

bandagiste n.

bande n. f.

bandeau n. m.

bandelette n. f.

bander v.

banderille n. f.

banderole n. f.

bandit n. m.

banditisme n. m.

bandoulière n. f.

bang n. m. *Des bangs.*

banjo n. m. *Des banjos.*

banlieue n. f.

banlieusard, arde n.

banni, ie adj. et n.

bannière n. f.

bannir v.

banque n. f.

banqueroute n. f.

banquet n. m.

banqueter v.

banquette n. f.

banquier n. m.

banquise n. f.

bantou, oue n. et adj. *Un Bantou. Une Bantoue. Les Bantous. Un village bantou. Des villages bantous. Une tribu bantoue. Des tribus bantoues. Le bantou :* langue.

baobab n. m.

baptême n. m.

baptiser v.

baptismal, ale, aux adj.

baptistaire adj. et n. m. Qui constate un baptême. — Homophone : *baptistère*.

baptiste n. et adj. *Saint Jean-Baptiste.* — Homophone : *batiste*.

baptistère n. m. Édifice, chapelle où l'on baptise. — Homophone : *baptistaire*.

baquet n. m.

bar n. m.

baragouin n. m.

baragouiner v.

baraque n. f.

baraquement n. m.

barattage n. m.

baratte n. f.

baratter v.

barbacane n. f.

barbare adj. et n.

barbaresque adj. et n.

barbarie n. f.

barbarisme n. m.

1. barbe n. f. Poils du visage.

2. barbe n. m. Cheval d'Afrique du Nord.

barbeau n. m. *Des barbeaux.*

barbecue n. m.

barbelé, ée adj. et n. m.

barber v.

barbiche n. f.

barbier n. m.

barbillon n. m.

barbiturique adj. et n. m.

barbon n. m.

barbotage n. m.

barboter v.

barboteuse n. f.

barbouiller v.

barbouillis n. m.

barbouze n. f. La graphie *barbouse* est plus rare.

barbu, ue adj. et n.

barbue n. f.

barcarolle n. f.

barcelonnette n. f.

barda n. m.

1. barde n. m. Poète celte.

2. barde n. f. Tranche de lard.

bardeau n. m.
barder v.
barème n. m.
barguigner v.
baril n. m.
barillet n. m.
barioler v.
barlong, longue adj.
barmaid n. f. *Des barmaids.*
barman n. m. *Des barmen ou des barmans.*
baromètre n. m.
baron n. m.
baronet n. m. On écrit aussi *baronnet.*
baronne n. f.
baronnie n. f.
baroque adj. et n. m.
baroud n. m.
barouder v.
baroudeur n. m.
barque n. f.
barquette n. f.
barracuda n. m. *Des barracudas.*
barrage n. m.
barre n. f.
barreau n. m.
barrer v.
barrette n. f.
barreur, euse n.
barricade n. f.
barrière n. f.
barrique n. f.
barrir v.
barrissement n. m.
baryton n. m.
1. **bas, basse** adj. ▷ **p. 178.**
2. **bas** n. m.
3. **bas** adv. ▷ **p. 178.**
basalte n. m.
basane n. f.
basané, ée adj.
bas-côté n. m. *Des bas-côtés.*
bascule n. f.
basculer v.
base n. f.
base-ball n. m.
bas-fond n. m. *Des bas-fonds.*
basilic n. m. Reptile ; plante.
basilique n. f. Édifice romain ; église.
basin n. m.
1. **basket** n. m. ou f. Chaussure. L'usage hésite sur le genre. Plutôt féminin.
2. **basket** ou **basket-ball** n. m. Sport.

basketteur, euse n.
basoche n. f.
basquaise adj. f. et n. f.
basque adj. et n. *Le Pays basque.*
basque n. f.
bas-relief n. m. *Des bas-reliefs.*
basse n. f.
basse-cour n. f. *Des basses-cours.*
basse-fosse n. f. *Des basses-fosses.*
bassesse n. f.
basset n. m.
bassin n. m.
bassine n. f.
bassiner v.
bassinoire n. f.
basson n. m.
baste ! interj.
bastide n. f.
bastille n. f.
bastingage n. m.
bastion n. m.
bastonnade n. f.
bastringue n. m.
bas-ventre n. m. *Des bas-ventres.*
bât n. m.
bataclan n. m.
bataille n. f.
batailler v.
batailleur, euse adj. et n.
bataillon n. m.
bâtard, arde adj. et n.
batardeau n. m. *Des batardeaux.*
bâtardise n. f.
batave adj. et n.
bateau n. m.
Des bateaux-citernes.
Des bateaux-feux.
Des bateaux-lavoirs.
Des bateaux-mouches.
Des bateaux-phares.
Des bateaux-pilotes.
Des bateaux-pompes.
bateleur, euse n.
batelier, ière n.
batellerie n. f.
bâter v.
bat-flanc n. m. inv.
bathyscaphe n. m.
bâti, ie adj. et n. m.
batifoler v.
bâtiment n. m.
bâtir v.
bâtisse n. f.

bâtisseur, euse n.
batiste n. f. Étoffe. — Homophone : *(saint Jean-)Baptiste.*
bâton n. m.
bâtonner v.
bâtonnet n. m.
bâtonnier n. m.
batracien n. m.
battage n. m.
battant, ante adj. et n. m. ▷ **p. 178.**
batte n. f.
battement n. m.
batterie n. f.
batteur n. m.
batteuse n. f.
battoir n. m.
battre v.
battue n. f.
baudet n. m.
baudrier n. m.
baudruche n. f.
bauge n. f.
baume n. m.
baux ▷ **bail.**
bauxite n. f.
bavard, arde adj. et n.
bavarder v.
bavarois, oise adj. et n.
bave n. f.
baver v.
bavoir n. m.
bayadère n. f. *Des étoffes bayadère ou parfois, des étoffes bayadères.*
bayer v. *Bayer aux corneilles.* — Paronyme : *bâiller.* Homonyme : *bailler.*
bazar n. m.
bazarder v.
bazooka n. m.
béant, ante adj.
béarnais, aise adj. et n.
béat, ate adj.
béatification n. f.
béatifier v.
béatifique adj.
béatitude n. f.
beau ou bel, beaux, belle adj. et n. ▷ **p. 179.**
beaucoup adv.
beau-fils n. m. *Des beaux-fils.*
beau-frère n. m. *Des beaux-frères.*
beaujolais n. m.
beau-père n. m. *Des beaux-pères.*

beaupré n. m.
beauté n. f.
beaux-arts n. m. pl.
beaux-parents n. m. pl.
bébé n. m.
bébête adj.
bec n. m.
bécane n. f.
bécarre n. m.
bécasse n. f.
bécassine n. f.
bec-de-cane n. m. *Des becs-de-cane.*
bec-de-lièvre n. m. *Des becs-de-lièvre.*
becfigue n. m.
bêchage n. m.
béchamel n. f. *Une béchamel,* mais *une sauce Béchamel,* des œufs à la Béchamel.
bêche n. f.
bêcher v.
bécoter v.
becquée n. f. Éviter la graphie *béquée.*
becqueter v. Éviter la graphie *béqueter.*
bedaine n. f.
bedeau n. m.
bedonner v.
bédouin, ine n. et adj.
bée adj. f.
beefsteak n. m. ▷ **bifteck.**
béer v.
beffroi n. m.
bégaiement n. m.
bégayer v.
bégonia n. m.
bègue adj. et n.
bégueule n. f. et adj.
béguin n. m.
béguinage n. m.
béguine n. f.
bégum n. f. *Des bégums.*
beige adj. et n. m. *Des robes beiges,* mais *des robes beige clair.*
beignet n. m.
béjaune n. m.
béké n. *Une béké. Des békés.*
bel ou **beau, belle** adj. et n. ▷ **p. 179.**
bel canto n. m. sing.
bêlement n. m.
bêler v.
belette n. f.
belge adj. et n.
belgicisme n. m.

bélier n. m.
belladone n. f.
bellâtre n. m.
belle adj. f. et n. f.
belle-fille n. f. *Des belles-filles.*
bellement adv.
belle-mère n. f. *Des belles-mères.*
belles-lettres n. f. pl.
belle-sœur n. f. *Des belles-sœurs.*
bellicisme n. m.
belligérance n. f.
belligérant, ante adj. et n.
belliqueux, euse adj.
belluaire n. m.
belote n. f.
belvédère n. m.
bémol n. m.
bénédicité n. m.
bénédictin, ine n. et adj.
bénédiction n. f.
bénéfice n. m.
bénéficiaire n. et adj.
bénéficier v.
bénéfique adj.
benêt adj. et n. m.
bénévole adj. et n.
bengali n. et adj. *Un Bengali. Une Bengali. Les Bengalis. Un usage bengali. Les usages bengalis. Une coutume bengali. Les coutumes bengalis.*
bénin, igne adj.
bénir v.
bénit, ite adj. *Cette médaille a été bénite par le pape,* mais *le mariage a été béni par l'abbé X.*
bénitier n. m.
benjamin, ine n.
benjoin n. m.
benne n. f.
benoît, oîte adj.
benzène n. m.
benzine n. f.
benzol n. m.
béotien, ienne adj. et n. *Un Béotien :* un habitant de la Béotie. *Un béotien :* un homme sans goût.
béquée n. f. ▷ **becquée.**
béqueter v. ▷ **becqueter.**
béquille n. f.
berbère adj. et n.
bercail n. m. sing. Inusité au pluriel.
berceau n. m.

bercer v.
béret n. m.
bergamote n. f.
berge n. f.
berger, ère n.
bergeronnette n. f.
berline n. f.
berlingot n. m.
berlinois, oise adj. et n.
berlue n. f.
bermuda n. m.
bernard-l'ermite ou **bernard-l'hermite** n. m. inv. On écrit plutôt *bernard-l'ermite.*
berne n. f.
berner v.
bernique ! interj.
bersaglier, ers n. m. *Des bersagliers.* Éviter le pluriel italien *des bersaglieri.*
besace n. f.
besicles n. f. pl.
besogne n. f.
besogner v.
besogneux, euse adj.
besoin n. m.
bestiaire n. m.
bestial, ale, aux adj.
bestialité n. f.
bestiaux n. m. pl. Ne doit pas s'employer au singulier. ▷ **bétail.**
bestiole n. f.
best-seller n. m. *Des best-sellers.*
bêta, asse n. et adj.
bétail n. m. sing. Ce mot n'a pas de pluriel. Dans certains emplois, c'est *bestiaux* qui sert de pluriel à *bétail.*
bétaillère n. f.
bête adj. et n. f.
bêtifier v.
bêtise n. f.
béton n. m.
bétonner v.
bétonnière n. f.
bette n. f.
betterave n. f.
beugler v.
beurre n. m.
beurrer v.
beuverie n. f.
bévue n. f.
bey n. m.
1. biais, aise adj.
2. biais n. m.

biaiser v.
bibelot n. m.
biberon n. m.
biberonner v.
bible n. f. *La Bible,* le livre
sacré, l'Écriture, mais *une
bible,* un exemplaire.
bibliographie n. f.
bibliophile n.
bibliothécaire n.
bibliothèque n. f.
biblique adj.
bicarbonate n. m.
biceps n. m.
biche n. f.
bichon, onne n.
bichonner v.
bicolore adj.
bicoque n. f.
bicorne n. m.
bicyclette n. f.
bidet n. m.
bidon n. m. et adj. inv.
bidonville n. m.
bief n. m.
bielle n. f.
1. bien adv. et adj. inv.
2. bien n. m.
bien-aimé, ée adj. et n.
bien-dire n. m. inv.
bien-être n. m. inv.
bienfaisance n. f.
bienfaisant, ante adj.
bienfait n. m.
bienfaiteur, trice n.
bien-fondé n. m. *Des
bien-fondés.*
bien-fonds n. m. *Des
biens-fonds.*
bienheureux, euse adj. et n.
biennal, ale, aux adj. et n. f.
bien-pensant, ante adj. et n.
bienséance n. f.
bienséant, ante adj.
bientôt adv.
bienveillance n. f.
bienveillant, ante adj.
bienvenir v. *Se faire bienvenir.*
bienvenu, ue adj. et n. *Soyez
le bienvenu,* mais *un bel arbre
bien venu.*
bienvenue n. f.
bière n. f.
biffer v.
bifteck ou beefsteak n. m.
Préférer la forme *bifteck* à
beefsteak.
bifurcation n. f.

bifurquer v.
bigame adj. et n.
bigamie n. f.
bigarré, ée adj.
bigarreau n. m. *Des bigarreaux.*
bigorneau n. m. *Des
bigorneaux.*
bigot, ote n. et adj.
bigoterie n. f.
bigoudi n. m. *Des bigoudis.*
bigre ! interj.
bihebdomadaire adj.
bijou n. m. *Des bijoux.*
bijouterie n. f.
Bikini n. m. Nom déposé : *B*
majuscule.
bilan n. m.
bilatéral, ale, aux adj.
bilboquet n. m.
bile n. f.
bileux, euse adj.
biliaire adj.
bilieux, euse adj.
bilingue adj. et n.
bilinguisme n. m.
billard n. m.
bille n. f.
billet n. m.
billetterie n. f.
billevesée n. f.
billot n. m.
bimbeloterie n. f.
bimensuel, elle adj. et n. m.
bimestriel, elle adj.
bimillénaire adj. et n. m.
bimoteur adj. et n. m.
binaire adj.
biner v.
binette n. f.
bingo n. m.
biniou n. m. *Des binious.*
binocle n. m.
binoculaire adj. et n. f.
biochimie n. f.
biodégradable adj.
biographe n.
biographie n. f.
biologie n. f.
biologiste n.
biparti, ie ou bipartite adj.
bipartisme n. m.
bipartition n. f.
bipède adj. et n. m.
biplace adj. et n.
biplan n. m. et adj.
bipolaire adj.
bique n. f.
biquet, ette n.

biquotidien, ienne adj.
biréacteur adj. et n. m.
birman, ane adj. et n.
1. bis, bise adj.
2. bis adv.
bisaïeul, eule n. *Des
bisaïeuls, des bisaïeules.*
bisannuel, elle adj.
bisbille n. f.
1. biscaïen n. m. Projectile.
2. biscaïen, ienne ou
biscayen, yenne adj. et n. *De
la Biscaye.* La forme *biscayen*
est la plus fréquente.
biscornu, ue adj.
biscotte n. f.
biscuit n. m.
biscuiterie n. f.
bise n. f.
biseau n. m. *Des biseaux.*
biset n. m.
bismuth n. m.
bison n. m.
bisontin, ine adj. et n.
bisque n. f.
bisquer v.
bissac n. m.
bissecteur, trice adj. et n. f.
bissel n. m.
bisser v.
bissextile adj. f.
bistouri n. m.
bistre n. m. et adj. inv. *Des
trainées bistre,* mais *des gris
et des bistres très nuancés.*
bistro ou bistrot, ote n. La
graphie *bistrot* est à préférer
à *bistro,* plus rare.
biterrois, oise adj. et n.
bitter n. m.
bitume n. m.
bitumer v.
bivouac n. m.
bivouaquer v.
bizarre adj. et n. m.
bizarrerie n. f.
blackbouler v.
black-out n. m. inv.
blafard, arde adj.
blague n. f.
blaguer v.
blagueur, euse n. et adj.
blaireau n. m. *Des blaireaux.*
blâme n. m.
blâmer v.
blanc, blanche adj. et n.
blanc-bec n. m. *Des
blancs-becs.*

blanchâtre adj.

blanche n. f.

blanchiment n. m.

blanchir v.

blanchisserie n. f.

blanc-seing n. m. *Des blancs-seings.*

blanquette n. f.

blaser v.

blason n. m.

blasphémateur, trice n.

blasphématoire adj.

blasphème n. m.

blasphémer v.

blatte n. f.

blazer n. m.

blé n. m.

bled n. m.

blême adj.

blêmir v.

blêmissement n. m.

blesser v.

blessure n. f.

blet, blette adj.

blette n. f.

bleu, eue, eus adj. et n.

bleuâtre adj.

bleuet ou bluet n. m. La forme *bluet* est vieillie.

bleuir v.

bleuté, ée adj.

blinder v.

blizzard n. m.

bloc n. m.

blocage n. m.

blockhaus n. m. inv.

bloc-notes n. m. *Des blocs-notes.*

blocus n. m. inv.

blond, onde adj. et n.

blondeur n. f.

blondinet, ette n.

blondir v.

bloquer v.

blottir (se) v.

blouse n. f.

blouson n. m.

blue-jean n. m. *Des blue-jeans.*

blues n. m.

bluet n. m. ▷ bleuet.

bluette n. f.

bluff n. m.

bluffer v.

bluffeur, euse n. et adj.

bluter v.

boa n. m. *Des boas.*

bobine n. f.

bobiner v.

bobinette n. f.

bobo n. m. *Des bobos.*

bobsleigh n. m. *Des bobsleighs.*

bocage n. m.

bocal n. m. *Des bocaux.*

bock n. m. *Des bocks.*

bœuf, bœufs n. m.

boggie ou bogie n. m.

bogue n. f.

bohème n. et adj. *Ce peintre est très bohème. La vie de bohème,* mais *la Bohême,* région de Tchécoslovaquie.

bohémien, ienne n. et adj.

1. boire v.

2. boire n. m.

bois n. m.

boisage n. m.

boisé, ée adj.

boisement n. m.

boiser v.

boiserie n. f.

boiseur n. m.

boisseau n. m. *Des boisseaux.*

boisson n. f.

boîte n. f.

boiter v.

boiterie n. f.

boiteux, euse adj. et n.

boîtier n. m.

boitiller v.

bol n. m.

bolchevik n. m.

bolchevique adj.

bolchevisme n. m.

bolée n. f.

boléro n. m. *Des boléros.*

bolet n. m.

bolide n. m.

bolivien, ienne adj. et n.

bombance n. f.

bombarde n. f.

bombarder v.

bombardier n. m.

bombe n. f.

bombé, ée adj.

bombement n. m.

bombyx n. m. inv.

bon, bonne adj., n. m. et interj. *Bon enfant, bon prince* ▷ **p. 179.**

bonace n. f. *La bonace :* Embellie. — Homophone : *bonasse.*

bonapartiste adj. et n.

bonasse adj. Débonnaire. — Homophone : *bonace.*

bonbon n. m.

bonbonne n. f.

bonbonnière n. f.

bond n. m.

bonde n. f.

bondé, ée adj.

bondir v.

bonheur n. m.

bonhomie n. f.

1. bonhomme adj. inv.

2. bonhomme, bonshommes n. m.

boni n. m.

boniche n. f. ▷ bonniche.

bonifier v.

boniment n. m.

bonimenter v.

bonjour n. m.

bonne n. f.

bonne-maman n. f. *Des bonnes-mamans.*

bonnement adv.

bonnet n. m.

bonneteau n. m.

bonneterie n. f.

bonnetier, ière n.

bonnetière n. f.

bonniche n. f. La graphie *boniche* tend à vieillir.

bon-papa n. m. *Des bons-papas.*

bonsoir n. m.

bonté n. f.

bonus n. m. *Des bonus.*

bonze n. m.

bonzerie n. f.

bookmaker n. m.

boom n. m. Hausse très grande en Bourse ; grande prospérité. — Homophone : *boum !*

boomerang n. m.

bootlegger n. m.

boqueteau n. m. *Des boqueteaux.*

borborygme n. m.

bord n. m.

bordé n. m.

bordeaux n. m. et adj. inv. *Un grand bordeaux. Une robe bordeaux. Du bordeaux,* mais *du vin de Bordeaux.*

bordée n. f.

bordel n. m.

bordelais, aise adj. et n.

bordelaise n. f.

border v.
bordereau n. m. *Des bordereaux.*
bordure n. f.
boréal, ale, aux adj. On évitera d'employer le masculin pluriel *(boréaux)*, très rare.
borgne adj. et n.
borne n. f.
borne-fontaine n. f. *Des bornes-fontaines.*
borner v.
bosco n. m. *Des boscos.*
bosquet n. m.
bosse n. f.
bosselage n. m.
bosseler v.
bossellement n. m.
bosselure n. f.
bossoir n. m.
bossu, ue adj. et n.
bossuer v.
bot, bote, adj. *Il a un pied bot,* mais *cet homme est un pied-bot.*
botanique n. f. et adj.
botte n. f.
botteler v.
botteleur, euse n.
botter v.
bottier n. m.
bottillon n. m.
bottine n. f.
bouc n. m.
boucaner v.
boucanier n. m.
bouche n. f.
bouche-à-bouche n. m. inv.
bouchée n. f.
1. boucher v.
2. boucher, ère n.
boucherie n. f.
bouche-trou n. m. *Des bouche-trous.*
bouchon n. m.
bouchonner v.
boucle n. f.
boucler v.
bouclette n. f.
bouclier n. m.
bouddhique adj.
bouddhisme n. m.
bouddhiste n.
bouder v.
boudin n. m.
boudiné, ée adj.
boudoir n. m.

boue n. f.
bouée n. f.
boueux, euse adj.
bouffant, ante adj.
bouffarde n. f.
bouffe adj. *Des opéras bouffes.*
bouffée n. f.
bouffer v.
bouffi, ie adj.
bouffissure n. f.
bouffon, onne adj. et n. m.
bouffonnerie n. f.
bougainvillée n. f. Éviter la forme *bougainvillier.*
bougainvillier n. m. ▷ bougainvillée.
bouge n. m.
bougeoir n. m.
bougeotte n. f.
bouger v.
bougie n. f.
bougnat n. m.
bougon, onne adj. et n.
bougonner v.
bougre, esse n.
bouillabaisse n. f.
bouilleur n. m.
bouillie n. f.
bouillir v.
bouilloire n. f.
bouillon n. m.
bouillon-blanc n. m.
bouillonné n. m.
bouillonnement n. m.
bouillonner v.
bouillotte n. f.
1. boulanger, ère n.
2. boulanger v.
boulangerie n. f.
boulangiste adj. et n.
boule n. f.
bouleau n. m. *Des bouleaux.*
bouledogue n. m.
bouler v.
boulet n. m.
boulette n. f.
boulevard n. m.
boulevardier, ère adj.et n. m.
bouleverser v.
boulier n. m.
boulimie n. f.
bouliste adj. et n.
boulodrome n. m.
boulonner v.
1. boulot, otte adj. Un peu gros.
2. boulot n. m. Travail.

boulotter v.
boum ! interj. et n. m. Homophone : *boom* (à la Bourse).
bouquet n. m.
bouquetière n. f.
bouquetin n. m.
bouquin n. m.
bouquiner v.
bouquiniste n.
bourbeux, euse adj.
bourbier n. m.
bourbon n. m.
bourbonien, ienne adj.
bourbonnais, aise adj. et n.
bourde n. f.
bourdon n. m.
bourdonner v.
bourg n. m.
bourgade n. f.
bourgeois, oise n. et adj.
bourgeoisie n. f.
bourgeon n. m.
bourgeonnement n. m.
bourgeonner v.
bourgeron n. m.
bourgmestre n. m.
bourgogne n. m.
bourguignon, onne adj. et n.
bourlinguer v.
bourlingueur, euse n.
bourrache n. f.
bourrade n. f.
bourrage n. m.
bourrasque n. f.
bourre n. f.
bourreau n. m. *Des bourreaux.*
bourrée n. f.
bourreler v.
bourrelet n. m.
bourrelier n. m.
bourrellerie n. f.
bourrer v.
bourriche n. f.
bourricot n. m.
bourrin n. m.
bourrique n. f.
bourriquet n. m.
bourru, ue adj.
bourse n. f. *Une bourse,* porte-monnaie, mais *valeurs cotées en Bourse.*
boursicoter v.
boursier, ère n. et adj.
boursoufler v.
boursouflure n. f.
bousculer v.
bouse n. f.

bousiller v.
boussole n. f.
bout n. m.
boutade n. f.
boute-en-train n. m. inv.
boutefeu n. m. *Des boutefeux.*
bouteille n. f.
bouter v.
boutique n. f.
boutiquier, ère, n.
boutoir n. m.
bouton n. m.
bouton-d'or n. m. *Des boutons-d'or.*
boutonner v.
boutonneux, euse adj.
boutonnière n. f.
bouts-rimés n. m. pl. Toujours au pluriel, même pour désigner une seule pièce de vers.
bouture n. f.
bouverie n. f.
bouvet n. m.
bouvier, ière n.
bouvillon n. m.
bouvreuil n. m.
bovin, ine adj. et n. m.
bowling n. m.
box, boxes n. m. Loge. *Des boxes.* — Homophone : *la boxe.*
boxe n. f. Sport. — Homophone : *un box.*
1. boxer n. m.
2. boxer n. m.
boxeur n. m.
boy n. m. Il existe un féminin *boyesse.*
boyard n. m.
boyau n. m. *Des boyaux.*
boycott n. m.
boycottage n. m.
boycotter v.
boycotteur, euse n.
boy-scout n. m. *Des boy-scouts.*
bracelet n. m.
bracelet-montre n. m. *Des bracelets-montres.*
brachial, iale, iaux adj.
brachycéphale adj. et n.
braconnage n. m.
braconner v.
braconnier n. m.
brader v.
braguette n. f.
brahman n. m.

brahmane n. m.
brahmanique adj.
brahmanisme n. m.
brai n. m.
braies n. f. pl. Toujours au pluriel, même pour désigner un seul vêtement.
braillard, arde n. et adj.
braille n. m.
brailler v.
braiment n. m.
brain-trust n. m. *Des brain-trusts.*
braire v.
braise n. f.
braiser v.
bramer v.
brancard n. m.
brancardier, ière n.
branche n. f.
brancher v.
branchie n. f.
brandade n. f.
brande n. f.
brandebourg n. m.
brandir v.
brandon n. m.
brandy n. m. *Des brandys* ou *des brandies.*
branle n. m.
branle-bas n. m. inv.
branler v.
braquage n. m.
1. braque n. m. Chien de chasse.
2. braque adj. et n. Un peu fou.
braquer v.
braquet n. m.
bras n. m.
brasero n. m. *Des braseros.*
brasier n. m.
brassard n. m.
brasse n. f.
brassée n. f.
brasser v.
brasserie n. f.
brassière n. f.
bravache adj. et n.
bravade n. f.
brave adj. et n. m.
braver v.
1. bravo interj. et n. m. Acclamation. *Des bravos.*
2. bravo n. m. Homme de main. *Des bravi.*
bravoure n. f.
break n. m. *Des breaks.*

breakfast n. m. *Des breakfasts.*
brebis n. f.
brèche n. f.
brèche-dent n. et adj. *Des brèche-dents. Des vieillards brèche-dents.*
bréchet n. m.
bredouille adj.
bredouiller v.
1. bref, brève adj. et adv.
2. bref n. m.
brelan n. m.
breloque n. f.
brème n. f.
brésilien, ienne n. et adj.
bretelle n. f.
breton, onne adj. et n.
bretonnant, ante adj.
bretteur n. m.
bretzel n. m.
breuvage n. m.
brève n. f.
brevet n. m.
breveté, ée adj. et n.
breveter v.
bréviaire n. m.
briard, arde adj. et n.
bribe n. f.
bric-à-brac n. m. inv.
bric et de broc (de) loc. adv.
brick n. m. *Des bricks.*
bricoler v.
bride n. f.
brider v.
bridge n. m.
bridger v.
brie n. m.
brièvement adv.
brièveté n. f.
brigade n. f.
brigadier n. m.
brigand n. m.
brigue n. f.
briguer v.
brillamment adv.
brillant, ante adj. et n. m.
brillantine n. f.
briller v.
brimade n. f.
brimbaler v.
brimborion n. m.
brimer v.
brin n. m.
brindille n. f.
bringuebaler ou
brinquebaler v.
brio n. m.

brioche n. f.
brioché, ée adj.
brique n. f.
briquet n. m.
briqueterie n. f.
briquetier n. m.
briquette n. f.
bris n. m.
1. brisant, ante adj.
2. brisants n. m. pl.
briscard n. m. La
graphie *brisquard* est
assez rare.
brise n. f.
brisées n. f. pl.
brise-glace n. m. inv.
brise-jet n. m. inv.
brise-lames n. m. inv.
briser v.
brisquard n. m. ▷ briscard.
bristol n. m.
britannique adj. et n.
broc n. m.
brocante n. f.
brocanteur, euse n.
brocard n. m. Raillerie. —
Homophone : *brocart.*
brocarder v.
brocart n. m. Étoffe. —
Homophone : *brocard.*
broche n. f.
brochet n. m.
brochette n. f.
brodequin n. m.
broder v.
brodeuse n. f.
bronche n. f.
broncher v.
bronchite n. f.
broncho-pneumonie n. f. *Des
broncho-pneumonies.*
bronze n. m.
bronzer v.
bronzier n. m.
brosse n. f.
brosser v.
brou n. m. *Du brou de noix.
Des brous,* mais *des robes
brou de noix.*
brouet n. m.
brouette n. f.
brouettée n. f.
brouetter v.
brouhaha n. m. *Des
brouhahas.*
brouillamini n. m. Ne pas
écrire *embrouillamini.*
brouillard n. m.

brouillasser v.
brouille n. f.
brouiller v.
1. brouillon, onne adj. et n.
2. brouillon n. m.
broussaille n. f.
broussailleux, euse adj.
brousse n. f.
brouter v.
broutille n. f.
browning n. m.
broyage n. m.
broyer v.
broyeur, euse n. et adj.
brrr ! interj.
bru n. f.
brugnon n. m.
brugnonier n. m.
bruine n. f.
bruiner v.
bruire v.
bruit n. m.
bruiteur, euse n.
brûle-gueule n. m. inv.
brûle-parfum n. m. inv.
brûle-pourpoint (à) loc. adv.
brûler v.
brûleur n. m.
brûlis n. m.
brûloir n. m.
brûlot n. m.
brûlure n. f.
brumaire n. m. *Le mois de
brumaire,* mais *le 18-Brumaire,*
coup d'État.
brumasser v.
brume n. f.
brumer v.
brumeux, euse adj.
brun, une adj. et n.
brunâtre adj.
brune n. f.
brunet, ette n.
brunir v.
Brushing n. m. Nom déposé :
un *B* majuscule.
brusque adj.
brusquer v.
brut, brute adj. et adv.
brutal, ale, aux adj. et n.
brutaliser v.
brutalité n. f.
brute n. f.
bruxellois, oise adj. et n.
bruyamment adv.
bruyant, ante adj.
bruyère n. f.
buanderie n. f.

bubonique adj.
buccal, ale, aux adj.
buccin n. m.
bûche n. f.
1. bûcher n. m.
2. bûcher v.
bûcheron, onne n.
bûchette n. f.
bucolique n. f. et adj.
budget n. m.
budgétaire adj.
budgétivore adj. et n.
buée n. f.
buffet n. m.
buffetier, ière n.
buffle n. m.
bufflesse n. f.
buffleterie n. f.
bufflonne n. f.
building n. m.
buis n. m.
buisson n. m.
buissonneux, euse adj.
buissonnier, ière adj.
buble n. m.
bulgare adj. et n.
bull-dog n. m. *Des bull-dogs.*
bulldozer n. m.
bulle n. f.
bulletin n. m.
bull-terrier n. m. *Des
bull-terriers.*
bungalow n. m.
bunker n. m.
buraliste n.
bure n. f.
bureau n. m. *Des bureaux.*
bureaucrate n.
bureaucratie n. f.
bureautique n. f.
burette n. f.
burgrave n. m.
burin n. m.
buriner v.
burlesque adj. et n. m.
burnous n. m. inv.
buron n. m.
bus n. m. inv.
buse n. f.
business n. m. inv.
busqué, ée adj.
buste n. m.
bustier n. m.
but n. m.
butane n. m.
buté, ée adj.
butée n. f.
buter v. *Buter contre une*

pierre. Il ne faut pas se buter.
— Homophone : *butter.*
buteur n. m.
butin n. m.
butiner v.
butoir n. m.

butor n. m.
buttage n. m.
butte n. f.
butter v. *Butter la vigne, une plante.* — Homophone : *buter.*
buttoir n. m.

buvard n. m.
buvetier, ière n.
buvette n. f.
buveur, euse n.
byzantin, ine adj. et n.
byzantinisme n. m.

C

ça pron. dém. fam. Équivaut à « cela ».
çà adv. de lieu. *Çà et là.*
cab n. m.
cabale n. f. Complot. — Homophone : *Kabbale.*
cabalistique adj.
caban n. m.
cabane n. f.
cabanon n. m.
cabaret n. m.
cabaretier, ière n.
cabas n. m.
cabestan n. m.
cabillaud n. m.
cabine n. f.
cabinet n. m.
câble n. m.
câbler v.
câblier n. m.
cabochon n. m.
cabosser v.
cabot n. m. et adj. m.
caboter v.
caboteur n. m.
cabotin, ine n. et adj.
cabotinage n. m.
caboulot n. m.
cabrer v.
cabri n. m.
cabriole n. f.
cabrioler v.
cabriolet n. m.
cacahouète ou **cacahouette** ou **cacahuète** n. f. La graphie *cacahuète* est la plus usuelle, *cacahouette* est à éviter.
cacao n. m.
cacaotier n. m.
cacaoyer n. m.
cacatoès n. m. Éviter la graphie *kakatoès,* rare.
cacatois n. m.
cachalot n. m.
cache n. m. ou f. *Un cache, un écran. Une cache,* une cachette.

cache-cache n. m. inv. Inusité au pluriel.
cache-col n. m. inv.
cachemire n. m. inv.
cache-nez n. m. inv.
cache-pot n. m. inv.
cacher v.
cache-sexe n. m. inv.
cachet n. m.
cacheter v.
cachette n. f.
cachot n. m.
cachotterie n. f.
cachottier, ière adj. et n.
cachou n. m. *Des cachous.*
cacique n. m.
cacochyme adj.
cacophonie n. f.
cactus n. m. inv.
c.-à-d. abrév.
cadastral, ale, aux adj.
cadastre n. m.
cadastrer v.
cadavéreux, euse adj.
cadavérique adj.
cadavre n. m.
caddie n. m. *Un caddie :* celui qui porte les clubs de golf (écrit parfois *caddy*). *Des caddies.* — *Un Caddie :* chariot métallique (nom déposé). *Des Caddies.* — *Un cadi :* juge musulman. *Des cadis.* — *Du cadis :* étoffe.
cadeau n. m.
cadenas n. m.
cadenasser v.
cadence n. f.
cadencer v.
cadet, ette n.
cadi n. m. ▷ **caddie.**
cadis n. m. ▷ **caddie.**
cadran n. m. *Le cadran d'une horloge.* — Paronyme : *quadrant.*
cadrature n. f. Partie du mécanisme d'une montre ou d'une horloge. —

Paronyme : *quadrature (du cercle, d'une planète, de la Lune).*
cadre n. m.
cadrer v.
caduc, uque adj.
caducée n. m.
1. cafard, arde n. et adj. Mouchard, hypocrite.
2. cafard n. m. Insecte.
café n. m.
café-concert n. m. *Des cafés-concerts.*
caféier n. m.
caféine n. f.
cafetan n. m. ▷ **caftan.**
cafétéria n. f. *Des cafétérias.*
café-théâtre n. m. *Des cafés-théâtres.*
cafetier, ière n.
cafetière n. f.
cafouiller v.
caftan n. m. On écrit aussi *cafetan.*
cage n. f.
cageot n. m.
cagibi n. m. *Des cagibis.*
cagna n. f. *Des cagnas.*
cagneux, euse adj.
cagnotte n. f.
cagot, ote n. et adj.
cagoule n. f.
cahier n. m.
cahin-caha adv.
cahot n. m. Homophone : *chaos.*
cahoter v.
cahoteux, euse adj.
cahute n. f.
caïd n. m.
caille n. f.
caillebotis n. m. On écrit aussi, parfois, *caillebottis.*
cailler v.
caillot n. m.
caillou n. m. *Des cailloux.*
caillouteux, euse adj.
cailloutis n. m.

caïman n. m.

caïque n. m. La graphie *caïc* est vieillie.

cairote adj. et n.

caisse n. f.

caissette n. f.

caissier, ière n.

caisson n. m.

cajoler v.

cake n. m.

cal n. m.

calabrais, aise adj. et n.

calamar n. m. ▷ **calmar.**

calame n. m.

calamistrer v.

calamité n. f.

calandre n. f.

calanque n. f.

calcaire adj. et n. m.

calcédoine n. f. Pierre fine. — Homophone : *Chalcédoine*, ville antique d'Asie Mineure.

calcifié, ée adj.

calciner v.

calcium n. m.

calcul n. m.

calculer v.

cale n. f.

calebasse n. f.

calèche n. f.

caleçon n. m.

calédonien, ienne adj. et n.

calembour n. m.

calembredaine n. f.

calendes n. f. pl.

calendrier n. m.

cale-pied n. m. *Des cale-pieds.*

calepin n. m.

caler v.

calfat n. m.

calfater v.

calfeutrer v.

calibre n. m.

calice n. m.

calicot n. m.

califat n. m. On écrit parfois, moins bien, *khalifat.*

calife n. m. On écrit parfois, moins bien, *khalife.*

califourchon (à) loc. adv.

câlin, ine adj. et n. m.

câliner v.

câlinerie n. f.

calisson n. m.

calleux, euse adj.

call-girl n. f. *Des call-girls.*

calligraphie n. f.

callipyge adj.

callosité n. f.

calmar n. m. La forme *calamar* est vieillie.

1. calme n. m.

2. calme adj.

calmer v.

calomnie n. f.

calomnier v.

calorie n. f.

calorifère n. m. et adj.

calorifuge adj. et n. m.

calorifugeage n. m.

calorifuger v.

calot n. m.

calotin, ine n. et adj.

calotte n. f.

calotter v.

calque n. m.

calquer v.

calumet n. m.

calvados n. m.

calvaire n. m.

calviniste adj. et n.

calvitie n. f.

camaïeu n. m. *Des camaïeux.*

camail n. m. *Des camails.*

camarade n.

camard, arde adj. et n.

camarguais, aise adj. et n.

camarilla n. f. *Des camarillas.*

cambiste n. m.

cambodgien, ienne adj. et n.

cambouis n. m.

cambrer v.

cambrioler v.

cambrousse n. f.

cambrure n. f.

cambuse n. f.

camée n. m.

caméléon n. m.

camélia n. m. La graphie *camellia* est vieillie.

camelot n. m.

camelote n. f.

camembert n. m.

caméra n. f.

cameraman n. m. *Des cameramen.*

camérier n. m.

camériste n. f.

camerlingue n. m.

camerounais, aise adj. et n.

camion n. m.

camionnette n. f.

camionneur n. m.

camisard, arde n. m. et adj.

camisole n. f.

camomille n. f.

camoufler v.

camouflet n. m.

camp n. m.

campagnard, arde adj. et n.

campagne n. f.

campagnol n. m.

campanile n. m.

campanule n. f.

campement n. m.

camper v.

camphre n. m.

camphré, ée adj.

camphrier n. m.

camping n. m.

campus n. m. inv. *Des campus.*

camus, use adj.

canada n. f. inv. Le masculin est vieilli. On dit *une canada.* — *Des pommes du Canada*, mais *des canada.*

canadianisme n. m.

canadien, ienne adj. et n.

canadienne n. f.

canaille n. f. et adj. En général, accord : *Des manières canailles* (plutôt que *des manières canaille*).

canal n. m. *Des canaux.*

canaliser v.

cananéen, éenne adj. et n. Éviter la graphie *chananéen*, vieillie.

canapé n. m.

canard n. m.

canarder v.

canardière n. f.

canari n. m. *Des canaris.*

cancan n. m.

cancaner v.

cancanier, ière adj. et n.

cancer n. m.

cancéreux, euse adj. et n.

cancérigène adj.

cancérogène adj.

cancérologue n.

cancre n. m.

cancrelat n. m.

candélabre n. m.

candeur n. f.

candi, ie adj. On peut admettre l'accord en nombre et en genre : *Du sucre candi. Des fruits candis. Une orange candie. Des oranges candies.*

candidat, ate n.
candidature n. f.
candide adj.
cane n. f. Femelle du canard.
— Homophone : *canne.*
caner v.
caneton n. m.
1. canette n. f. Jeune cane.
— Homophone : *cannette.*
2. canette n. f. Petite
bouteille ; bobine. Éviter la
graphie *cannette.* —
Homophone : *cannette.*
canevas n. m.
caniche n. m.
caniculaire adj.
canicule n. f.
canif n. m.
canin, ine adj.
canine n. f.
caniveau n. m.
cannage n. m.
canne n. f. Bâton. —
Homophone : *cane.*
canné, ée adj.
canneler v.
1. cannelle n. f. Épice.
2. cannelle n. f. Robinet de
tonneau. — Synonyme :
cannette.
cannelloni n. m. inv.
cannelure n. f.
canner v.
cannette n. f. Robinet de
tonneau. — Synonyme :
cannelle 2. — Homophones :
canette 1 et 2.
canneur, euse n.
cannibale adj. et n.
canoë n. m.
canoéiste n.
1. canon n. m. Bouche à feu.
2. canon n. m. Règle ; partie
de la messe.
3. canon adj. *Le droit canon.*
cañon n. m. Éviter la graphie
canyon.
canonial, ale, aux adj.
canonique adj.
canonisation n. f.
canoniser v.
canoniste n. m.
canonnade n. f.
canonner v.
canonnier n. m.
canonnière n. f.
canot n. m.
canoter v.

canoteur, euse n.
canotier n. m.
cantal n. m. *Du fromage du
Cantal,* mais *du cantal. Des
cantals.*
cantate n. f.
cantatrice n. f.
cantharide n. f.
cantilène n. f.
cantine n. f.
cantinier, ère n.
cantique n. m.
canton n. m.
cantonade n. f.
cantonais, aise adj. et n.
cantonal, ale, aux adj.
cantonnement n. m.
cantonner v.
cantonnier n. m.
canular n. m.
canule n. f.
canut, use n.
caoutchouc n. m.
caoutchouté, ée adj.
cap n. m.
capable adj.
capacité n. f.
caparaçonner v.
cape n. f.
capeler v.
capeline n. f.
capétien, ienne adj. et n. *Les
rois capétiens,* mais *les
Capétiens.*
capharnaüm n. m. *Des
capharnaüms.*
cap-hornier n. m. *Des
cap-horniers.*
capillaire adj. et n. m.
capillarité n. f.
capilotade n. f.
capitaine n. m.
1. capital, ale, aux adj.
2. capital, aux n. m.
capitaliser v.
capitaliste adj. et n.
capiteux, euse adj.
capiton n. m.
capitonner v.
capitoul n. m.
capitulaire adj. et n. m.
capitule n. m.
capituler v.
capon, onne adj. et n.
caporal, aux n. m.
1. capot n. m.
2. capot adj. inv.
capote n. f.

capoter v.
câpre n. f.
caprice n. m.
capricorne n. m.
câprier n. m.
capsule n. f.
capter v.
captieux, euse adj.
captif, ive adj. et n.
captiver v.
capture n. f.
capuce n. m.
capuche n. f.
capuchon n. m.
capucin, ine n.
capucine adj. inv.
caque n. f.
caquet n. m.
caqueter v.
1. car conj.
2. car n. m.
carabin n. m.
carabine n. f.
carabiné, ée adj.
carabinier n. m.
caraco n. m. *Des caracos.*
caracoler v.
caractère n. m.
caractériel, elle adj. et n.
caractériser v.
caractéristique adj. et n. f.
carafe n. f.
carafon n. m.
caramboler v.
carambouille n. f.
caramel n. m.
caraméliser v.
carapace n. f.
carat n. m.
caravane n. f.
caravanier, ière n. m. et adj.
caravansérail n. m. *Des
caravansérails.*
caravelle n. f.
carbonaro n. m. *Des
carbonari.*
carbone n. m.
carboniser v.
carburant n. m.
carburateur n. m.
carburer v.
carcan n. m.
carcasse n. f.
carcéral, ale, aux adj.
cardan n. m. *Un cardan,* mais
une suspension à la Cardan.
carde n. f.
carder v.

cardiaque adj. et n.
cardigan n. m.
1. cardinal, ale, aux adj.
2. cardinal n. m. *Des cardinaux.*
cardinalice adj.
cardiologie n. f.
cardiologue n.
cardio-vasculaire adj.
carême n. m.
carême-prenant n. m. *Des carêmes-prenants.*
carence n. f.
carencé, ée adj.
carène n. f.
caréner v.
caresse n. f.
caresser v.
car-ferry n. m. *Des car-ferries.*
cargaison n. f.
cargo n. m.
carguer v.
cariatide n. f. Éviter la graphie *caryatide*, plus rare.
caribou n. m. *Des caribous.*
caricatural, ale, aux adj.
caricature n. f.
caricaturer v.
carie n. f.
carier v.
carillon n. m.
carillonner v.
carlingue n. f.
carmagnole n. f.
carme n. m.
carmélite n. f.
carmin n. m. et adj. inv. *De beaux carmins*, mais *des lèvres carmin.*
carminé, ée adj.
carnage n. m.
carnassier, ière adj. et n. m.
carnassière n. f.
carnation n. f.
carnaval, n. m. *Des carnavals.*
carne n. f.
carné, ée adj.
carnet n. m.
carnier n. m.
carnivore adj. et n.
carolingien, ienne adj. et n. *Les rois carolingiens*, mais *les Carolingiens.*
carotide n. f.
carotte n. f.
carotter v.
1. carpe n. f. Poisson.

2. carpe n. m. Squelette du poignet.
carpette n. f.
carpillon n. m.
carquois n. m.
carré, ée adj. et n. m.
carreau n. m. *Des carreaux.*
carrefour n. m.
carrelage n. m.
carreler v.
carreleur n. m.
carrément adv.
carrer v.
carrier n. m.
carrière n. f.
carriole n. f.
carrosse n. m.
carrosser v.
carrosserie n. f.
carrossier n. m.
carrousel n. m.
carrure n. f.
cartable n. m.
carte n. f. *Carte à jouer, carte de visite, carte de géographie.* — Homophones : *quarte*, féminin de *quart 1 ; une quarte.*
cartel n. m.
carte-lettre n. f. *Des cartes-lettres.*
carter n. m.
cartésianisme n. m.
cartésien, ienne adj. et n.
carthaginois, oise adj. et n.
cartilage n. m.
cartographe n.
cartographie n. f.
cartomancie n. f.
cartomancien, ienne n.
carton n. m.
cartonner v.
1. cartouche n. m. Encadrement décoratif.
2. cartouche n. f. Munition d'arme à feu.
cartouchière n. f.
cartulaire n. m.
caryatide n. f. ▷ **cariatide.**
cas n. m.
casanier, ière adj. et n.
casaque n. f.
cascade n. f.
cascatelle n. f.
case n. f.
casemate n. f.
caser v.
caserne n. f.

caserner v.
cash adv.
casier n. m.
casino n. m.
casoar n. m.
casque n. m.
casqué, ée adj.
casquette n. f.
cassation n. f.
1. casse n. f. *Il y a de la casse.*
2. casse n. m. Cambriolage.
casse-cou n. m. inv.
casse-croûte n. m. inv.
casse-noisette ou **casse-noisettes** n. m. Un seul pluriel : *des casse-noisettes.*
casse-noix n. m. inv.
casse-pieds adj. inv. et n. inv.
casse-pipe ou **casse-pipes** n. m. Au pluriel : *des casse-pipes*, plutôt que *des casse-pipe.*
casser v.
casserole n. f.
casse-tête n. m. inv.
cassette n. f.
cassis n. m.
cassolette n. f.
cassonade n. f.
cassoulet n. m.
cassure n. f.
castagnettes n. f. pl.
caste n. f.
castel n. m.
castillan, ane adj. et n.
castor n. m.
castrat n. m.
castrer v.
casuel, elle adj. et n. m.
casuiste n. m.
casuistique n. f.
casus belli n. m. inv.
cataclysme n. m.
catacombe n. f.
catafalque n. m.
catalan, ane adj. et n.
catalepsie n. f.
cataleptique adj. et n.
catalogue n. m.
cataloguer v.
catalyse n. f.
catalyser v.
catamaran n. m.
cataplasme n. m.
catapulte n. f.
cataracte n. f.

catarrhe n. m. Inflammation des muqueuses. — Homophone : *cathare*.

catarrheux, euse adj. et n.

catastrophe n. f.

catastrophé, ée adj.

catch n. m. sing.

catcher v.

catcheur, euse n.

catéchèse n. f.

catéchiser v.

catéchisme n. m.

catéchiste n.

catéchumène n.

catégorie n. f.

caténaire adj. et n. f.

cathare n. et adj. *Les cathares :* hérétiques. — Homophone : *catarrhe*.

cathédrale n. f. *Des verres cathédrale.*

catherinette n. f.

cathode n. f.

catholicisme n. m.

catholicité n. f.

catholique adj. et n.

catimini (en) loc. adv.

catin n. f.

caucasien, ienne adj. et n.

cauchemar n. m.

cauchemardeux, euse adj.

caudal, ale, aux adj. Le masculin pluriel *(caudaux)* est pratiquement inusité.

caudillo n. m.

causal, ale, aux adj. Le masculin pluriel *(causaux)* est pratiquement inusité.

cause n. f.

causer v.

causette n. f.

causse n. m.

causticité n. f.

caustique adj.

cautèle n. f.

cauteleux, euse adj.

cautère n. m.

cautériser v.

caution n. f.

cautionner v.

cavalcade n. f.

cavale n. f.

cavaler v.

cavalerie n. f.

cavalier, ière n. et adj.

cavalièrement adv.

1. cave n. f.

2. cave adj.

caveau n. m. *Des caveaux.*

caverne n. f.

caverneux, euse adj.

caviar n. m.

caviarder v.

caviste n. m.

cavité n. f.

1. ce, cet, cette, ces adj. dém.

2. ce pron. dém. neutre.

céans adv. Homophone : *séant.*

ceci pron. dém. neutre.

cécité n. f.

céder v.

cedex n. m. inv.

cédille n. f.

cédrat n. m.

cèdre n. m.

ceindre v.

ceinture n. f.

ceinturon n. m.

cela pron. dém. neutre.

célébration n. f.

célèbre adj.

célébrer v.

célébrité n. f.

celer v.

céleri n. m.

célérité n. f.

céleste adj.

célibat n. m.

célibataire adj. et n.

celle pron. dém. f.

celle-ci pron. dém. f.

celle-là pron. dém. f.

cellier n. m. Cave. — Homophone : *sellier.*

Cellophane n. f. Nom déposé : Un *C* majuscule.

cellulaire adj.

cellule n. f.

cellulite n. f.

Celluloïd n. m. Nom déposé : un *C* majuscule.

cellulose n. f.

celte adj. et n.

celui pron. dém. m.

celui-ci pron. dém. m.

celui-là pron. dém. m.

cénacle n. m.

cendre n. f.

cendré, ée adj. et n. f.

cendrier n. m.

cène n. f. Repas du Christ, avant sa Passion. — Homophones : *saine,* féminin de *sain ; senne* ou *seine ;*

scène (de théâtre) ; la Seine.

cénobite n. m.

cénotaphe n. m.

cens n. m. Recensement, à Rome ; redevance féodale. — Homophone : *sens.*

censé, ée adj. Supposé, présumé. — Homophone : *sensé.*

censeur n. m.

censitaire adj.

censure n. f.

cent adj. num. cardinal et n. m.

centaine n. f.

centaure n. m.

centaurée n. f.

centiare n. m.

centième adj. et n.

centigrade adj. et n. m.

centigramme n. m.

centilitre n. m.

centime n. m.

centimètre n. m.

centon n. m. Poème fait de vers empruntés à divers autres poèmes. — Homophones : *santon ; nous sentons (*de *sentir).*

centrafricain, aine adj. et n.

central, ale, aux adj. et n. *L'École centrale,* mais *Centrale : un ingénieur sorti de Centrale.*

centraliser v.

centre n. m.

centrer v.

centrifugation n. f.

centrifuge adj.

centrifuger v.

centripète adj.

centriste adj. et n.

centumvir n. m. *Des centumvirs.*

centuple adj. et n. m.

centurie n. f.

centurion n. m.

cep n. m. Pied de vigne. — Homophones : *cèpe ; sep.*

cépage n. m.

cèpe n. m. Champignon. — Homophones : *cep ; sep.*

cependant adv.

céphalée n. f.

céramique n. f.

céramiste n.

cerbère n. m.

cerceau n. m.

cercle n. m.
cercueil n. m.
céréale n. f.
céréalier, ière adj. et n.
cérébral, ale, aux adj.
cérémonial n. m. *Des cérémonials.*
cérémonie n. f.
cerf n. m.
cerfeuil n. m.
cerf-volant n. m. *Des cerfs-volants.*
cerisaie n. f.
cerise n. f. et adj. inv. *Des cerises,* mais *des tentures cerise.*
cerne n. m.
cerner v.
certain, aine adj. et pron.
certes adv.
certificat n. m.
certifier v.
certitude n. f.
céruléen, enne adj.
céruse n. f.
cerveau n. m. *Des cerveaux.*
cervelas n. m.
cervelet n. m.
cervelle n. f.
cervoise n. f.
ces adj. dém. pl.
césar n. m.
césarien, ienne adj.
césarisme n. m.
cessant, ante adj. ▷ **p. 179.**
cessation n. f. La cessation d'une activité.
cesse n. f.
cesser v.
cessez-le-feu n. m. inv.
cessible adj.
cession n. f. *La cession d'un fonds de commerce.* — Homophone : *session.*
c'est-à-dire loc. conj.
césure n. f.
cétacé n. m.
ceux pron. dém. m. pl.
ceux-ci pron. dém. m. pl.
ceux-là pron. dém. m. pl.
cévenol, ole adj. et n.
cf. abrév.
chablis n. m.
chabraque n. f.
chacal n. m. *Des chacals.*
chacun, une pron. indéf.
chadburn n. m.
chadouf n. m.

chafouin, ine n. et adj.
1. chagrin, ine adj.
2. chagrin n. m.
chagriner v.
chah n. m. Empereur d'Iran. Éviter les graphies *schah* et *shah.* — *Des chahs.* — Homophones : *chat ; chas.*
chahut n. m.
chahuter v.
chai n. m. *Des chais.*
chaîne n. f. Ensemble d'anneaux. — Homophone : *chêne.*
chaîner v.
chaînette n. f.
chaînon n. m.
chair n. f. *La chair des animaux.* — Homophones : *Faire bonne chère. La chaire à prêcher. Une amie très chère. Mon cher ami. Le département du Cher.*
chaire n. f.
chaise n. f.
chaisière n. f.
1. chaland n. m. Bateau.
2. chaland, ande n. Client, cliente.
chalcographie n. f.
chaldéen, éenne adj. et n.
châle n. m.
chalet n. m.
chaleur n. f.
châlit n. m.
challenge n. m.
challenger n. m.
chaloir v. *Peu me chaut.*
chaloupe n. f.
chalumeau n. m. *Des chalumeaux.*
chalut n. m.
chalutier n. m.
chamade n. f.
chamailler (se) v.
chamarrer v.
chamarrure n. f.
chambarder v.
chambellan n. m.
chambranle n. m.
chambre n. f.
chambrée n. f.
chambrer v.
chambrette n. f.
chambrière n. f.
chameau n. m. *Des chameaux.*
chamelier n. m.

chamelle n. f.
chamois n. m.
champ n. m. *Un champ de blé.* — Homophones : *chant 1* et *2.*
1. champagne n. f. *Une champagne,* plaine, mais *la Champagne,* province.
2. champagne n. m. et adj. inv. *Du vin de Champagne,* mais *du champagne. Des champagnes.* — *Des étoffes champagne.*
champagniser v.
champenois, oise adj. et n.
champêtre adj.
champignon n. m.
champignonnière n. f.
champion, ionne n.
championnat n. m.
chananéen, éenne n. et adj. ▷ cananéen.
chance n. f.
chanceler v.
chancelier n. m.
chancelière n. f.
chancellerie n. f.
chanceux, euse adj.
chandail n. m. *Des chandails.*
chandeleur n. f.
chandelier n. m.
chandelle n. f.
chanfrein n. m.
change n. m.
changeant, ante adj.
changer v.
chanoine n. m.
chanoinesse n. f.
chanson n. f.
chansonner v.
chansonnette n. f.
chansonnier n. m.
1. chant n. m. Chanson. — Homophone : *champ.*
2. chant n. m. *Poser un objet de chant* ou *sur chant.*
chantefable n. f.
chanter v.
chanterelle n. f.
chanteur, euse n. et adj.
chantier n. m.
chantonner v.
chantourner v.
chantre n. m.
chanvre n. m.
chaos n. m. Homophone : *cahot.*
chaotique adj.

chaparder v.
chape n. f.
chapeau n. m. *Des chapeaux.*
chapelain n. m.
chapelet n. m.
chapelier, ière n. et adj.
chapelle n. f.
chapellerie n. f.
chapelure n. f.
chaperon n. m.
chaperonner v.
chapiteau n. m. *Des chapiteaux.*
chapitre n. m.
chapitrer v.
chapon n. m.
chaque adj. indéf.
char n. m.
charabia n. m.
charade n. f.
charançon n. m.
charançonné, ée adj.
charbon n. m.
charbonnage n. m.
charbonner v.
charbonnerie n. f.
charbonneux, euse adj.
charbonnier, ière n. et adj.
charcuter v.
charcutier, ière n.
chardon n. m.
chardonneret n. m.
charentais, aise adj. et n.
charge n. f.
charger v.
chariot n. m. Un seul r, mais *charrette, charrier, charroi, charron, charrue,* etc. Par une décision récente, l'Académie a autorisé la graphie *charriot.*
charismatique adj.
charisme n. m.
charitable adj.
charité n. f.
charivari n. m. *Des charivaris.*
charlatan n. m.
charlatanerie n. f.
charlatanisme n. m.
charleston n. m.
charmant, ante adj.
charme n. m.
charmer v.
charmeur, euse n. et adj.
charmille n. f.
charnel, elle adj.
charnellement adv.
charnier n. m.

charnière n. f.
charnu, ue adj.
charognard n. m.
charogne n. f.
charolais, aise adj. et n. La ville de *Charolles,* mais *charolais,* plus fréquent que *charollais,* correct aussi.
charpente n. f.
charpentier n. m.
charpie n. f.
charretée n. f.
charretier, ière n. et adj.
charrette n. f.
charriage n. m.
charrier v.
charroi n. m.
charron n. m.
charronnerie n. f.
charroyer v.
charrue n. f.
charte n. f.
charter n. m.
chartreuse n. f.
chartreux, euse adj.
chartrier n. m.
chas n. m. Trou d'une aiguille. — Homophones : *chat ; chah.*
chasse n. f.
châsse n. f.
chassé n. m.
chasse-clou n. m. *Des chasse-clous.*
chassé-croisé n. m. *Des chassés-croisés.*
chasselas n. m.
chasse-mouches n. m. inv.
chasse-neige n. m. inv.
chasse-pierres n. m. inv.
chasser v.
chasseresse n. f. et adj. f.
chasseur, euse n.
chassie n. f. Sécrétion sur les paupières. — Paronyme : *châssis.*
chassieux, euse adj.
châssis n. m. Cadre, armature. — Paronyme : *chassie.*
chaste adj.
chasteté n. f.
chasuble n. f.
chat, chatte n. Homophones (du masculin) : *chah ; chas.*
châtaigne n. f. et adj. inv. *Des châtaignes,* mais *des yeux châtaigne.*

châtaigneraie n. f.
châtaignier n. m.
châtain, aine adj. et n.
▷ **p. 179.**
château n. m. *Des châteaux forts.*
chateaubriand ou châteaubriant n. m. Tranche de bœuf. Les deux orthographes sont admises. La plus fréquente est *chateaubriand.*
châtelain, aine n.
châtelet n. m.
châtellenie n. f.
chat-huant n. m. *Des chats-huants.*
châtier v.
chatière n. f.
châtiment n. m.
chatoiement n. m.
chaton n. m.
chatonner v.
chatouille n. f.
chatouiller v.
chatoyer v.
châtrer v.
chatte n. f.
chattemite n. f.
chatterton n. m.
chaud, aude adj. et n.
chaud-froid n. m. *Des chauds-froids.*
chaudière n. f.
chaudron n. m.
chaudronnerie n. f.
chaudronnier, ière n.
chauffage n. m.
chauffard n. m.
chauffe n. f.
chauffe-bain n. m. *Des chauffe-bains.*
chauffe-eau n. m. inv.
chauffe-plats n. m. inv.
chauffer v.
chaufferette n. f.
chauffeur n. m.
chauler v.
chaumage n. m. Action de chaumer. — Homophone : *chômage.*
chaume n. m.
chaumer v. Couper le chaume. — Homophone : *chômer.*
chaumière n. f.
chaumine n. f.
chausse n. f.

chaussée n. f.
chausse-pied n. m. *Des chausse-pieds.*
chausser v.
chausses n. f. pl.
chausse-trappe n. f. *Des chausse-trappes,* mieux que *des chausses-trappes.* La graphie *chausse-trape* est vieillie.
chaussette n. f.
chausson n. m.
chaussure n. f.
chauve adj. et n.
chauve-souris n. f. *Des chauves-souris.*
chauvin, ine adj. et n.
chauvinisme n. m.
chaux n. f.
chavirer v.
chéchia n. f. *Des chéchias.*
chef n. m.
chef-d'œuvre n. m. *Des chefs-d'œuvre.*
chef-lieu n. m. *Des chefs-lieux.*
cheftaine n. f.
cheikh n. m. Chef arabe. On écrit aussi, parfois, *cheik* et *scheik.*
chelem n. m. On écrit aussi, parfois, *schelem* et *schlem.*
chemin n. m.
chemin de fer n. m.
chemineau n. m. Vagabond. *Des chemineaux.* — Homophone : *cheminot.*
cheminée n. f.
cheminer v.
cheminot n. m. Employé des chemins de fer. — Homophone : *chemineau.*
chemise n. f.
chemisette n. f.
chênaie n. f.
chenal n. m. *Des chenaux.*
chenapan n. m.
chêne n. m. *Chêne blanc. Chêne vert. Chêne noir.* — Homophone : *chaîne.*
chéneau n. m. Gouttière.
chêneau n. m. Jeune chêne.
chêne-liège n. m. *Des chênes-lièges.*
chenet n. m.
chènevière n. f.
chènevis n. m.
chenil n. m.

chenille n. f.
chenillette n. f.
chenu, ue adj.
cheptel n. m.
chèque n. m.
chéquier n. m.
cher, ère adj. et adv. Homophones ▷ *chair.*
chercher v.
chère n. f. *Faire bonne chère.* Homophones ▷ *chair.*
chèrement adv.
chérif n. m. Souverain musulman. — Homophone : *shérif.*
chérir v.
cherry n. m. Liqueur faite avec des cerises. *Des cherries.* — Homophone : *sherry.*
cherté n. f.
chérubin n. m.
chétif, ive adj.
chevaine ou **chevesne** ou **chevenne** n. m. Les trois graphies sont admises. Les plus usuelles sont *chevaine* et *chevesne.*
cheval n. m. *Des chevaux.*
chevaleresque adj.
chevalerie n. f.
chevalet n. m.
chevalier n. m.
chevalière n. f.
chevalin, ine adj.
cheval-vapeur n. m. *Des chevaux-vapeur.*
chevauchée n. f.
chevaucher v.
chevelu, ue adj. et n.
chevelure n. f.
chevenne ou **chevesne** n. m. ▷ *chevaine.*
chevet n. m.
chevêtre n. m.
cheveu n. m. *Des cheveux.*
cheville n. f.
cheviller v.
chevillette n. f.
chèvre n. f.
chevreau n. m. *Des chevreaux.*
chèvrefeuille n. m.
chèvre-pied adj. et n. m. *Des chèvre-pieds.*
chevrette n. f.
chevreuil n. m.
chevrier, ère n.
chevron n. m.

chevronner v.
chevroter v.
chevrotine n. f.
chewing-gum n. m. *Des chewing-gums.*
chez prép.
chez-soi n. m. inv.
chianti n. m. inv.
chiasma n. m.
chiasme n. m.
chibouque n. f. *Une chibouque.* La forme *un chibouk* est vieillie.
chic n. m. et adj. inv.
chicane n. f.
chicaner v.
chicaneur, euse n. et adj.
chicanier, ière n. et adj.
chiche adj.
chichi n. m. *Des chichis.*
chicorée n. f.
chicot n. m.
chicotin n. m.
chien, enne n.
chien-assis n. m. *Des chiens-assis.*
chiendent n. m.
chienlit n. f.
chien-loup n. m. *Des chiens-loups.*
chienne n. f.
chiennerie n. f.
chiffe n. f.
chiffon n. m.
chiffonner v.
chiffonnier, ière n.
chiffre n. m.
chignole n. f.
chignon n. m.
chilien, ienne adj. et n.
chimère n. f.
chimérique adj.
chimie n. f.
chimpanzé n. m.
chinchilla n. m.
chine n. m. ou f. *Du chine,* du papier de luxe ou du thé de Chine. *Un chine* ou *une chine :* un objet en procelaine de Chine.
chiné, ée adj. et n. m.
chinois, oise adj. et n.
chinoiser v.
chiot n. m.
chiourme n. f.
chiper v.
chipie n. f.
chipolata n. f. *Des chipolatas.*

chipoter v.

chips n. f. inv. Dans l'usage actuel, le mot est féminin. A été parfois employé au masculin.

chique n. f.

chiqué n. m.

chiquenaude n. f.

chiquer v.

chiromancie n. f.

chirurgical, ale, aux adj.

chirurgie n. f.

chistera ou **chistéra** n. m. ou f. Les deux graphies sont admises, ainsi que les deux genres.

chlamyde n. f.

chlore n. m.

chlorhydrique adj.

chloroforme n. m.

chlorophylle n. f.

chlorophyllien, ienne adj.

chlorose n. f.

chlorotique adj.

chlorure n. m.

choc n. m. et adj. inv. *Des effets choc. Des décisions choc.* Cependant : *une émotion-choc, des émotions-chocs.*

chochotte n. f.

chocolat n. m.

chocolatier, ière n.

chocolatière n. f.

chœur n. m. Partie d'une église. *Un enfant de chœur.* — Homophone : *cœur.*

choir v.

choisir v.

choix n. m.

choléra n. m.

cholérique adj. et n. Atteint du choléra. — Homophone : *colérique.*

cholestérol n. m.

chômable adj.

chômage n. m. Privation d'emploi. — Homophone : *chaumage.*

chômer v. Ne pas travailler. — Homophone : *chaumer.*

chômeur, euse n.

chope n. f.

1. choper v. *Choper un rhume.* — Homophone : *chopper.*

2. choper n. m. Motocyclette.

chopine n. f.

chopper v. Buter contre quelque chose. — Homophone : *choper.*

choquer v.

1. choral, ale, aux adj. *Des chants choraux.*

2. choral n. m. *Des chorals luthériens.*

chorale n. f. *Une chorale populaire.*

chorégraphie n. f.

choriste n.

chorizo n. m. *Des chorizos.*

chorus n. m. *Des chorus.*

1. chose n. f. ▷ **p. 179.**

2. chose n. m. *Un chose :* un truc, un machin (familier).

3. chose adj. inv. *Ils se sentent tout chose.*

chott n. m. *Des chotts.*

chou n. m. et adj. inv. *Des choux. Ces petites robes sont chou.*

chouan n. m.

chouannerie n. f.

choucas n. m.

chouchou, oute n. *Des chouchous. Des chouchoutes.*

chouchouter v.

choucroute n. f.

1. chouette n. f.

2. chouette adj. et interj.

chou-fleur n. m. *Des choux-fleurs.*

chou-rave n. m. *Des choux-raves.*

chow-chow n. m. *Des chows-chows.*

choyer v.

chrême n. m.

chrétien, ienne adj. et n.

chrétiennement adv.

chrétienté n. f.

christ n. m. *Le Christ :* Jésus-Christ. *Un christ :* un crucifix.

christianiser v.

christianisme n. m.

chromatique adj.

chrome n. m.

chromo n. m. et f.

chromolithographie n. f.

chromosome n. m.

chronique adj. et n. f.

chrono n. m. *Des chronos,* mais *55 secondes chrono.*

chronologie n. f.

chronomètre n. m.

chronométrer v.

chrysalide n. f.

chrysanthème n. m.

chuchoter v.

chuchotis n. m.

chuinter v.

chut ! interj. et n. m. inv.

chute n. f.

chypriote ou **cypriote** adj. et n.

ci-annexé loc. adv. et loc. adj. ▷ **p. 179.**

ciao ! interj.

ci-après loc. adv.

cibiste n.

cible n. f.

ciboire n. m.

ciboulette n. f.

ciboulot n. m.

cicatrice n. f.

cicatriser v.

cicéro n. m. *Des cicéros.*

cicérone ou **cicerone** n. m. Préférer la forme francisée, *un cicérone, des cicérones,* à la forme italienne, *un cicerone, des ciceroni.*

ci-contre loc. adv.

ci-dessous loc. adv.

ci-dessus loc. adv.

ci-devant loc. adv.

cidre n. m.

Cie abrév.

ciel, ciels ou **cieux** n. m. ▷ **p. 180.**

cierge n. m.

cigale n. f.

cigare n. m.

cigarette n. f.

cigarière n. f.

cigarillo n. m. *Des cigarillos.*

ci-gît loc.

cigogne n. f.

ciguë n. f. L'Académie autorise la graphie *cigüe.*

ci-inclus loc. adv. et loc. adj. ▷ **p. 179.**

ci-joint loc. adv. et loc. adj. ▷ **p. 179.**

cil n. m.

cilice n. m. Chemise de crin. — Homophone : *silice.*

cillement n. m.

ciller v.

cimaise n. f.

cime n. f.

ciment n. m.

cimentier n. m.
cimeterre n. m.
cimetière n. m.
cimier n. m.
ciné n. m. *Des cinés.*
cinéaste n.
ciné-club n. m. *Des ciné-clubs.*
cinéma n. m.
cinémathèque n. f.
cinématographe n. m.
cinématographique adj.
cinéphile n.
cinéraire adj. et n. f.
cinéroman n. m. *Des cinéromans.* Éviter la graphie *ciné-roman.*
cinétique adj. et n. f.
cingler v.
cinq adj. et n. inv.
cinquantaine n. f.
cinquante adj. et n. inv. *Cinquante et un,* mais *cinquante-deux, cinquante-trois...*
cinquantenaire adj. et n. m.
cinquantième adj. et n.
cinquième adj. et n.
cinquièmement adv.
cintre n. m.
cippe n. m.
cirage n. m.
circoncire v.
circoncision n. f.
circonférence n. f.
circonflexe adj.
circonlocution n. f.
circonscription n. f.
circonscrire v.
circonspect, ecte adj.
circonspection n. f.
circonstance n. f.
circonstancié, ée adj.
circonstanciel, ielle adj.
circonvallation n. f.
circonvenir v.
circonvoisin, ine adj.
circonvolution n. f.
circuit n. m.
circulaire adj. et n. f.
circulatoire adj.
circuler v.
circumnavigation n. f.
circumpolaire adj.
cire n. f. Substance produite par les abeilles. — Homophone : *sire.*
ciré n. m.

cirer v.
cireux, euse adj.
ciron n. m.
cirque n. m.
cirrhose n. f.
cirrus n. m. *Des cirrus,* nuages, mais *Cyrus,* roi des Perses.
cisaille n. f. *Une cisaille :* grosse machine à couper le métal. *Des cisailles :* ciseaux à couper le métal.
cisailler v.
cisalpin, ine adj.
ciseau n. m. *Des ciseaux.*
ciseler v.
cistercien, ienne adj. et n.
cistre n. m. Guitare ou mandoline du XVIe siècle. — Homophone : *sistre.*
citadelle n. f.
citadin, ine n. et adj.
citation n. f.
cité n. f.
citer v.
citerne n. f.
cithare n. f.
citoyen, enne n.
citoyenneté n. f.
citron n. m.
citronnade n. f.
citronné, ée adj.
citronnelle n. f.
citronnier n. m.
citrouille n. f.
cive n. f.
civet n. m.
civette n. f.
civière n. f.
civil, ile adj. et n.
civilement adv.
civilisateur, trice n. et adj.
civilisation n. f.
civiliser v.
civilité n. f.
civique adj.
clabauder v.
clac ! interj.
clafoutis n. m.
claie n. f.
clair, claire adj., adv. et n. m.
claire n. f. Huître.
clairet, ette adj.
clairette n. f.
claire-voie n. f. *Des claires-voies.*
clairière n. f.
clair-obscur n. m. *Des*

clairs-obscurs.
clairon n. m.
claironner v.
clairsemé, ée adj.
clairvoyance n. f.
clairvoyant, ante adj.
clamer v.
clan n. m.
clandestin, ine adj. et n.
clapet n. m.
clapier n. m.
clapot n. m.
clapoter v.
clapotis n. m.
clapper v.
claquage n. m.
1. claque n. f. *Donner, recevoir une claque.*
2. claque adj. et n. m. *Un chapeau claque. Un claque.*
claquemurer v.
claquer v.
claquette n. f.
clarifier v.
clarine n. f.
clarinette n. f.
clarinettiste n.
clarté n. f.
classe n. f.
classer v.
classeur n. m.
classicisme n. m.
classification n. f.
classifier v.
classique adj. et n. m.
claudication n. f.
claudiquer v.
clause n. f.
claustral, ale, aux adj.
claustration n. f.
claustrer v.
claustrophobie n. f.
clausule n. f.
claveau n. m. *Des claveaux.*
clavecin n. m.
claveter v.
clavette n. f.
clavicule n. f.
clavier n. m.
clé ou clef n. f. Les deux graphies sont correctes. La graphie *clé* gagne du terrain.
clématite n. f.
clémence n. f.
clément, ente adj.
clémentine n. f.
clepsydre n. f.
cleptomane n. ▷

kleptomane.
cleptomanie n. f. ▷
kleptomanie.
clerc n. m.
clergé n. m.
clergyman n. m. *Des clergymen,* mais *des costumes clergyman.*
clérical, ale, aux adj.
1. clic ! onomat.
2. clic n. m.
cliché n. m.
clicher v.
client, ente n.
clientèle n. f.
cligner v.
clignotant n. m.
clignoter v.
climat n. m.
climatiser v.
clin d'œil n. m. *Des clins d'œil.*
clinique adj. et n. f.
clinquant, ante adj. et n. m.
clip n. m.
clipper n. m.
clique n. f. *Une clique d'aventuriers.*
cliques n. f. pl. *Prendre ses cliques et ses claques.*
cliquet n. m.
cliqueter v.
cliquetis n. m.
clisser v.
cliver v.
cloaque n. m.
clochard, arde n.
cloche n. f.
cloche-pied (à) loc. adv.
1. clocher n. m.
2. clocher v.
clocheton n. m.
clochette n. f.
cloison n. f.
cloisonner v.
cloître n. m.
cloîtrer v.
clopin-clopant loc. adv.
clopiner v.
cloporte n. m.
cloque n. f.
cloquer v.
clore v.
1. clos n. m.
2. clos, ose adj.
close-combat n. m. Inusité au pluriel.
clôture n. f.
clôturer v.

clou n. m. *Des clous.*
clouer v.
clouter v.
clovisse n. f.
clownerie n. f.
clownesque adj.
club n. m.
clunisien, ienne adj.
cluse n. f.
clystère n. m.
Cm symbole.
cm, cm², cm³ symboles.
cnémide n. f.
coaccusé, ée n.
coach n. m. *Des coaches.*
coadjuteur n. m.
coaguler v.
coaliser v.
coalition n. f.
coasser v.
coauteur n. m.
cobalt n. m.
cobaye n. m.
cobra n. m.
coca n. m. ou f. Pour désigner la substance, généralement au féminin. Pour désigner l'arbuste, l'usage courant préfère le masculin, mais les botanistes préfèrent le féminin.
cocagne n. f.
cocaïne n. f.
cocarde n. f.
cocardier, ière adj.
cocasse adj.
cocasserie n. f.
coccinelle n. f.
coccyx n. m. inv.
coche n. *Un coche :*voiture. *Une coche :*entaille. *Une coche :* truie.
coche d'eau n. m. *Des coches d'eau.*
cochenille n. f.
1. cocher n. m.
2. cocher v.
cochère adj. f. *Une porte cochère.*
cochet n. m.
cochon n. m. et adj. Pour le nom pris au sens figuré et pour l'adjectif, il existe un féminin *cochonne.* Pour le nom pris au sens propre, le féminin est *truie* ou *coche.*
cochonnaille n. f.

cochonner v.
cochonnerie n. f.
cochonnet n. m.
cocker n. m. *Des cockers.*
cockpit n. m. *Des cockpits.*
cocktail n. m. *Des cocktails.*
coco n. m. *Des cocos.*
cocon n. m.
cocorico interj. et n. m.
cocotier n. m.
cocotte n. f. On écrit : *Une Cocotte-minute* (nom déposé).
cocu, ue adj. et n.
cocufier v.
code n. m.
coder v.
codicille n. m.
codifier v.
codirecteur, trice n. et adj.
coefficient n. m.
coéquipier, ière n.
coercitif, ive adj.
coercition n. f.
cœur n. m. Homophone : *chœur.*
coexistence n. f.
coexister v.
coffin n. m.
coffre n. m.
coffre-fort n. m. *Des coffres-forts.*
coffret n. m.
cogitation n. f.
cognac n. m. *Les grands cognacs.*
cognassier n. m.
cognée n. f.
cogner v.
cognition n. f.
cohabiter v.
cohérence n. f.
cohérent, ente adj.
cohéritier, ière n. et adj.
cohésion n. f.
cohorte n. f.
cohue n. f.
coi, coite adj.
coiffe n. f.
coiffer v.
coiffeur, euse n.
coin n. m. *Au coin de la rue.* — Homophone : *coing.*
coinçage n. m.
coincement n. m.
coincer v.
coinchée adj. f. *Manille, belote coinchée.*

coïncidence n. f.

coïncident, ente adj.

coïncider v.

coïnculpé, ée adj. et n.

coing n. m. Fruit. — Homophone : *coin*.

coite adj. f. Féminin de *coi*, « tranquille ».

coke n. m. Combustible. — Homophone : *coq 1 et 2* ; *coque*.

col n. m. Partie de vêtement ; passage dans la montagne. — Homophone : *colle*.

cola ou **kola** n. Les deux graphies sont admises. On dit plutôt *le cola*, arbuste, et *la cola*, fruit.

colback n. m.

col blanc n. m. *Les cols blancs :* les employés, les cadres.

col bleu n. m. *Les cols bleus :* les ouvriers.

col-bleu n. m. *Les cols-bleus :* les matelots.

colchique n. m.

coléoptère n. m.

colère n. f. et adj.

coléreux, euse adj. et n.

colérique adj. Prompt à la colère. — Homophone : *cholérique*.

colibacille n. m.

colibri n. m. *Des colibris.*

colifichet n. m.

colimaçon n. m.

colin n. m.

colineau ou **colinot** n. m. Les deux graphies sont admises.

colin-maillard n. m. Inusité au pluriel.

colique n. f.

colis n. m.

collaborer v.

collant n. m.

collatéral, ale, aux adj. et n. m.

collation n. f.

collationner v.

colle n. f. Substance qui sert à coller. — Homophone : *col*.

collecte n. f.

collecter v.

collecteur, trice n. et adj.

collectif, ive adj.

collection n. f.

collectionner v.

collectionneur, euse n.

collectiviser v.

collectiviste adj. et n.

collectivité n. f.

collège n. m.

collégial, ale, aux adj. et n. f.

collégien, ienne n.

collègue n.

coller v.

collerette n. f.

collet n. m. Partie de vêtement. — Paronyme : *colley.*

colleter v.

colley n. m. Chien. — Paronyme : *collet.*

collier n. m.

colliger v.

collimateur n. m.

colline n. f.

collision n. f.

colloque n. m.

colloquer v.

collusion n. f.

collyre n. m.

colmater v.

colombage n. m.

colombe n. f.

colombien, ienne adj. et n.

colombier n. m.

colombine n. f.

colombophile n. et adj.

colon n. m. Celui qui est allé vivre aux colonies.

côlon n. m. Partie de l'intestin.

colonat n. m.

colonel n. m.

colonelle n. f.

colonial, iale, iaux adj. et n.

colonialiste adj. et n.

colonie n. f.

coloniser v.

colonnade n. f.

colonne n. f.

colonnette n. f.

colophane n. f.

coloquinte n. f.

colorant, ante adj. et n. m.

colorer v.

colorier v.

coloris n. m.

colossal, ale, aux adj.

colosse n. m.

colporter v.

colporteur, euse n.

Colt n. m. Nom déposé : un *C* majuscule. *Des Colt,* mieux que *des Colts.*

coltiner v.

columbarium n. m. *Des columbariums.*

colza n. m.

coma n. m. *Des comas.*

comateux, euse adj. et n.

combat n. m.

combatif, ive adj.

combativité n. f.

combattant, ante n. et adj.

combattre v.

combe n. f.

combien adv.

combinaison n. f.

combinatoire adj. et n. f.

combiné n. m.

combiner v.

1. comble n. m. *Le comble de la sottise. Les combles d'une maison.*

2. comble adj. *La place du village est comble.*

combler v.

combustible adj. et n. m.

combustion n. f.

comédie n. f. *La Comédie-Française.*

comédien, ienne n. et adj.

comestible adj. et n. m. pl.

comète n. f.

comice n. m. *Un comice agricole. Les comices (romains).*

comique adj. et n.

comité n. m.

commandant, ante n.

commande n. f. *Passer une commande à un commerçant. Les commandes d'un avion,* mais *une abbaye en commende.*

commandement n. m.

commander v.

commanderie n. f.

commandeur n. m.

commanditaire n. m. Celui qui fournit les fonds. — Paronyme : *commendataire,* celui qui touchait le bénéfice d'une abbaye en commende.

commanditer v.

commando n. m. *Des commandos.*

comme adv. et conj.

commedia dell'arte n. f. Inusité au pluriel.

commémorer v.
commencer v.
commendataire adj. et n. ▷
commanditaire.
commende n. f. *Une abbaye
en commende.* —
Homophone : *commande.*
commensal, ale, aux adj.
et n.
commensurable adj.
comment adv. et n. m. inv.
commentaire n. m.
commenter v.
commérage n. m.
commerçant, ante adj. et n.
commerce n. m.
commercer v.
commercial, iale, aux adj.
commercialement adv.
commercialiser v.
commère n. f.
commettre v.
comminatoire adj.
commis n. m. *Un
commis-greffier,* mais *un
commis voyageur.*
commisération n. f.
commissaire n. m.
commissaire-priseur n. m.
Des commissaires-priseurs.
commissariat n. m.
commission n. f.
commissionnaire n.
commissure n. f.
1. commode adj.
2. commode n. f.
commodément adv.
commodité n. f.
commotion n. f.
commotionner v.
commuer v.
commun, une adj. et n. m.
communal, ale, aux adj. et n.
communard, arde n. et adj.
communautaire adj.
communauté n. f.
communaux n. m. pl.
commune n. f.
communément adv.
communiant, ante n.
communication n. f.
communier v.
communion n. f.
communiqué n. m.
communiquer v.
communiste adj. et n.
communs n. m. pl.
commutateur n. m.

commutation n. f.
commuter v.
comorien, ienne adj. et n.
compact, acte adj.
compagne n. f.
compagnie n. f.
compagnon n. m.
compagnonnage n. m.
comparaison n. f.
comparaître v.
comparatif, ive adj. et n. m.
comparer v.
comparse n.
compartiment n. m.
comparution n. f.
compas n. m.
compassé, ée adj.
compassion n. f.
compatible adj.
compatir v.
compatriote n.
compendieusement adv.
compensatoire adj.
compenser v.
compère n. m.
compère-loriot n. m. *Des
compères-loriots.*
compétence n. f.
compétent, ente adj.
compétiteur, trice n.
compétitif, ive adj.
compétition n. f.
compétitivité n. f.
compiler v.
complainte n. f.
complaire v.
complaisamment adv.
complaisance n. f.
complaisant, ante adj.
complément n. m.
complémentaire adj.
complet, ète adj. et n. m.
complètement adv.
compléter v.
complétive adj. f. et n. f.
complétude n. f.
complexe adj. et n. m.
complexion n. f.
complication n. f.
complice adj. et n.
complicité n. f.
complies n. f. pl.
compliment n. m.
complimenter v.
compliquer v.
complot n. m.
comploter v.
componction n. f.

comporter v.
composé, ée adj. et n. m.
composer v.
composite adj. et n. m.
composition n. f.
compost n. m. *Des composts.*
composter v.
compote n. f.
compotier n. m.
compréhensible adj.
compréhensif, ive adj.
compréhension n. f.
comprendre v.
compresse n. f.
compresser v.
compressible adj.
compression n. f.
comprimé, ée adj. et n. m.
comprimer v.
compris, ise adj. ▷ p. 180.
compromettant, ante adj.
compromettre v.
compromis n. m.
compromission n. f.
comptabilité n. f.
comptable adj. et n.
comptant adj. m., n. m. et
adv. ▷ **p. 180.**
compte n. m. *Un compte
chèques,* mieux que *un
compte-chèques.* —
Homophones : *comte ; conte*
compte-gouttes n. m. inv.
compter v. Faire le compte
de quelque chose. —
Homophones : *conter ; le
comté ; la Comté.*
compte rendu n. m.
compteur n. m. et adj. *Le
compteur à gaz.* —
Homophone : *conteur.*
comptine n. f.
comptoir n. m.
compulser v.
comtadin, ine n. et adj.
Éviter la graphie *contadin.*
comtat n. m. *Le comtat
Venaissin* ou *le Comtat.*
comte n. m. Titre de
noblesse. — Homophones
▷ *compte.*
comté n. m. *La Comté,* la
Franche-Comté, mais *le
comté,* terre soumise à un
comte. *— Le comté :*
fromage. Éviter la graphie
conté.
comtesse n. f.

concasser v.
concave adj.
concéder v.
concélébrer v.
concentration n. f.
concentrationnaire adj.
concentré, ée adj. et n. m.
concentrer v.
concept n. m.
conception n. f.
conceptualiser v.
conceptuel, elle adj.
concerner v.
concert n. m.
concerter v.
concerto n. m. *Des concertos.*
concessif, ive adj.
concession n. f.
concessionnaire n.
concevoir v.
concierge n.
conciergerie n. f.
concile n. m.
conciliabule n. m.
conciliaire adj.
concilier v.
concis, ise adj.
concision n. f.
concitoyen, yenne n.
conclave n. m.
concluant, ante adj.
conclure v.
conclusion n. f.
concocter v.
concombre n. m.
concomitance n. f.
concomitant, ante adj.
concordance n. f.
concordat n. m. *Un concordat,* mais *le Concordat,* celui de 1801.
concordataire adj.
concorde n. f.
concourir v.
concours n. m.
concret, ète adj. et n. m.
concrètement adv.
concrétion n. f.
concrétiser v.
concubin, ine n.
concubinage n. m.
concupiscence n. f.
concupiscent, ente adj.
concurremment adv.
concurrence n. f.
concurrencer v.
concurrent, ente adj. et n.
concurrentiel, ielle adj.

concussion n. f.
concussionnaire adj. et n.
condamnation n. f.
condamner v.
condensé, ée adj. et n. m.
condenser v.
condenseur n. m.
condescendance n. f.
condescendant, ante adj.
condescendre v.
condiment n. m.
condisciple n.
condition n. f.
conditionnel, elle adj.
conditionner v.
condoléances n. f. pl.
condor n. m.
condottiere n. m. *Des condottieri.*
conducteur, trice n. et adj.
conduire v.
conduit n. m.
conduite n. f.
cône n. m.
confection n. f.
confectionner v.
confédéral, ale, aux adj.
confédéré, ée adj. et n. *Les confédérés :* les sudistes, pendant la guerre de Sécession.
confédérer v.
confer mot invar. En abrégé : *cf.*
conférence n. f.
conférencier, ière n.
conférer v.
confesse n. f.
confesser v.
confessionnal n. m. *Des confessionnaux.*
confessionnel, elle adj.
confetti n. m. *Des confetti* ou *des confettis.*
confiance n. f.
confiant, ante adj.
confidence n. f.
confident, ente n.
confidentiel, ielle adj.
confidentiellement adv.
confier v.
configuration n. f.
confiner v.
confins n. m. pl.
confire v.
confirmand, ande n.
confirmation n. f.
confirmer v.

confiscation n. f.
confiserie n. f.
confiseur, euse n.
confisquer v.
confit, ite adj. et n. m.
confiteor n. m. inv.
confiture n. f.
confiturerie n. f.
confiturier, ière n. et adj.
conflagration n. f.
conflit n. m.
confluent n. m. *En confluant avec son affluent, le fleuve forme un confluent triangulaire.*
confluer v.
confondant, ante adj.
confondre v.
conforme adj.
conformément adv.
conformer v.
conformiste adj. et n.
conformité n. f.
confort n. m.
confortable adj.
conforter v.
confraternel, elle adj.
confrère n. m.
confrérie n. f.
confronter v.
confucianisme n. m.
confus, use adj.
confusément adv.
confusion n. f.
congé n. m.
congédiement n. m.
congédier v.
congélateur n. m.
congélation n. f.
congeler v.
congénère adj. et n.
congénital, ale, aux adj.
congère n. f.
congestif, ive adj.
congestion n. f.
congestionner v.
conglomérat n. m.
conglomérer v.
conglutiner v.
congolais, aise adj. et n. *Un Congolais :* un habitant du Congo. *Un congolais :* un gâteau.
congratuler v.
congre n. m.
congrégation n. f.
congrès n. m.
congressiste n.
congru, ue adj.

conifère n. m. Dans le langage courant : *un conifère*. Les botanistes disent : *une conifère*.
conique adj. et n. f.
conjecture n. f.
conjoint, ointe n. et adj.
conjointement adv.
conjonctif, ive adj.
conjonction n. f.
conjonctive n. f.
conjoncture n. f.
conjugable adj.
conjugaison n. f.
conjugal, ale, aux adj.
conjuguer v.
conjuré, ée n.
conjurer v.
connaissance n. f.
connaisseur, euse n. et adj.
connaître v.
connecter v.
connétable n. m.
connexe adj.
connexion n. f.
connivence n. f.
connotation n. f.
connoter v.
connu, ue adj. et n. m.
conque n. f.
conquérant, ante n. et adj.
conquérir v.
conquête n. f.
conquistador n. m. *Des conquistadors.*
consacrer v.
consanguin, ine adj.
consanguinité n. f.
consciemment adv.
conscience n. f.
consciencieux, euse adj.
conscient, ente adj. et n. m.
conscription n. f.
conscrit n. m. et adj. m. *Les Pères conscrits.*
consécration n. f.
consécutif, ive adj. et n. f.
conseil n. m.
conseiller v.
consentant, ante adj.
consentir v.
conséquemment adv.
conséquence n. f.
conséquent, ente adj.
conservatoire adj. et n. m.
conserve n. f.
conserver v.
considérer v.

consignation n. f.
consigne n. f.
consigner v.
consistance n. f.
consistant, ante adj.
consister v.
consistoire n. m.
consœur n. f.
consolant, ante adj.
console n. f.
consoler v.
consolider v.
consommateur, trice n.
consommation n. f.
consommé, ée adj. et n. m.
consommer v.
consomption n. f.
consonance n. f.
consonant, ante adj.
consonantique adj.
consonantisme n. m.
consonne n. f.
consort adj. m. et n. m.
consortium n. m. *Des consortiums.*
conspirateur, trice n. et adj.
conspirer v.
conspuer v.
constamment adv.
constance n. f.
constant, ante adj.
constat n. m.
constater v.
constellation n. f.
consteller v.
consterner v.
constiper v.
constituant, ante adj. et n. *L'Assemblée constituante* ou *la Constituante. Les constituants.*
constituer v.
constitutif, ive adj.
constitution n. f.
constitutionnel, elle adj.
constitutionnellement adv.
constriction n. f.
constructeur, trice n. et adj.
constructif, ive adj.
construction n. f.
construire v.
consubstantiel, elle adj.
consul n. m.
consulaire adj.
consulat n. m. *Un consulat,* mais *le Consulat* (régime de la France de 1799 à 1804).
consultant, ante adj. et n.

consulter v.
consumer v.
contact n. m.
contadin, ine adj. et n. ▷ **comtadin.**
contagieux, euse adj. et n.
contagion n. f.
container n. m.
contaminer v.
conté n. m. Fromage. Écrire plutôt *comté*.
conte n. m. Récit. — Homophones : *compte, comte*.
contempler v.
contemporain, aine adj. et n.
contempteur, trice n.
contenance n. f.
contenant n. m.
conteneur n. m.
contenir v.
content, ente adj. et n. m.
contenter v.
contentieux, euse adj. et n. m.
contention n. f.
contenu, ue adj. et n. m.
conter v. Raconter. — Homophones ▷ *compter*.
contestataire n.
conteste (sans) loc. adv.
contester v.
conteur, euse n. Celui qui raconte. — Homophone : *compteur*.
contexte n. m.
contexture n. f.
contigu, uë adj. Par une décision récente, l'Académie a autorisé la graphie *contigüe* au lieu de *contiguë*, ainsi que *contigüité* au lieu de *contiguïté*.
contiguïté n. f.
continence n. f.
1. continent, ente adj.
2. continent n. m.
continental, ale, aux adj.
contingence n. f.
1. contingent, ente adj.
2. contingent n. m.
contingenter v.
continu, ue adj. et n. m.
continuel, elle adj.
continuellement adv.
continuer v.
continuité n. f.
continûment adv.

contondant, ante adj.
contorsion n. f.
contorsionner (se) v.
contorsionniste n.
contour n. m.
contourner v.
contraceptif, ive adj. et n. m.
contraception n. f.
contracte adj.
contracter v.
contractile adj.
contraction n. f.
contractuel, elle adj. et n.
contracture n. f.
contradicteur, trice n.
contradiction n. f.
contradictoire adj.
contraindre v.
contraint, ainte adj.
contrainte n. f.
contraire adj. et n. m.
contralto n. m. *Cette cantatrice est un contralto. Des contraltos.*
contrarier v.
contrariété n. f.
contraste n. m.
contraster v.
contrat n. m.
contravention n. f.
contre prép., adv. et n. m.
contre-allée n. f. *Des contre-allées.*
contre-amiral n. m. *Des contre-amiraux.*
contre-attaque n. f. *Des contre-attaques.*
contre-attaquer v.
contrebalancer v.
contrebande n. f.
contrebandier, ière n.
contrebas (en) loc. adv.
contrebasse n. f.
contrebuter v.
contrecarrer v.
1. contrecœur (à) loc. adv.
2. contrecœur n. m. *Des contrecœurs.*
contrecoup n. m.
contre-courant n. m. *Des contre-courants. A contre-courant.*
contredanse n. f.
contredire v.
contredit n. m.
contrée n. f.
contre-épreuve n. f. *Des contre-épreuves.*

contre-espionnage n. m. *Des contre-espionnages.*
contre-expertise n. f. *Des contre-expertises.*
contrefaçon n. f.
contrefacteur n. m.
contrefaire v.
contrefait, aite adj.
contre-feu n. m. *Des contre-feux.*
contrefort n. m.
contre-haut (en) loc. adv.
contre-indication n. f. *Des contre-indications.*
contre-indiquer v.
contre-jour n. m. *Des contre-jours.*
contremaître, esse n.
contre-manifestation n. f. *Des contre-manifestations.*
contremarche n. f.
contremarque n. f.
contre-offensive n. f. *Des contre-offensives.*
contrepartie n. f.
contrepèterie n. f.
contre-pied n. m. *Des contre-pieds. A contre-pied.*
contre-plaqué n. m. *Des contre-plaqués.*
contrepoids n. m.
contre-poil (à) loc. adv.
contrepoint n. m.
contrepoison n. m.
contre-projet n. m. *Des contre-projets.*
contre-proposition n. f. *Des contre-propositions.*
contrer v.
contre-révolution n. f. *Des contre-révolutions.*
contre-révolutionnaire n. et adj. *Des contre-révolutionnaires.*
contrescarpe n. f.
contresens n. m.
contresigner v.
contretemps n. m.
contre-torpilleur n. m. *Des contre-torpilleurs.*
contrevallation n. f.
contrevenir v.
contrevent n. m.
contrevérité n. f.
contre-voie (à) loc. adv.
contribuable n.
contribuer v.
contribution n. f.

contrister v.
contrit, ite adj.
contrition n. f.
contrôle n. m.
contrôler v.
contrôleur, euse n.
contrordre n. m.
controuvé, ée adj.
controverse n. f.
controverser v.
contumace n. f. et adj.
contusion n. f.
contusionner v.
convaincant, ante adj.
convaincre v.
convalescence n. f.
convalescent, ente adj.
convection n. f.
convenance n. f.
convenir v.
convention n. f. *La Convention* :assemblée (1792-1795).
conventionnel, elle adj. et n. m. *Les conventionnels* :les membres de la Convention.
conventionnellement adv.
conventuel, elle adj.
convenu, ue adj.
convergence n. f.
convergent, ente adj.
converger v.
convers, erse adj. et n.
converser v.
conversion n. f.
convertible adj. et n. m.
convertir v.
convexe adj.
convexité n. f.
conviction n. f.
convier v.
convive n.
convocation n. f.
convoi n. m.
convoiement n. m.
convoiter v.
convoitise n. f.
convoler v.
convoquer v.
convoyage n. m.
convoyer v.
convoyeur n. m.
convulser v.
convulsif, ive adj.
convulsion n. f.
convulsionnaire n.
convulsionner v.
coolie n. m. *Des coolies.*

coopérateur, trice n.
coopératif, ive adj.
coopération n. f.
coopérative n. f.
coopérer v.
cooptation n. f.
coopter v.
coordinateur, trice adj. et n.
coordination n. f.
coordonnées n. f. pl.
coordonner v.
copain n. Féminin : *une copine.*
copeau n. m. *Des copeaux.*
copie n. f.
copier v.
copieux, euse adj.
copilote n.
copiner v.
copiste n.
copossession n. f.
coprah n. m. La graphie *copra* est correcte, mais plus rare.
coprince n. m.
coproduction n. f.
copropriétaire n.
copropriété n. f.
copte adj. et n. *Les coptes.*
copule n. f.
copuler v.
copyright n. m.
1. coq n. m. Oiseau. — Homophones ▷ *coke.*
2. coq n. m. Cuisinier. *Un maître-coq.*
coq-à-l'âne n. m. inv.
coque n. f. Coquille. — Homophones ▷ *coke.*
coquecigrue n. f.
coquelet n. m.
coquelicot n. m.
coqueluche n. f.
coquemar n. m.
coquet, ette adj. et n.
coquetier n. m.
coquettement adv.
coquetterie n. f.
coquillage n. m.
coquille n. f.
coquillette n. f.
coquin, ine n. et adj.
cor n. m.
corail n. m. *Des coraux.* Éviter *des corails,* quel que soit le sens.
corallien, ienne adj.
Coran n. m. *Le Coran :* le

texte du livre. *Un coran :* un exemplaire du livre.
coranique adj.
corbeau n. m. *Des corbeaux.*
corbeille n. f.
corbillard n. m.
corbleu ! interj.
corde n. f.
cordeau n. m. *Des cordeaux.*
cordée n. f.
cordelette n. f.
cordelier, ière n.
cordial, iale, iaux adj. et n. m.
cordialement adv.
cordialité n. f.
cordier, ière n.
cordillère n. f. *La cordillère des Andes.*
cordon n. m.
cordon-bleu n. m. *Des cordons-bleus.*
cordonnerie n. f.
cordonnet n. m.
cordonnier n. m.
cordouan, ane adj. et n.
coré n. f.
coréen, enne adj. et n.
coreligionnaire n.
coriace adj.
coriandre n. f.
coricide adj. et n.
corinthien, ienne n. et adj.
cormoran n. m.
cornac n. m.
cornard adj. m. et n. m.
corne n. f.
corned-beef n. m. *Des corned-beefs.*
cornée n. f.
corneille n. f.
cornélien, ienne adj.
cornemuse n. f.
cornemuseur n. m.
cornemuseux n. m.
1. corner v.
2. corner n. m.
cornet n. m.
1. cornette n. f. *Une cornette :* coiffure, étendard.
2. cornette n. m. *Un cornette :* porte-étendard ; officier.
cornettiste n.
corniaud n. m.
corniche n. f.
cornichon n. m.
cornière n. f.

cornouiller n. m.
cornu, ue adj.
cornue n. f.
corollaire n. m.
corolle n. f.
coron n. m.
corozo n. m.
corporatif, ive adj.
corporation n. f.
corporel, elle adj.
corporellement adv.
corps n. m.
corps-mort n. m. *Des corps-morts.*
corpulence n. f.
corpulent, ente adj.
corpus n. m. inv.
corpusculaire adj.
corpuscule n. m.
corral n. m. *Des corrals.*
correct, ecte adj.
correcteur, trice n. et adj.
correctif, ive adj. et n. m.
correction n. f.
correctionnel, elle adj.
correctionnelle n. f.
corrélatif, ive adj. et n.
corrélation n. f.
correspondance n. f.
correspondant, ante adj. et n.
correspondre v.
corrida n. f. *Des corridas.*
corridor n. m.
corrigé n. m.
corriger v.
corroborer v.
corroder v.
corrompre v.
corrosif, ive adj. et n. m.
corrosion n. f.
corroyage n. m.
corroyer v.
corrupteur, trice adj. et n.
corruption n. f.
corsage n. m.
corsaire n. m.
corse adj. et n.
corselet n. m.
corser v.
corset n. m.
corseter v.
corso n. m. *Des corsos.*
cortège n. m.
coruscant, ante adj.
corvéable adj.
corvée n. f.
corvette n. f.
coryphée n. m.

coryza n. m. *Des coryzas.*
cosaque n. m. *Les cosaques :*
soldats. *Les Cosaques :*
peuple.
cosignataire n. et adj.
cosinus n. m. inv.
cosmétique n. m. et adj.
cosmique adj.
cosmogonie n. f.
cosmographie n. f.
cosmologie n. f.
cosmonaute n. m.
cosmopolite n. et adj.
cosmopolitisme n. m.
cosmos n. m.
cosse n. f.
cossu, ue adj.
costaud, aude adj. et n. m.
costume n. m.
costumer v.
costumier, ière n.
cosy ou cosy-corner n. m.
Des cosys ou, parfois, *des
cosies. Des cosy-corners.*
cotation n. f.
cote n. f. *Cote de la Bourse.*
— Homophone : *cotte.*
côte n. f.
coté, ée adj. *Valeur cotée en
Bourse. Dessin coté.*
côté n. m.
coteau n. m. *Des coteaux.*
côtelé, ée adj.
côtelette n. f.
coter v.
coterie n. f.
cothurne n. m.
côtier, ière adj.
cotillon n. m.
cotiser v.
côtoiement n. m.
coton n. m. et adj. inv.
cotonnade n. f.
cotonner (se) v.
cotonneux, euse adj.
cotonnier, ière n. et adj.
côtoyer v.
cotre n. m.
cottage n. m.
cotte n. f. *Vêtement.* —
Homophone : *cote.*
cotylédon n. m.
cou n. m. *Partie du
corps.* — Homophones : *coup ;
coût.*
couac n. m.
couard, arde adj. et n.
couardise n. f.

couchant, ante adj. et n. m.
couche n. f.
1. coucher v.
2. coucher n. m.
couchette n. f.
couci-couça loc. adv.
coucou n. m. *Des coucous.*
coude n. m.
coudée n. f.
cou-de-pied n. m. *Des
cous-de-pied.* Désigne une
partie du pied. *Des coups de
pied :* des coups donnés
avec le pied.
coudoiement n. m.
coudoyer v.
coudre v.
coudrier n. m.
couenne n. f.
couette n. f.
couffin n. m.
couguar ou cougouar n. m.
Préférer *cougouar* à *couguar,*
graphie correcte aussi, mais
plus rare.
couic ! interj.
couiner v.
coulant, ante adj. et n. m.
coulée n. f.
couler v.
couleur n. f.
couleuvre n. f.
couleuvrine n. f.
coulis adj. et n. m.
coulisse n. f.
coulisser v.
couloir n. m.
coulommiers n. m.
coulpe n. f.
coup n. m. *Des coups de
poing.* — Homophones : *cou,
coût.*
coupable adj. et n.
coup-de-poing n. m. *Des
coups-de-poing :* désigne une
arme. *Des coups de poing :*
des coups donnés avec le
poing.
coupe n. f.
coupé n. m. *Voiture.* —
Homophone : *coupée.*
coupe-choux n. m. inv.
coupe-cigares n. m. inv.
coupe-circuit n. m. inv.
coupe-coupe n. m. inv.
coupée n. f. *Partie d'un
navire.* — Homophone :
coupé.

coupe-feu n. m. inv.
coupe-file n. m. inv.
coupe-gorge n. m. inv.
coupe-jarret n. m. *Des
coupe-jarrets.*
coupellation n. f.
coupelle n. f.
coupe-papier n. m. inv.
couper v.
couperet n. m.
couperose n. f.
couple n. Mot masculin, sauf
quand il désigne une paire
d'animaux réunis par
hasard, et non le mâle et la
femelle *(une couple de
poulets)* ou un ensemble de
deux choses *(une couple
d'heures)* ou un lien qui sert
à attacher deux animaux
ensemble.
coupler v.
couplet n. m.
coupole n. f.
coupon n. m.
couque n. f.
cour n. f. *La cour de
l'immeuble. La cour d'assises.
La cour du roi.* —
Homophone : *le cours ; court
(de tennis) ; court ; (chasse à)
courre.*
courage n. m.
courageux, euse adj.
couramment adv.
courant, ante adj. et n. m.
courbatu, ue adj.
courbature n. f.
courbaturer v.
courbe adj. et n. f.
courbette n. f.
courette n. f.
coureur, euse n.
courge n. f.
courgette n. f.
courir v.
courlis n. m.
couronne n. f.
couronnement n. m.
couronner v.
courre v. *La chasse à courre.
Courre le cerf.* Ne s'emploie
qu'à l'infinitif. —
Homophones ▷ *cour.*
courrier n. m.
courriériste n.
courroie n. f.
courroucer v.

courroux n. m.

cours n. m. Succession ; classe ; avenue. — Homophones ▷ *cour.*

course n. f.

coursier n. m.

coursive n. f.

1. court, courte adj. et adv. ▷ p.180. — Homophones ▷ *cour.*

2. court n. m. *Un court* (de tennis). — Homophones ▷ *cour.*

courtage n. m.

courtaud, aude n. et adj.

court-bouillon n. m. *Des courts-bouillons.*

court-circuit n. m. *Des courts-circuits.*

courtepointe n. f.

courtier, ière n.

courtilière n. f.

courtine n. f.

courtisan n. m.

courtisane n. f.

courtisanerie n. f.

courtiser v.

courtois, oise adj.

courtoisie n. f.

court-vêtu, ue adj.

couru, ue adj.

couscous n. m.

cousette n. f.

1. cousin n. m. Moustique.

2. cousin, ine n. Parent.

cousiner v.

coussin n. m.

coussinet n. m.

cousu, ue adj.

coût n. m. Prix. — Homophones : *cou ; coup.*

coûtant adj. m.

couteau n. m. *Des couteaux.*

coutelas n. m.

coutelier, ière n.

coutellerie n. f.

coûter v.

coûteux, euse adj.

coutil n. m.

coutre n. m.

coutume n. f.

coutumier, ière adj. et n. m.

couture n. f.

couturé, ée adj.

couturier n. m.

couturière n. f.

couvain n. m.

couvaison n. f.

couvée n. f.

couvent n. m.

couventine n. f.

couver v.

couvercle n. m.

couvert, erte adj. et n. m.

couverture n. f.

couvre-chef n. m. *Des couvre-chefs.*

couvre-feu n. m. *Des couvre-feux.*

couvre-lit n. m. *Des couvre-lits.*

couvre-pieds n. m. inv. On évitera la graphie *un couvre-pied.*

couvrir v.

cow-boy n. m. *Des cow-boys.*

coxalgie n. f.

coyote n. m.

crac ! interj. Homophones : *crack ; krach ; krak.*

crachat n. m.

cracher v.

cracheur, euse n.

crachin n. m.

crachiner v.

crachoir n. m.

crachotement n. m.

crachoter v.

crack n. m. Cheval ; champion. — Homophones ▷ *crac.*

craindre v.

crainte n. f.

craintif, ive adj.

cramoisi, ie adj.

crampe n. f.

crampon n. m.

cramponner v.

cran n. m.

1. crâne n. m.

2. crâne adj.

crâner v.

crânerie n. f.

crâneur, euse n. et adj.

crânien, ienne adj.

crapaud n. m.

crapule n. f.

crapuleux, euse adj.

craqueler v.

craquer v.

crasse n. f. et adj. f.

crassier n. m.

cratère n. m.

cravache n. f.

cravacher v.

cravate n. f.

cravater v.

crawl n. m.

crawler v.

crayeux, euse adj.

crayon n. m.

crayonner v.

créance n. f.

créancier, ière n.

créateur, trice n. et adj.

créatif, ive adj.

création n. f.

créature n. f.

crécelle n. f.

crèche n. f.

crédence n. f.

crédible adj.

crédit n. m.

créditer v.

créditeur, trice n. et adj.

credo n. m. *On récite le Credo à la messe,* mais *un credo politique.*

crédule adj.

créer v.

crémaillère n. f.

crématoire adj. et n. m.

crème n. f. et adj. inv.

crémerie n. f.

crémeux, euse adj.

crémier, ière n.

crémone n. f.

créneau n. m.

crénelé, ée adj.

créole n. et adj.

créosote n. f.

crêpage n. m.

1. crêpe n. f.

2. crêpe n. m.

crêpelé, ée adj.

crêper v.

crêperie n. f.

crépi n. m.

crépi, ie adj.

crépier, ière n.

crépir v.

crépissage n. m.

crépiter v.

crépu, ue adj.

crépusculaire adj.

crépuscule n. m.

crescendo adv. et n. m.

cresson n. m.

cressonnière n. f.

crésus n. m.

crêt n. m.

crête n. f. *La crête du coq, d'une montagne,* mais *l'île de Crète.*

crétin, ine n. et adj.
crétois, oise adj. et n.
cretonne n. f.
creuser v.
creuset n. m.
1. creux, euse adj. et adv.
2. creux n. m.
crevaison n. f.
crevasse n. f.
crevasser v.
crevé, ée adj. et n. m.
crève-cœur n. m. inv.
crève-la-faim n. m. inv.
crever v.
crevette n. f.
cri n. m.
criaillement n. m.
criailler v.
criard, arde adj.
crible n. m.
cribler v.
cric n. m.
cric-crac ! interj.
cricket n. m.
cricri n. m. Des cricris.
criée n. f.
crier v.
crieur, euse n.
crime n. m.
criminalité n. f.
criminel, elle n. et adj.
criminellement adv.
crin n. m.
crincrin n. m. Des crincrins.
crinière n. f.
crinoline n. f.
crique n. f.
criquet n. m.
crise n. f.
crisper v.
crispin n. m.
cristallerie n. f.
cristallier n. m.
cristallin, ine adj. et n. m.
cristallisation n. f.
cristalliser v.
cristi ! interj.
critère n. m.
critérium n. m. Des
critériums.
critiquable adj.
critique adj. et n.
critiquer v.
croasser v.
croate adj. et n.
croc n. m.
croc-en-jambe n. m. Des
crocs-en-jambe.

croche adj. et n. f.
croche-pied n. m. Des
croche-pieds.
crocher v.
crochet n. m.
crocheter v.
crocheteur n. m.
crochu, ue adj.
crocodile n. m.
crocus n. m. inv.
croire v.
croisade n. f. La deuxième
croisade.
croisé, ée adj. et n. m.
croisée n. f.
croiser v.
croiseur n. m.
croisière n. f.
croisillon n. m.
croissance n. f.
1. croissant n. m.
2. croissant, ante adj.
croît n. m. Le croît du
troupeau. — Homophones ▷
croix.
croître v.
croix n. f. Emblème
religieux ; signe. —
Homophones : le croît ; il
croît (de croître) ; il croit (de
croire).
croquant n. m.
croque au sel (à la) loc. adv.
croque-madame n. m. inv.
croquembouche n. m.
croquemitaine ou
croque-mitaine n. m. Les
dictionnaires préfèrent la
graphie croque-mitaine.
L'usage préfère
croquemitaine. — Des
croquemitaines, des
croque-mitaines.
croque-monsieur n. m. inv.
croque-mort n. m. Des
croque-morts.
croquer v.
croquet n. m.
croquette n. f.
croquis n. m.
crosne n. m.
cross n. m. inv.
crosse n. f.
crotale n. m.
crotte n. f. et interj.
crotter v.
crottin n. m.
crouler v.

croup n. m.
croupe n. f.
croupetons (à) loc. adv.
croupier n. m.
croupière n. f.
croupion n. m.
croupir v.
croustade n. f.
croustiller v.
croûte n. f.
croûter v.
croûton n. m.
croyable adj.
croyance n. f.
croyant, ante adj. et n.
1. cru, ue adj. Non cuit. —
Homophones : un cru (de
vin) ; cru (de croire) ; crû (de
croître) ; la crue.
2. cru n. m. Les grands crus
de Bordeaux.
crû part. passé du v.
croître.
cruauté n. f.
cruche n. f.
cruchon n. m.
crucial, ale, aux adj.
crucifère adj. et n. f.
crucifiement n. m.
crucifier v.
crucifix n. m. Des crucifix.
crucifixion n. f.
cruciforme adj.
cruciverbiste n.
crudité n. f.
crue n. f. La crue de la rivière.
— Homophones ▷ cru.
cruel, elle adj.
cruellement adv.
crûment adv.
crustacé, ée adj. et n. m.
crypte n. f.
cryptogramme n. m.
cryptographie n. f.
csardas n. f. On écrit aussi
czardas.
cubain, aine adj. et n.
cube n. m.
cuber v.
cubiste adj. et n.
cubitus n. m. inv.
cucul adj. inv. On écrit
parfois cucu.
cucurbite n. f.
cueillaison n. f.
cueillette n. f.
cueilleur, euse n.
cueillir v.

cuiller n. f. La graphie *cuillère* est correcte aussi, mais plus rare.
cuillerée n. f.
cuir n. m.
cuirasse n. f.
cuirassé n. m.
cuirasser v.
cuirassier n. m.
cuire v.
cuisine n. f.
cuisiner v.
cuisinette n. f.
cuisinier, ière n.
cuissardes n. f. pl.
cuisse n. f.
cuisseau n. m. *Un cuisseau de veau. Un cuissot de cerf, de chevreuil, de sanglier.*
cuisse-madame n. f. *Des cuisses-madame.*
cuisson n. f.
cuissot n. m. *Un cuissot de cerf, de chevreuil, de sanglier. Un cuisseau de veau.*
cuistot n. m.
cuistre n. m. et adj.
cuit, cuite adj.
cuite n. f.
cuiter (se) v.
cuivre n. m.
cuivré, ée adj.
cuivreux, euse adj.
cul n. m.
culasse n. f.
culbute n. f.
culbuter v.
cul-de-basse-fosse n. m. *Des culs-de-basse-fosse.*
cul-de-jatte n. et adj. *Des culs-de-jatte.*
cul-de-lampe n. m. *Des culs-de-lampe.*
cul-de-sac n. m. *Des culs-de-sac.*

culée n. f.
culinaire adj.
culminer v.
culot n. m.
culotte n. f.
culotté, ée adj.
culotter v.
culottier, ière n.
culpabilité n. f.
culte n. m.
cul-terreux n. m. *Des culs-terreux.*
cultisme n. m.
cultiver v.
cultuel, elle adj.
cultural, ale aux adj.
culture n. f.
culturel, elle adj.
culturiste n. et adj.
cumin n. m.
cumul n. m.
cumuler v.
cumulus n. m. inv.
cunéiforme adj. et n. m.
cupide adj.
curable adj.
curaçao n. m. *Des curaçaos.*
curare n. m.
curatelle n. f.
curateur, trice n.
curatif, ive adj. et n. m.
cure n. f.
curé n. m.
cure-dents n. m. inv.
curée n. f.
curer v.
1. curie n. f. *La curie romaine.*
2. curie n. m. Unité de mesure.
curieux, euse adj. et n.
curiosité n. f.
curiste n.
curriculum vitae n. m. inv.
curry n. m. On dit aussi, parfois, *cary, cari.*

curseur n. m.
cursif, ive adj. et n. f.
cursus n. m. inv.
curule adj.
curviligne adj.
cuscute n. f.
custode n. f.
cutané, ée adj.
cuti-réaction n. f.
cuve n. f.
cuveau n. m. *Des cuveaux.*
cuvée n. f.
cuver v.
cuvette n. f.
cuvier n. m.
cyanure n. m.
cybernéticien, ienne n.
cybernétique n. f.
cyclamen n. m.
cycle n. m.
cycliste n. et adj.
cyclo-cross n. m. inv.
cyclomoteur n. m.
cyclone n. m.
cyclope n. m.
cyclopéen, éenne adj.
cyclotourisme n. m.
cygne n. m. Oiseau. — Homophone : *signe.*
cylindre n. m.
cylindrée n. f.
cymbale n. f.
cymbalier ou **cymbaliste** n.
cyme n. f.
cynégétique adj. et n. f.
cynique adj. et n.
cyphose n. f.
cyprès n. m.
cyprière n. f.
cypriote ou **chypriote** n. et adj.
cyrénaïque n. et adj.
cyrillique adj.
cytise n. m.
czardas n. f. ▷ **csardas.**

-da ▷ **oui-da.**
d'abord loc. adv.
d'accord loc. adv.
dace adj. et n.
dactyle n. m.
dactylo n. f. *Des dactylos.*
dactylographe n.
dactylographie n. f.
dactylographier v.

1. dada n. m. Un cheval ; une marotte. — *Des dadas.*
2. dada n. m. et adj. inv. *Le nihilisme de Dada*, mais *le mouvement dada, les poètes dada.*
dadais n. m.
dadaïsme n. m. *Le dadaïsme.*
dadaïste adj. et n.

dague n. f.
daguerréotype n. m.
dahlia n. m. *Des dahlias.*
dahoméen, éenne adj. et n.
daigner v.
d'ailleurs loc. adv.
daim n. m.
daine n. f.
dais n. m.

dalaï-lama n. m. *Des dalaï-lamas.*
dallage n. m.
dalle n. f.
daller v.
dalmate adj. et n. *Les Dalmates :* les habitants de la Dalmatie.
dalmatien n. m. *Des dalmatiens :* des chiens.
daltonien, ienne adj. et n.
dam n. m. Damnation. — Homophones : *dan ; dent ; dans.*
damas n. m.
damasquiner v.
damasser v.
1. dame n. f.
2. dame ! interj.
dame-jeanne n. f. *Des dames-jeannes.*
damer v.
damier n. m.
damnable adj.
damnation n. f.
damner v.
damoiseau n. m. *Des damoiseaux.*
damoiselle n. f.
dan n. m. Grade, au judo. — Homophones ▷ *dam.*
dancing n. m. *Des dancings.*
dandiner v.
dandy n. m. *Des dandys.*
dandysme n. m.
danger n. m.
dangereux, euse adj.
1. danois, oise adj. et n. *Un Danois :* un citoyen du Danemark.
2. danois n. m. *Un danois :* un chien.
dans prép. Homophones ▷ *dam.*
danse n. f.
danser v.
danseur, euse n.
dantesque adj.
danubien, ienne adj. et n.
d'après loc. prép.
dard n. m.
darder v.
dare-dare loc. adv.
darne n. f.
darse n. f.
dartre n. f.
darwinisme n. m.
datation n. f.

datcha n. f. *Des datchas.*
date n. f. *Une date historique.* — Homophone : *datte.*
dater v.
dateur, euse n. m. et adj.
datif n. m.
datte n. f. Fruit. — Homophone : *date.*
dattier n. m.
daube n. f.
dauber v.
1. dauphin n. m. Mammifère marin.
2. dauphin, ine n. *Le Dauphin :* l'héritier du trône de France. — *Le Grand Dauphin :* le fils de Louis XIV. *Le Petit Dauphin :* le petit-fils de Louis XIV.
dauphinois, oise adj. et n.
daurade n. f. ▷ **dorade.**
davantage adv.
davier n. m.
de prép.
du, de la, des articles partitifs.
dé n. m.
dealer n. m.
déambulatoire adj. et n. m.
déambuler v.
débâcle n. f.
déballer v.
débandade n. f.
débander v.
débaptiser v.
débarbouiller v.
débarcadère n. m.
débardeur n. m.
débarquer v.
débarras n. m.
débarrasser v.
débat n. m.
débattre v.
débauche n. f.
débauché, ée n. et adj.
débaucher v.
débile adj. et n.
débilité n. f.
débiliter v.
débiner v.
débit n. m.
débiter v.
débiteur trice, n. et adj.
déblai n. m.
déblaiement n. m.
déblatérer v.
déblayage n. m.
déblayer v.

déblocage n. m.
débloquer v.
déboire n. m.
déboiser v.
déboîter v.
débonder v.
débonnaire adj.
déborder v.
débosseler v.
débotté n. m. *Au débotté.* On écrit aussi, mais plus rarement, *au débotter.*
débotter v.
débouché n. m.
débouchement n. m.
déboucher v.
débouchoir n. m.
déboulé n. m. Graphie usuelle. En terme de chasse, on écrit aussi *un débouler, au débouler.*
débouler v.
déboulonner v.
débourber v.
débours n. m.
débourser v.
déboussoler v.
debout adv., interj. et adj. inv.
débouter v.
déboutonner v.
débraillé, ée adj. et n. m.
débrailler (se) v.
débrayage n. m.
débrayer v.
débridé, ée adj.
débris n. m.
débrouiller v.
débroussailler v.
1. débucher n. m. Graphie préférable à *le débuché.*
2. débucher v.
débusquer v.
début n. m.
débuter v.
déca- préf.
deçà prép. et adv. *Aller deçà, delà* ou *aller deçà delà* (plus rare). — *En deçà, en deçà de,* mais *au-deçà, au-deçà de ; par-deçà.*
décachetage n. m.
décacheter v.
décade n. f.
décadence n. f.
décadent, ente adj. et n.
décadi n. m. *Tous les décadis.*
décaféiné, ée adj. et n. m.

décaisser v.
décalaminer v.
décalcifier v.
décalcomanie n. f.
décaler v.
décalitre n. m. Symbole : *dal.*
décalogue n. m.
décalquage n. m.
décalque n. m.
décalquer v.
décamètre n. m. Symbole : *dam.*
décamper v.
décan n. m.
décanter v.
décaper v.
décapiter v.
décapoter v.
décapsuler v.
décarcasser v.
décasyllabe adj. et n. m.
décathlon n. m.
décathlonien, enne n.
décatir v.
decauville n. m. *Des decauvilles.*
décaver v.
décéder v.
décelable adj.
décèlement n. m. Action de déceler, découverte. — Homophone : *descellement.*
déceler v.
décélération n. f.
décélérer v.
décembre n. m. *Le 15 décembre.*
décemment adv.
décemvir n. m. *Des décemvirs.*
décemvirat n. m.
décence n. f.
décennal, ale, aux adj.
décennie n. f.
décent, ente adj.
décentraliser v.
décentrer v.
déception n. f.
décerner v.
décerveler v.
décès n. m.
décevant, ante adj.
décevoir v.
déchaîner v.
déchanter v.
décharge n. f.
décharger v.
décharné, ée adj.

déchausser v.
dèche n. f.
déchéance n. f.
déchet n. m.
déchiffrer v.
déchiqueter v.
déchirer v.
déchlorurer v.
déchoir v.
déchristianiser v.
déchu, ue adj.
déci- préfixe.
décibel n. m.
décidément adv.
décider v.
décigramme n. m. Symbole : *dg.*
décilitre n. m. Symbole : *dl.*
décimal, ale, aux adj.
décimale n. f.
décimer v.
décimètre n. m. Symbole : *dm.*
décisif, ive, adj.
décision n. f.
déclamatoire adj.
déclamer v.
déclaratif, ive adj.
déclarer v.
déclasser v.
déclencher v.
déclic n. m.
déclin n. m.
déclinaison n. f.
décliner v.
déclive adj. et n. m.
déclivité n. f.
décloisonner v.
déclore v. *Il déclôt ou il déclot.*
déclouer v.
décocher v.
décoction n. f.
décoder v.
décoffrer v.
décoiffer v.
décoincer v.
décolérer v.
décollation n. f.
décollement n. m.
décoller v.
décolleté, ée adj. et n. m.
décolleter v.
décoloniser v.
décolorer v.
décombres n. m. pl.
décommander v.
décomposer v.

décomposition n. f.
décompression n. f.
décomprimer v.
décompte n. m.
décompter v.
déconcentrer v.
déconcerter v.
déconfit, ite adj.
déconfiture n. f.
décongeler v.
décongestionner v.
déconnecter v.
déconnexion n. f.
déconseiller v.
déconsidérer v.
décontaminer v.
décontenancer v.
décontracter v.
décontraction n. f.
déconvenue n. f.
décor n. m.
décorateur, trice n.
décorer v.
décortiquer v.
décorum n. m. sing. Inusité au pluriel.
découcher v.
découdre v.
découler v.
découpe n. f.
découper v.
découplé, ée adj.
découpler v.
décourageant, ante adj.
décourager v.
découronner v.
décousu, ue adj. et n. m.
découvert n. m.
découverte n. f.
découvrir v.
décrasser v.
décrêper v.
décrépi, ie adj.
décrépir v.
décrépissage n. m.
décrépit, ite adj.
décrépitude n. f.
decrescendo adv. et n. m. inv.
décret n. m.
décréter v.
décri n. m.
décrier v.
décrire v.
décrocher v.
décrochez-moi-ça n. m. inv.
décroiser v.
décroissance n. f.

décroissant, ante adj.
décroît n. m.
décroître v.
décrotter v.
décrottoir n. m.
décrue n. f.
décrypter v.
déçu, ue adj.
de cujus n. m. inv.
déculottée n. f.
déculotter v.
décuple adj. et n.
décurie n. f.
décurion n. m.
dédaigner v.
dédaigneux, euse adj. et n.
dédain n. m.
dédale n. m.
dédaléen, éenne adj.
dedans adv., prép. et n. m.
dédicace n. f.
dédicacer v.
dédier v.
dédire v.
dédit n. m.
dédommagement n. m.
dédommager v.
dédorer v.
dédouaner v.
dédoubler v.
déductible adj.
déduction n. f.
déduire v.
déduit n. m.
déesse n. f.
de facto loc. adv.
défaillance n. f.
défaillir v.
défaire v.
défaite n. f.
défaitiste adj. et n.
défalcation n. f.
défalquer v.
défausser v.
défaut n. m.
défavoriser v.
défectif, ive adj.
défection n. f.
défectueux, euse adj.
défectuosité n. f.
défendeur, deresse n.
défendre v.
défenestration n. f.
défense n. f.
défenseur n. m.
défensive n. f.
déféquer v.
déférence n. f.

déférent, ente adj.
déférer v.
déferlant, ante adj. et n. f.
déferler v.
défi n. m.
défiance n. f.
défiant, ante adj.
déficeler v.
déficience n. f.
déficient, iente adj.
déficit, n. m. Des déficits.
déficitaire adj.
défier v.
défigurer v.
défilé n. m.
défiler v.
défini, ie adj.
définir v.
définitif, ive adj. et n. m.
définition n. f.
déflagrer v.
déflation n. f.
déflecteur, trice adj. et n.
défleurir v.
défloraison n. f.
défloration n. f.
déflorer v.
défoliant, ante adj. et n. m.
défolier v.
défoncer v.
défonceuse n. f.
déformer v.
défouler v.
défourner v.
défraîchir v.
défraiement n. m.
défrayer v.
défricher v.
défriper v.
défriser v.
défroque n. f.
défroquer v.
défunt, unte adj. et n.
dégager v.
dégaine n. f.
déganter v.
dégarnir v.
dégât n. m.
dégauchir v.
dégazer v.
dégel n. m.
dégelée n. f.
dégeler v.
dégénérer v.
dégénérescence n. f.
dégingandé, ée adj.
dégivrer v.
déglinguer v.

déglutination n. f.
déglutir v.
déglutition n. f.
dégobiller v.
dégoiser v.
dégommer v.
dégonfler v.
dégorgeoir n. m.
dégorger v.
dégoter v. La graphie
dégotter est acceptable,
mais moins fréquente que
dégoter.
dégoudronner v.
dégouliner v.
dégoupiller v.
dégourdir v.
dégoût n. m.
dégoûter v. *Cette nappe
pleine de sauce me dégoûte.*
dégoutter v. *La sauce
dégoutte du plat* (coule en
gouttant).
dégradé n. m.
dégrader v.
dégrafer v.
dégraisser v.
dégraisseur, euse n.
degré n. m.
dégrèvement n. m.
dégrever v.
dégriffé, ée adj. et n.
dégringoler v.
dégriser v.
dégrossir v.
déguenillé, ée adj.
déguerpir v.
déguiser v.
dégurgiter v.
déguster v.
déhancher (se) v.
déharnacher v.
dehors adv.
déicide adj. et n.
déifier v.
déisme n. m.
déiste adj. et n.
déité n. f.
déjà adv.
déjection n. f.
déjeté, ée adj.
1. déjeuner v.
2. déjeuner n. m.
déjouer v.
déjuger (se) v.
de jure loc. adv.
delà adv. et prép. *Deçà, delà*
▷ **deçà. —** *Au-delà, au-delà*

de, par-delà, mais de delà, en
delà. On écrit l'au-delà (n. m.).
délabrer v.
délacer v. Défaire le lacet. —
Paronyme : délasser.
délai n. m.
délaisser v.
délasser v. Reposer. —
Paronyme : délacer.
délateur, trice n.
délation n. f.
délayage n. m.
délayer v.
Delco n. m. Nom déposé : un
D majuscule.
délecter v.
délégation n. f.
délégué, ée n. et adj.
déléguer v.
délester v.
délétère adj.
délibéré, ée adj. et n. m.
délibérément adv.
délibérer v.
délicat, ate adj. et n.
délicatesse n f
délice n. ▷ **p. 180.**
délicieux, euse adj.
délictueux, euse adj.
délier v.
délimiter v.
délinquance n. f.
délinquant, ante n. et adj.
déliquescence n. f.
déliquescent, ente adj.
délire n. m.
délirer v.
delirium tremens n. m. sing.
Inusité au pluriel.
délit n. m.
déliter v.
délivrance n. f.
délivrer v.
déloger v.
déloyal, ale, aux adj.
déloyalement adv.
déloyauté n. f.
delta n. m.
deltaplane n. m. Des
deltaplanes. On écrit aussi
parfois un delta-plane, des
delta-planes.
déluge n. m. Un déluge, mais
le Déluge, celui de la Bible et
de l'antiquité orientale.
déluré ée, adj.
démagogie n. f.
démagogue n. m. et adj.

démailler v.
démailloter v.
demain adv. et n. m.
démancher v.
demande n. f.
demander v.
demandeur, deresse n.
démangeaison n. f.
démanger v.
démantèlement n. m.
démanteler v.
démantibuler v.
démaquiller v.
démarcation n. f.
démarche n. f.
démarcheur, euse n.
demi, demi- ▷ **p. 180.**
demi-dieu n. m. Des
demi-dieux.
demi-douzaine n. f. Des
demi-douzaines.
demi-finale n. f. Des
demi-finales.
demi-fond n. m. sing.
Inusité au pluriel.
demi-frère n. m. Des
demi-frères.
demi-gros n. m. sing.
Inusité au pluriel.
demi-heure n. f. Des
demi-heures.
demi-journée n. f. Des
demi-journées.
démilitariser v.
demi-litre n. m. Des
demi-litres.
demi-longueur n. f. Des
demi-longueurs.
demi-mal n. m. Des
demi-maux.
demi-mesure n. f. Des
demi-mesures.
demi-mort, morte adj. Elles
sont demi-mortes.
demi-mot (à) loc. adv.
déminer v.
déminéraliser v.
demi-pension n.f. Des
demi-pensions.
demi-pensionnaire n. Des
demi-pensionnaires.
demi-place n. f. Des
demi-places.
demi-portion n. f. Des
demi-portions.
démis, ise adj.
demi-saison n. f. Des
demi-saisons.

demi-sang n. m. inv.
demi-sel n. m. inv.
demi-sœur n. f. Des
demi-sœurs.
demi-solde ▷ **p. 181.**
demi-sommeil n. m. Des
demi-sommeils.
démission n. f.
démissionnaire adj. et n.
démissionner v.
demi-tarif n. m. et adj. inv
Des demi-tarifs, mais des
billets demi-tarif.
demi-teinte n. f. Des
demi-teintes.
demi-tour n. m. Des
demi-tours.
démiurge n. m.
démobiliser v.
démocrate n. et adj.
démocrate-chrétien, ienne
n. et adj. Les positions
démocrates - chrétiennes.
démocratie n. f.
démocratiser v.
démoder v.
démographie n. f.
demoiselle n. f.
démolir v.
démolisseur, euse n.
démolition n. f.
démon n. m. Un démon : un
diable. Le Démon : Satan.
démonétiser v.
démoniaque adj. et n.
démonstrateur, trice n.
démonstratif, ive adj. et
n. m.
démonstration n. f.
démonter v.
démontrer v.
démoraliser v.
démordre v.
démoucheter v.
démouler v.
démultiplicateur, trice n.
et adj.
démultiplier v.
démunir v.
démuseler v.
démystification n. f.
démystifier v.
démythification n. f.
démythifier v.
dénatalité n. f.
dénationaliser v.
dénaturer v.
dénégation n. f.

déni n. m.
déniaiser v.
dénicher v.
denier n. m.
dénier v.
dénigrer v.
déniveler v.
dénivellation n. f.
dénivellement n. m.
dénombrer v.
dénominateur n. m.
dénomination n. f.
dénommer v.
dénoncer v.
dénonciateur, trice n. et adj.
dénonciation n. f.
dénoter v.
dénouement n. m.
dénouer v.
dénoyauter v.
denrée n. f.
dense adj.
densité n. f.
dent n. f. *Une dent de lait, de sagesse.* — Homophones : *dam ; dan ; dans.*
dentaire adj.
dental, ale, aux adj. et n. f.
denté, ée adj.
dentelé, ée adj. et n. m.
dentelle n. f.
dentellière n. f.
dentelure n. f.
denticule n. m.
dentier n. m.
dentifrice n. m. et adj.
dentiste n.
dentition n. f.
denture n. f.
dénuder v.
dénuement n. m.
dénuer v.
dénutrition n. f.
déodorant n. m.
déontologie n. f.
dépailler v.
dépanner v.
dépaqueter v.
dépareiller v.
déparer v.
déparier v.
départ n. m.
départager v.
département n. m.
départemental, ale, aux, adj. et n. f.
départir v.
dépasser v.

dépaysement n. m.
dépayser v.
dépeçage n. m.
dépècement n. m.
dépecer v.
dépêche n. f.
dépêcher v.
dépeigner v.
dépeindre v.
dépenaillé, ée adj.
dépendance n. f.
dépendant, ante adj.
dépendre v.
dépens n. m. pl.
dépense n. f.
dépenser v.
dépensier, ière adj. et n.
déperdition n. f.
dépérir v.
dépersonnaliser v.
dépêtrer v.
dépeupler v.
déphasé, ée adj.
dépiauter v.
dépister v.
dépit n. m.
dépiter v.
déplacer v.
déplafonner v.
déplaire v.
déplaisant, ante adj.
déplaisir n. m.
déplâtrer v.
dépliant, ante adj. et n. m.
déplier v.
déplisser v.
déploiement n. m.
déplorer v.
déployer v.
déplumer v.
dépoétiser v.
dépoitraillé, ée adj.
dépolir v.
dépolitiser v.
dépolluer v.
dépollution n. f.
dépopulation n. f.
déporter v.
dépose n. f.
déposer v.
dépositaire n.
déposition n. f.
déposséder v.
dépossession n. f.
dépôt n. m.
dépotoir n. m.
dépouille n. f.
dépouiller v.

dépourvu, ue adj.
dépoussiérer v.
dépraver v.
dépréciation n. f.
déprécier v.
déprédation n. f.
déprendre (se) v.
dépressif, ive adj. et n.
dépression n. f.
dépressuriser v.
déprimer v.
dépriser v.
De profundis n. m. inv.
dépuceler v.
depuis prép. et adv.
dépuratif, ive adj. et n. m.
dépurer v.
député n. m.
députer v.
déraciner v.
dérailler v.
déraison n. f.
déraisonner v.
déranger v.
déraper v.
dératé, ée n.
dératiser v.
derby n. m. *Des derbys,* mais *des chaussures derby* ou *des derby.*
derechef adv.
dérèglement n. m.
dérégler v.
dérider v.
dérision n. f.
dérisoire adj.
dérivation n. f.
dérive n. f.
dérivé, ée adj. et n.
dériver v.
dermatologie n. f.
dermatologiste ou dermatologue n.
derme n. m.
dernier, ière adj. et n.
dernièrement adv.
dernier-né, dernière-née n. *Des derniers-nés. Des dernières-nées.*
dérobade n. f.
dérober v.
dérogatoire adj.
déroger v.
dérouillée n. f.
dérouiller v.
dérouler v.
déroute n. f.
dérouter v.

derrick n. m. *Des derricks.*
1. derrière prép. et adv.
2. derrière n. m.
derviche n. m. La forme *derwiche* est vieillie.
dès prép.
des article pl.
désabonner v.
désabuser v.
désaccord n. m.
désaccorder v.
désaccoutumance n. f.
désaccoutumer v.
désaffecter v.
désaffection n. f.
désagréable adj.
désagrégation n. f.
désagréger v.
désagrément n. m.
désaltérer v.
désamorçage n. m.
désamorcer v.
désapparier v.
désappointement n. m.
désappointer v.
désapprendre v.
désapprobateur, trice adj.
désapprobation n. f.
désapprouver v.
désarçonner v.
désargenté, ée adj.
désarmer v.
désarrimer v.
désarroi n. m.
désarticuler v.
désassimiler v.
désassortir v.
désastre n. m.
désastreux, euse adj.
désavantage n. m.
désavantager v.
désaveu n. m. *Des désaveux.*
désavouer v.
désaxé, ée adj. et n.
descellement n. m. *Le descellement d'un barreau.* — Homophone : *décèlement.*
desceller v. *Desceller un barreau.* — Homophone : *desseller.*
descendance n. f.
descendant, ante n. et adj.
descendre v.
descente n. f.
descriptif, ive adj.
description n. f.
déséchouer v.
désembourber v.

désemparé, ée adj.
désemplir v.
désenchanter v.
désenclaver v.
désencombrer v.
désenfler v.
désengager v.
désengorger v.
désensibiliser v.
désensorceler v.
désentortiller v.
désentraver v.
déséquilibre n. m.
désert, erte adj. et n. m.
déserter v.
désertification n. f.
désertion n. f.
désescalade n. f.
désespérance n. f.
désespérément adv.
désespérer v.
désespoir n. m.
déshabillé n. m.
déshabiller v.
déshabituer v.
désherber v.
déshérence n. f.
déshériter v.
déshonnête adj.
déshonneur n. m.
déshonorant, ante adj.
déshonorer v.
déshumaniser v.
déshydrater v.
desiderata n. m. pl. Inusité au singulier.
désigner v.
désillusionner v.
désincarné, ée adj.
désincruster v.
désinence n. f.
désinfection n. f.
désinformation n. f.
désintégrer v.
désintéressé, ée adj.
désintéressement n. m.
désintéresser v.
désintérêt n. m.
désintoxiquer v.
désinvolte adj.
désinvolture n. f.
désir n. m.
désirer v.
désireux, euse adj.
désister (se) v.
des meilleurs, des moins ▷ **p. 181.**
désobéir v.

désobéissance n. f.
désobligeance n. f.
désobligeant, ante adj.
désobliger v.
désobstruction n. f.
désobstruer v.
désodorisant, ante adj. et n. m.
désodoriser v.
désœuvré, ée adj. et n.
désœuvrement n. m.
désoler v.
désolidariser v.
désopilant, ante adj.
désordonné, ée adj.
désordre n. m.
désorganiser v.
désorienter v.
désormais adv.
désosser v.
désoxyder v.
desperado n. m. *Des desperados.*
des pires, des plus ▷ **p. 181.**
despote n. m.
desquamer v.
desquels, desquelles pron. relat. pl.
dessablement n. m.
dessabler v.
dessaisir v.
dessaisissement n. m.
dessalement n. m.
dessaler v.
dessangler v.
dessaouler v. ▷ **dessoûler.**
dessèchement n. m.
dessécher v.
dessein n. m. Projet. — Homophone : *dessin.*
desseller v. *Desseller un cheval.* —Homophone : *desceller.*
desserrement n. m.
desserrer v.
dessert n. m.
desserte n. f.
dessertir v.
dessertissage n. m.
desservant n. m.
desservir v.
dessiccation n. f.
dessiller v.
dessin n. m. *Un dessin à l'encre de Chine.* — Homophone : *dessein.*
dessinateur, trice n.
dessiner v.

dessouder v.
dessoûler v. La graphie *dessoûler* est la meilleure, mais on peut écrire aussi *dessaouler* ou *dessouler*.
1. **dessous** prép. et adv.
2. **dessous** n. m. inv.
dessous-de-plat n. m. inv.
1. **dessus** prép. et adv.
2. **dessus** n. m. inv.
dessus-de-lit n. m. inv.
déstabiliser v.
destin n. m.
destinataire n.
destinée n. f.
destiner v.
destituer v.
destitution n. f.
destrier n. m.
destroyer n. m.
destructeur, trice adj. et n.
destructif, ive adj.
destruction n. f.
désuet, ète adj.
désuétude n. f.
désunion n. f.
désunir v.
détacher v.
détail n. m.
détailler v.
détaler v.
détartrer v.
détaxer v.
détecter v.
détecteur n. m.
détection n. f.
détective n. m.
déteindre v.
dételer v.
détendre v.
détenir v.
détente n. f.
détenteur, trice n.
détention n. f.
détenu, ue n. et adj.
détergent, ente adj. et n. m.
détériorer v.
déterminer v.
déterminisme n. m.
déterrer v.
détersif, ive adj. et n. m.
détester v.
détonant, ante adj. et n. m.
détonateur n. m.
détonation n. f.
détoner v. Exploser.
détonner v. Chanter faux. Être en désaccord avec les circonstances.

détordre v.
détortiller v.
détour n. m.
détourner v.
détracteur, trice n.
détraquer v.
détrempe n. f.
détremper v.
détresse n. f.
détriment n. m.
détritus n. m.
détroit n. m.
détromper v.
détrôner v.
détrousser v.
détruire v.
dette n. f.
deuil n. m.
deux n. m. et adj.
deuxième adj. et n.
deux-pièces n. m. inv.
deux-points n. m. inv.
deux-roues n. m. inv.
deux-temps n. m. inv.
dévaler v.
dévaliser v.
dévaloriser v.
dévaluation n. f.
dévaluer v.
devancer v.
devancier, ière n.
1. **devant** prép. et adv.
2. **devant** n. m. *Prendre les devants.*
devanture n. f.
dévastateur, trice adj. et n.
dévaster v.
déveine n. f.
développement n. m.
développer v.
1. **devenir** v.
2. **devenir** n. m.
dévergonder (se) v.
dévernir v.
déverrouiller v.
devers ▷ **par-devers.**
déverser v.
déversoir n. m.
dévêtir v.
déviation n. f.
déviationniste adj. et n.
dévider v.
dévidoir n. m.
dévier v.
devin, devineresse n.
deviner v.
devinette n. f.

devis n. m.
dévisager v.
devise n. f.
deviser v.
de visu loc. adv.
dévitaliser v.
dévoiement n. m.
dévoiler v.
1. **devoir** v.
2. **devoir** n. m.
dévolu, ue adj. et n. m.
dévolution n. f. *La guerre de Dévolution.*
dévorateur, trice adj.
dévorer v.
dévoreur, euse n.
dévot, ote adj. et n.
dévotement adv.
dévotion n. f.
dévoué, ée adj.
dévouement n. m.
dévouer v.
dévoyé, ée adj. et n.
dévoyer v.
dextérité n. f.
dextre n. f.
dey n. m. *Des deys.*
dia ! interj.
diabète n. m.
diabétique adj. et n.
1. **diable** n. m. *Un diable :* un démon. *Le Diable :* Satan.
2. **diable !** interj.
diablesse n. f.
diablotin n. m.
diabolique adj.
diabolo n. m. *Des diabolos.*
diaconesse n. f.
diacre n. m.
diadème n. m.
diagnostic n. m.
diagnostique adj.
diagnostiquer v.
diagonale n. f.
dialectal, ale, aux adj.
dialecte n. m.
dialecticien, ienne n.
dialectique n. f. et adj.
dialectologie n. f.
dialectologue n.
dialogue n. m.
dialoguer v.
dialoguiste n.
diamant n. m.
diamantaire adj. et n.
diamanter v.
diamantifère adj.
diamétralement adv.

diamètre n. m.
diane n. f. *La diane,* sonnerie militaire, mais *Diane,* déesse.
diantre ! interj.
diapason n. m.
diaphane adj.
diaphragme n. m.
diapositive n. f.
diapré, ée adj.
diaprure n. f.
diarrhée n. f.
diaspora n. f.
diatonique adj.
diatribe n. f.
dictame n. m.
dictateur n. m.
dictatorial, iale, iaux, adj.
dictature n. f.
dictée n. f.
dicter v.
diction n. f.
dictionnaire n. m.
dicton n. m.
didactique adj. et n. f.
diesel n. m. *Des moteurs Diesel, des camions Diesel,* mais *des diesels.*
Dies irae n. m. inv.
1. diète n. f. Régime alimentaire.
2. diète n. f. Assemblée : *la diète germanique.*
diététicien, ienne n.
diététique n. f. et adj.
dieu n. m. *Un dieu, des dieux* (polythéisme), mais *Dieu* (monothéisme).
diffamateur, trice n. et adj.
diffamation n. f.
diffamer v.
différé, ée adj. et n. m.
différemment adv.
différence n. f.
différenciation n. f. Action de différencier. — Homophone : *différentiation.*
différencier v. Rendre différent. — Homophone : *différentier.*
différend n. m. Désaccord. — Homophone : *différent.*
différent, ente adj. Non semblable. — Homophone : *un différend.*
différentiation n. f. Opération mathématique. — Homophone : *différenciation.*
différentiel, ielle adj. et n.

différentier v. Terme de mathématiques. — Homophone : *différencier.*
différer v.
difficile adj.
difficilement adv.
difficulté n. f.
difficultueux, euse adj.
difforme adj.
difformité n. f.
diffus, use adj.
diffusément adv.
diffuser v.
diffusion n. f.
digérer v.
digest n. m. Condensé, résumé d'un livre.
digeste n. m. Compilation de textes juridiques.
digestible adj.
digestif, ive adj. et n. m.
digestion n. f.
digital, ale, aux adj.
digitale n. f.
digne adj.
dignitaire n. m.
dignité n. f.
digression n. f.
digue n. f.
dilacérer v.
dilapider v.
dilater v.
dilatoire adj.
dilection n. f.
dilemme n. m.
dilettante n.
dilettantisme n. m.
diligemment adv.
diligence n. f.
diligent, ente adv.
diluer v.
dilution n. f.
diluvien, ienne adj.
dimanche n. m. *Tous les dimanches matin (soir).*
dîme n. f.
dimension n. f.
diminuer v.
diminutif, ive adj. et n. m.
diminution n. f.
dînatoire adj.
dinde n. f.
dindon n. m.
dindonneau n. m. *Des dindonneaux.*
dindonner v.
1. dîner v.
2. dîner n. m.

dînette n. f.
dîneur, euse n.
dinosaure n. m.
diocésain, aine adj. et n.
diocèse n. m.
dionysiaque adj.
dionysies n. f. pl. *Les grandes dionysies. Les petites dionysies.*
dioptrie n. f.
diphtérie n. f.
diphtongaison n. f.
diphtongue n. f.
diphtonguer v.
diplomate n. m.
diplomatie n. f.
diplôme n. m.
diplômé, ée adj. et n.
diptyque n. m.
1. dire v.
2. dire n. m.
direct, ecte adj. et n. m.
directeur, trice n.
directive n. f.
direction n. f.
directoire n. m. *Le Directoire* (1795-1799).
directorial, iale, iaux adj.
dirigeable adj. et n. m.
dirigeant, ante adj. et n.
diriger v.
dirigisme n. m.
dirimant, ante adj.
discernement n. m.
discerner v.
disciple n. m.
disciplinaire adj.
discipline n. f.
discipliner v.
discobole n. m.
discontinu, ue adj.
discontinuer v.
discontinuité n. f.
disconvenance n. f.
disconvenir v.
discophile n. et adj.
discordance n. f.
discorde n. f.
discorder v.
discothèque n. f.
discourir v.
discours n. m.
discourtois, oise adj.
discrédit n. m.
discréditer v.
discret, ète adj.
discrètement adv.
discrétion n. f.

discrétionnaire adj.
discriminatoire adj.
discriminer v.
disculper v.
discursif, ive adj.
discussion n. f.
discuter v.
disert, erte adj.
disette n. f.
diseur, euse n.
disgrâce n. f.
disgracié, ée adj.
disgracier v.
disgracieusement adv.
disgracieux, euse adj.
disjoindre v.
disjoint, ointe adj.
disjoncteur n. m.
disjonctif, ive adj. et n. f.
disjonction n. f.
dislocation n. f.
disloquer v.
disparaître v.
1. disparate adj.
2. disparate n. f.
disparité n. f.
disparition n. f.
dispendieux, euse adj.
dispensaire n. m.
dispense n. f.
dispenser v.
disperser v.
dispersion n. f.
disponible adj.
dispos, ose adj.
disposer v.
dispositif n. m.
disposition n. f.
disproportion n. f.
disproportionné, ée adj.
dispute n. f.
disputer v.
disquaire n.
disqualifier v.
disque n. m.
disquette n. f.
dissection n. f.
dissemblance n. f.
disséminer v.
dissension n. f.
dissentiment n. m.
disséquer v.
disserter v.
dissidence n. f.
dissident, ente adj. et n.
dissimilation n. f.
dissimuler v.
dissiper v.

dissocier v.
dissolu, ue adj.
dissolution n. f.
dissolvant, ante adj. et n. m.
dissonance n. f.
dissonant, ante adj.
dissoner v.
dissoudre v.
dissuader v.
dissuasif, ive adj.
dissuasion n. f.
dissyllabe adj. et n. m.
dissyllabique adj.
dissymétrie n. f.
dissymétrique adj.
distance n. f.
distancer v. Dépasser et
laisser derrière soi.
distanciation n. f.
distancier (se) v. Prendre
ses distances,
psychologiquement, à
l'égard d'une situation.
distant, ante adj.
distendre v.
distension n. f.
distillateur n. m.
distillation n. f.
distiller v.
distillerie n. f.
distinct, incte adj.
distinctement adv.
distinctif, ive adj.
distinction n. f.
distinguable adj.
distingué, ée adj.
distinguer v.
distinguo n. m. Des
distinguos, mieux que des
distinguo.
distique n. m.
distordre v.
distorsion n. f.
distraction n. f.
distraire v.
distrait, aite adj.
distrayant, ante adj.
distribuer v.
distribution n. f.
district n. m.
1. dit n. m.
2. dit, dite adj.
dithyrambe n. m.
dithyrambique adj.
dito mot inv.
diurétique adj. et n. m.
diurne adj.
diva n. f. Des divas.

divagation n. f.
divaguer v.
divan n. m.
divergence n. f.
divergent, ente adj. Des
lignes divergentes, mais en
divergeant, ces lignes forment
un angle aigu.
diverger v.
divers, erse adj.
diversifier v.
diversion n. f.
diversité n. f.
divertir v.
dividende n. m.
divin, ine adj.
divination n. f.
divinatoire adj.
diviniser v.
divinité n. f.
diviser v.
division n. f.
divorce n. m.
divorcer v.
divulgation n. f.
divulguer v.
dix adj. et n. m.
dix-huit adj. et n. m.
dix-huitième adj. et n.
dixième adj. et n.
dix-neuf adj. et n. m.
dix-neuvième adj. et n.
dix-sept adj. et n. m.
dix-septième adj. et n.
dizain n. m.
dizaine n. f.
djinn n. m. Les djinns.
do n. m. inv. Note de
musique. — Homophone :
dos.
docile adj.
docilité n. f.
dock n. m. Des docks.
docker n. m.
docte adj.
docteur n. m.
doctoral, ale, aux, adj.
doctorat n. m.
doctoresse n. f.
doctrinaire n. et adj.
doctrinal, ale, aux adj.
doctrine n. f.
document n. m.
documentaire adj. et n. m.
documentaliste n.
documenter v.
dodécasyllabe n. m. et adj.
dodeliner v.

dodo n. m. *Des dodos.*
dodu, ue adj.
doge n. m.
dogmatique adj. et n.
dogmatisme n. m.
dogme n. m.
dogue n. m.
doigt n. m.
doigté n. m.
doigtier n. m.
doit n. m.
dol n. m.
doléance n. f.
dolent, ente adj.
dolichocéphale adj. et n.
doline n. f.
dollar n. m.
dolman n. m. Vêtement. *Des dolmans.*
dolmen n. m. Mégalithe. *Des dolmens.*
doloire n. f.
dom n. m. Titre employé devant le nom des religieux de certains ordres, ou bien titre portugais ▷ **don 2, dona.**
domaine n. m.
domanial, iale, iaux adj.
dôme n. m.
domestication n. f.
domesticité n. f.
domestique adj. et n.
domestiquer v.
domicile n. m.
domiciliaire adj.
domicilier v.
dominance n. f.
dominante n. f.
dominateur, trice adj. et n.
dominer v.
dominicain, aine adj. et n.
dominical, ale aux, adj.
dominion n. m.
domino n. m. *Des dominos.*
dommage n. m.
dommageable adj.
domptable adj.
domptage n. m.
dompter v.
dompteur, euse n.
1. don n. m. Cadeau.
2. don, doña n. Titre espagnol.
3. don, donna n. Titre italien.
dona n. f. Titre féminin portugais ▷ **dom.**
donataire n.

donation n. f.
donc conj.
dondon n. f.
donjon n. m.
don Juan n. m. *Des dons Juans.*
donjuanesque adj.
donjuanisme n. m.
donne n. f.
donnée n. f.
donner v.
donneur, euse n. et adj.
don Quichotte n. m. *Des dons Quichottes.*
donquichottisme n. m.
dont pron. relatif. inv.
donzelle n. f.
doper v.
dorade n. f. Poisson d'aquarium. La graphie *daurade* est réservée plutôt au poisson de mer.
dorénavant adv.
dorer v.
dorien, ienne adj. et n. *Le dialecte dorien.*
dorique adj. et n. m. *L'ordre dorique.*
doris n. m. Barque.
dorloter v.
dormir v.
dormition n. f.
dorsal, ale, aux, adj.
dortoir n. m.
doryphore n. m.
dos n. m. Homophone : *do.*
dos-d'âne n. m. inv. *Un pont en dos d'âne,* mais *un dos-d'âne.*
dose n. f.
doser v.
dossard n. m.
dossier n. m.
dot n. f.
dotation n. f.
doter v.
douaire n. m.
douairière n. f.
douane n. f.
1. douanier n. m.
2. douanier ière, adj.
double adj. et n. m.
doublé, ée n. m. et adj.
doubleau n. m. et adj. *Des doubleaux.*
1. doublement adv.
2. doublement n. m.
doubler v.

doublet n. m.
doublure n. f.
douceâtre adj.
doucereux, euse adj.
doucette n. f.
doucettement adv.
douceur n. f.
douche n. f.
doucher v.
doudou n. f. *Des doudous.*
douer v.
douille n. f.
douillet, ette adj.
douillette n. f.
douillettement adv.
douleur n. f.
douloureux, euse adj.
douro n. m. *Des douros.*
doute n. m.
douter v.
douteux, euse adj.
douve n. f.
doux, douce adj., adv. et n.
douzaine n. f.
douze adj. et n. m. inv.
douzième adj. et n.
doyen, yenne n.
1. doyenné n. m. *Un doyenné :* circonscription ecclésiastique.
2. doyenné n. f. *Une doyenné :* une poire.
drachme n. f.
draconien, ienne adj.
drag n. m. *Des drags.*
dragée n. f.
drageoir n. m.
dragon n. m.
dragonnade n. f.
drague n. f.
draguer v.
dragueur, euse n.
drain n. m.
drainer v.
draisienne n. f. Ancêtre de la bicyclette.
draisine n. f. Véhicule ferroviaire.
drakkar n. m. *Des drakkars.*
dramatique adj. et n. f.
dramatiser v.
dramaturge n.
drame n. m.
drap n. m.
drapé n. m.
drapeau n. m. *Des drapeaux.*
draper v.
draperie n. f.

drapier, ière n.
drastique adj.
dravidien, ienne adj. et n.
dresser v.
dressoir n. m.
dribbler v.
drille n. m. *Un joyeux drille.*
drisse n. f.
drogman n. m. *Des drogmans.*
drogue n. f.
droguer v.
droguerie n. f.
droguet n. m.
droguiste n.
1. droit n. m.
2. droit, droite adj., n. et adv.
droite n. f.
droitier, ière adj. et n.
droiture n. f.
drolatique adj.
drôle n. m. et adj.
drôlement adv.
drôlerie n. f.
drôlesse n. f.
dromadaire n. m.
dru, ue adj. et adv.
drugstore n. m.
druide n. m.
drupe n. f.

dryade n. f.
du art. m. sing.
dû, due adj. et n. m.
dualisme n. m.
dualité n. f.
dubitatif, ive adj.
1. duc n. m. *Un grand duc :* oiseau. *Un grand-duc :* prince russe.
2. duc, duchesse n.
ducal, ale, aux adj.
ducasse n. f.
ducat n. m.
duché n. m.
duchesse n. f.
ductile adj.
ductilité n. f.
duègne n. f.
duel n. m.
duelliste n. m.
duettiste n.
dulcinée n. f.
dulie n. f.
dum-dum n. f. inv.
dûment adv.
dumping n. m.
dune n. f.
dunette n. f.
duo n. m. *Des duos.*
dupe n. f. et adj.

duper v.
duplex n. m. inv.
duplicata n. m. inv.
duplicité n. f.
duquel pron. relat.
dur, dure adj., adv. et n.
duralumin n. m.
durant prép.
durcir v.
durée n. f.
durement adv.
durer v.
dureté n. f.
durillon n. m.
duumvir n. m. *Les duumvirs.*
duumvirat n. m.
duvet n. m.
duveté, ée adj.
duveteux, euse adj.
dynamique adj. et n. f.
dynamisme n. m.
dynamite n. f.
dynamo n. f.
dynastie n. f.
dysenterie n. f.
dysharmonie n. f.
dyslexie n. f.
dyspepsie n. f.
dyspepsique ou **dyspeptique** adj. et n.

eau n. f. *Les eaux.*
eau-de-vie n. f. *Des eaux-de-vie.*
eau-forte n. f. *Des eaux-fortes.*
eaux-vannes n. f. pl.
ébahir v.
ébats n. m. pl.
ébattre (s') v.
ébaucher v.
ébène n. f. Certains écrivains ont employé, à tort, ce mot au masculin.
ébéniste n. m.
éberluer v.
éblouir v.
ébonite n. f.
éborgner v.
éboueur n. m.
ébouillanter v.
ébouler v.
éboulis n. m.
ébouriffer v.
ébrancher v.

ébranler v.
ébrèchement n. m.
ébrécher v.
ébréchure n. f.
ébriété n. f.
ébrouement n. m.
ébrouer (s') v.
ébruiter v.
ébullition n. f.
éburnéen enne adj.
écaille n. f.
1. écailler v.
2. écailler, ère n.
écailleux, euse adj.
écale n. f.
écaler v.
écarlate n. f. et adj. *Des écarlates. Des manteaux écarlates.*
écarquiller v.
écart n. m.
écarté n. m.
écartèlement n. m.
écarteler v.

écarter v.
ecce homo n. m. inv.
ecchymose n. f.
ecclésiastique adj. et n. m.
écervelé, ée adj. et n.
échafaud n. m.
échafauder v.
échalas n. m.
échalier n. m.
échalote n. f.
échancrer v.
échange n. m.
échangeable adj.
échanger v.
échanson n. m.
échantillon n. m.
échantillonner v.
échappatoire n. f.
échappée n. f.
échapper v.
écharde n. f.
écharpe n. f.
écharper v.
échasse n. f.

échassier n. m.
échaudoir n. m.
échauffer v.
échauffourée n. f.
échauguette n. f.
èche n. f. Appât pour la
pêche. — On écrit aussi
aiche et *esche.*
échéance n. f.
échéant, ante adj.
échec n. m. *Subir un échec.*
échecs n. m. pl. *Jouer aux
échecs. Un jeu d'échecs.*
échelle n. f.
échelon n. m.
échelonner v.
écheniller v.
écheveau n. m. *Des
écheveaux.*
écheveler v.
échevin n. m.
échine n. f.
échiner v.
écho n. m.
échoir v.
échoppe n. f.
échotier n. m.
échouement n. m.
échouer v.
écimer v.
éclabousser v.
éclair n. m.
éclaircie n. f.
éclaircir v.
éclairer v.
éclat n. m.
éclaté n. m.
éclater v.
éclectisme n. m.
éclipse n. f.
écliptique n. m.
éclopé, ée adj. et n.
éclore v. *Il éclot* ou *il éclôt.*
éclosion n. f.
écluse n. f.
éclusier, ière n.
écœurer v.
école n. f.
écolier, ière n.
écologie n. f.
écologiste n.
éconduire v.
économat n. m.
économe n. et adj.
économie n. f.
économique adj. et n.
écope n. f.
écoper v.

écorçage n. m.
écorce n. f.
écorcer v.
écorché n. m.
écorner v.
écornifler v.
écornifleur, euse n.
écossais, aise adj. et n. *De
l'écossais :* tissu.
écosser v.
écot n. m.
écouler v.
écourter v.
écoute n. f.
écouter v.
écoutille n. f.
écouvillon n. m.
écran n. m.
écraser v.
écrémage n. m.
écrémer v.
écrémeuse n. f.
écrêtement n. m.
écrêter v.
écrevisse n. f.
écrier (s') v.
écrin n. m.
écrire v.
écrit, ite adj. et n. m.
écriteau n. m. *Des écriteaux.*
écritoire n. f.
écrivaillon n. m.
écrivain n. m.
écrou n. m. *Des écrous.*
écrouelles n. f. pl.
écrouer v.
écrouler (s') v.
écru, ue adj.
ectoplasme n. m.
écu n. m.
écubier n. m.
écueil n. m.
écuelle n. f.
éculé, ée adj.
écume n. f.
écumoire n. f.
écureuil n. m.
écurie n. f.
écusson n. m.
écuyer, ère n.
eczéma n. m.
edelweiss n. m. inv.
éden n. m. *Un éden :* un lieu
délicieux. *L'Éden, le jardin
d'Éden :* le paradis terrestre.
édenté, ée adj.
édicter v.
édicule n. m.

édifice n. m.
édifier v.
édile n. m.
édilité n. f.
édit n. m.
éditer v.
édition n. f.
éditorial, iale, aux adj. et n.
m. *Des éditoriaux.*
édredon n. m.
éducation n. f.
édulcorer v.
éduquer v.
effaçable adj.
effacer v.
effarer v.
effaroucher v.
effectif, ive adj. et n. m.
effectuer v.
efféminé, ée adj.
effervescence n. f.
effervescent, ente adj.
effet n. m.
effeuiller v.
efficace adj. et n. f.
efficacité n. f.
efficience n. f.
efficient, ente adj.
effigie n. f.
effiler v.
effilocher v.
efflanqué, ée adj.
effleurer v.
efflorescence n. f.
efflorescent, ente adj.
effluve n. m.
effondrer v.
efforcer (s') v.
effort n. m.
effraction n. f.
effraie n. f.
effranger v.
effrayer v.
effréné, ée adj.
effriter v.
effroi n. m.
effronté, ée adj. et n.
effrontément adv.
effroyable adj.
effusion n. f.
égaiement n. m. Action de
s'égayer.
égaillement n. m. Action de
s'égailler.
égailler (s') v. Se disperser.
égal, le, aux adj. et n. ▷
p. 181.
égaler v.

égalitaire adj.
égalité n. f.
égard n. m.
égarer v.
égayement n. m. Autre forme, assez rare, de *égaiement*.
égayer v. Rendre gai.
égéen, éenne adj.
égérie n. f.
égide n. f.
églantier n. m.
églantine n. f.
églefin n. m. On dit aussi *aiglefin*. La forme *églefin* est la meilleure.
église n. f. *L'Église* : institution, communauté des fidèles. *Une église* : édifice religieux.
églogue n. f.
égocentrisme n. m.
égoïne n. f.
égoïsme n. m.
égoïste adj. et n.
égorger v.
égosiller (s') v.
égout n. m.
égoutier n. m.
égoutter v.
égouttoir n. m.
égratigner v.
égrener v.
égrillard, arde adj. et n.
égueuler v.
égyptien, ienne adj. et n.
égyptologue n.
eh ! interj. Exprime la surprise, l'admiration, etc. — Homophone : *hé !* — On écrit *eh bien !*
éhonté, ée adj.
éjecter v.
éjection n. f.
élaborer v.
élagage n. m.
élaguer v.
élagueur n. m.
élan n. m.
élancer v.
élargir v.
élasticité n. f.
élastique adj. et n. m.
eldorado n. m. *Un eldorado*, mais *l'Eldorado*, pays mythique d'Amérique du Sud. — *Des eldorados*.
électeur, trice n.

élection n. f.
électoral, ale, aux adj.
électorat n. m.
électricien, ienne n.
électricité n. f.
électrifier v.
électriser v.
électroaimant n. m. Éviter la graphie vieillie *électro-aimant*.
électrocardiogramme n. m.
électrochimie n. f.
électrochoc n. m.
électrocuter v.
électrocution n. f.
électrode n. f.
électrogène adj.
électrolyse n. f.
électromagnétique adj.
électroménager adj. m. et n. m.
électron n. m.
électronicien, ienne n.
électronique adj. et n. f.
électrophone n. m.
électuaire n. m.
élégamment adv.
élégance n. f.
élégant, ante adj. et n.
élégiaque adj. et n. m.
élégie n. f.
élément n. m.
élémentaire adj.
éléphant n. m.
éléphanteau n. m. *Des éléphanteaux*.
élevage n. m.
élévation n. f.
élévatoire adj.
élève n.
élever v.
éleveur, euse n.
elfe n. m.
élider v.
éligible adj.
élimer v.
éliminatoire adj. et n. f.
éliminer v.
élire v.
élisabéthain, aine adj. Graphie plus fréquente que la graphie *élizabéthain*, qui est à éviter.
élision n. f.
élite n. f.
élixir n. m.
élizabéthain, aine adj. Graphie anglicisante et rare.

A éviter ▷ **élisabéthain**.
elle, elles pron. pers. f.
ellébore n. m. On écrit aussi *hellébore*.
ellipse n. f.
elliptique adj.
élocution n. f.
éloge n. m.
élogieux, euse adj.
éloigner v.
élongation n. f.
éloquemment adv.
éloquence n. f.
éloquent, ente adj.
élu, ue n. et adj.
élucider v.
élucubrer v.
éluder v.
élyséen, éenne adj.
élytre n. m.
elzévir n. m. *Des elzévirs*.
émacié, ée adj.
émail n. m. *Des émaux*. Le pluriel *des émails* s'emploie seulement quand il s'agit de produits de beauté ou de peintures spéciales pour carrosseries, etc.
émailler v.
émanation n. f.
émanciper v.
émaner v.
émarger v.
émasculer v.
emballer v.
embarcadère n. m.
embarcation n. f.
embardée n. f.
embargo n. m. *Des embargos*.
embarquer v.
embarras n. m.
embarrasser v.
embastiller v.
embauche n. f.
embauchoir n. m.
embaumer v.
embellie n. f.
embellir v.
embêtement n. m.
embêter v.
emblaver v.
emblée (d') loc. adv.
emblématique adj.
emblème n. m.
emboîtage n. m.
emboîtement n. m.
emboîter v.

embolie n. f.
embonpoint n. m.
embosser v.
embouche n. f.
embouché, ée adj.
emboucher v.
embouchoir n. m.
embouchure n. f.
embourber v.
embourgeoiser v.
embout n. m.
embouteiller v.
emboutir v.
embrancher v.
embraser v.
embrasse n. f.
embrasser v.
embrasure n. f.
embrayage n. m.
embrayer v. *Il embraye*
(jamais de formes en *aie*).
embrigader v.
embrocation n. f.
embrocher v.
embrouiller v.
embroussaillé, ée adj.
embrumer v.
embrun n. m.
embryon n. m.
embryonnaire adj.
embu, ue adj. et n. m.
embûche n. f.
embuer v.
embuscade n. f.
embusquer v.
éméché, ée adj.
émeraude n. f. et adj. inv.
émergence n. f.
émergent, ente adj.
émerger v.
émeri n. m.
émérite adj.
émersion n. f.
émerveiller v.
émétique adj. et n. m.
émetteur, trice adj. et n. m.
émettre v.
émeu n. m. *Des émeus.*
émeute n. f.
émeutier, ière n.
émietter v.
émigrer v.
émincer v.
éminemment adv.
éminence n. f.
émir n. m.
émirat n. m.
1. émissaire n.

2. émissaire adj. *Un bouc
émissaire.*
émission n. f.
emmagasiner v.
emmailloter v.
emmancher v.
emmêlement n. m.
emmêler v.
emménager v.
emmener v.
emmenthal ou emmental n.
m. Les deux graphies sont
admises. — *Des emmenthals*
ou *des emmentals.*
emmitoufler v.
emmurer v.
émoi n. m.
émollient, ente adj. et n. m.
émolument n. m.
émonder v.
émondoir n. m.
émotif, ive adj. et n.
émotion n. f.
émotionnel, elle adj.
émotivité n. f.
émotter v.
émoudre v.
émouleur n. m.
émoulu, ue adj.
émousser v.
émoustiller v.
émouvoir v.
empailler v.
empaler v.
empan n. m.
empanacher v.
empaquetage n. m.
empaqueter v.
emparer (s') v.
empâter v.
empêcher v.
empeigne n. f.
empennage n. m.
empenner v.
empereur n. m. Avec *e*
minuscule, sauf quand le
mot, non suivi d'un nom
propre, désigne l'empereur
germanique ou bien
Napoléon Ier.
empeser v.
empester v.
empêtrer v.
emphase n. f.
emphatique adj.
emphysème n. m.
empiècement n. m.
empierrer v.

empiétement n. m.
empiéter v.
empiffrer (s') v.
empiler v.
empire n. m. *Des bureaux,
des tables Empire.*
empirer n. m.
empiriste n. et adj.
emplanture n. f.
emplâtre n. m.
emplette n. f.
emplir v.
emploi n. m.
employer v.
emplumé, ée adj.
empocher v.
empoignade n. f.
empoigne n. f.
empoigner v.
empois n. m.
empoisonner v.
empoissonner v.
emporium n. m. *Des emporia.*
emporte-pièce n. m. inv.
emporter v.
empoté, ée adj. et n.
empourprer v.
empoussiérer v.
empreindre v.
empreinte n. f.
empresser (s') v.
emprise n. f.
emprisonner v.
emprunt n. m.
empuantir v.
empuse n. f.
empyrée n. m.
ému, ue adj.
émulation n. f.
émule n.
émulsion n. f.
émulsionner v.
1. en prép.
2. en pron. et adv.
enamourer (s') v. On écrit
aussi *énamourer.*
énarque n. m.
en-avant n. m. inv.
encablure n. f.
encadrer v.
encager v.
encaisse n. f.
encaissé, ée adj.
encaisser v.
encalminé, ée adj.
encan (à l') loc. adv.
encanailler (s') v.
encapuchonner v.

encart n. m.
encarter v.
en-cas n. m. inv. La graphie *encas* est rare et déconseillée.
encastrer v.
encaustique n. f.
encaustiquer v.
enceindre v.
1. enceinte n. f.
2. enceinte adj. f.
encens n. m.
encenser v.
encensoir n. m.
encéphale n. m.
encercler v.
enchaînement n. m.
enchaîner v.
enchanter v.
enchanteur, teresse n. et adj.
enchâssement n. m.
enchâsser v.
enchère n. f.
enchérir v.
enchérisseur, euse n.
enchevêtrement n. m.
enchevêtrer v.
enchifrené, ée adj.
enclave n. f.
enclaver v.
enclencher v.
enclin, ine adj.
enclitique n. m.
enclore v. *Il enclot* ou *il enclôt.*
enclos n. m.
enclouer v.
enclume n. f.
encoche n. f.
encoignure n. f.
encoller v.
encolure n. f.
encombre (sans) loc. adv.
encombrer v.
encontre (à l') loc. prép.
encorbellement n. m.
encorder (s') v.
encore adv. La graphie *encor* est une licence poétique archaïsante.
encorner v.
encourageant, ante adj.
encourager v.
encourir v.
encrasser v.
encre n. f. Liquide pour écrire. — Homophone : *ancre.*
encrer v.
encrier n. m.

encroûtement n. m.
encroûter v.
encyclique n. f.
encyclopédie n. f.
endémie n. f.
endettement n. m.
endetter v.
endeuiller v.
endiablé, ée adj.
endiamanté, ée adj.
endiguement n. m.
endiguer v.
endimancher (s') v.
endive n. f.
endocrine adj.
endoctriner v.
endolorir v.
endommager v.
endormir v.
endosser v.
endroit n. m.
enduire v.
enduit n. m.
endurance n. f.
endurant, ante adj.
endurcir v.
endurer v.
enduro n. m. *Des enduros.*
énergétique adj. et n.
énergie n. f.
énergumène n.
énerver v.
enfance n. f.
enfant n.
enfanter v.
enfantillage n. m.
enfantin, ine adj.
enfer n. m. *Les Enfers* (des Anciens), mais *l'enfer* (des chrétiens).
enfermer v.
enferrer v.
enfiévrer v.
enfilade n. f.
enfiler v.
enfin adv.
enflammer v.
enfler v.
enfoncer v.
enfonçure n. f.
enfouir v.
enfourcher v.
enfourner v.
enfreindre v.
enfuir (s') v.
enfumer v.
enfumoir n. m.
enfutailler v.

enfûter v.
engageant, ante adj.
engager v.
engazonner v.
engeance n. f.
engelure n. f.
engendrer v.
engin n. m.
englober v.
engloutir v.
engluer v.
engobe n. m.
engoncer v.
engorger v.
engouement n. m.
engouer (s') v.
engouffrer v.
engoulevent n. m.
engourdir v.
engrais n. m.
engraisser v.
engranger v.
engrener v.
engrosser v.
engueuler v.
enguirlander v.
enhardir v.
enharnacher v.
énième adj. et n.
énigme n. f.
enivrer v.
enjambée n. f.
enjamber v.
enjeu n. m. *Des enjeux.*
enjoindre v.
enjôler v.
enjôleur, euse n.
enjolivure n. f.
enjoué, ée adj.
enjouement n. m.
enlacer v.
enlaidir v.
enlèvement n. m.
enlever v.
enliser v.
enluminer v.
enluminure n. f.
enneigé, ée adj.
enneigement n. m.
ennoblir v. Rendre noble moralement. — Paronyme : *anoblir.*
ennoblissement n. m.
ennuager v.
ennui n. m.
ennuyer v.
énoncé n. m.
énoncer v.

énonciation n. f.
enorgueillir v.
énorme adj.
énormément adv.
enquérir (s') v.
enquête n. f.
enquêter v.
enquiquiner v.
enraciner v.
enrageant, ante adj.
enrager v.
enrayage n. m.
enrayement n. m.
enrayer v. *Il enraye.* Les formes en *aie* sont peu usitées.
enrégimenter v.
enregistrer v.
enrhumer v.
enrichir v.
enrober v.
enrochement n. m.
enrôler v.
enrouement n. m.
enrouer v.
enrouler v.
enrubanner v.
ensabler v.
ensacher v.
ensanglanter v.
enseignant, ante adj. et n.
1. enseigne n. f. Drapeau.
2. enseigne n. m. Officier.
enseigner v.
ensellé, ée adj.
ensemble adv. et n. m.
ensemencer v.
enserrer v.
ensevelir v.
ensiler v.
ensoleiller v.
ensommeillé, ée adj.
ensorceler v.
ensorceleur, euse n. et adj.
ensorcellement n. m.
ensuite adv.
ensuivre (s') v.
entablement n. m.
entacher v.
entaille n. f.
entamer v.
entartrer v.
entasser v.
enté, ée adj.
entendre v.
entente n. f.
enter v.
entériner v.

entérite n. f.
enterrer v.
en-tête n. m. *Des en-têtes.*
entêtement n. m.
entêter v.
enthousiasme n. m.
enthousiasmer v.
enthousiaste adj. et n.
enticher v.
entier, ière adj. et n. m.
entièrement adv.
entité n. f.
entoiler v.
entomologie n. f.
entonner v.
entonnoir n. m.
entorse n. f.
entortiller v.
entour n. m.
entourer v.
entourloupette n. f.
entournure n. f.
entracte n. m.
entraide n. f.
entraider (s') v.
entrailles n. f. pl.
entr'aimer v.
entrain n. m.
entraîner v.
entr'apercevoir v.
entrave n. f.
entre prép.
entrebâillement n. m.
entrebâiller v.
entrechat n. m.
entrechoquer v.
entrecôte n. f. De nos jours, nom féminin. A été masculin à l'origine.
entrecouper v.
entrecroiser v.
entrecuisse n. m.
entre-déchirer (s') v.
entre-détruire (s') v.
entre-deux n. m. inv.
entre-deux-guerres n. m. inv.
entre-dévorer (s') v.
entrée n. f.
entrefaite n. f. *Sur ces entrefaites.*
entrefilet n. m.
entregent n. m.
entr'égorger (s') v.
entre-heurter (s') v.
entrejambes n. m. inv.
entrelacer v.
entrelacs n. m. inv.
entrelarder v.

entremêler v.
entremets n. m. inv.
entremetteur, euse n.
entremettre (s') v.
entre-nuire (s') v.
entrepont n. m.
entreposer v.
entrepôt n. m.
entreprendre v.
entrepreneur, euse n.
entre-rail n. m. *Des entre-rails.*
entrer v.
entre-regarder (s') v.
entresol n. m.
entre-temps adv. Éviter la graphie *entre temps.*
entretenir v.
entretien n. m.
entretoise n. f.
entre-tuer (s') v.
entrevoie n. f.
entrevoir v.
entrevue n. f.
entrouvrir v.
énucléation n. f.
énucléer v.
énumérer v.
envahir v.
envaser v.
enveloppe n. f.
envelopper v.
envenimer v.
enverguer v.
envergure n. f.
1. envers prép.
2. envers n. m.
envi (à l') loc. adv.
envie n. f.
envier v.
envieux, euse adj. et n.
environ adv. et prép.
environner v.
environs n. m. pl.
envisager v.
envoi n. m.
envol n. m.
envolée n. f.
envoler (s') v.
envoûter v.
envoyer v.
enzyme n. f.
1. éolien, ienne adj. et n. *Le peuple éolien. Les Éoliens. L'éolien :* dialecte grec.
2. éolien, ienne adj. et n. f. *L'énergie éolienne. Une éolienne :* turbine mue par le vent.

épagneul, eule n. et adj.
épais, aisse adj. et adv.
épaissir v.
épanchement n. m.
épancher v.
épandeur n. m.
épandre v.
épanouir v.
épargne n. f.
éparpiller v.
épars, arse adj.
épatamment adv.
épatant, ante adj.
épate n. f.
épatement n. m.
épater v.
épaulard n. m.
épaule n. f.
épaulé n. m.
épaulé-jeté n. m. *Des épaulés-jetés.*
épauler v.
épaulette n. f.
épave n. f.
épeautre n. m.
épée n. f.
épéiste n. m.
épeler v.
éperdu, ue adj.
éperdument adv.
éperlan n. m.
éperon n. m.
éperonner v.
épervier n. m.
épeurer v.
éphèbe n. m.
éphémère adj. et n. m.
éphéméride n. f.
éphésien, ienne adj. et n.
éphore n. m.
épi n. m.
épice n. f.
épicéa n. m.
épicentre n. m.
épicer v.
épicurien, ienne adj. et n.
épidémie n. f.
épiderme n. m.
épier v.
épierrer v.
épieu n. m. *Des épieux.*
épigone n. m.
épigramme n. f.
épigraphe n. f.
épigraphie n. f.
épilatoire adj.
épilepsie n. f.
épiler v.

épilogue n. m.
épinard n. m.
épine n. f.
épinette n. f.
épine-vinette n. f. *Des épines-vinettes.*
épingle n. f.
épinière adj. f.
épinoche n. f.
Épiphanie n. f.
épiphénomène n. m.
épique adj.
épirote adj. et n.
épiscopal, ale, aux adj.
épiscopat n. m.
épisode n. m.
épisser v.
épistolaire adj.
épistolier, ière n.
épitaphe n. f.
épithalame n. m.
épithélium n. m.
épithète n. f. et adj.
épître n. f.
épizootie n. f.
éploré, ée adj. et n.
éployer v.
éplucher v.
épode n. f.
épointer v.
éponge n. f.
épongeage n. m.
éponyme adj. et n. m.
épopée n. f.
époque n. f.
épouiller v.
époumoner (s') v.
épousailles n. f. pl.
épouse n. f.
épouser v.
époussetage n. m.
épousseter v.
époustoufler v.
épouvantail n. m. *Des épouvantails.*
épouvante n. f.
époux, ouse n.
éprendre (s') v.
épreuve n. f.
épris, ise adj.
éprouver v.
éprouvette n. f.
epsilon n. m.
épucer v.
épuiser v.
épuisette n. f.
épuratoire adj.
épure n. f.

épurer v.
équanimité n. f.
équarrir v.
équateur n. m. *L'équateur (terrestre),* mais *l'Équateur,* pays.
équation n. f.
équatorial, ale, aux adj. et n. m. De l'équateur (ligne).
équatorien, ienne adj. et n. De l'Équateur (pays).
équerre n. f.
équestre adj.
équidistant, ante adj.
équilatéral,ale aux adj.
équilibre n. m.
équinoxe n. m.
équipe n. f.
équipée n. f.
équipollent, ente adj.
équitable adj.
équitation n. f.
équité n. f.
équivalence n. f.
équivalent, ente adj. et n. m.
équivaloir v.
équivoque adj. et n. f.
érable n. m.
éradication n. f.
éradiquer v.
érafler v.
érailler v.
ère n. f. Époque. — Homophones : *air, aire, erre.*
érectile adj.
érection n. f.
éreinter v.
érémitique adj.
érésipèle n. m. ▷ érysipèle.
erg n. m. Pluriel français : *des ergs.*
ergastule n. m.
ergot n. m.
ergoté, ée adj.
ergoter v.
ériger v.
erminette n. f. Graphie vieillie ▷ **herminette.**
ermitage n. m. La graphie *hermitage* est vieillie.
ermite n. m. La graphie *hermite* est vieillie.
éroder v.
érosion n. f.
érotique adj. et n. f.
errance n. f.
errant, ante adj.

errata n. m. inv. *Un errata, des errata.*
erratique adj.
erratum n. m. sing. Pour le pluriel, on emploie *des errata* ▷ **errata**.
erre n. f. *L'erre d'un navire.*
errements n. m. pl.
errer v.
erreur n. f.
erroné, ée adj.
ersatz n. m. inv.
éructer v.
érudit, ite adj. et n.
érudition n. f.
éruption n. f.
érysipèle n. m. On dit aussi *érésipèle.*
ès prép. Ne s'emploie que devant un nom au pluriel : *Il est docteur ès sciences.*
esbroufe n. f.
escabeau n. m. *Des escabeaux.*
escadre n. f.
escadrille n. f.
escadron n. m. Dans la cavalerie, *un chef d'escadron* est un capitaine, *un chef d'escadrons* est un commandant.
escalade n. f.
escale n. f.
escalier n. m.
escalope n. f.
escamoter v.
escampette n. f.
escapade n. f.
escarbille n. f.
escarbot n. m.
escarboucle n. f.
escarcelle n. f.
escargot n. m.
escarmouche n. f.
escarole n. f. Forme vieillie de *scarole.*
1. escarpe n. f. Mur du fossé d'une fortification.
2. escarpe n. m. Bandit, voyou.
escarpé, ée adj.
escarpin n. m.
escarpolette n. f.
1. escarre n. f. Plaie. — On écrit aussi parfois *eschare.*
2. escarre n. f. Terme de blason. — On écrit aussi *esquarre.*

esche n. f. Appât pour la pêche. — On écrit aussi *aiche* et *èche.*
escient n. m.
esclaffer (s') v.
esclandre n. m.
esclave adj. et n.
escogriffe n. m.
escompte n. m.
escopette n. f.
escorte n. f.
escouade n. f.
escrime n. f.
escroc n. m.
escroquer v.
escroquerie n. f.
escudo n. m. *Des escudos.*
eskimo n. et adj. *Les Eskimos. Une femme eskimo. Les coutumes eskimos* ▷ **esquimau 1.**
ésotérique adj.
1. espace n. m. *Un espace,* au sens usuel.
2. espace n. f. *Une espace,* en terme de typographie.
espacer v.
espadon n. m.
espadrille n. f.
espagnol, ole adj. et n.
espagnolette n. f.
espalier n. m.
espèce n. f.
espérance n. f.
espéranto n. m. et adj. *La grammaire espéranto. Des phrases espérantos.*
espérer v.
espiègle adj. et n.
espion, onne n.
espionner v.
espionnite n. f.
esplanade n. f.
espoir n. m.
espressivo adv.
esprit n. m.
esquarre n. f. ▷ **escarre 2.**
esquif n. m.
esquille n. f.
1. esquimau, aude adj. et n. *Des Esquimaux. Les coutumes esquimaudes* ▷ **eskimo.**
2. Esquimau n. m. inv. Chocolat glacé. — Nom déposé, donc *E* majuscule.
esquinter v.
esquisse n. f.
esquive n. f.

essai n. m.
essaim n. m.
essaimer v.
essayer v.
essayiste n. m.
essence n. f.
essénien, ienne adj. et n. *Les esséniens.*
essentialisme n. m.
essentiel, ielle adj.
essentiellement adv.
esseulé, ée adj.
essieu n. m. *Des essieux.*
essor n. m.
essorer v.
essouffler v.
essuie-glace n. m. *Des essuie-glaces.*
essuie-mains n. m. inv.
essuie-pieds n. m. inv.
essuyer v.
est n. m.
estacade n. f.
estafette n. f.
estafier n. m.
estafilade n. f.
estaminet n. m.
estampe n. f.
estamper v.
estampille n. f.
estampiller v.
1. ester v.
2. ester n. m.
esthète n. et adj.
esthéticien, ienne n.
esthétique adj. et n. f.
estime n. f.
estimer v.
estival, ale, aux adj.
estivant, ante n.
estive n. f.
estoc n. m.
estocade n. f.
estomac n. m.
estomaquer v.
estomper v.
estonien, ienne adj. et n.
estoquer v.
estrade n. f.
estragon n. m.
estrapade n. f.
estropier v.
estuaire n. m.
estudiantin, ine adj.
esturgeon n. m.
et conj.
êta n. m.
étable n. f.

établi n. m.
établir v.
établissement n. m.
étage n. m.
étagère n. f.
étai n. m.
étaiement n. m. On dit aussi *étayement, étayage.*
étain n. m.
étal, als n. m.
étale adj. et n. m. *La mer est à l'étale.* Le nom est normalement masculin. Certains l'emploient au féminin.
étaler v.
étalon n. m.
étalonner v.
étambot n. m.
étamer v.
étamine n. f.
étanche adj.
étanchéité n. f.
étancher v.
étançon n. m.
étançonner v.
étang n. m.
étape n. f.
1. état n. m. *Un état :* une situation. — *L'état civil.*
2. État n. m. *Un État :* une nation.
étatique adj.
étatiser v.
état-major n. m. *Des états-majors.*
étau n. m. *Des étaux.*
étayage n. m. ▷ étaiement.
étayement n. m. ▷ étaiement.
étayer v.
et cetera loc. adv. Éviter la graphie *et cœtera.* — En abrégé : *etc.*
été n. m.
éteignoir n. m.
éteindre v.
éteint, einte adj.
étendard n. m.
étendre v.
étendue n. f.
éternel, elle adj. et n. m. *L'Éternel,* Dieu.
éternellement adv.
éterniser v.
éternuement n. m.
éternuer v.
étêter v.

éther n. m.
éthéré, ée adj.
éthéromane n. et adj.
éthiopien, ienne adj. et n.
éthique n. f. et adj. Qui concerne la morale. — Homophone : *étique.*
ethnie n. f.
ethnographie n. f.
ethnologie n.
éthylique adj. et n.
étiage n. m.
étinceler v.
étincelle n. f.
étincellement n. m.
étioler v.
étique adj. Très maigre. — Homophone : *éthique.*
étiqueter v.
étiquette n. f.
étirer v.
étoffe n. f.
étoile n. f.
étole n. f.
étonnamment adv.
étonnant, ante adj.
étonner v.
étouffe-chrétien n. m. inv.
étouffée (à l') loc. adv.
étouffer v.
étouffoir n. m.
étoupe n. f.
étourderie n. f.
étourdi, ie adj. et n.
étourdiment adv.
étourdir v.
étourneau n. m. *Des étourneaux.*
étrange adj. et n. m.
étranger, ère adj. et n.
étrangeté n. f.
étrangler v.
étrave n. f.
1. être v.
2. être n. m.
étreindre v.
étreinte n. f.
étrenne n. f.
étrenner v.
êtres n. m. pl. *Les êtres d'une maison,* la disposition de ses parties. — Éviter la graphie *les aîtres.*
étrier n. m.
étriller v.
étriper v.
étriquer v.
étrivière n. f.

étroit, oite adj.
étron n. m.
étrusque adj. et n.
étude n. f.
étudier v.
étui n. m.
étuve n. f.
étuvée n. f.
étuver v.
étymologie n. f.
eu, eue p.p. du v. *avoir.*
eucalyptus n. m.
eucharistie n. f.
eugénique adj. et n. f.
euh ! interj.
eunuque n. m.
euphémisme n. m.
euphonie n. f.
euphorie n. f.
eurasien, ienne n. et adj.
eurêka ! interj.
européaniser v.
européen, éenne adj. et n.
eurythmie n. f.
euthanasie n. f.
eux pron. pers. m.
évacuer v.
évader (s') v.
évanescence n. f.
évanescent, ente adj.
évangéliaire n. m.
évangélique adj.
évangéliser v.
évangéliste n. m.
évangile n. m. *L'Évangile, les Évangiles,* le livre en tant que texte, mais *un évangile,* un exemplaire.
évanouir (s') v.
évaporer v.
évasement n. m.
évaser v.
évasif, ive adj.
évêché n. m.
éveil n. m.
éveiller v.
événement n. m. L'Académie autorise maintenant la graphie *évènement.*
événementiel, ielle adj.
évent n. m.
éventail n. m. *Des éventails.*
éventaire n. m.
éventer v.
éventrer v.
éventualité n. f.
éventuel, elle adj.

éventuellement adv.
évêque n. m.
évertuer (s') v.
éviction n. f.
évidemment adv.
évidence n. f.
évident, ente adj.
évider v.
évier n. m.
évincer v.
éviter v.
évocation n. f.
évoluer v.
évolution n. f.
évolutionniste adj. et n.
évoquer v.
evzone n. m.
ex abrupto loc. adv.
exacerber v.
exact, acte adj.
exaction n. f.
exactitude n. f.
ex aequo loc. adv. et n. inv.
exagérément adv.
exagérer v.
exalter v.
examen n. m.
examiner v.
exaspérer v.
exaucer v. *Exaucer une prière.* — Paronyme : *exhausser.*
ex cathedra loc. adv.
excaver v.
excédent n. m.
excédentaire adj.
excéder v.
excellemment adv.
excellence n. f.
excellent, ente adj.
exceller v.
excentrer v.
excentricité n. f.
excentrique adj. et n.
excepté adj. et prép. ▷ p. 181.
exception n. f.
exceptionnel, elle adj.
exceptionnellement adv.
excès n. m.
excessif, ive adj. et n.
exciper v.
excipient n. m.
exciser v.
excision n. f.
exciter v.
exclamer (s') v.
exclure v.

exclusif, ive adj. et n. f.
exclusion n. f.
excommunier v.
excorier v.
excrément n. m.
excréter v.
excrétion n. f.
excroissance n. f.
excursion n. f.
excursionner v.
excuse n. f.
excuser v.
exécrer v.
exécuter v.
exégèse n. f.
exégète n.
exemplaire adj. et n. m.
exemple n. m.
exempt, empte adj.
exempter v.
exemption n. f.
exercer v.
exercice n. m.
exergue n. m.
exfoliation n. f.
exhalaison n. f.
exhalation n. f.
exhaler v.
exhausser v. Surélever. — Paronyme : *exaucer.*
exhaustif, ive adj.
exhiber v.
exhibition n. f.
exhibitionniste n. et adj.
exhorter v.
exhumer v.
exigeant, ante adj.
exigence n. f.
exiger v.
exigu, uë adj. L'Académie autorise maintenant les graphies *exigüe* et *exigüité.*
exiguïté n. f.
exil n. m.
exiler v.
existence n. f.
existentialisme n. m.
existentialiste adj. et n.
existentiel, elle adj.
exister v.
ex-libris n. m. inv.
ex nihilo loc. adv.
exocet n. m.
exode n. m.
exonérer v.
exorbitant, ante adj.
exorciser v.
exorcisme n. m.

exorde n. m.
exotique adj. et n.
expansé, ée adj.
expansif, ive adj.
expansion n. f.
expansionnisme n. m.
expatrier v.
expectant, ante adj.
expectative n. f.
expectorer v.
expédient, ente adj. et n. m.
expédier v.
expédition n. f.
expéditionnaire adj. et n.
expérience n. f.
expérimental, ale, aux adj.
expérimenter v.
expert, erte adj. et n. m.
expertise n. f.
expiation n. f.
expiatoire adj.
expier v.
expirer v.
explétif, ive adj.
explicite adj.
expliciter v.
expliquer v.
exploit n. m.
exploiter v.
exploratoire adj.
explorer v.
exploser v.
explosif, ive adj. et n. m.
explosion n. f.
exporter v.
exposé n. m.
exposer v.
1. exprès, esse adj. et n. m. *Un ordre exprès.*
2. exprès adv. *Il l'a fait exprès.*
express n. m. inv. et adj. inv. *Des express* (trains). *Des cafés express. Des réunions express.*
expressément adv.
expression n. f.
expressionniste adj. et n.
exprimer v.
exproprier v.
expulser v.
expulsion n. f.
expurger v.
exquis, ise adj. et n.
exquisement adv. La forme *exquisément* est rare.
exsangue adj.
exsuder v.

extase n. f.
extatique adj. et n.
extensif, ive adj.
extension n. f.
extenso (in) loc. adv.
exténuer v.
extérieur, eure adj. et n. m.
extérieurement adv.
extérioriser v.
extériorité n. f.
exterminer v.
externat n. m.
externe adj. et n.
exterritorialité n. f.
extincteur, trice adj. et n. m.
extinction n. f.
extirper v.
extorquer v.
extorsion n. f.

extra n. m. inv. et adj. inv.
extraction n. f.
extrader v.
extra-fin, -fine adj. *Des sardines extra-fines.*
extraire v.
extrait n. m.
extra-lucide adj. et n. f.
extra-muros adv. et adj. inv.
extraordinaire adj. et n. m.
extrapoler v.
extraterrestre adj. et n. *Les extraterrestres.*
extravagance n. f.
extravagant, ante adj. et n. *Extravagant,* adjectif, mais *en extravaguant,* participe présent.
extravaguer v.

extraversion n. f.
extraverti, ie adj. et n.
extrême adj. et n. m.
extrême-onction n. f. *Des extrêmes-onctions.*
extrême-oriental, ale, aux adj. et n. *Les Extrême-Orientaux. Les peuples extrême-orientaux.*
extrémisme n. m.
extrémiste adj. et n.
extrémité n. f.
extrinsèque adj.
exubérance n. f.
exubérant, ante adj.
exultation n. f.
exulter v.
exutoire n. m.
ex-voto n. m. inv.

F

fa n. m. inv.
fable n. f.
fabliau n. m. *Des fabliaux.*
fablier n. m.
fabricant, ante n. *Un fabricant,* mais *en fabriquant.*
fabrication n. f.
fabrique n. f.
fabriquer v.
fabulation n. f.
fabuler v.
fabuleux, euse adj.
fabuliste n. m.
façade n. f.
face n. f.
face-à-main n. m. *Des faces-à-main.*
facétie n. f.
facétieux, ieuse adj. et n.
facette n. f.
fâcher v.
facial, ale adj. Masculin pluriel : *faciaux* plutôt que *facials.*
faciès n. m. inv. Éviter la graphie *facies.*
facile adj.
faciliter v.
façon n. f.
faconde n. f.
façonner v.
façonnier, ière n.
fac-similé n. m. *Des fac-similés.*
facteur n. m.

factice adj.
factieux, euse adj. et n.
faction n. f.
factionnaire n. m.
factitif, ive adj.
factorerie n. f.
factotum n. m. *Des factotums.*
facture n. f.
facultatif, ive adj.
faculté n. f.
fadaise n. f.
fadasse adj.
fade adj.
fado n. m. *Des fados.*
fagot n. m.
fagoter v.
faible adj. et n.
faiblesse n. f.
faiblir v.
faïence n. f.
faille n. f.
failli, ie adj. et n.
faillir v.
faillite n. f.
faim n. f.
faine n. f. La graphie *faîne* est vieillie.
fainéant, ante adj. et n.
1. faire v. ▷ p. 182.
2. faire n. m.
faire-part n. m. inv.
faire-valoir n. m. inv.
fair-play n. m. inv. et adj. inv. On écrit aussi *fair play.*

faisable adj.
faisan n. m.
faisandeau n. m. *Des faisandeaux.*
faisander v.
faisane n. f. et adj.
faisceau n. m. *Des faisceaux.*
faiseur, euse n.
1. fait n. m.
2. fait, faite adj.
faîtage n. m.
faîte n. m. Sommet. — Homophones : *faite, fête.*
fait-tout n. m. inv. On écrit aussi quelquefois *un faitout, des faitouts.*
faix n. m. inv.
fakir n. m.
falaise n. f.
falbala n. m. *Des falbalas.*
fallacieux, euse adj.
falloir v.
1. falot n. m. Lanterne.
2. falot, ote adj. Sans personnalité.
falsifier v.
famé, ée adj. *Une maison bien famée. Une maison mal famée* (Plutôt que *malfamée*).
famélique adj.
fameux, euse adj.
familial, ale, aux adj.
familier, ière adj. et n.
famille n. f.
famine n. f.

fanage n. m.
fanal n. m. *Des fanaux.*
fanatique adj. et n.
fane n. f.
faner v.
faneur, euse n.
fanfare n. f.
fanfaron, onne adj. et n.
fanfaronner v.
fanfreluche n. f.
fange n. f.
fangeux, euse adj.
fanion n. m.
fanon n. m.
fantaisie n. f.
fantasia n. f. *Des fantasias.*
fantasmagorie n. f.
fantasque adj. et n.
fantassin n. m.
fantastique adj. et n. m.
fantoche n. m.
fantomal, ale adj. Inusité au masculin pluriel.
fantomatique adj.
fantôme n. m.
faon n. m.
faquin n. m.
far n. m. Gâteau. — Homophones ▷ *fard.*
faramine adj.
faramineux, euse, adj.
farandole n. f.
faraud, aude adj. et n.
1. farce n. f. *La farce d'un morceau de viande.*
2. farce n. f. et adj. inv. *Les farces de Molière,* mais *ces bonshommes sont farce.*
farcir v.
fard n. m. Produit pour le maquillage. — Homophones : *far ; phare ; fart.*
fardeau n. m.
fardier n. m.
farfadet n. m.
farfelu, ue adj. et n.
faribole n. f.
farine n. f.
farniente n. m.
farouche adj.
fart n. m. Produit pour les skis. — Homophones ▷ *fard.*
fascicule n. m.
fasciner v.
fasciste n. et adj.
1. faste n. m.
2. faste adj.

fastes n. m. pl.
fastidieux, euse adj.
fastueux, euse adj.
fat, fate adj. et n. m. Le féminin, pour l'adjectif, est rare mais non inexistant : *Une mine fate.*
fatal, ale, als adj.
fatidique adj.
fatigant, ante adj. *Un travail fatigant* (adjectif), mais *en se fatiguant* (participe présent).
fatigue n. f.
fatiguer v.
fatras n. m.
fatuité n. f.
faubourg n. m.
faubourien, ienne adj. et n.
faucher v.
faucheux n. m.
faucille n. f.
faucon n. m.
fauconnerie n. f.
fauconnier n. m.
faufiler v.
1. faune n. m. Divinité champêtre.
2. faune n. f. Ensemble des animaux d'une région.
faunesse n. f.
faussaire n.
fausse couche n. f. *Des fausses couches.*
fausser v.
fausset n. m.
fausseté n. f.
faute n. f. *Je viendrai sans faute,* mais *une dictée sans fautes.*
fauteuil n. m.
fauteur, trice n.
fautif, ive adj. et n.
fauve adj. et n. m.
fauvette n. f.
1. faux, fausse adj. *Un faux acte de naissance.*
2. faux n. m. *Il a commis un faux.*
3. faux n. f. *On tranche les ronces avec une faux.*
faux-bourdon n. m. Terme de musique. *Des faux-bourdons. Un faux bourdon :* mâle de l'abeille.
faux-fuyant n. m. *Des faux-fuyants.*
faux-jeton n. m. Hypocrite.

Des faux-jetons. Un faux jeton : un jeton faux.
faux-monnayeur n. m. *Des faux-monnayeurs.*
faux-semblant n. m. *Des faux-semblants.*
faveur n. f.
favori, ite adj. et n.
favoris n. m. pl.
favoriser v.
fazenda n. f. *Des fazendas.*
féal, ale, aux adj. et n.
fébrifuge adj. et n. m.
fébrile adj.
fécal, ale, aux adj.
fécond, onde adj.
féconder v.
fécule n. f.
féculent, ente adj. et n. m.
fédéral, ale, aux adj. et n. m.
fédération n. f.
fédéraux n. m. pl. Les nordistes, pendant la guerre de Sécession, aux États-Unis.
fédéré, ée adj. et n. m. *Les fédérés :* les soldats de la Commune (de Paris), en 1871. *Le mur des Fédérés.*
fédérer v.
fée n. f.
féerie n. f.
féerique adj.
feignant, ante adj. et n.
feindre v.
feinte n. f.
fêler v.
félibre n. m.
félibrige n. m.
félicité n. f.
féliciter v.
félin, ine adj. et n. m.
fellah n. m. *Des fellahs.*
félon, onne adj. et n.
félonie n. f.
felouque n. f.
fêlure n. f.
femelle n. f. et adj.
féminin, ine adj. et n. m.
femme n. f.
femmelette n. f.
fémur n. m.
fenaison n. f.
fendant n. m.
fendiller v.
fendre v.
fenêtre n. f.
fenil n. m.

fennec n. m.
fenouil n. m.
fente n. f.
féodal, ale, aux, adj. et n. m.
féodalité n. f.
fer n. m.
féra n. f. Poisson. Les
formes masculines *un férat,*
un ferrat sont vieillies.
fer-blanc n. m. *Des*
fers-blancs.
ferblanterie n. f.
ferblantier n. m.
férie n. f.
férié, ée adj.
férir v.
fermail n. m. *Des fermaux.*
1. **ferme** adj. et adv
2. **ferme** n. f.
ferment n. m.
fermenter v.
fermer v.
fermeté n. f.
fermette n. f.
fermeture n. f.
fermier, ière n. et adj.
fermoir n. m.
féroce adj.
ferraille n. f.
ferrat n. m. ▷ **féra.**
ferrer v.
ferret n. m.
ferreux adj. m.
ferronnerie n. f.
ferronnier n. m.
ferronnière n. f.
ferroviaire adj.
ferrugineux, euse adj.
ferrure n. f.
ferry-boat n. m. *Des*
ferry-boats.
fertile adj.
féru, ue adj.
férule n. f.
fervent, ente adj. et n.
fesse n. f.
fessée n. f.
fesse-mathieu n. m. *Des*
fesse-mathieux.
fesser v.
fessier n. m.
fessu, ue adj.
festin n. m.
festival n. m. *Des festivals.*
festivité n. f.
festoiement n. m.
feston n. m.
festonner v.

festoyer v.
fêtard, arde n.
fête n. f.
Fête-Dieu n. f. *Des*
Fêtes-Dieu.
fêter v.
fétiche n. m.
fétide adj.
fétu n. m.
1. **feu, eue** adj. ▷ **p. 182.**
2. **feu** n. m. *Des feux.*
feudataire n.
feuillaison n. f.
feuillant, feuillantine n. *Le*
club des Feuillants.
feuille n. f.
feuillée n. f.
feuille-morte adj. inv. *Des*
manteaux feuille-morte, mais
les feuilles mortes des arbres.
feuillet n. m.
feuilleté, ée adj. et n. m.
feuilleter v.
feuilleton n. m.
feuilletoniste n.
feuillette n. f.
feuillu, ue adj. et n. m.
feuillure n. f.
feulement n. m.
feuler v.
feutre n. m.
fève n. f.
février n. m. *Le 13 février.*
fez n. m.
fi ! interj.
fiable adj.
fiacre n. m.
fiançailles n. f. pl.
fiancer v.
fiasco n. m. *Des fiascos.*
fiasque n. f.
fibranne n. f.
fibre n. f.
Fibrociment n. m. Nom
déposé : un *F* majuscule.
fibrome n. m.
fibule n. f.
ficeler v.
ficelle n. f. et adj.
fiche n. f.
1. **ficher** v. *On a fiché les*
terroristes.
2. **ficher** v. *Il s'est fichu par*
terre.
fichier n. m.
fichtre ! interj.
1. **fichu** n. m. Foulard qu'on
met sur la tête.

2. **fichu, ue** participe passé
de *ficher 2.*
fictif, ive adj.
fiction n. f.
fidèle adj. et n.
fidèlement adv.
fidélité n. f.
fiduciaire adj.
fief n. m.
fieffé, ée adj.
fiel n. m.
fielleux, euse adj.
fiente n. f.
fier (se) v.
fier, ière adj. et n.
fier-à-bras n. m. *Des*
fiers-à-bras ou *des fier-à-bras.*
fièrement adv.
fierté n. f.
fiesta n. f. *Des fiestas.*
fièvre n. f.
fiévreux, euse adj. et n.
fifre n. m.
fifrelin n. m.
figaro n. m. *Des figaros,* des
coiffeurs. *Des Figaro,* des
exemplaires de ce journal.
figer v.
fignoler v.
figue n. f.
figuier n. m.
figure n. f.
figurine n. f.
fil n. m. *Du fil à coudre.* —
Homophone : *file (d'attente).*
filament n. m.
filandière n. f.
filandreux, euse adj.
filasse n. f.
file n. f. *Une file d'attente.* —
Homophone : *fil (à coudre).*
filer v.
filet n. m.
fileter v.
filial, iale, aux adj. et n. f. *Une*
filiale. Les devoirs filiaux.
filière n. f.
filiforme adj.
filigrane n. m.
filin n. m.
fille n. f.
fillette n. f.
filleul, eule n.
film n. m.
filon n. m.
filou n. m. *Des filous.*
filouterie n. f.
fils n. m.

filtre n. m. Homophone : *philtre*.
1. fin n. f.
2. fin, fine, adj. et adv. ▷ **p. 182.**
1. final, ale, als adj.
2. final n. m. *Des finals* (terme de musique) ▷ **finale 1.**
1. finale n. m. *Le finale d'une symphonie.* Éviter la forme *un final.*
2. finale n. f. *La finale de la coupe de football.*
finalité n. f.
finance n. f.
financer v.
financier, ière adj. et n.
financièrement adv.
finasser v.
finassier, ière n. et adj.
finaud, aude adj. et n.
fine n. f.
finette n. f.
fini n. m.
finir v.
finisseur, euse n.
finition n. f.
finlandais, aise adj. et n.
finnois, oise adj. et n.
fiole n. f.
fiord n. m. ▷ **fjord.**
fioriture n. f.
firmament n. m.
firme n. f.
fisc n. m.
fiscal, ale, aux adj.
fissible adj.
fissile adj.
fission n. f.
fissure n. f.
fiston n. m.
fistule n. f.
fixe adj.
fjord n. m. On écrit aussi, plus rarement, *fiord.*
flac ! interj.
flacon n. m.
flaconnage n. m.
fla-fla n. m. *Des fla-flas* ou, parfois, *des fla-fla.* On écrit aussi parfois *du flafla, des flaflas.*
flageller v.
flageoler v.
flageolet n. m.
flagorner v.
flagrant, ante adj.
flair n. m.

flairer v.
flamand, ande adj. et n. De Flandre.
flamant n. m. Oiseau.
flambant, ante adj. *Flambant neuf* ▷ **p. 182.**
flambeau n. m. *Des flambeaux.*
flambée n. f.
flamber v.
flamberge n. f.
flamboiement n. m.
flamboyer v.
flamenco n. m. et adj. *Un chant flamenco. Des chants flamencos. Une danse flamenca. Des danses flamencas.*
flamine n. m.
flamingant, ante adj. et n.
flamme n. f.
flammé, ée adj.
flammèche n. f.
flan n. m. Gâteau ; moule, disque.
flanc n. m. Côté.
flancher v.
flandrin n. m.
flanelle n. f.
flâner v.
flanquer v.
flapi, ie adj.
flaque n. f.
flash n. m. *Des flashes.*
1. flasque adj. Mou.
2. flasque n. m. Pièce latérale d'une machine.
3. flasque n. f. Flacon plat ; poire à poudre (autrefois).
flatter v.
flatterie n. f.
flatteur, euse n. et adj.
fléau n. m. *Des fléaux.*
fléchage n. m.
flèche n. f.
flécher v.
fléchette n. f.
fléchir v.
flegmatique adj. et n.
flegme n. m.
flegmon n. m. On écrit plutôt *phlegmon.*
flemmard, arde adj. et n.
flemme n. f.
flétrir v.
fleur n. f.
fleuraison n. f.
fleurdelisé, ée adj.

fleurer v.
fleuret n. m.
fleurette n. f.
fleurettiste n.
fleurir v.
fleuron n. m.
fleuve n. m.
flexion n. f.
flibuste n. f.
flibustier n. m.
flic flac onomatopée. *Ils font flic flac dans la boue,* mais on entend le *flic-flac de leurs pas.*
1. flipper n. m.
2. flipper v.
flirt n. m.
flirter v.
floc ! interj.
flocon n. m.
floconner v.
floconneux, euse adj.
floculer v.
flonflon n. m. *Des flonflons.*
flopée n. f.
floraison n. f.
floral, ale, aux adj. *Les jeux Floraux.*
floralies n. f. pl.
flore n. f.
floréal n. m. *Le 17 floréal an V.*
florentin, ine adj. et n.
florès (faire) loc. verb.
florilège n. m.
florin n. m.
florissant, ante adj.
flot n. m.
flottaison n. f.
flotte n. f.
flotter v.
flottille n. f.
flou, oue adj. et n. m.
flouer v.
fluctuer v.
fluet, ette adj.
fluide adj. et n. m.
fluor n. m.
fluorescence n. f.
fluorescent, ente adj.
flûte n. f.
flûtée, ée adj.
flûteau ou **flûtiau** n. m. *Des flûteaux. Des flûtiaux.*
flûtiste n.
fluvial, iale, iaux, adj.
fluviatile adj.
flux n. m.
fluxion n. f.
foc n. m.

focal, ale, aux adj.
foehn n. m. On écrit aussi, parfois, *föhn.*
foëne n. f. On écrit aussi, parfois, *foène, fouène, fouëne.*
foi n. f. Homophones ▷ *fois.*
foie n. m. Organe. — Homophones ▷ *fois.*
foie-de-bœuf n. m.
1. foin n. m.
2. foin ! interj.
foirail n. m. *Des foirails.*
foire n. f.
foireux, euse adj.
fois n. f. *Il était une fois.* — Homophones : *foie ; foi ; Foix,* ville.
foison n. f.
foisonner v.
fol ou **fou, folle** adj. et n. ▷ **p. 182.**
folâtre adj.
folichon, onne adj.
folie n. f.
folio n. m. *Des folios.*
folioter v.
folklore n. m.
1. folle adj. f. et n. f.
2. folle n. f. Filet de pêche.
folle avoine n. f. *Des folles avoines.*
follement adv.
follet, ette adj.
folliculaire n. m.
fomenter v.
fonçage n. m.
foncé, ée adj.
foncer v.
foncier, ière adj. et n. m.
foncièrement adv.
fonction n. f.
fonctionnaire n.
fonctionnalisme n. m.
fonctionnariser v.
fonctionnel, elle adj.
fonctionnellement adv.
fonctionner v.
fond n. m. *Le fond du tiroir, du magasin,* mais *un fonds de commerce.* — Homophones : *fond* (de *fondre*) *; font* (de *faire*) *; fonds ; fonts* (baptismaux).
fondamental, ale, aux adj.
fondant, ante adj.
fondé de pouvoir n. m. *Des fondés de pouvoir.*
fonder v.

fondeur, euse n. et n. f.
fondre v.
fondrière n. f.
fonds n. m. *Un fonds de commerce,* mais *le fond du tiroir, du magasin.* — Homophones ▷ *fond.* L'Académie autorise maintenant la graphie *fond* (de commerce) pour *fonds.*
fondu, ue adj. et n. f.
fontaine n. f.
fonte n. f.
fonts n. m. pl. *Les fonts baptismaux.* — Homophones ▷ *fond.*
footballeur, euse n.
for n. m. *En son for intérieur.* — Homophones : *(il) fore ; fors ; fort ; un fort.*
forage n. m.
forain, aine adj. et n.
forban n. m.
forçage n. m.
forçat n. m.
1. force n. f.
2. force adv.
forcément adv.
forcené, ée adj. et n.
forceps n. m.
forcer v.
forces n. f. pl. Ciseaux.
forcing n. m.
forcir v.
forclore v.
forclos, ose adj.
forclusion n. f.
forer v.
forestier, ière adj. et n. m.
forêt n. f. Grand bois.
foret n. m. Instrument.
foreuse n. f.
forfaire v.
forfait n. m.
forfaitaire adj.
forfaiture n. f.
forfanterie n. f.
forge n. f.
forgeage n. m.
forger v.
forgeron n. m.
formaliser v.
format n. m.
forme n. f.
formel, elle adj.
formellement adv.
former v.
formidable adj.

formol n. m.
formulaire n. m.
formule n. f.
fornicateur, trice n.
fornication n. f.
forniquer v.
fors prép. Excepté. — Homophones ▷ *for.*
1. fort, forte adj. et n. *Se faire fort de* ▷ **p. 182.**
2. fort adv. ▷ **p. 182.**
3. fort n. m. Ouvrage fortifié. — Homophones ▷ *for.*
forte adv. et n. m. inv.
forteresse n. f.
fortification n. f.
fortifier v.
fortin n. m.
fortiori (a) loc. adv.
fortuit, uite adj.
fortuitement adv.
fortune n. f.
forum n. m. *Des forums.*
fosse n. f.
fossé n. m.
fossette n. f.
fossile adj. et n. m.
fossiliser v.
fossoyeur n. m.
fou ou **fol, folle** adj. et n. ▷ **p. 182.**
fouace n. f.
fouailler v.
foucade n. f.
1. foudre n. f. ou m. ▷ **p. 182.**
2. foudre n. m. Grand tonneau.
foudroiement n. m.
foudroyer v.
fouëne n. f. ▷ **foëne.**
fouet n. m.
fouetter v.
foufou, fofolle adj. et n. *Des foufous.* — Éviter la graphie *fou-fou.*
fougasse n. f.
fougère n. f.
fougue n. f.
fougueux, euse adj.
fouille n. f.
fouiller v.
fouillis n. m.
fouine n. f.
fouiner v.
fouir v.
fouisseur, euse adj.
foulard n. m.
foule n. f.

foulée n. f.
fouler v.
foulon n. m.
four n. m.
fourbe adj. et n.
fourbi n. m.
fourbir v.
fourbu, ue adj.
fourche n. f.
fourchette n. f.
fourchu, ue adj.
fourgon n. m.
fourgonner v.
fourgonnette n. f.
fouriériste adj. et n.
fourme n. f.
fourmi n. f.
fourmilier n. m.
fourmilière n. f.
fourmi-lion n. m. *Des fourmis-lions.* On écrit aussi *fourmilion.*
fourmiller v.
fournaise n. f.
fourneau n. m. *Des fourneaux.*
fournée n. f.
fournil n. m.
fourniment n. m.
fournir v.
fourrage n. m.
1. fourrager, ère adj.
2. fourrager v.
fourragère n. f.
fourré n. m.
fourreau n. m. *Des fourreaux.*
fourrer v.
fourre-tout n. m. inv.
fourreur n. m.
fourrier n. m.
fourrière n. f.
fourrure n. f.
fourvoiement n. m.
fourvoyer v.
fox-terrier n. m. *Des fox-terriers.* On dit aussi *un fox, des fox.*
fox-trot n. m. inv.
foyer n. m.
frac n. m.
fracas n. m.
fracasser v.
fraction n. f.
fractionnaire adj.
fractionner v.
fracture n. f.
fragile adj.
fragment n. m.
fragmentaire adj.

fragmenter v.
fragrance n. f.
fragrant, ante adj.
frai n. m. Œufs des poissons ; usure des monnaies. — Paronymes : *frais, fret.*
fraîche adj. (f. de *frais*) et n. f.
fraîcheur n. f.
fraîchir v.
frairie n. f.
1. frais, fraîche adj. et n. m.
2. frais n. m. pl. *Nous n'avons eu aucuns frais.* — Homophones : *frai ; fret.*
fraise n. f.
framboise n. f.
framée n. f.
1. franc n. m. Symbole : **F.** *847,50 F* (sans point).
2. franc, franche adj. et adv.
3. franc, franque n. et adj. *Clovis, roi des Francs.*
français, aise adj. et n.
franc-alleu n. m. *Des francs-alleux.*
franc-comtois, oise adj. et n. ▷ **p. 183.**
franchir v.
franchise n. f.
francique n. m. et adj.
franciscain, aine n. et adj.
franciser v.
francisque n. f.
franc-jeu n. m. et adj. inv.
franc-maçon, onne n. et adj. ▷ **p. 183.**
franc-maçonnerie n. f. ▷ **p. 183.**
franc-maçonnique adj. ▷ **p. 183.**
franco adv.
francophile adj. et n.
francophobe adj. et n.
francophone adj. et n.
franc-parler n. m. *Des francs-parlers.*
franc-tireur n. m. *Des francs-tireurs.*
frange n. f.
frangeant adj. m.
franger v.
frangipane n. f.
franquette (à la bonne) loc. adv.
frappe n. f.
frapper v.

frappeur, euse adj.
frasque n. f.
fraternel, elle adj.
fraternellement adv.
fraternité n. f.
fratricide n. et adj.
fratrie n. f. Ensemble des frères et des sœurs d'une même famille. — Homophone : *phratrie.*
fraude n. f.
frauduleux, euse adj.
frayer v.
frayeur n. f.
fredaine n. f.
fredonner v.
frégate n. f.
frein n. m.
freiner v.
frelater v.
frêle adj.
frelon n. m.
freluquet n. m.
frémir v.
frêne n. m.
frénésie n. f.
fréquemment adv.
fréquence n. f.
fréquent, ente adj.
fréquenter v.
frère n. m.
fresque n. f.
fressure n. f.
fret n. m. Marchandise transportée. — Homophones : *frai ; frais.*
fréter v.
fréteur n. m.
frétiller v.
fretin n. m.
freux n. m. et adj.
friable adj.
friand, ande adj. et n. m.
friandise n. f.
fric n. m.
fricandeau n. m. *Des fricandeaux.*
fricassée n. f.
fricasser v.
fric-frac n. m. inv.
friche n. f.
fricot n. m.
fricoter v.
friction n. f.
frictionner v.
frigo n. m. *Des frigos.*
frigorifier v.
frileux, euse adj.

frimaire n. m. *Le 4 frimaire an III.*
frimas n. m.
frime n. f.
frimousse n. f.
fringale n. f.
fringant, ante adj.
friper v.
friperie n. f.
fripier, ière n.
fripon, onne n. et adj.
friponnerie n. f.
fripouille n. f.
frire v.
frise n. f.
friselis n. m.
friser v.
frisette n. f.
frison, onne adj.
frisotter v.
frisquet, ette adj.
frisson n. m.
frissonner v.
frit, frite adj.
frite n. f.
friture n. f.
frivole adj.
froc n. m.
froid, froide adj. et n. m.
froideur n. f.
froisser v.
frôlement n. m.
frôler v.
fromage n. m.
fromager, ère n. et adj.
froment n. m. et adj.
fronce n. f.
froncer v.
froncis n. m.
frondaison n. f.
fronde n. f.
front n. m.
frontal, ale, aux adj. et n.
frontalier, ière adj. et n.
frontière n. f.
frontispice n. m.

fronton n. m.
frotter v.
frottis n. m.
frottoir n. m.
froufrou n. m. *Des froufrous.* On écrit aussi, mais moins bien, *un frou-frou, des frou-frous.*
froufrouter v.
fructidor n. m. *Le 6 fructidor an IX.*
fructifier v.
fructueux, euse adj.
frugal, ale, aux, adj.
fruit n. m.
fruité, ée adj.
fruiterie n. f.
fruitier, ière adj. et n. m.
frusques n. f. pl.
fruste adj.
frustrer v.
fuchsia n. m.
fuégien, ienne adj. et n.
fuel n. m.
fugace adj.
fugitif, ive adj. et n.
fugue n. f.
führer n. m. On écrit quelquefois le mot avec une majuscule, à l'allemande : *le Führer.*
fuir v.
fuite n. f.
fulguration n. f.
fulgurer v.
fuligineux, euse adj.
fulminate n. m.
fulminer v.
fume-cigare n. m. inv.
fume-cigarette n. m. inv.
fumée n. f.
fumer v.
fumerie n. f.
fumerolle n. f.
fumet n. m.
fumier n. m.

fumigation n. f.
fumigène adj. et n. m.
fumiste n. et adj.
fumivore adj. et n. m.
fumoir n. m.
funambule n. m.
funèbre adj.
funérailles n. f. pl.
funéraire adj.
funeste adj.
funiculaire n. m. et adj.
fur n. m. *Au fur et à mesure.*
furet n. m.
fureter v.
furibond, onde adj.
furie n. f.
furieux, ieuse adj.
furoncle n. m.
furtif, ive adj.
fuseau n. m. *Des fuseaux.*
fusée n. f.
fuselage n. m.
fuselé, ée adj.
fuser v.
fusible adj. et n. m.
fusil n. m.
fusilier n. m. *Des fusiliers marins.*
fusiller v.
fusil-mitrailleur n. m. *Des fusils-mitrailleurs.* La graphie *fusil mitrailleur* est abandonnée.
fusion n. f.
fusionner v.
fustanelle n. f.
fustiger v.
fût n. m.
futaie n. f.
futaille n. f.
futé, ée adj. et n.
futile adj.
futur, ure adj. et n. m.
futurologie n. f.
fuyant, ante adj. et n. m.
fuyard, arde n.

G

g symbole du gramme.
gabardine n. f.
gabarit n. m.
gabegie n. f.
gabelle n. f.
gabelou n. m. *Des gabelous.*
gabier n. m.
gabion n. m.

gabonais, aise adj. et n.
gâche n. f.
gâcher v.
gâchette n. f.
gâchis n. m.
gadget n. m.
gadoue n. f.
gaélique adj. et n.

gaffe n. f.
gaffer v.
gag n. m. *Des gags.*
gaga n. et adj. On écrit, le plus souvent, *une gaga, des gagas, elle est gaga, elles sont gagas.*
gage n. m.

gager v.
gageure n. f.
gagne-pain n. m. inv.
gagne-petit n. m. inv.
gagner v.
gai, gaie adj.
gaiement adv.
gaieté n. f. Seule graphie usuelle. La graphie *gaîté* ne subsiste que dans *rue de la Gaîté, théâtre de la Gaîté* (à Paris).
1. gaillard, arde adj. et n.
2. gaillard n. m.
gain n. m.
gaine n. f.
gainer v.
gala n. m. *Des galas.*
galalithe n. f.
galamment adv.
galandage n. m.
galant, ante adj. et n.
galanterie n. f.
galantine n. f.
galapiat n. m.
galaxie n. f.
galbe n. m.
gale n. f. Maladie de la peau. — Homophone : *galle.*
galéasse n. f.
galéjade n. f.
galéjer v.
galère n. f.
galerie n. f.
galérien n. m.
galet n. m.
galetas n. m.
galette n. f.
galeux, euse adj. et n.
galicien, ienne adj. et n.
galiléen, éenne adj. et n.
galimatias n. m.
galion n. m.
galiote n. f.
galipette n. f.
galle n. f. Excroissance sur les végétaux. — Homophone : *gale.*
gallican, ane adj. et n. *L'Église gallicane. Les gallicans.*
gallicanisme n. m.
gallicisme n. m.
gallois, oise adj. et n.
gallon n. m. Mesure de capacité. — Homophone : *galon.*
gallo-romain, aine adj. et n.

galoche n. f.
galon n. m. Bande d'étoffe ; insigne de grade. — Homophone : *gallon.*
galonner v.
galop n. m.
galoper v.
galopin n. m.
galoubet n. m.
galuchat n. m.
galvaniser v.
galvanoplastie n. f.
galvauder v.
gambade n. f.
gambiller v.
gamelle n. f.
gamin, ine n. et adj.
gaminerie n. f.
gamma n. m. *Des rayons gamma* ou *des rayons* γ.
gamme n. f.
gammée adj. f.
ganache n. f.
gandin n. m.
gang n. m.
ganglion n. m.
ganglionnaire adj.
gangrène n. f.
gangrener v.
gangreneux, euse adj.
gangster n. m.
gangstérisme n. m.
gangue n. f.
ganse n. f.
gant n. m.
gantelet n. m.
gantois, oise adj. et n.
garage n. m.
garance n. f. et adj. inv.
garant, ante n. et adj.
garantie n. f.
garantir v.
garbure n. f.
garce n. f.
garcette n. f.
garçon n. m.
garçonne n. f.
garçonnet n. m.
garçonnier, ière adj.
1. garde n. f.
2. garde n. m.
3. garde- préfixe ▷ p.183.
garde-à-vous n. m. inv. ▷ p. 183.
garde-barrière n. *Des gardes-barrière* ou *des gardes-barrières.*
garde-boue n. m. inv.

garde champêtre n. m. *Des gardes champêtres.*
garde-chasse n. m. *Des gardes-chasse.*
garde-chiourme n. m. *Des gardes-chiourme* ▷ p. 184.
garde-côte n. m. et adj. ▷ p. 184.
garde-fou n. m. *Des garde-fous.*
garde-française n. m. ▷ p. 184.
garde-frontière n. m. *Des gardes-frontière* ou *des gardes-frontières.*
garde-magasin n. m. *Des gardes-magasin* ou *des gardes-magasins.*
garde-malade n. ▷ p. 184.
garde-manger n. m. inv.
garde-meuble n. m. *Des garde-meubles* ou, quelquefois, *des garde-meuble.*
gardénia n. m. *Des gardénias.*
garden-party n. f. *Des garden-parties.*
garde-pêche n. m. ▷ p. 184.
garder v.
garderie n. f.
garde-robe n. f. *Des garde-robes.*
gardeur, euse n.
garde-voie n. m. *Des gardes-voie* ou *des gardes-voies.*
gardian n. m.
gardien, ienne n.
gardiennage n. m.
gardon n. m.
1. gare n. f.
2. gare ! interj.
garenne n. f.
garer v.
gargariser (se) v.
gargote n. f.
gargotier, ière n.
gargouille n. f.
gargouiller v.
gargouillis n. m.
garnement n. m.
garnir v.
garnison n. f.
garrigue n. f.
garrot n. m.
garrotter v.
gars n. m.
gascon, onne adj. et n.

gasconnade n. f.
gas-oil n. m. On écrit *gas-oil* ou *gasoil*. De plus en plus, on emploie la forme francisée *gazole*.
gaspiller v.
gastrique adj.
gastro-intestinal, ale, aux adj.
gastronome n. m.
1. gâteau n. m. *Des gâteaux.*
2. gâteau adj. inv.
gâter v.
gâterie n. f.
gâte-sauce n. m. inv.
gâteux, euse adj. et n.
gâtisme n. m.
gauche adj. et n.
gaucher, ère adj. et n.
gauchir v.
gaucho n. m. *Des gauchos.*
gaudriole n. f.
gaufre n. f.
gaufrette n. f.
gaule n. f. Perche. *La Gaule :* pays. *Le général de Gaulle.*
gauler v.
gaulliste n. et adj.
gaulois, oise adj. et n. *Une Gauloise :* femme de la Gaule. *Fumer des gauloises.*
gaupe n. f.
gausser (se) v.
gave n. m.
gaver v.
gavotte n. f.
gavroche n. m. et adj.
gaz n. m. inv. *Un gaz :* fluide.
gaze n. f. *De la gaze :* étoffe.
gazéifier v.
gazelle n. f.
gazer v.
gazetier n. m.
gazette n. f.
gazeux, euse adj.
gazole n. m. Cette forme tend à remplacer *gas-oil.*
gazon n. m.
gazonner v.
gazouiller v.
gazouillis n. m.
geai n. m. Oiseau. — Homophones : *jais ; jet.*
géant, ante n. et adj.
géhenne n. f.
geignard, arde adj. et n.
geindre v.
gel n. m.
gélatine n. f.

gelée n. f.
geler v.
gélinotte n. f.
gémeaux n. m. pl. *Les Gémeaux :* signe du zodiaque.
gémir v.
gemmail n. m. *Des gemmaux.*
gemme n. f. et adj.
gemmer v.
gémonies n. f. pl.
gênant, ante adj.
gencive n. f.
gendarme n. m.
gendre n. m.
gêne n. f. Obstacle.
gène n. m. Terme de biologie.
généalogie n. f.
gêner v.
général, ale, aux adj. et n.
généralissime n. m.
génération n. f.
généreux, euse adj. et n.
générique adj. et n. m.
générosité n. f.
genèse n. f.
genet n. m. Cheval.
genêt n. m. Plante.
génétique adj. et n. f.
gêneur, euse n.
genevois, oise adj. et n.
genévrier n. m.
génial, iale, iaux adj.
génie n. m.
genièvre n. m.
génisse n. f.
génital, ale iaux adj.
génitif n. m.
génocide n. m.
génois, oise adj. et n. Pas d'accent circonflexe, mais *Gênes* (ville).
genou n. m. *Des genoux.*
genouillère n. f.
genre n. m.
1. gens n. pl. ▷ **p. 185.**
2. gens n. f. *Une gens romaine.*
1. gent n. f. *La gent ailée :* les oiseaux.
2. gent, gente adj. Gentil (vieilli).
gentiane n. f.
1. gentil n. m. *Les gentils :* les païens.
2. gentil, ille adj.
gentilhomme n. m. *Des gentilshommes.*
gentilhommière n. f.

gentillesse n. f.
gentillet, ette adj.
gentiment adv.
gentleman n. m. *Des gentlemen.*
gentleman-farmer n. m. *Des gentlemen-farmers.*
gentry n. f. Inusité au pluriel.
génuflexion n. f.
géodésie n. f.
géographie n. f.
geôle n. f.
geôlier, ière n.
géologie n. f.
géologue n.
géomètre n.
géométrie n. f.
géométrique adj.
géopolitique n. f. et adj.
géorgien, ienne adj. et n.
géorgique adj.
géorgiques n. f. pl. *Les Géorgiques de Virgile.*
gérance n. f.
géranium n. m. *Des géraniums.*
gérant, ante n.
gerbe n. f.
gerbier n. m.
gerboise n. f.
gercer v.
gerçure n. f.
gérer v.
gerfaut n. m.
gériatre n.
1. germain, aine adj. *Des cousins germains.*
2. germain, aine adj. et n. *Les peuples germains. Les Germains.*
germanique adj. et n.
germaniser v.
germanophile adj. et n.
germanophobe adj. et n.
germe n. m.
germinal n. m. *Le 6 germinal an V.*
germination n. f.
gérondif n. m.
gérontocratie n. f.
gésier n. m.
gésine n. f.
gésir v.
Gestapo n. f. Nom propre : un *G* majuscule.
gestation n. f.
1. geste n. m. *Un geste de la main.*

2. geste n. f. *La geste de Guillaume d'Orange. Une chanson de geste.*
gesticuler v.
gestion n. f.
gestionnaire adj. et n.
geyser n. m.
ghanéen, éenne adj. et n.
ghetto n. m. *Des ghettos.*
ghilde n. f. On écrit aussi *gilde* ou *guilde.*
G.I. n. m. *Des G.I.* ou *des G.I.'s.*
gibbon n. m.
gibecière n. f.
gibelin, ine n. et adj. *Les gibelins et les guelfes.*
gibelotte n. f.
giberne n. f.
gibet n. m.
gibier n. m.
giboulée n. f.
giboyeux, euse adj.
gibus n. m. inv.
giclée n. f.
gicler v.
gifle n. f.
gifler v.
gigantesque adj.
gigogne adj. *Une mère Gigogne. Des tables gigognes.*
gigolo n. m. *Des gigolos.*
gigot n. m.
gigoter v.
gigue n. f.
gilde n. f. ▷ **ghilde.**
gilet n. m.
giletier, ière n.
gin n. m.
gingembre n. m.
gingival, ale, aux adj.
giorno (a) loc. adv.
girafe n. f.
girandole n. f.
giratoire adj.
girl n. f. *Des girls.*
girofle n. m.
giroflée n. f.
giroflier n. m.
girolle n. f.
giron n. m.
girondin, ine adj. et n. *Les Girondins :* les habitants de la Gironde ou bien les membres d'un parti, sous la Révolution.
girouette n. f.
gisant, ante adj. et n. m.
gisement n. m.

gît 3e pers. du prés. de l'indic. de *gésir.* On écrit *ci-gît.*
gitan, ane n. et adj. *Des gitans,* mais *les Gitans,* peuple.
1. gîte n. m. Abri, foyer.
2. gîte n. f. Inclinaison d'un navire.
gîter v.
givre n. m.
glabre adj.
glace n. f.
glacer v.
glaciaire adj. *La période glaciaire.* — Homophone : *glacière.*
glacial, ale, als adj. Éviter d'employer le mot au masculin pluriel. La forme *glacials* est rare, la forme *glaciaux* très rare.
glaciation n. f.
glacier n. m.
glacière n. f. Boîte où l'on met de la glace. — Homophone : *glaciaire.*
glacis n. m.
glaçon n. m.
glaçure n. f.
gladiateur n. m.
glaïeul n. m.
glaire n. f.
glaise n. f. et adj. f.
glaive n. m.
glanage n. m.
gland n. m.
glande n. f.
glandulaire adj.
glane n. f.
glaner v.
glapir v.
glas n. m.
glauque adj.
glèbe n. f.
glisser v.
glissière n. f.
glissoire n. f.
global, ale, aux adj.
globe n. m.
globe-trotter n. m. *Des globe-trotters.*
globule n. m.
gloire n. f.
gloria n. m. *Chanter des Gloria* (chants). *Boire des glorias* (cafés mêlés d'eau-de-vie).
gloriette n. f.

glorieux, euse adj.
glorifier v.
gloriole n. f.
glose n. f.
glossaire n. m.
glotte n. f.
glouglou n. m. *Des glouglous.*
gloussement n. m.
glousser v.
glouton, onne adj. et n.
gloutonnerie n. f.
glu n. f.
gluant, ante adj.
gluau n. m. *Des gluaux.*
glucide n. m.
gluten n. m.
glycérine n. f.
glycine n. f.
glyptique n. f.
glyptothèque n. f.
gnangnan adj. inv. et n. inv.
gnaule n. f. ▷ **gnôle.**
gnocchi n. m. inv.
gnognote n. f. Éviter la graphie *gnognotte.*
gnôle n. f. La meilleure graphie est *gnôle.* On écrit aussi *gnaule, gnole, niôle, niaule,* etc.
gnome n. m.
gnon n. m.
gnose n. f.
gnosticisme n. m.
gnostique n. et adj.
gnou n. m. *Des gnous.*
go (tout de) loc. adv.
goal n. m. *Des goals.*
gobelet n. m.
gobe-mouches n. m. inv.
gober v.
goberger (se) v.
godailler v.
godasse n. f.
godelureau n. m. *Des godelureaux.*
goder v.
godet n. m.
godiche adj. et n.
godille n. f.
godillot n. m.
godron n. m.
goéland n. m.
goélette n. f.
goémon n. m.
1. gogo (à) loc. adv.
2. gogo n. m. *Des gogos.*
goguenard, arde adj.
goguette n. f.

goinfre n. et adj.
goitre n. m.
goitreux, euse n. et adj.
golf n. m. Sport.
golfe n. m. Avancée de la
mer dans la terre.
gomme n. f.
gond n. m.
gondole n. f.
gondoler v.
gonfalon n. m. On dit aussi
gonfanon.
gonfalonier n. m. On dit
aussi *gonfanonier*.
gonfler v.
gong n. m.
gordien adj.
goret n. m.
gorge n. f.
gorge-de-pigeon adj. inv.
gorgée n. f.
gorger v.
gorgonzola n. m. *Des
gorgonzolas.*
gorille n. m.
gosier v.
gosse n.
gothique adj. et n. *L'art
gothique* : l'art ogival. *Le style
gothique. Le gothique. — La
gothique* : écriture.
gotique n. m. et adj. *Le
gotique* : langue des Goths.
La phonétique gotique.
gouache n. f.
gouaille n. f.
gouape n. f.
goudron n. m.
goudronner v.
gouffre n. m.
gouge n. f.
goujat n. m.
goujaterie n. f.
goujon n. m.
goulash n. m. On écrit
quelquefois, moins bien,
goulache. Le mot doit être
employé au masculin.
goule n. f.
goulée n. f.
goulet n. m.
gouleyant, ante adj.
goulot n. m.
goulu, ue adj. et n.
goulûment adv.
goum n. m.
goumier n. m.
goupil n. m.

goupille n. f.
goupillon n. m.
gourbi n. m. *Des gourbis.*
gourd, gourde adj.
gourde n. f.
gourdin n. m.
gourgandine n. f.
gourmand, ande adj. et n.
gourme n. f.
gourmé, ée adj.
gourmet n. m.
gourmette n. f.
gousse n. f.
gousset n. m.
goût n. m.
1. **goûter** v. Manger ou boire
un peu de quelque chose. —
Homophone : *goutter.*
2. **goûter** n. m.
goutte n. f.
gouttelette n. f.
goutter v. Tomber goutte à
goutte. — Homophone :
goûter.
goutteux, euse adj. et n.
gouttière n. f.
gouvernail n. m. *Des
gouvernails.*
gouvernemental, ale, aux
adj.
gouverner v.
goyave n. f.
grabat n. m.
grabataire adj. et n.
grabuge n. m.
1. **grâce** n. f.
2. **grâce !** interj.
gracier v.
gracieusement adv.
gracieuseté n. f.
gracieux, euse adj.
gracile adj.
gracilité n. f.
gradation n. f.
grade n. m.
gradé, adj. et n. m.
gradin n. m.
graduation n. f.
gradué, ée adj.
graduel, elle adj. et n. m.
graduellement adv.
graduer v.
graffiti n. m. inv. On peut
employer le mot au
singulier : *un graffiti injurieux.*
graillon n. m.
graillonner v.
grain n. m.

graine n. f.
graineterie n. f.
grainetier, ière n. et adj.
graisse n. f.
graisseux, euse adj.
grammaire n. f.
grammairien, ienne n.
grammatical, ale, aux adj.
gramme n. m.
gramophone n. m.
1. **grand, grande** adj. et n. ▷
p. 185.
2. **grand-** préfixe ▷ p. 185.
grand-chose n. inv.
grand-croix ▷ p. 186.
grand duc n. m. ▷ p. 186.
grand-duc, grande-duchesse
n. ▷ **p. 186.**
grand-duché n. m. *Des
grands-duchés.*
grande-duchesse n. f. *Des
grandes-duchesses.*
grandesse n. f.
grandeur n. f.
grand-guignolesque adj. *Des
scènes grand-guignolesques.*
grandiloquence n. f.
grandiloquent, ente adj.
grandiose adj.
grandir v.
grand-livre n. m. ▷ p. 186.
grand-maman n. f. *Des
grand-mamans.*
grand-mère n. f. *Des
grand-mères (plutôt que des
grands-mères).*
grand-messe n. f. *Des
grand-messes.*
grand-oncle n. m. *Des
grands-oncles.*
grand-papa n. m. *Des
grands-papas.*
grand-peine (à) loc. adv.
grand-père n. m. *Des
grands-pères.*
grands-parents n. m. pl.
grand-tante n. f. *Des
grand-tantes.*
grand-voile n. f. *Des
grand-voiles.*
grange n. f.
granit n. m. On écrit
normalement *granit.* La
graphie *granite* n'est
employée qu'en géologie.
granité, ée adj. et n.
granitique adj.
granulation n. f.

granule n. m.
granulé, ée adj. et n. m.
graphie n. f.
graphique adj. et n.
graphite n. m.
graphologie n. f.
grappe n. f.
grappiller v.
grappin n. m.
gras, grasse adj. et n. m.
grasseyer v.
grassouillet, ette adj. et n.
gratifier v.
gratin n. m.
gratis adv. et adj. inv.
gratte-ciel n. m. inv.
gratte-papier n. m. inv.
gratter v.
grattoir n. m.
gratuit, uite adj.
gratuité n. f.
gravats n. m. pl. La forme
gravois est vieillie.
grave adj. et n. m.
graveleux, euse adj.
gravelle n. f.
gravelure n. f.
graver v.
graves n. *Les graves :*
terrains caillouteux du
Bordelais (mot féminin
pluriel). *Du graves :* du vin
originaire des graves.
gravier n. m.
gravillon n. m.
gravir v.
gravité n. f.
graviter v.
gravois n. m. pl. ▷ **gravats.**
gré n. m.
grec, grecque adj. et n.
gréciser v.
grécité n. f.
gréco-latin, ine adj. *Les
formes gréco-latines de la
culture.*
gréco-romain, aine adj.
grecque n. f.
gredin, ine n.
gredinerie n. f.
gréement n. m.
gréer v.
1. greffe n. m. Service du
greffier.
2. greffe n. f. Action de
greffer.
greffer v.
greffier n. m.

greffoir n. m.
greffon n. m.
grégaire adj.
grège adj. f.
grégeois adj.
grégorien, ienne adj.
grègues n. f. pl.
1. grêle adj.
2. grêle n. f.
grêler v.
grêlon n. m.
grelot n. m.
grelotter v.
greluchon n. m.
grenade n. f.
grenadier n. m.
grenadière n. f.
grenaille n. f.
grenat n. m. et adj. inv. *Des
grenats,* mais *des robes
grenat.*
grener v.
grènetis n. m.
grenier n. m.
grenouille n. f.
grenu, ue adj.
grès n. m.
gréseux, euse adj.
grésil n. m.
grésiller v.
grève n. f.
grever v.
gréviste n. et adj.
gribouiller v.
gribouillis n. m.
grièche adj. ▷ **pie-grièche.**
grief n. m.
grièvement adv.
griffe n. f.
griffer v.
griffon n. m.
griffonner v.
grignoter v.
grigou n. m. *Des grigous.*
grigri n. m. *Des grigris.* On
écrit aussi, moins bien, *un
gri-gri, des gri-gris* ou,
quelquefois, *un gris-gris, des
gris-gris* (à éviter).
gril n. m.
grillage n. m.
grillager v.
grille n. f.
grille-pain n. m. inv.
griller v.
grillon n. m.
grimace n. f.
grimacer v.

grimaud n. m.
grimer v.
grimoire n. m.
1. grimper v.
2. grimper n. m.
grimpette n. f.
grincer v.
grincheux, euse adj.
gringalet n. m.
griotte n. f. Cerise.
grippe n. f.
gripper v.
grippe-sou n. m. *Des
grippe-sous,* mieux que *des
grippe-sou.*
gris, grise adj. et n. m.
grisaille n. f.
grisâtre adj.
grisé n. m.
griser v.
grisette n. f.
gris-gris n. m. ▷ **grigri.**
grison, onne adj. et n.
grisonner v.
grisou n. m. sing.
grisouteux, euse adj.
grive n. f.
grivèlerie n. f.
grivois, oise adj. et n.
groenlandais, aise adj. et n.
grog n. m. *Des grogs.*
groggy adj. *Il est groggy. Elle
est groggy. Ils sont groggys.
Elles sont groggys.* On peut
aussi laisser l'adjectif
invariable.
grognard n. m.
grogner v.
grognon, onne adj. et n. *Elle
est grognon. Elles sont
grognons. Une humeur
grognonne. Une mère grognon.*
groin n. m.
grommeler v.
grommellement n. m.
gronder v.
grondin n. m.
groom n. m. *Des grooms.*
gros, grosse adj., adv. et n.
groseille n. f.
groseillier n. m.
Gros-Jean n. m. *Elles se sont
retrouvées Gros-Jean comme
devant.*
grosse n. f.
grossesse n. f.
grossier, ière adj.
grossièrement adv.

grossièreté n. f.
grossir v.
grosso modo loc. adv.
1. grotesque adj. et n. *Le
grotesque :* ce qui est
grotesque.
2. grotesque n. f. *Une
grotesque :* une peinture, une
fresque.
grotte n. f.
grouiller v.
grouillot n. m.
groupe n. m.
grouper v.
groupuscule n. m.
grouse n. f. *Une grouse,*
plutôt que *un grouse.*
gruau n. m. *Des gruaux.*
grue n. f.
gruger v.
grume n. f.
grumeau n. m.
grumeler (se) v.
grutier n. m.
gruyère n. m. *Du gruyère, des
gruyères.* mais *du fromage de
Gruyère.*
guadeloupéen, éenne adj. et n.
guano n. m. *Des guanos.*
guatémaltèque adj. et n.
Avec des accents, mais
Guatemala.
1. gué n. m.
2. gué ! interj.
guéable adj.
guéer v.
guelfe n. m. et adj. *Les
guelfes et les gibelins.*
guenille n. f.
guenon n. f.
guépard n. m.
guêpe n. f.
Guépéou n. f. Nom propre :
un *G* majuscule.

guêpier n. m.
guêpière n. f.
guère adv.
guéret n. m.
guéridon n. m.
guérilla n. f.
guérillero n. m. *Des
guérilleros.*
guérir v.
guérison n. f.
guérisseur, euse n.
guérite n. f.
guerre n. f.
guerrier, ière n. et adj.
guerroyer v.
guet n. m.
guet-apens n. m. *Des
guets-apens.*
guêtre n. f.
guetter v.
guetteur n. m.
gueule n. f. Bouche d'un
animal. — Homophone :
gueules.
gueuler v.
gueules n. m. pl. Couleur
rouge de l'écu. —
Homophone : *gueule.*
1. gueuse adj. f. et n. f.
Féminin de *gueux.*
2. gueuse n. f. Masse de
fonte.
gueuserie n. f.
gueux, gueuse n.
gueuze n. f. Bière belge.
Éviter la graphie *gueuse.*
gui n. m.
guichet n. m.
guichetier, ière n.
guide n. m. et f.
guide-âne n. m. *Des
guide-ânes,* plutôt que *des
guide-âne.*
guider v.

guiderope n. m.
guidon n. m.
guigne n. f.
guigner v.
guignol n. m. *Un guignol,*
mais *Guignol,* personnage du
théâtre lyonnais.
guignolet n. m.
guignon n. m.
guilde n. f. ▷ ghilde.
guilledou n. m. inv.
guillemet n. m.
guilleret, ette adj.
guillocher v.
guillotine n. f.
guimauve n. f.
guimbarde n. f.
guimpe n. f.
guinder v.
guinée n. f.
guinéen, éenne adj. et n.
guingois (de) loc. adv.
guinguette n. f.
guipure n. f.
guirlande n. f.
guise n. f.
guitare n. f.
guitoune n. f.
gustatif, ive adj.
gustation n. f.
gutta-percha n. f. Inusité au
pluriel.
guttural, ale, aux adj.
guyanais, aise adj. et n.
gymkhana n. m.
gymnase n. m.
gymnaste n.
gymnique adj. et n. f.
gynécée n. m.
gynécologie n. f.
gypaète n. m.
gypse n. m.
gyrophare n. m.
gyroscope n. m.

H

REMARQUE. Les noms
marqués d'un astérisque
commencent par un *h*
aspiré.
ha Symbole de l'hectare.
* ha ! interj.
habeas corpus n. m. inv.
habile adj.
habiliter v.
habiller v.

habit n. m.
habitacle n. m.
habitant, ante n.
habitat n. m.
habiter v.
habitude n. f.
habituel, elle adj.
habituellement adv.
habituer v.
* hâbler v.

* hâblerie n. f.
* hâbleur, euse n. et adj.
* hache n. f.
* haché, ée adj. et n. m.
* hachement n. m.
* hache-paille n. m. inv.
* hacher v.
* hachette n. f.
* hache-viande n. m. inv.
* hachich n. m. Graphie la

plus simple. On écrit aussi *haschisch, haschich, hachisch*.

* **hachis** n. m.
* **hachoir** n. m.
* **hachure** n. f.
* **hachurer** v.

hacienda n. f. *Des haciendas.* Le propriétaire d'une hacienda est un *hacendado.*

* **haddock** n. m.
* **hagard, arde** adj.

hagiographie n. f.

* **haie** n. f.
* **haillon** n. m. *Un mendiant en haillons.* —Paronyme : *hayon.*
* **haillonneux, euse** adj.
* **haine** n. f.
* **hainuyer, ère** adj. et n. On écrit aussi *hennuyer, ère.*
* **haïr** v.
* **haire** n. f. Chemise de crin. — Homophone : *hère.*
* **haïssable** adj.
* **halage** n. m.
* **hâle** n. m.

haleine n. f.

* **haler** v. *On hale le bateau sur le canal,* mais *le soleil hâle le visage.*
* **hâler** v. ▷ **haler.**
* **halètement** n. m.
* **haleter** v.
* **haleur** n. m.
* **hall** n. m.

hallali n. m.

* **halle** n. f.
* **hallebarde** n. f.
* **hallier** n. m.

hallucinatoire adj.
halluciner v.

* **halo** n. m.
* **halte** n. et interj.

haltère n. m.
haltérophile n. m.

* **hamac** n. m.
* **hamburger** n. m.
* **hameau** n. m. *Des hameaux.*

hameçon n. m.

* **hammam** n. m.
* **hampe** n. f.
* **hamster** n. m.
* **han !** interj.
* **hanap** n. m.
* **hanche** n. f.
* **hanché, ée** adj.
* **handball** n. m.
* **handicap** n. m.
* **handicaper** v.

* **hangar** n. m.
* **hanneton** n. m.
* **hannetonner** v.
* **hanse** n. f.

hanséatique adj.

* **hanter** v.
* **hantise** n. f.

hapax n. m.

* **happer** v.
* **haquenée** n. f.
* **hara-kiri** n. m. *Des hara-kiris.*
* **harangue** n. f.
* **haras** n. m. inv.
* **harasser** v.
* **harcèlement** n. m.
* **harceler** v.
* **harde** n. f.
* **hardes** n. f. pl. Vieux vêtements.
* **hardi, ie** adj. et interj.
* **hardiesse** n. f.
* **hardiment** adv.
* **harem** n. m.
* **hareng** n. m.
* **harengère** n. f.
* **hargne** n. f.
* **hargneux, euse** adj.
* **haricot** n. m.
* **haridelle** n. f.
* **harissa** n. m.
* **harki** n. m. *Des harkis.*

harmonica n. m.
harmonie n. f.

1. **harmonique** adj.
2. **harmonique** n. m. ou f. En principe, *un harmonique* pour la plupart des sens. On emploie plutôt le féminin pour désigner la corde d'un instrument ou en phonétique. L'usage est très incertain.

harmoniser v.
harmonium n. m. *Des harmoniums.*

* **harnacher** v.
* **harnais** n. m.
* **harnois** n. m.
* **haro** n. m.
* **harpe** n. f.
* **harpie** n. f.
* **harpon** n. m.
* **harponner** v.
* **hart** n. f.

haruspice n. m. La graphie *haruspice* est plus fréquente que *aruspice.*

* **hasard** n. m.

* **haschich** ou **haschisch** n. m. ▷ **hachich.**
* **hase** n. f.

hast n. m. *Arme d'hast.*

* **haste** n. f. Lance, pique.

1. * **hâte** n. f. Précipitation.
2. * **hâte** n. f. Broche à rôtir. On dit aussi *haste.*

* **hâter** v.
* **hâtif, ive** adj.
* **hauban** n. m.
* **haubert** n. m.
* **hausse** n. f.
* **hausser** v.
* **haussière** n. f. *La haussière.* On dit plutôt *l'aussière.*

1. * **haut, haute** adj. et n. m. ▷ **p. 186.**
2. * **haut** adv. ▷ **p. 187.**

* **hautain, aine** adj.
* **hautbois** n. m.
* **haut-commissaire** n. m. *Des hauts-commissaires.*
* **haut-de-chausses** n. m. *Des hauts-de-chausses.* On écrit aussi *un haut-de-chausse, des hauts-de-chausse.*
* **haut-de-forme** n. m. *Un chapeau haut de forme,* mais *un haut-de-forme. Des hauts-de-forme.*
* **haute-fidélité** n. f. *Des chaînes haute-fidélité.*
* **hautesse** n. f.
* **hauteur** n. f.
* **haut-fond** n. m. *Des hauts-fonds.*
* **haut fourneau** n. m. *Des hauts fourneaux.*
* **haut-le-cœur** n. m. inv.
* **haut-le-corps** n. m. inv.
* **haut-parleur** n. m. *Des haut-parleurs.*
* **haut-relief** n. m. *Des hauts-reliefs.*
* **hauturier, ière** adj.
* **havane** n. m. et adj. inv. *Il fume des havanes,* mais *des sacs havane* (couleur).
* **hâve** adj.
* **havre** n. m. *Un havre :* un port. *Il habite Le Havre.*
* **havresac** n. m.

hawaiien, enne adj. et n.

* **hayon** n. m. Panneau arrière d'un véhicule. — Paronyme : *haillon.*

* **hé !** interj.
heaume n. m. Casque fermé.
— Homophone : *home.*
* **heaumier** n. m.
hebdomadaire adj. et n. m.
héberger v.
hébétement n. m.
hébéter v.
hébraïque adj.
hébreu n. et adj. m. *Les Hébreux. Le peuple hébreu.* Au féminin : *Une reine juive. Une coutume hébraïque.*
hécatombe n. f.
hectare n. m. Symbole : *ha.*
hectogramme n. m. Symbole : *hg.*
hectolitre n. m. Symbole : *hl.*
hectomètre n. m. Symbole : *hm.*
hégémonie n. f.
hégire n. f.
* **hein !** interj.
hélas ! interj.
* **héler** v.
héliaste n. m.
hélice n. f.
hélicoptère n. m.
héliomarin, ine adj.
héliotrope n. m.
héliport n. m.
héliporté, ée adj.
hélium n. m.
hellébore n. m. On écrit aussi *ellébore.*
hellène n. et adj. *Les Hellènes, le peuple hellène,* mais *Hélène,* prénom féminin.
hellénique adj.
hellénisme n. m.
helléniste n.
helvète adj. et n.
helvétique adj.
* **hem !** interj.
hématologie n. f.
hématome n. m.
hémicycle n. m.
hémine n. f.
hémione n. m.
hémiplégie n. f.
hémisphère n. m.
hémisphérique adj.
hémistiche n. m.
hémoglobine n. f.
hémorragie n. f.
hémorroïde n. f.
hémostatique adj. et n. m.
hendécasyllabe n. m.

hendiadys n. m.
* **henné** n. m.
* **hennin** n. m.
* **hennir** v.
* **hennuyer, ère** adj. et n. On écrit plutôt *hainuyer, ère.*
* **hep !** interj.
hépatique adj. et n.
heptamètre n. m.
héraldique adj. et n. f.
* **héraut** n. m. Celui qui faisait les annonces, dans les tournois, etc. — Homophone : *héros.* — Paronyme : *Hérault,* fleuve, département.
herbage n. m.
1. **herbager, ère** n.
2. **herbager** v.
herbe n. f.
herbicide adj. et n. m.
herbier n. m.
herboriser v.
herboriste n.
herbu, ue adj.
hercule n. m. *Un hercule de foire,* mais *le héros Hercule.*
herculéen, enne adj.
* **hère** n. m. Malheureux ; jeune cerf. — Homophone : *haire.*
héréditaire adj.
hérédité n. f.
hérésiarque n. m.
hérésie n. f.
hérétique adj. et n.
* **hérisser** v.
* **hérisson** n. m.
hériter v.
héritier, ière n.
hermaphrodite n. m. et adj.
herméneutique adj. et n. f.
hermès n. m.
hermétique adj.
hermétisme n. m.
hermine n. f.
herminette n. f. La graphie *erminette* est vieillie.
hermitage n. m. Graphie vieillie. On écrira plutôt *ermitage.*
* **hernie** n. f.
héroï-comique adj.
héroïne n. f.
héroïque adj.
héroïsme n. m.
* **héron** n. m.
* **héros** n. m. Homme

courageux. — Homophone : *le héraut.* — Paronyme : *l'Hérault,* fleuve, département.
* **herse** n. f.
* **herser** v.
hertzien, ienne adj.
hésiter v.
hétaïre n. f.
hétairie n. f. On écrit aussi, quelquefois, *hétérie.*
hétéroclite adj.
hétérodoxe adj.
hétérogène adj.
hétérogénéité n. f.
* **hêtraie** n. f.
* **hêtre** n. m.
* **heu !** interj.
heur n. m. Chance, bonheur. — Homophone : *une heure.*
heure n. f. ▷ **p. 187.**
heureux, euse adj.
* **heurt** n. m.
* **heurter** v.
* **heurtoir** n. m.
hévéa n. m. *Des hévéas.*
hexagonal, ale, aux adj.
hexagone n. m. et adj. *l'Hexagone :* La France métropolitaine.
hexamètre n. m.
* **hi !** interj.
hiatus n. m. inv.
hiberner v.
* **hibou** n. m. *Des hiboux.*
* **hic** n. m. inv.
hidalgo n. m. *Des hidalgos.*
* **hideur** n. f.
* **hideux, euse** adj.
hier adv. et n. m. sing.
* **hiérarchie** n. f.
hiératique adj.
hiéroglyphe n. m.
* **hi-fi** n. f. inv.
* **highlander** n. m.
* **hi-han** onomat. et n. m. inv.
hilarant, ante adj.
hilare adj.
hilarité n. f.
hilote n. m. ▷ **ilote.**
himalayen, yenne adj. et n.
hindou, oue adj. et n.
hindouiste adj. et n.
* **hippie** n. et adj. inv. On écrit *hippie,* plutôt que *hippy. Des hippies. Les mœurs hippie.*
hippique adj.
hippisme n. m.
hippocampe n. m.

hippodrome n. m.
hippogriffe n. m.
hippomobile adj.
hippophagique adj.
hippopotame n. m.
* hippy n. et adj. inv ▷
hippie.
hirondelle n. f.
hirsute adj.
hispanique adj.
hispano-américain, aine adj.
et n. *Les littératures
hispano-américaines.*
hispano-moresque adj.
*Des maisons hispano-
moresques.*
* hisser v. On écrit : *Oh !
hisse !*
histoire n. f.
historié, ée adj.
historien, ienne n.
historiette n. f.
historiographe n. m.
historique adj. et n. m.
histrion n. m.
hitlérien, ienne adj. et n.
* hit-parade n. m. *Des
hit-parades.*
* hittite adj. et n.
hiver n. m.
hivernal, ale, aux adj.
hiverner v.
hl Symbole de l'hectolitre.
H.L.M. n. *L'H.L.M. — Une
H.L.M.,* plus correct, mais
moins usuel que *un H.L.M.*
hm Symbole de l'hectomètre.
* ho ! interj.
* hobby n. m. *Des hobbies.*
* hobereau n. m. *Des
hobereaux.*
* hocher v.
* hochet n. m.
* hockey n. m.
* hockeyeur, euse n.
* holà ! interj.
* hold-up n. m. inv.
* hollandais, aise adj. et n.
1. * hollande n. f. Toile ;
porcelaine ; pomme de terre.
2. * hollande n. m. Fromage.
* hollywoodien, ienne adj.
holocauste n. m.
holographe adj. ▷ olographe.
* homard n. m.
hombre n. m. Jeu de cartes.
— Homophones : *ombre 1, 2
et 3.*

* home n. m. Foyer,
chez-soi. — Homophone :
heaume.
homélie n. f.
homéopathie n. f.
homérique adj.
homicide n. et adj.
hominiens n. m. pl.
hominisation n. f.
hommage n. m.
hommasse adj. f.
homme n. m.
homme-grenouille n. m. *Des
hommes-grenouilles.*
homme-orchestre n. m. *Des
hommes-orchestres.*
homme-sandwich n. m. *Des
hommes-sandwichs* ou -
sandwiches.
homogène adj.
homogénéiser v.
homogénéité n. f.
homographe adj.
homologue adj. et n.
homologuer v.
homoncule n. m.
homonyme adj. et n.
homophone adj. et n.
homosexualité n. f.
homosexuel, elle adj. et n.
* hongre adj. et n. m.
* hongrer v.
* hongrois, oise adj. et n.
honnête adj.
honnêteté n. f.
honneur n. m.
* honnir v.
honorable adj.
honoraire adj.
honoraires n. m. pl.
honorée n. f.
honorer v.
honorifique adj.
honoris causa loc. adj.
* honte n. f.
* honteux, euse adj.
* hop ! interj.
hôpital n. m. *Des hôpitaux.*
hoplite n. m.
* hoquet n. m.
* hoqueter v.
horaire adj. et n. m.
* horde n. f.
* horion n. m.
horizon n. m.
horizontal, ale, aux adj. et
n. f.
horloge n. f.

horloger, ère n. et adj.
* hormis prép.
hormone n. f.
horoscope n. m.
horreur n. f.
horrible adj.
horrifier v.
horripiler v.
* hors prép.
* hors-bord n. m. inv.
* hors-d'œuvre n. m. inv. *Des
hors-d'œuvre,* mais *un porche
hors d'œuvre.*
* hors-jeu n. m. inv. *Des
hors-jeu,* mais *il est hors jeu.*
* hors-la-loi n. m. inv. *Des
hors-la-loi,* mais *ils sont hors
la loi.*
* hors-texte n. m. inv. *Des
hors-texte,* mais *des photos
hors texte.*
hortensia n. m.
horticole adj.
hortillonnage n. m.
hosanna n. m. *Des hosannas.*
La graphie *hosannah* est
rare.
hospice n. m.
hospitalier, ière adj. et n. m.
hospitaliser v.
hospitalité n. f.
hostellerie n. f.
hostie n. f.
hostile adj.
hostilité n. f.
* hot dog n. m. *Des hot dogs.*
hôte, hôtesse n.
hôtel n. m.
hôtelier, ière adj. et n.
hôtellerie n. f.
hôtesse n. f.
* hotte n. f.
* hottée n. f.
* hou ! interj.
* houblon n. m.
* houblonner v.
* houe n. f.
* houille n. f.
* houiller, ère adj. et n. f.
* houle n. f.
* houlette n. f.
* houleux, euse adj.
* houppe n. f.
* houppelande n. f.
* houppette n. f.
* hourd n. m.
* hourdis n. m.
* houri n. f. *Des houris.*

* **hourra** interj. et n. m. *Des hourras.* La graphie *hurrah* est anglaise.
* **hourvari** n. m.
* **houseau** n. m. *Des houseaux.*
* **houspiller** v.
* **housse** n. f.
* **houssine** n. f.
* **houx** n. m. inv.
* **hoyau** n. m. *Des hoyaux.*
* **hublot** n. m.
* **huche** n. f.
* **hue !** interj.
* **huée** n. f.
* **huer** v.
* **huguenot, ote** n. et adj.
huile n. f.
huilerie n. f.
huilier, ière adj. et n. m.
huis n. m.
huisserie n. f.
huissier n. m.
* **huit** adj. et n. m. inv.
* **huitain** n. m.
* **huitaine** n. f.
* **huitante** adj.
* **huitième** adj. et n.
huître n. f.
* **huit-reflets** n. m. inv.
huîtrier, ière adj. et n.
* **hulotte** n. f.
* **hululement** n. m. ▷ ululement.
* **hululer** v. ▷ ululer.
* **hum !** interj.
humain, aine adj. et n.
humaniser v.
humaniste adj. et n.
humanitaire adj.
humanité n. f.
humble adj. et n.
humecter v.
* **humer** v.
humérus n. m. inv.
humeur n. f.
humidifier v.

humidité n. f.
humilier v.
humilité n. f.
humoriste adj. et n.
humour n. m.
humus n. m. inv.
* **hune** n. f.
* **hunier** n. m.
* **huppe** n. f.
* **huppé, ée** adj.
* **hure** n. f.
* **hurler** v.
hurluberlu n. m.
* **huron, onne** n. et adj.
* **hurrah** interj. et n. m. ▷ hourra.
* **hussard** n. m. La forme *housard* est vieillie.
* **hussarde** n. f.
* **hussite** n. m.
* **hutte** n. f.
hyacinthe n. f. Pierre précieuse. Comme adj. de couleur, toujours invariable : *Des soies hyacinthe.*
hyalin, ine adj.
hybride adj. et n. m.
hydrate n. m.
hydrater v.
hydraulicien n. m.
hydraulique adj. et n. f.
hydravion n. m.
hydre n. f.
hydrocarbure n. m.
hydrocéphale adj. et n.
hydrocution n. f.
hydroélectrique adj.
hydrofoil n. m.
hydrofuge adj. et n. m.
hydrofuger v.
hydrogène n. m.
hydroglisseur n. m.
hydrographie n. f.
hydrologie n. f.
hydrolyse n. f.
hydromel n. m.
hydrominéral, ale, aux adj.

hydrophile adj.
hydrophone n. m.
hydropisie n. f.
hydrothérapie n. f.
hyène n. f. *L'hyène.*
hygiène n. f.
hygiénique adj.
hygromètre n. m.
hygrométrie n. f.
hymen n. m.
hyménée n. m.
hymne n. Mot masculin, sauf quand il désigne un chant liturgique catholique ▷ **p. 187.**
hyperbole n. f.
hyperboréen, éenne adj. et n.
hypercritique adj.
hyperdulie n. f.
hyperémotivité n. f.
hypermarché n. m.
hypermétrope adj. et n.
hypersensible adj. et n.
hypertendu, ue adj. et n.
hypertension n. f.
hypertrophie n. f.
hypnose n. f.
hypnotique adj. et n. m.
hypocondre n. m.
hypocondriaque adj. et n.
hypocondrie n. f.
hypocrisie n. f.
hypocrite adj. et n.
hypogée n. m.
hypophyse n. f.
hypostyle adj.
hypotendu, ue adj. et n.
hypotension n. f.
hypoténuse n. f.
hypothécable adj.
hypothécaire adj.
hypothèque n. f.
hypothéquer v.
hypothèse n. f.
hypothétique adj.
hysope n. f.
hystérie n. f.

ïambe n. m. La graphie *iambe* est vieillie.
ïambique adj. La graphie *iambique* est vieillie.
ibère adj. et n.
ibérique adj.
ibis n. m.

iceberg n. m. *Des icebergs.*
ichtyologie n. f.
ici adv.
icône n. f.
iconoclaste n. m. et adj.
iconographie n. f.
id. abrév.

idéal, ale, aux adj. et n. m. Usage flottant pour le masculin pluriel. Préférer le pluriel en *aux*, plus fréquent : *des nombres idéaux. Les idéaux.*
idéaliser v.

idéalisme n. m.
idéaliste adj. et n.
idée n. f.
idem adv.
identifier v.
identique adj.
identité n. f.
idéogramme n. m.
idéologie n. f.
ides n. f. pl.
idiome n. m.
idiosyncrasie n. f.
idiot, idiote adj. et n.
idiotie n. f.
idiotisme n. m.
idoine adj.
idolâtre adj. et n.
idolâtrer v.
idolâtrie n. f.
idole n. f.
idylle n. f.
idyllique adj.
if n. m.
igloo n. m. La graphie *iglou* est rare. — *Des igloos, des iglous.*
igname n. f.
ignare adj. et n.
igné, ée adj.
ignifuge adj. et n. m.
ignifuger v.
ignition n. f.
ignoble adj.
ignominie n. f.
ignorance n. f.
ignorantin n. m. et adj.
ignorer v.
iguane n. m.
il, ils pron. pers. m.
île n. f.
îlien, ienne n. et adj.
illégal, ale, aux adj.
illégalité n. f.
illégitime adj.
illégitimité n. f.
illettré, ée adj. et n.
illicite adj.
illico adv.
illimité, ée adj.
illisible adj.
illogique adj.
illuminer v.
illusion n. f.
illusionner v.
illusionniste n.
illusoire adj.
illustre adj.
illustrer v.

îlot n. m.
îlotage n. m.
ilote n. m. La graphie *hilote* est correcte aussi, mais plus rare.
îlotier n. m.
image n. f.
imagé, ée adj.
imagerie n. f.
imagier, ière n. et adj.
imaginaire adj. et n. m.
imaginer v.
imam ou **iman** n. m. Les deux formes sont admises, mais *imam* est plus fréquent. — *Des imams, des imans.*
imbattable adj.
imbécile adj. et n.
imbécilement adv.
imbécillité n. f.
imberbe adj.
imbiber v.
imbrication n. f.
imbriquer v.
imbroglio n. m. *Des imbroglios.*
imbu, ue adj.
imbuvable adj.
imiter v.
immaculé, ée adj.
immanence n. f.
immanent, ente adj.
immangeable adj.
immanquable adj.
immarcescible adj.
immariable adj.
immatériel, ielle adj.
immatriculer v.
immédiat, ate adj. et n. m.
immémorial, iale, iaux adj.
immense adj.
immensément adv.
immensité n. f.
immerger v.
immérité, ée adj.
immersion n. f.
immettable adj.
immeuble adj. et n. m.
immigrer v.
imminence n. f.
imminent, ente adj.
immiscer (s') v.
immixtion n. f.
immobile adj.
immobilier, ière adj. et n. m.
immobiliser v.
immodéré, ée adj.
immodérément adv.

immodeste adj.
immoler v.
immonde adj.
immondice n. f. Le mot s'emploie surtout au pluriel.
immoral, ale, aux adj.
immoralité n. f.
immortaliser v.
immortalité n. f.
immortel, elle adj. et n.
immotivé, ée adj.
immuable adj.
immuniser v.
immunité n. f.
impact n. m.
impair, aire adj. et n. m.
impalpable adj.
imparable adj.
impardonnable adj.
imparfait, aite adj. et n. m.
imparisyllabique adj. et n. m.
impartial, iale, iaux adj.
impartialité n. f.
impartir v.
impasse n. f.
impassible adj.
impatiemment adv.
impatience n. f.
impatient, ente adj. et n.
impatroniser (s') v.
impavide adj.
impayable adj.
impayé, ée adj. et n. m.
impeccable adj.
impécunieux, ieuse adj.
impécuniosité n. f.
impedimenta n. m. pl.
impénétrable adj.
impénitence n. f.
impénitent, ente adj.
impensable adj.
impératif, ive adj. et n. m.
impératrice n. f.
imperceptible adj.
imperfection n. f.
impérial, iale, iaux adj. et n.
impériale n. f.
impérialisme n. m.
impérialiste n. et adj.
impérieux, ieuse adj.
impérissable adj.
impéritie n. f.
imperméabiliser v.
imperméable adj. et n. m.
impersonnel, elle adj.
impersonnellement adv.
impertinence n. f.
impertinent, ente adj. et n.

imperturbable adj.
impétigo n. m. *Des impétigos.*
impétrant, ante n.
impétueux, euse adj.
impétuosité n. f.
impie adj. et n.
impiété n. f.
impitoyable adj.
implacable adj.
implanter v.
implication n. f.
implicite adj.
impliquer v.
implorer v.
imploser v.
impluvium n. m. *Des impluviums.*
impoli, ie adj. et n.
impoliment adv.
impolitesse n. f.
impondérable adj. et n. m.
impopulaire adj.
impopularité n. f.
importance n. f.
important, ante adj.
1. importer v. *N'importe, peu importe, qu'importe* ▷ **p. 187.**
2. importer v. *Importer une marchandise.*
import-export n. m. sing. Inusité au pluriel.
importun, une adj. et n.
importunément adv.
importuner v.
importunité n. f.
imposer v.
imposition n. f.
impossible adj. et n. m.
imposte n. f.
imposteur n. m.
imposture n. f.
impôt n. m.
impotence n. f.
impotent, ente adj. et n.
impraticable adj.
imprécatoire adj.
imprécis, ise adj.
imprécision n. f.
imprégner v.
imprenable adj.
impréparation n. f.
imprésario n. m. *Des imprésarios.* La forme italienne *un impresario, des impresarii* est déconseillée.
imprescriptible adj.
impression n. f.
impressionner v.

impressionniste n. et adj.
imprévisible adj.
imprévoyance n. f.
imprévoyant, ante adj.
imprévu, ue adj. et n. m.
imprimante n. f.
imprimatur n. m. inv.
imprimé n. m.
imprimer v.
improbable adj.
improductif, ive adj. et n. m.
impromptu, ue adj. n. m., adv.
imprononçable adj.
impropre adj.
improviser v.
improviste (à l') loc. adv.
imprudemment adv.
imprudence n. f.
imprudent, ente adj. et n.
impubliable adj.
impudemment adv.
impudence n. f.
impudent, ente adj. et n.
impudeur n. f.
impudicité n. f.
impudique adj. et n.
impuissance n. f.
impuissant, ante adj. et n. m.
impulsion n. f.
impunément adv.
impuni, ie adj.
impunité n. f.
impur, ure adj.
impureté n. f.
imputer v.
imputrescible adj.
inabordable adj.
in abstracto loc. adv.
inaccentué, ée adj.
inacceptable adj.
inaccessible adj.
inaccompli, ie adj.
inaccoutumé, ée adj.
inachevé, ée adj.
inachèvement n. m.
inactif, ive adj. et n.
inaction n. f.
inactuel, elle adj.
inadapté, ée adj. et n.
inadéquat, ate adj.
inadéquation n. f.
inadmissible adj.
inadvertance n. f.
inaliénable adj.
inaltéré, ée adj.
inamical, ale, aux adj.
inadmissible adj.

inamovible adj.
inanimé, ée adj.
inanité n. f.
inanition n. f.
inaperçu, ue adj.
inapliccable adj.
inappréciable adj.
inapte adj. et n. m.
inarticulé, ée adj.
inassimilable adj.
inassouvi, ie adj.
inattaquable adj.
inattendu, ue adj.
inattentif, ive adj.
inaudible adj.
inaugural, ale, aux adj.
inaugurer v.
inavoué, ée adj.
inca n. et adj. inv. *L'Inca :* le souverain. *La caste des Incas :* la caste royale. *Les Incas :* peuple. *Un Inca. Une Inca. Une princesse inca. Des princesses inca.*
incalculable adj.
incandescence n. f.
incandescent, ente adj.
incantation n. f.
incantatoire adj.
incapable adj. et n.
incapacité n. f.
incarcérer v.
incarnat, ate adj. et n. m. *Des soies incarnates. De beaux incarnats.*
incarner v.
incartade n. f.
incassable adj.
incendiaire adj. et n.
incendie n. m.
incertain, aine adj. et n.
incertitude n. f.
incessamment adv.
incessant, ante adj.
incessible adj.
inceste n. m.
incestueux, euse adj. et n.
inchangé, ée adj.
inchoatif, ive adj. et n. m.
incidemment adv.
incidence n. f.
1. incident n. m.
2. incident, ente adj. et n. f.
incinérer v.
incipit n. m. inv.
incise adj. f. et n. f.
inciser v.
incisif, ive adj.

incision n. f.
incisive n. f.
inciter v.
incivil, ile adj.
incivilité n. f.
incivique adj.
inclassable adj.
inclémence n. f.
inclément, ente adj.
inclinaison n. f.
inclination n. f.
incliner v.
inclure v.
inclus, use adj. *Ci-inclus* ▷ **p. 179.** *Y inclus* ▷ **p. 187.**
inclusion n. f.
incoercible adj.
incognito adv. et n. m. *Elles sont venues incognito,* mais *des incognitos.*
incohérence n. f.
incohérent, ente adj.
incollable adj.
incolore adj.
incomber v.
incombustible adj.
incommensurable adj.
incommode adj.
incommoder v.
incommodité n. f.
incommunicable adj.
incommutable adj.
incomparable adj.
incompatible adj.
incompétence n. f.
incompétent, ente adj. et n.
incomplet, ète adj.
incomplètement adv.
incompréhensible adj.
incompréhensif, ive adj.
incompréhension n. f.
incompressible adj.
inconcevable adj.
inconciliable adj.
inconditionnel, elle adj. et n.
inconditionnellement adv.
inconduite n. f.
inconfort n. m.
incongru, ue adj.
incongruité n. f.
incongrûment adv.
inconnaissable adj. et n. m.
inconnu, ue adj. et n.
inconsciemment adv.
inconscience n. f.
inconscient, ente adj. et n.
inconséquence n. f.
inconséquent, ente adj.

inconsidéré, ée adj.
inconsidérément adv.
inconsistance n. f.
inconsistant, ante adj.
inconsolable adj.
inconstance n. f.
inconstant, ante adj. et n.
incontestable adj.
incontinence n. f.
1. incontinent adv.
2. incontinent, ente adj. et n.
incontournable adj.
incontrôlable adj.
inconvenance n. f.
inconvenant, ante adj.
inconvénient n. m.
inconvertible adj.
incoordination n. f.
incorporation n. f.
incorporel, elle adj.
incorporer v.
incorrect, ecte adj.
incorrection n. f.
incorrigible adj.
incorruptible adj. et n.
incrédule adj. et n.
incrédulité n. f.
incréé, éée adj.
increvable adj.
incriminer v.
incrochetable adj.
incroyable adj. et n. m.
incroyance n. f.
incroyant, ante n. et adj.
incruster v.
incube n. m.
incuber v.
inculcation n. f.
inculper v.
inculquer v.
inculte adj.
inculture n. f.
incunable adj. et n. m.
incurable adj. et n.
incurie n. f.
incuriosité n. f.
incursion n. f.
incurver v.
indécemment adv.
indécence n. f.
indécent, ente adj.
indéchiffrable adj.
indécis, ise adj. et n.
indécomposable adj.
indécrottable adj.
indéfectible adj.
indéfendable adj.

indéfini, ie adj.
indéfiniment adv.
indéformable adj.
indéfrisable adj. et n. f.
indélébile adj.
indélicat, ate adj.
indémaillable adj.
indemne adj.
indemnisation n. f.
indemniser v.
indémontrable adj.
indéniable adj.
indépendamment adv.
indépendance n. f.
indépendant, ante adj.
indépendantiste adj. et n.
indéracinable adj.
indéréglable adj.
indescriptible adj.
indésirable adj. et n.
indestructible adj.
indéterminé, ée adj.
index n. m. inv.
indexer v.
indicateur, trice n. et adj.
indicatif, ive adj. et n. m.
indication n. f.
indice n. m.
indiciaire adj.
indicible adj.
indien, ienne adj. et n.
indienne n. f.
indifféremment adv.
indifférence n. f.
indifférenciation n. f.
indifférencié, ée adj.
indifférent, ente adj.
indigence n. f.
indigène adj. et n.
indigent, ente adj. et n.
indigeste adj.
indigne adj.
indigner v.
indignité n. f.
indigo n. m. et adj. inv. *Des indigos,* mais *des soies indigo.*
indiquer v.
indirect, ecte adj.
indiscernable adj.
indiscipline n. f.
indiscipliné, ée adj.
indiscret, ète adj. et n.
indiscrètement adv.
indiscrétion n. f.
indiscutable adj.
indispensable adj. et n. m.
indisponible adj.
indisposer v.

indissoluble adj.
indistinct, incte adj.
individu n. m.
individualiser v.
individualiste adj. et n.
individualité n. f.
individuel, elle adj.
individuellement adv.
indivis, ise adj.
indochinois, oise adj. et n.
indocile adj.
indocilité n. f.
indo-europeén, éenne adj.
et n. *Les langues
indo-européennes. Les
Indo-Européens.*
indolemment adv.
indolence n. f.
indolent, ente adj. et n.
indolore adj.
indomptable adj.
indonésien, ienne adj. et n.
indu, ue adj.
indubitable adj.
induction n. f.
induire v.
indulgence n. f.
indulgent, ente adj. et n.
indûment adv.
indurer v.
industrialiser v.
industrie n. f.
industriel, elle adj. et n. m.
industriellement adv.
inébranlable adj.
inédit, ite adj. et n. m.
ineffable adj.
ineffaçable adj.
inefficace adj.
inefficacité n. f.
inégal, ale, aux adj.
inégalité n. f.
inélégamment adv.
inélégance n. f.
inélégant, ante adj.
inéligible adj.
inéluctable adj.
inénarrable adj.
inepte adj.
ineptie n. f.
inépuisable adj.
inéquitable adj.
inerte adj.
inertie n. f.
inesthétique adj.
inestimable adj.
inévitable adj.
inexact, acte adj.

inexcusable adj.
inexécution n. f.
inexistant, ante adj.
inexistance n. f.
inexorable adj.
inexpérience n. f.
inexpérimenté, ée adj.
inexpert, erte adj.
inexpiable adj.
inexplicable adj.
inexpliqué, ée adj.
inexploitable adj.
inexploré, ée adj.
inexplosible adj.
inexpressif, ive adj.
inexprimable adj.
inexpugnable adj.
inextensible adj.
in extenso loc. adv. et adj.
inv.
inextinguible adj.
in extremis loc. adv.
inextricable adj.
infaillible adj.
infaisable adj.
infalsifiable adj.
infamant, ante adj.
infâme adj.
infamie n. f.
infant, ante n.
infanterie n. f.
infanticide adj. et n.
infantile adj.
infarctus n. m. inv.
infatigable adj.
infatuer (s') v.
infécond, onde adj.
infect, ecte adj.
infectieux, ieuse adj.
inféoder v.
inférer v.
inférieur, eure adj. et n.
infériorité n. f.
infernal, ale, aux adj.
infertile adj.
infertilité n. f.
infester v.
infidèle adj. et n.
infidèlement adv.
infidélité n. f.
infiltrer (s') v.
infime adj.
infini, ie adj.
infiniment adv.
infinité n. f.
infinitésimal, ale, aux adj.
infinitif, ive adj. et n. m.
infirme adj. et n.

infirmier, ière n.
infirmité n. f.
inflammable adj.
inflammation n. f.
inflammatoire adj.
inflation n. f.
inflationniste adj.
infléchir v.
inflexion n. f.
infliger v.
influençable adj.
influence n. f.
influencer v.
influent, ente adj.
influenza n. f. *Des influenzas.*
influer v.
influx n. m. inv.
in-folio adj. inv. et n. m. *Des
livres in-folio. Des in-folio.* On
évitera *des in-folios.*
informaticien, ienne n.
informatique n. f. et adj.
informe adj.
informer v.
infortune n. f.
infortuné, ée adj. et n.
infra adv.
infraction n. f.
infranchissable adj.
infrangible adj.
infrarouge adj. et n. m.
infrastructure n. f.
infroissable adj.
infructueux, euse adj.
infus, use adj.
infuser v.
infusion n. f.
infusoire n. m.
ingambe adj.
ingénier (s') v.
ingénierie n. f.
ingénieur n. m.
ingénieux, ieuse adj.
ingéniosité n. f.
ingénu, ue adj. et n.
ingénuité n. f.
ingénument adv.
ingérence n. f.
ingérer v.
ingestion n. f.
ingouvernable adj.
ingrat, ate adj. et n.
ingrédient n. m.
inguérissable adj.
ingurgiter v.
inhabile adj.
inhabileté n. f.
inhabitable adj.

inhabituel, elle adj.
inhalateur, trice adj. et n. m.
inhalation n. f.
inhaler v.
inhérence n. f.
inhérent, ente adj.
inhiber v.
inhibition n. f.
inhospitalier, ière adj.
inhumain, aine adj.
inhumanité n. f.
inhumation n. f.
inhumer v.
inimaginable adj.
inimitable adj.
inimitié n. f.
ininflammable adj.
inintelligemment adv.
inintelligence n. f.
inintelligent, ente adj.
inintelligible adj.
ininterrompu, ue adj.
inique adj.
iniquité n. f.
initial, ale, aux adj. et n. f.
initiative n. f.
initier v.
injecter v.
injection n. f.
injonction n. f.
injouable adj.
injure n. f.
injurier v.
injuste adj.
injustifiable adj.
inlassable adj.
inné, ée adj. et n. m.
innéité n. f.
innerver v.
innocemment adv.
innocence n. f.
innocent, ente adj. et n.
innocenter v.
innocuité n. f.
innombrable adj.
innommable adj.
innover v.
inobservance n. f.
in-octavo adj. inv. et n. m.
inv. *Des livres in-octavo. Des*
in-octavo.
inoculer v.
inodore adj.
inoffensif, ive adj.
inonder v.
inopérant, ante adj.
inopiné, ée adj.
inopinément adv.

inopportun, une adj.
inopportunément adv.
inopportunité n. f.
inopposable adj.
inoubliable adj.
inouï, ïe adj.
inoxydable adj.
in pace n. m. inv. On écrit
aussi *un in-pace, des in-pace.*
in partibus loc. adv.
in petto loc. adv.
inqualifiable adj.
in-quarto adj. inv. et n. m.
inv. *Des livres in-quarto. Des*
in-quarto.
inquiet, iète adj. et n.
inquiéter v.
inquisiteur, trice adj. et n. m.
inquisition n. f. *L'Inquisition*
ou *la sainte Inquisition,* mais
l'inquisition fiscale.
inquisitorial, iale, iaux adj.
insaisissable adj.
insalubre adj.
insalubrité n. f.
insane adj.
insanité n. f.
insatiable adj.
insatisfaction n. f.
insatisfait, aite adj. et n.
inscription n. f.
inscrire v.
insécable adj.
insecte n. m.
insecticide adj. et n. m.
insécurité n. f.
inséminer v.
insensé, ée adj.
insensibiliser v.
insensible adj.
inséparable adj. et n.
insérer v.
insertion n. f.
insidieux, ieuse adj.
1. insigne adj.
2. insigne n. m.
insignifiance n. f.
insignifiant, ante adj.
insinuer v.
insipide adj.
insipidité n. f.
insistance n. f.
insister v.
insolation n. f.
insolemment adv.
insolence n. f.
insolent, ente adj. et n.
insolite adj. et n. m.

insoluble adj.
insolvable adj.
insomniaque adj. et n.
insomnie n. f.
insondable adj.
insonore adj.
insonoriser v.
insouciance n. f.
insouciant, ante adj. et n.
insoumis, ise adj. et n. m.
insoupçonnable adj.
insoutenable adj.
inspecter v.
inspection n. f.
inspirer v.
instable adj. et n.
installer v.
instamment adv.
instance n. f.
1. instant, ante adj.
2. instant n. m.
instantané, ée adj. et n. m.
instantanéité n. f.
instantanément adv.
instar (à l') loc. prép. *A*
l'instar de moi, et non *à mon*
instar.
instaurer v.
instigateur, trice n.
instigation n. f.
instiguer v.
instillation n. f.
instiller v.
instinct n. m.
instinctif, ive adj.
instituer v.
institut n. m. *L'Institut de*
France ou *l'Institut.*
instituteur, trice n.
institution n. f.
institutionnaliser v.
institutionnel, elle adj.
instructeur n. et adj.
instructif, ive adj.
instruction n. f.
instruire v.
instrument n. m.
instrumental, ale, aux adj. et
n. m.
insu (à l') loc. prép.
insubmersible adj.
insubordination n. f.
insubordonné, ée adj.
insuccès n. m.
insuffisamment adv.
insuffisance n. f.
insuffisant, ante adj.
insuffler v.

insulaire adj. et n.
insularité n. f.
insultant, ante adj.
insulte n. f.
insulter v.
insulteur, euse n.
insupportable adj.
insurgé, ée adj. et n.
insurger (s') v.
insurmontable adj.
insurpassable adj.
insurrection n. f.
insurrectionnel, elle adj.
intact, acte adj.
intangible adj.
intarissable adj.
intégral, ale, aux adj. et n. f.
intégralité n. f.
intègre adj.
intégrer v.
intégriste adj. et n.
intégrité n. f.
intellect n. m.
intellectualiste adj. et n.
intellectualité n. f.
intellectuel, elle adj. et n.
intellectuellement adv.
intelligemment adv.
intelligence n. f.
intelligent, ente adj.
intelligentsia n. f. La graphie
intelligentzia est rare.
intelligible adj.
intempérance n. f.
intempérant, ante adj.
intempérie n. f.
intempestif, ive adj.
intemporel, elle adj.
intenable adj.
intendance n. f.
intendant, ante n.
intense adj.
intensément adv.
intensif, ive adj.
intensité n. f.
intenter v.
intention n. f.
intentionné, ée adj.
intentionnel, elle adj.
intentionnellement adv.
inter n. m.
interaction n. f.
interallié, ée adj.
interarmées adj. inv.
interarmes adj. inv.
intercalaire adj. et n.
intercaler v.
intercéder v.

intercepter v.
interception n. f.
intercesseur n. m.
intercession n. f.
interchangeable adj.
interclubs adj. inv.
intercommunal, ale, aux adj.
interconnecter v.
interconnexion n. f.
intercourse n. f.
interdépartemental, ale, aux
adj.
interdépendance n. f.
interdépendant, ante adj.
interdiction n. f.
interdire v.
interdit, ite adj. et n. m.
intéresser v.
intérêt n. m.
interférence n. f.
interférer v.
intergalactique adj.
intérieur, eure adj. et n. m.
intérim n. m.
intérimaire adj. et n.
intériorité n. f.
interjection adj.
interjeter v.
interligne n. Masculin dans la
langue générale, féminin en
terme de typographie.
interligner v.
interlocuteur, trice n.
interlope adj.
interloquer v.
interlude n. m.
intermède n. m.
intermédiaire adj. et n.
interminable adj.
intermittence n. f.
intermittent, ente adj.
internat n. m.
international, ale, aux adj.
et n.
internationaliser v.
interne adj. et n.
interner v.
interpellation n. f.
interpeller v.
interpénétrer (s') v.
Interphone n. m. Nom
déposé : un I majuscule.
interplanétaire adj.
Interpol n. m. Nom propre
masculin. Un I majuscule.
S'emploie non précédé de
l'article.
interpoler v.

interposer v.
interprétation n. f.
interprète n.
interpréter v.
interprofessionnel, elle adj.
interrègne n. m.
interrogateur, trice adj. et n.
interrogation n. f.
interrogatoire n. m.
interroger v.
interrompre v.
interruption n. f.
intersection n. f.
intersidéral, ale, aux adj.
interstellaire adj.
interstice n. m.
interstitiel, ielle adj.
interurbain, aine adj. et n. m.
intervalle n. m.
intervenir v.
intervention n. f.
interventionniste adj. et n.
interversion n. f.
intervertir v.
interview n. f. L'emploi au
masculin est vieux.
interviewer v.
intervieweur, euse n.
1. intestin, ine adj.
2. intestin n. m.
intestinal, ale, aux adj.
intime adj. et n.
intimer v.
intimider v.
intimiste n. et adj.
intimité n. f.
intitulé n. m.
intituler v.
intolérance n. f.
intolérant, ante adj. et n.
intonation n. f.
intouchable adj. et n.
intoxication n. f.
intoxiquer v.
intraduisible adj.
intraitable adj.
intra-muros loc. adv. et loc.
adj. inv.
intransigeance n. f.
intransigeant, ante adj. et n.
intransitif, ive adj. et n. m.
intransmissible adj.
intransportable adj.
intrépide adj.
intrépidité n. f.
intrication n. f.
intrigant, ante adj. et n. *Une
femme intrigante, un intrigant,*

mais *en intriguant, il sut parvenir à ses fins.*
intrigue n. f.
intriguer v.
intrinsèque adj.
intriquer v.
introduction n. f.
introduire v.
introniser v.
introspectif, ive adj.
introspection n. f.
introuvable adj.
introverti, ie adj. et n.
intrus, use adj. et n.
intrusion n. f.
intuitif, ive adj. et n.
intuition n. f.
intumescence n. f.
intumescent, ente adj.
inusable adj.
inusité, ée adj.
inutile adj.
inutilisable adj.
inutilité n. f.
invalide adj. et n.
invalider v.
invalidité n. f.
invariable adj.
invasion n. f.
invective n. f.
invectiver v.
invendable adj.
inventaire n. m.
inventer v.
invention n. f.
inventorier v.
invérifiable adj.
inverse adj. et n. m.
inverser v.
inversion n. f.
invertébré, ée adj. et n. m.
invertir v.
investigation n. f.
investir v.
invétérer (s') v.
invincible adj.
inviolable adj.
inviolé, ée adj.
invisible adj. et n. m.
invite n. f.
inviter v.
invivable adj.
invocation n. f.
invocatoire adj.
involontaire adj.
invoquer v.
invraisemblance n. f.
invulnérable adj.

iode n. m.
iodler v. On dit aussi *iouler* et *jodler.*
ionien, ienne adj. et n. *Les Ioniens. Les cités ioniennes. L'ionien :*langue. *La mer Ionienne.*
ionique adj.
ioniser v.
iota n. m.
iotacisme n. m.
iouler v. ▷ **iodler.**
ipso facto loc. adv.
irakien, ienne adj. et n. On écrira *Irak*et on évitera les graphies *Iraq* et *iraqien.*
iranien, ienne adj. et n.
irascibilité n. f.
irascible adj.
ire n. f.
iridium n. m. Inusité au pluriel.
iris n. m. inv.
iriser v.
irlandais, aise adj. et n.
ironie n. f.
iroquois, oise adj. et n.
irradiation n. f.
irradier v.
irraisonné, ée adj.
irrationalité n. f.
irrationnel, elle adj. et n. m.
irréalisable adj.
irréaliste adj.
irréalité n. f.
irrecevable adj.
irrécupérable adj.
irrécusable adj.
irrédentisme n. m.
irrédentiste adj. et n.
irréductible adj. et n.
irréel, éelle adj.
irréfléchi, ie adj.
irréflexion n. f.
irréfutable adj.
irrégularité n. f.
irrégulier, ière adj.
irrégulièrement adv.
irréligieux, euse adj.
irréligion n. f.
irrémédiable adj. et n. m.
irrémissible adj.
irremplaçable adj.
irréparable adj. et n. m.
irrépressible adj.
irréprochable adj.
irrésistible adj.
irrésolution n. f.

irrespect n. m.
irrespirable adj.
irresponsable adj. et n.
irrévérence n. f.
irrévérencieux, ieuse adj.
irréversible adj.
irrévocable adj.
irrigable adj.
irrigation n. f.
irriguer v.
irriter v.
irruption n. f.
isabelle adj. inv. et n. m. *Des chevaux isabelle. Un isabelle. Des isabelles.*
isard n. m. Éviter la graphie *izard.*
isba n. f. *Des isbas.*
isiaque adj.
islam n. m. *L'islam et le christianisme,* mais *l'Islam* (ensemble de peuples) *et la Chrétienté.*
islamique adj.
islandais, aise adj. et n.
isocèle adj.
isoglosse adj. et n. f.
isolationniste adj. et n.
isolement n. m.
isolément adv.
isoler v.
isoloir n. m.
isotope adj. et n. m.
israélien, ienne adj. et n. *Les Israéliens,* mais *les israélites. L'État d'Israël.*
israélite adj. et n. *Les israélites,* mais *les Israéliens.*
issu, ue adj.
issue n. f.
isthme n. m.
isthmique adj.
italianisant, ante adj. et n.
italien, ienne adj. et n.
italique adj. et n.
itération n. f.
itinéraire n. m. et adj.
itinérant, ante adj.
itou adv.
ivoire n. m.
ivoirien, ienne adj. et n.
ivraie n. f.
ivre adj. *Ivre mort* ▷ **p. 187.**
ivresse n. f.
ivrogne adj. et n. m.
ivrognesse n. f.
izard n. m. Graphie rare et vieillie ▷ **isard.**

J

jabot n. m.
jacasser v.
jachère n. f.
jacinthe n. f.
jacobin, ine n. et adj. *Les Jacobins.*
jacobinisme n. m.
jacquard n. m.
jacquemart n. m. ▷ jaquemart.
jacquerie n. f.
Jacques n. m. *Un Jacques : un paysan (autrefois). Le maître Jacques. Faire le Jacques.*
jacquet n. m.
jactance n. f.
jaculatoire adj.
jade n. m.
jadis adv.
jaguar n. m.
jaillir v.
jais n. m. Matière noire. — Homophones : *geai ; jet.*
jalon n. m.
jalonner v.
jalouser v.
jalousie n. f.
jaloux, ouse adj. et n.
jamaïcain, aine adj. et n.
jamais adv.
jambage n. m.
jambe n. f.
jambière n. f.
jambon n. m.
jambonneau n. m. *Des jambonneaux.*
janissaire n. m.
janséniste adj. et n.
jante n. f.
janvier n. m. *Le 16 janvier.*
japon n. m. *Une porcelaine du Japon,* mais *des japons anciens.*
japonais, aise adj. et n.
jappement n. m.
japper v.
jaquemart n. m. La graphie *jacquemart* est plus rare.
jaquette n. f.
1. jar n. m. Autre graphie de *jard 2.*
2. jar n. m. Argot. On écrit aussi *jars* (moins bien).
1. jard n. m. Autre graphie, rare, de *jarre 2.*

2. jard n. m. Banc de sable, dans une rivière. On écrit aussi *jar* et *jarre* (moins bien).
jardin n. m.
jardiner v.
jardinet n. m.
jardinier, ière n. et adj.
jargon n. m.
jargonner v.
1. jarre n. f. Grand vase.
2. jarre n. m. Grand poil. On écrit parfois *jard* et *jars.*
3. jarre n. m. Autre graphie de *jard 2.*
jarret n. m.
jarretelle n. f.
jarretière n. f.
1. jars n. m. Mâle de l'oie.
2. jars n. m. Autre graphie de *jarre 2* (rare).
3. jars n. m. Argot. On écrira plutôt *jar.*
jaser v.
jasmin n. m.
jaspe n. m.
jaspé, ée adj.
jatte n. f.
jauge n. f.
jaugeage n. m.
jauger v.
jaunâtre adj.
jaune adj., n. et adv.
jaunet n. m.
jaunir v.
jaunisse n. f.
java n. f.
javanais, aise adj. et n.
Javel (eau de) n. f. Homophone : *javelle.*
javeler v.
javeline n. f.
javelle n. f. Poignée de tiges de céréale. — Homophone : (eau de) *Javel.*
javelliser v.
javelot n. m.
jazz n. m.
je, j' pron. personnel.
jean n. m. *Des jeans.*
jeannette n. f.
jeep n. f.
jérémiade n. f.
jerez n. m. ▷ xérès.
jerrycan n. m. *Des jerrycans.*

— On écrit parfois *jerrican.*
jersey n. m.
jersiais, iaise adj. et n.
jésuite n. m. et adj.
jésus n. m. *Un petit jésus de cire,* mais *l'Enfant Jésus.*
1. jet n. m. *Un jet d'eau.* — Homophones : *geai ; jais.*
2. jet n. m. Avion de transport à réaction. — *Des jets.*
jetable adj.
jeté n. m. A distinguer de *tir au jeter* ▷ jeter 2.
jetée n. f.
1. jeter v.
2. jeter n. m. *Tir au jeter* (terme militaire). —Homophone : *jeté.*
jeteur, euse n.
jeton n. m.
jeu n. m. *Des jeux.*
jeudi n. m.
jeun (à) loc. adv. et loc. adj.
jeune adj.
jeûne n. m.
jeûner v.
jeunesse n. f.
jeunet, ette adj.
jeûneur, euse n.
jeunot adj. et n. m.
jiu-jitsu n. m. sing. Inusité au pluriel.
joaillerie n. f.
joaillier, ière n. et adj.
job n. m.
jobard, arde adj. et n.
jockey n. m.
jocrisse n. m.
jodler v. On dit aussi *iodler* et *iouler.*
jogging n. m.
joie n. f.
joindre v.
joint n. m.
jointé adj.
jointif, ive adj.
jointoiement n. m.
jointoyer v.
jointure n. f.
joker n. m.
joli, ie adj. et n. m.
joliesse n. f.
joliment adv.
jonc n. m.
jonchaie n. f. Lieu où

croissant des joncs.
jonchée n. f. Amas de choses éparses sur le sol.
joncher v.
jonction n. f.
jongler v.
jonque n. f.
jonquille n. et adj. inv. *Un beau jonquille* (couleur). *Des jonquilles,* mais *des foulards jonquille.*
jordanien, ienne adj. et n.
joue n. f. Partie du visage. — Homophones : *il joue* (de *jouer*), *le joug.*
jouer v.
jouet n. m.
joueur, euse n. et adj.
joufflu, ue adj.
joug n. m. Pièce de bois qui sert à atteler deux bœufs. — Homophones : *il joue* (de *jouer*), *la joue.*
jouir v.
jouissance n. f.
joujou n. m. *Des joujoux.*
jour n. m.
journal n. m. *Des journaux.*
journalier, ière adj. et n. m.
journaliste n.
journée n. f.
journellement adv.
joute n. f.
jouter v.
jouteur, euse n.
jouvence n. f. *La fontaine de Jouvence.*
jouvenceau, elle n. *Des jouvenceaux.*
jouxter v.
jovial, iale adj. On évite d'employer cet adjectif au masculin pluriel. On peut dire, au choix, *des visages joviaux* ou *des visages jovials.*
joyau n. m. *Des joyaux.*

joyeuseté n. f.
joyeux, euse adj. et n.
jubé n. m.
jubilation n. f.
jubilé n. m.
jubiler v.
jucher v.
juchoir n. m.
judaïque adj.
judaïsme n. m.
judas n. m.
judiciaire adj.
judicieux, ieuse adj.
judo n. m. sing. Inusité au pluriel.
judoka n. *Une judoka. Des judokas.*
juge n. m.
jugé n. m. *Tirer au jugé,* plutôt que *au juger.*
jugeable adj.
jugement n. m.
jugeote n. f.
1. juger v.
2. juger n. m. *Tirer au juger*
▷ *jugé.*
jugulaire adj. et n. f.
juguler v.
juif, juive adj. et n. *Les juifs et les chrétiens* mais *les Juifs et les Arabes.*
juillet n. m. *Le lundi 6 juillet.*
juin n. m. *Le mardi 12 juin.*
jujube n. m.
juke-box n. m. *Des juke-boxes* ou, parfois, *des juke-box.*
julien, ienne adj. *Le calendrier julien.*
julienne n. f.
jumeau, jumelle adj. et n. *Des jumeaux.*
jumelage n. m.
jumeler v.
jumelle n. f. *Une jumelle marine* ou *des jumelles marines.*

jument n. f.
jungle n. f.
junior adj. m. et n. *Des sportifs juniors. Des juniors.*
junte n. f.
jupe n. f.
jupe-culotte n. f. *Des jupes-culottes.*
jupette n. f.
jupon n. m.
jurassien, ienne adj. et n.
1. juré n. m. *Les jurés du tribunal.*
2. juré, ée adj. *Des ennemis jurés.*
jurer v.
jureur adj.
juridiction n. f.
juridique adj.
jurisconsulte n. m.
jurisprudence n. f.
juriste n. m.
juron n. m.
jury n. m. *Des jurys.*
jus n. m.
jusant n. m.
jusqu'au-boutisme n. m.
jusque prép.
jusquiame n. f.
justaucorps n. m. inv.
juste adj., n. et adv. *Il est cinq heures juste,* mais *ces horloges sont justes. Elles chantent juste,* mais *leurs voix sont justes.*
justesse n. f.
justice n. f.
justicier, ière n. et adj.
justificatif, ive adj. et n. m.
justification n. f.
justifier v.
jute n. m.
juter v.
juteux, euse adj. n.
juvénile adj.
juxtaposer v.

K

kabbale n. f. Doctrine ésotérique juive. — Homophone : *cabale.*
kabyle adj. et n.
kafkaïen, ïenne adj.
kaiser n. m.
kakatoès n. m. Graphie rare. Écrire plutôt *cacatoès.*

kaki n. m. et adj. inv. *Des kakis :* fruits. *Les verdâtres et les kakis. Des vareuses kaki.*
kaléidoscope n. m.
kamikaze n. m. *Des kamikazes.*
kangourou n. m. *Des kangourous.*

kaolin n. m.
kapok n. m.
kappa n. m.
karaté n. m. sing. Inusité au pluriel.
karatéka n. m. *Une karatéka. Des karatékas.*
karstique adj.

kart n. m.
karting n. m.
kayak n. m.
kebab n. m.
keepsake n. m.
kényen, yenne adj. et n. On dit aussi *kényan, ane* et *kenyan, ane*. Ces formes sont anglaises.
képi n. m.
kermesse n. f.
kérosène n. m.
ketch n. m. *Des ketchs*, plutôt que *des ketches*.
ketchup n. m.
kg symbole du kilogramme.
khâgne n. f. La graphie *cagne* est vieillie.
khâgneux, euse n. La graphie *cagneux* est vieillie.
khalifat n. m. ▷ **califat**.
khalife n. m. ▷ **calife**.
khamsin n. m. Éviter la graphie *chamsin*.
khan n. m.
khanat n. m.
khi n. m.
khmer, khmère adj. et n.
khôl n. m. ▷ **kohol**.
kibboutz n. m. *Des kibboutzim* ou *des kibboutz*. On écrit quelquefois *un kibbouts, des kibboutsim*.
kick n. m.
kidnapper v.
kidnappeur, euse n.
kidnapping n. m.
kief n. m.
kif-kif loc. adv.
kiki n. m.
kilo n. m. *Des kilos*.

kilogramme n. m.
kilomètre n. m.
kilométrer v.
kilométrique adj.
kilowatt n. m.
kilowattheure n. m. *Des kilowattheures*.
kilt n. m.
kimono n. m. *Des kimonos*.
kinésithérapeute n.
kinésithérapie n. f.
kiosque n. m.
Kippour n. m. Un *K* majuscule.
kir n. m. *Des kirs*.
kirsch n. m. *Des kirschs*. On évite d'employer le mot au pluriel.
kit n. m.
kitchenette n. f.
kitsch n. m. inv. et adj. inv.
kiwi n. m. *Des kiwis*.
klaxon n. m.
klaxonner v.
klephte n. m. La graphie *clephte* est vieillie.
kleptomane n. La graphie *cleptomane* est plus rare.
kleptomanie n. f. La graphie *cleptomanie* est plus rare.
km Symbole de kilomètre.
knickers n. m. pl.
knock-down n. m. inv.
knout n. m.
k. o. n. m. inv. et adj. inv.
koala n. m.
kobold n. m.
kohol n. m. On dit aussi *koheul* et *khôl*.
koinè n. f. On écrit aussi quelquefois *koinê*.

kola n. ▷ **cola**.
kolkhoze n. m. *Des kolkhozes*. Éviter les graphies *kolkhoz* et *kholkoz*.
kolkhozien, ienne adj. et n.
kommandantur n. f.
konzern n. m. *Des konzerns*.
kopeck n. m.
korè n. f. La graphie *korê* est préférable aux graphies *koré* et *coré*. On écrit aussi *korè, corè, corê*.
koros n. m. ▷ **kouros**.
korrigan, ane n.
kouglof n. m. On dit aussi *kougelhof, kugelhof*.
koulak n. m.
kouros n. m. Forme à préférer à *koros* et à *couros*. — Pluriel : *des kouroi*.
krach n. m. Faillite, effondrement des cours.
kraft n. m.
krak n. m. Forteresse : *le krak des Chevaliers*. — Homophones : *crac !* ; *crack* ; *krach*.
kraken n. m.
kriss n. m. inv.
kronprinz n. m. Invariable en français : *des kronprinz*.
krypton n. m.
ksi n. m.
kugelhof n. m. ▷ **kouglof**.
kummel n. m.
kung-fu n. m. sing. Inusité au pluriel.
kurde adj. et n.
Kyrie n. m. inv.
kyrielle n. f.
kyste n. m.

1. **la** article défini fém. sing.
2. **la** pron. pers. fém. sing.
3. **la** n. m. inv.
là adv.
là-bas adv.
label n. m.
labeur n. m.
labial, iale, iaux adj.
labile adj.
laborantin, ine n.
laboratoire n. m.
labour n. m.
labourer v.

labrador n. m.
labyrinthe n. m.
lac n. m.
laçage n. m.
lacédémonien, ienne adj. et n.
lacer v.
lacet n. m.
lâche adj. et n.
1. **lâcher** v.
2. **lâcher** n. m.
lâcheté n. f.
lacis n. m.
laconique adj.

lacrymal, ale, aux adj.
lacrymogène adj.
lacs n. m. inv.
lactaire n. m.
lactation n. f.
lacté, ée n. f.
lactescent, ente adj.
lacunaire adj.
lacune n. f.
lacustre adj.
lad n. m.
ladite adj.
ladre adj. et n.

lady n. f. *Une lady,* mais *il rencontra Lady Mortimer. Des ladies.*
lagon n. m.
lagune n. f.
1. lai n. m. Poème médiéval.
2. lai, laie adj. *Un frère lai.*
laïc adj. et n. *L'enseignement laïc ou laïque,* mais toujours *l'école laïque. Un laïc ou un laïque.* ▷ **laïque.**
laïcat n. m.
laïciser v.
laïcité n. f.
laid, laide adj. et n.
1. laie n. f.
2. laie n. f. Partie d'un orgue. On écrit parfois aussi *laye.*
3. laie adj. f. *Une sœur laie* ▷ **lai.**
laine n. f.
lainier, ière adj. et n.
laïque adj. et n. On écrit toujours *l'école laïque, une laïque.* On écrit *l'enseignement laïque* (plutôt que *laïc*), mais *un laïc* (plutôt que *un laïque*).
lais n. m. *Un lais :* baliveau laissé dans une coupe. *Les lais :* alluvions.
laisse n. f.
laissé-pour-compte n. m. *Des marchandises laissées pour compte,* mais *des laissés-pour-compte.*
laisser v. ▷ **p. 187.**
laisser-aller n. m. inv.
laissez-passer n. m. inv.
lait n. m.
laitance n. f.
laitier, ière adj. et n.
laiton n. m.
laitue n. f.
laïus n. m. inv.
lama n. m.
lamantin n. m.
lamaserie n. f.
lambda n. m. et adj. inv.
lambeau n. m. *Des lambeaux.*
lambic n. m. Éviter la graphie *lambick.*
lambin, ine n. et adj.
lambiner v.
lambourde n. f.
lambrequin n. m.
lambris n. m.

lambrisser v.
lame n. f.
lamé, ée adj. et n. m.
lamelle n. f.
lamenter (se) v.
lamento n. m. *Des lamentos.*
lamie n. f.
laminer v.
laminoir n. m.
lampadaire n. m.
lampe n. f.
lampée n. f.
lamper v.
lampion n. m.
lamproie n. f.
lance n. f.
lancée n. f.
lance-flammes n. m. inv.
lance-fusées n. m. inv.
lance-grenades n. m. inv.
lance-missiles n. m. inv.
lancéolé, ée adj.
lance-pierres n. m. inv.
1. lancer v.
2. lancer n. m.
lance-roquettes n. m. inv.
lance-torpilles n. m. inv.
lancette n. f.
lancier n. m.
lancinant, ante adj.
landais, aise adj. et n.
landau n. m. *Des landaus.*
lande n. f.
landier n. m.
langage n. m.
lange n. m.
langoureux, euse adj.
langouste n. f.
langue n. f.
langue-de-bœuf n. f. *Des langues-de-bœuf.*
langue-de-chat n. f. *Des langues-de-chat.*
languette n. f.
langueur n. f.
languide adj.
languir v.
languissamment adv.
languissant, ante adj.
lanière n. f.
lansquenet n. m.
lanterne n. f.
lanterneau n. m. *Des lanterneaux.* — On dit aussi *lanternon.*
lanterner v.
lanternon n. m. On dit aussi *lanterneau.*

lapalissade n. f.
lapement n. m.
laper v.
lapereau n. m. *Des lapereaux.*
lapidaire adj. et n. m.
lapider v.
lapilli n. m. pl.
lapin, ine n.
lapis n. m. inv.
lapis-lazuli n. m. et adj. inv. *Des lapis-lazuli* (mieux que *des lapis-lazulis*). *Des étoffes lapis-lazuli.*
lapon, onne adj. et n.
laps n. m. inv.
lapsus n. m. inv.
laquage n. m.
laquais n. m.
laque n. ▷ **p. 188.**
laquelle pron. relat. et interrog. fém.
laquer v.
laraire n. m.
larbin n. m.
larcin n. m.
lard n. m. Graisse du porc. — Homophone : *lare.*
lare n. m. et adj. *Les lares, les dieux lares.* — Homophone : *lard.*
largable adj.
largage n. m.
large adj., adv. et n. m. *Large ouvert* ▷ **p. 188.**
largue n. m., adj. et adv.
larguer v.
larigot n. m. On écrit : *à tire-larigot.*
larme n. f.
larmier n. m.
larmoiement n. m.
larmoyer v.
larron n. m.
larve n. f.
larvé, ée adj.
laryngite n. f.
larynx n. m.
las ! interj.
las, lasse adj.
lasagne n. f. inv.
lascar n. m.
lascif, ive adj.
lasciveté n. f. On dit aussi, mais moins bien, *lascivité.*
laser n. m.
lasser v.
lasso n. m. *Des lassos.*
Lastex n. m. Nom déposé,

donc *L* majuscule.
latent, ente adj.
latéral, ale, aux adj.
latérite n. f.
latex n. m. inv.
laticlave n. m.
latifundium n. m. *Des latifundia.*
latin, ine adj. et n.
latiniser v.
latinité n. f.
latino-américain, aine adj. et n. *Les littératures latino-américaines. Les Latino-Américains.*
latitude n. f.
latomies n. f. pl.
latrie n. f.
latrines n. f. pl.
latte n. f.
latter v.
lattis n. m.
laudanum n. m. sing. Inusité au pluriel.
laudatif, ive adj.
laudes n. f. pl.
lauré, ée adj.
lauréat, ate n.
laurier n. m.
lauze n. f.
lavabo n. m. *Des lavabos.*
lavallière n. f. et adj.
lavande n. f.
lavandière n. f.
lavaret n. m.
lave n. f.
lave-glace n. m. *Des lave-glaces.*
lave-linge n. m. inv.
laver v.
lavette n. f.
lave-vaisselle n. m. inv.
lavis n. m.
lavoir n. m.
laxatif, ive adj. et n.
laxisme n. m.
laye n. f. ▷ **laie 2.**
layette n. f.
layon n. m.
lazaret n. m.
lazariste n. m.
lazzarone n. m. *Des lazzaroni.*
lazzi n. m. *Un lazzi. Des lazzi,* plutôt que *des lazzis.*
1. **le** pron. pers.
2. **le, la, les** article défini.
lé n. m.
leader n. m. *Des leaders.*

leadership n. m. *Des leaderships.*
lebel n. m. *Un lebel, des lebels,* mais *un fusil Lebel, des fusils Lebel.*
lèche n. f.
lécher v.
lécheur, euse n.
lèche-vitrines n. m. sing.
leçon n. f.
lecteur, trice n.
ledit adj.
légal, ale, aux adj.
légaliser v.
légalité n. f.
légat n. m.
légataire n.
légation n. f.
légendaire adj.
légende n. f.
léger, ère adj.
légèrement adv.
légèreté n. f.
légiférer v.
légion n. f.
légionnaire n. m.
législateur, trice n.
légiste n. et adj.
légitime adj. et n. f.
légitimer v.
légitimité n. f.
legs n. m.
léguer v.
légume n. m. Le féminin ne s'emploie que dans l'expression populaire *une grosse légume,* une personnalité importante.
leitmotiv n. m. *Des leitmotive.*
le meilleur ▷ **p. 188.**
lemming n. m.
le moins ▷ **p. 188.**
lémure n. m.
lémurien n. m.
lendemain n. m.
lendit n. m.
lénifiant, iante adj.
léniniste adj. et n.
lent, lente adj.
lente n. f.
lentille n. f.
lentisque n. m.
léonin, ine adj.
léopard n. m.
le pire ▷ **p. 188.**
lépisme n. m.
le plus ▷ **p. 188.**
lèpre n. f.

lépreux, euse adj. et n.
léproserie n. f.
lequel pron. relat. et interrog. On écrit : *laquelle, lesquels, lesquelles, duquel, desquelles, auquel, auxquels, auxquelles,* mais *de laquelle, à laquelle.*
lérot n. m.
1. **les** pron. pers.
2. **les** article défini.
lès prép. ▷ **lez.**
lesbien, ienne adj. et n. *Une Lesbienne :*une femme de Lesbos. *Une lesbienne :*une femme homosexuelle.
lèse-majesté n. f. inv.
léser v.
lésine n. f.
lésion n. f.
lesquels, lesquelles pron. relat. et interrog.
lessive n. f.
lest n. m.
leste adj.
lester v.
let adj. inv.
letchi n. m. *Des letchis.* On dit aussi *litchi.*
léthargie n. f.
léthargique adj.
letton adj. et n. Féminin : *lettone* ou *lettonne.*
lettre n. f.
lettré, ée adj. et n.
lettrine n. f.
leucémie n. f.
1. **leur** pron. pers. inv.
2. **leur, leurs** adj. et pron. poss.
leurre n. m.
leurrer v.
levain n. m.
levant, ante adj. et n. m. *Façade exposée au levant,* mais *les pays du Levant.*
levantin, ine adj. et n. *Un Levantin.*
levé n. m. *Voter par assis et levé. Le levé d'un plan, d'une carte (ou le lever d'un plan, d'une carte).* — Homophones : *le lever ; la levée.*
levée n. f.
1. **lever** v.
2. **lever** n. m. *Le lever du soleil. Le lever (ou le levé) d'un*

plan. — Homophones : *le levé ; la levée.*
léviathan n. m.
levier n. m.
lévitation n. f.
1. lévite n. m. *Un lévite :* serviteur du Temple.
2. lévite n. f. *Une lévite :* longue redingote.
levraut n. m.
lèvre n. f.
levrette n. f.
lévrier n. m.
levure n. f.
lexical, ale, aux adj.
lexicographie n. f.
lexicologie n. f.
lexique n. m.
lez prép. Seulement dans les noms de villes : *Plessis-lez-Tours.* Il existe une variante *lès : Villeneuve-lès-Avignon.*
lézard n. m.
lézarde n. f.
liaison n. f.
liane n. f.
liard n. m.
liasse n. f.
libanais, aise adj. et n.
libation n. f.
libelle n. m.
libellé n. m.
libeller v.
libellule n. f.
liber n. m.
libéral, ale, aux adj. et n.
libéralité n. f.
libératoire adj.
libérer v.
libérien, ienne adj. et n.
libertaire adj. et n.
liberté n. f.
libertin, ine adj. et n.
libidineux, euse adj. et n.
libraire n.
libre adj.
libre arbitre n. m. sing.
libre-échange n. m. sing.
libre-échangiste n. et adj. *Des libres-échangistes.*
libre pensée n. f. sing.
libre penseur, euse n. et adj.
libre-service n. m. et adj. inv. *Des libres-services,* mais *des magasins libre-service.*
librettiste n.
libyen, libyenne adj. et n.

1. lice n. f. *Tapisserie de haute lice* ▷ *lisse.*
2. lice n. f. Femelle d'un chien de chasse.
3. lice n. f. Palissade ; enceinte ; champ clos.
licence n. f.
licenciement n. m.
licencier v.
licencieux, ieuse adj.
lichen n. m.
licite adj.
licol n. m. Forme régionale et vieillie ▷ **licou.**
licorne n. f.
licou n. m *Des licous.* — On a dit aussi *licol.*
licteur n. m.
lie n. f.
lied n. m. *Des lieder.*
lie-de-vin adj. inv. *Des étoffes lie-de-vin,* mais *de la lie de vin.*
liège n. m.
liégeois, oise adj. et n.
lien n. m.
lier v.
lierre n. m.
liesse n. f.
1. lieu n. m. Endroit. *Des lieux.*
2. lieu n. m. Poisson. *Des lieus.*
lieu-dit n. m. *Au lieu dit « le Camp du Roi »,* mais *un lieu-dit. Des lieux-dits.* On écrit parfois *un lieudit, des lieudits.*
lieue n. f.
lieutenant n. m.
lieutenant-colonel n. m. *Des lieutenants-colonels.*
lièvre n. f.
liftier n. m.
ligament n. m.
ligature n. f.
lige adj. *Des hommes liges.*
ligne n. f.
lignée n. f.
ligneux, euse adj.
lignite n. m.
ligoter v.
ligue n. f.
ligure adj. et n.
ligurien, ienne adj. et n.
lilas n. m.
lilial, ale, aux adj. Le masculin pluriel *liliaux* est rare. On évitera de l'employer.

lilliputien, ienne adj. et n.
limace n. f.
limaçon n. m.
limaille n. f.
limande n. f.
limbe n. m.
limbes n. m. pl.
lime n. f.
limer v.
limes n. m. sing. *Le limes de Germanie.*
limier n. m.
liminaire adj.
liminal, ale, aux adj.
limite n. f.
limiter v.
limitrophe adj.
limogeage n. m.
limoger v.
limon n. m.
limonade n. f.
Limonaire n. m. Nom déposé : un *L* majuscule.
limoneux, euse adj.
limousin, ine adj. et n.
limousine n. f.
limpide adj.
limpidité n. f.
lin n. m.
linceul n. m.
linéaire adj. et n. m.
linge n. m.
lingère n. f.
lingot n. m.
lingual, ale, aux adj.
linguiste n.
linguistique n. f. et adj.
liniment n. m.
lino n. m. *Des linos.*
linoléum n. m. *Des linoléums.*
linon n. m.
linotte n. f.
linteau n. m. *Des linteaux.*
lion, lionne n.
lionceau n. m. *Des lionceaux.*
lipide n. m.
lippe n. f.
lippée n. f.
lippu, ue adj.
liquéfaction n. f.
liquéfier v.
liquette n. f.
liqueur n. f.
liquide adj. et n. m.
liquider v.
liquidité n. f.
liquoreux, euse adj.
1. lire v.

2. lire n. f. Monnaie italienne. — Homophones : *lire* (verbe) ; *la lyre.*
lis n. m. La graphie *lys* est très vieillie.
liséré n. m.
lisérer v.
liseron n. m.
liseur, euse n.
lisière n. f.
1. lisse adj.
2. lisse n. f.
3. lisse n. f. *Tapisserie de haute lisse.* — Autre graphie (moins bonne) : *lice.*
lisser v.
liste n. f.
lister v.
lit n. m.
litanie n. f.
litchi n. m. *Des litchis.* On dit aussi *letchi.*
literie n. f.
litharge n. f.
lithiase n. f.
litho n. f. *Des lithos.*
lithographie n. f.
lithuanien, ienne adj. et n. ▷ **lituanien.**
litière n. f.
litige n. m.
litote n. f.
litre n. m. Unité de capacité.
litre n. f. Tenture funèbre.
littéraire adj. et n.
littéral, ale, aux adj.
littérature n. f.
littoral, ale, aux adj. et n. m.
lituanien, ienne adj. et n. La graphie *lithuanien* est à éviter.
liturgie n. f.
livarot n. m.
livide adj.
lividité n. f.
living n. m. *Des livings.*
living-room n. m. *Des living-rooms.*
livraison n. f.
1. livre n. m.
2. livre n. f.
livrée n. f.
livrer v.
livresque adj.
livret n. m.
lob n. m. *Des lobs* (terme de tennis). — Homophone : *lobe.*

lobby n. m. *Des lobbies.*
lobe n. m. *Le lobe de l'oreille.* — Homophone : *un lob.*
local, ale, aux adj. et n. m.
localité n. f.
locataire n.
location n. f.
loch n. m. *Des lochs.*
lock-out n. m. inv.
locomobile adj. et n. f.
locomotion n. f.
locomotive n. f.
locomotrice n. f.
locotracteur n. m.
locuteur, trice n.
locution n. f.
loden n. m. *Des lodens.*
lœss n. m. inv.
lof n. m.
lofer v.
logarithme n. m.
loge n. f.
logeable adj.
loger v.
loggia n. f. *Des loggias.*
logiciel n. m.
logicien, ienne n.
logique n. f. et adj.
logis n. m. inv.
logistique n. f. et adj.
logographe n. m.
logomachie n. f.
logorrhée n. f.
logos n. m. sing. Inusité au pluriel.
loi n. f.
loi-cadre n. f. *Des lois-cadres.*
loin adv.
lointain, aine adj. et n. m.
loir n. m. Animal. — Homophones : *la Loire,* fleuve ; *le Loir,* rivière.
loisible adj.
loisir n. m.
lokoum n. m. ▷ **loukoum.**
lollard n. m.
lombago n. m. ▷ **lumbago.**
lombaire adj.
lombard, arde adj. et n.
lombes n. f. pl.
lombric n. m.
londonien, ienne adj. et n.
long, longue adj., n. et adv.
longanimité n. f.
long-courrier n. m. et adj. *Des long-courriers. Des avions long-courriers.*
longe n. f.

longer v.
longeron n. m.
longévité n. f.
longitude n. f.
longitudinal, ale, aux adj.
longtemps adv.
longue adj. Féminin de *long.*
longuet, ette adj. et n. m.
longueur n. f.
longue-vue n. f. *Des longues-vues.*
looping n. m. *Des loopings.*
lopin n. m.
loquace adj.
loquacité n. f.
loque n. f.
loquet n. m.
loqueteux, euse adj. et n.
lord n. m. *La Chambre des lords. Il rencontra Lord Byron.*
lord-maire n. m. *Des lords-maires.*
lorette n. f.
lorgner v.
lorgnette n. f.
lorgnon n. m.
loriot n. m.
lorrain, aine adj. et n.
lors adv.
lorsque conj.
losange n. m.
lot n. m.
lote n. f. ▷ **lotte.**
loterie n. f.
lotion n. f.
lotionner v.
lotir v.
loto n. m.
lotte n. f. On évitera la graphie *lote,* rare et vieillie.
lotus n. m. inv.
louange n. f.
loubard n. m. La graphie *loubar* est abandonnée.
1. louche adj.
2. louche n. f.
loucher v.
louer v.
loufoque adj. et n.
lougre n. m.
louis n. m. inv.
louis-philippard, arde adj. *Des meubles louis-philippards.*
loukoum n. m. *Des loukoums.* — La forme *lokoum* est plus rare.
loulou n. m. *Des loulous.*
loup, louve n.

loup-cervier n. m. *Des loups-cerviers.*
loupe n. f.
loup-garou n. m. *Des loups-garous.*
loupiot, ote n. Enfant (familier).
loupiote n. f. Lampe (populaire).
lourd, lourde adj., n. et adv.
lourdaud, aude adj. et n.
loustic n. m.
loutre n. f.
louve n. f.
louveteau n. m. *Des louveteaux.*
louveterie n. f.
louvetier n. m.
louvoiement n. m.
louvoyer v.
lovelace n. m. *Des lovelaces.*
lover v.
loyal, yale, yaux adj.
loyauté n. f.
loyer n. m.
lubie n. f.
lubricité n. f.
lubrifier v.
lubrique adj.
lucane n. m.
lucarne n. f.
lucide adj.
lucidité n. f.
luciférien, ienne adj. et n.
luciole n. f.
lucratif, ive adj.
lucre n. m.
ludion n. m.
ludique adj.
luette n. f.

lueur n. f.
luge n. f.
lugubre adj.
lui pron. pers.
luire v.
lumbago n. m. La forme *lombago* est plus rare et moins conseillée.
lumière n. f.
lumignon n. m.
luminaire n. m.
luminescence n. f.
luminescent, ente adj.
luminosité n. f.
lunaire adj.
lunaison n. f.
lunatique adj. et n.
lunch n. m. *Des lunchs* ou *des lunches.*
lundi n. m. *Tous les lundis matin et tous les lundis soir.*
lune n. f. *La lune brille dans le ciel,* mais *la Lune tourne autour de la Terre.*
luné, ée adj.
lunetier, ière n. et adj.
lunette n. f.
lunetterie n. f.
lupanar n. m.
lupercales n. f. pl.
lupin n. m.
lurette n. f.
luron, onne n.
lusitanien, ienne adj. et n.
lustral, ale, aux adj.
lustre n. m.
lustrer v.
lustrine n. f.
lut n. m. Mastic qui sert à obturer. — Homophones :

luth ; lutte.
luth n. m. Instrument de musique. — Homophones : *lut ; lutte.*
luthéranisme n. m.
lutherie n. f.
luthérien, ienne adj. et n.
luthier n. m.
luthiste n.
lutin, ine n. m. et adj.
lutiner v.
lutrin n. m.
lutte n. f. Combat. — Homophones : *lut ; luth.*
lutter v.
luxe n. m.
luxembourgeois, oise adj. et n.
luxer v.
luxueux, euse adj.
luxure n. f.
luxuriance n. f.
luxuriant, ante adj.
luxurieux, ieuse adj.
luzerne n. f.
lycanthrope n.
lycée n. m.
lycéen, éenne n. et adj.
lydien, ienne adj. et n.
lymphatique adj. et n.
lymphe n. f.
lyncher v.
lynx n. m. inv.
lyonnais, aise adj. et n.
lyophiliser v.
lyre n. f. Instrument de musique. — Homophones : *lire* (verbe), *la lire.*
lyrique adj. et n.
lys n. m. Graphie très vieillie. On écrit de nos jours *lis.*

m symbole du mètre.
ma adj. poss. fém. sing.
maboul, oule adj. et n.
macabre adj.
macache ! interj.
macadam n. m.
macadamiser v.
macaque n. m.
macareux n. m.
macaron n. m.
macaroni n. m. On écrit *du macaroni, des macaroni* ou, moins souvent, *des macaronis.*

macaronique adj.
macchabée n. m.
macédoine n. f.
macédonien, ienne adj. et n.
macérer v.
macfarlane n. m.
Mach n. m. *L'avion vole à Mach 1,6.*
mâche n. f.
mâchefer n. m.
mâcher v.
machette n. f. On dit aussi *un machete.*
machiavélique adj.

mâchicoulis n. m.
machin, ine n.
machinal, ale, aux adj.
machine n. f.
machine-outil n. f. *Des machines-outils.*
machiner v.
macho n. m. et adj. *Des machos. Des maris machos.* Pour le féminin, on préfère l'invariabilité : *des attitudes macho.*
mâchoire n. f.
mâchonner v.

mâchouiller v.

maçon, onne n. et adj.

maçonner v.

maçonnerie n. f.

maçonnique adj.

macramé n. m.

macreuse n. f.

macrocosme n. m.

maculer v.

madame n. f. Pluriel : *mesdames.* Abréviation : *Mme, Mmes.*

madécasse adj. et n.

made in expression inv.

madeleine n. f.

mademoiselle n. f. Pluriel : *mesdemoiselles.* Abréviation : *Mlle, Mlles.*

madère n. m. *Du madère,* mais *du vin de Madère.*

madone n. f. *Les madones de Raphaël,* mais *la Madone,* la Sainte Vierge.

madrague n. f.

madras n. m.

madré, ée adj. et n.

madrépore n. m.

madrier n. m.

madrigal n. m. *Des madrigaux.*

madrilène adj. et n.

maelström n. m. On écrit aussi *maelstrom* et *malstrom.*

maestria n. f.

maestro n. m. *Des maestros.*

maffia n. f. ▷ **mafia.**

mafflu, ue adj.

mafia n. f. Graphie préférable à *maffia.*

magasin n. m.

magazine n. m.

mage n. m. *Les Rois mages* ou *Les Mages.*

maghrébin, ine adj. On évitera la forme *moghrébin.*

magicien, ienne n.

magie n. f.

magister n. m. Maître d'école.

magistère n. m. Autorité ; dignité du grand maître.

magistral, ale, aux adj.

magistrat n. m.

magma n. m. *Des magmas.*

magnanarelle n. f.

magnanerie n. f.

magnanime adj.

magnanimité n. f.

magnat n. m.

magnésie n. f.

magnésium n. m. sing. Inusité au pluriel.

magnétique adj.

1. **magnéto** n. f. Génératrice de courant électrique.

2. **magnéto** n. m. Forme abrégée de *magnétophone* ou de *magnétoscope.*

magnétophone n. m.

magnétoscope n. m.

Magnificat n. m. inv.

magnificence n. f.

magnifier v.

magnifique adj.

magnolia n. m. *Des magnolias.*

magnum n. m. *Des magnums.*

magot n. m.

magouille n. f.

magyar, are adj. et n.

maharadjah n. m. *Des maharadjahs.* ▷ **maharaja.**

maharaja n. m. Forme à préférer. — *Des maharaja* ou *des maharajas.*

maharajah n. m. *Des maharajahs.* ▷ **maharaja.**

maharani n. f. *Des maharanis.* On dit aussi *une maharané, des maharanés.*

mahatma n. m. *Des mahatmas.*

mahométan, ane n. et adj.

mai n. m. *Le mois de mai. Le 1er-Mai, le 8-Mai* (fêtes).

maie n. f.

maïeur n. m. On écrit aussi *mayeur.*

maigre adj. et n.

maigrelet, ette adj. et n.

maigrichon, onne adj. et n.

maigriot, otte adj. et n.

mail n. m. Maillet ; promenade ombragée. — Homophones : *maille (de tricot) ; maille (à partir).*

mail-coach n. m. *Des mail-coaches.*

1. **maille** n. f. *Maille de tricot, de filet.* — Homophone : *mail.*

2. **maille** n. f. *Avoir maille à partir avec quelqu'un.*

maillechort n. m.

mailler v.

maillet n. m.

maillon n. m.

maillot n. m.

maillotin n. m. *La révolte des Maillotins.*

main n. f. Homophone : *maint.*

main-d'œuvre n. f. *Des mains-d'œuvre.*

main-forte n. f. sing.

mainlevée n. f.

mainmise n. f.

mainmorte n. f.

maint, mainte adj. et pron. indéf. *Maint de ces rois* ou *maints de ces rois.* Cet emploi pronominal est archaïque. — Au sens de « plus d'un », est au singulier : *Il servit maint roi.* Au sens de « nombreux », est au pluriel : *Maintes sources rendent ce pays très verdoyant.*

maintenance n. f.

maintenant adv.

maintenir v.

maintien n. m.

maire n. m.

mairie n. f.

mais conj.

maïs n. m.

maison n. f.

maisonnée n. f.

maisonnette n. f.

maître, maîtresse n. et adj.

maître-autel n. m. *Des maîtres-autels.*

maître chanteur n. m.

maîtresse n. f.

maîtrise n. f.

maîtriser v.

majesté n. f.

majeur, eure adj. et n.

major adj. et n. m.

majoral, aux n. m.

majorat n. m.

majordome n. m.

majorer v.

majorette n. f.

majoritaire adj.

majorité n. f.

majuscule adj. et n. f.

maki n. m. Animal. — Homophone : *maquis.*

1. **mal** n. m. *Des maux.*

2. **mal** adv.

3. **mal, e** adj. Féminin *male* dans quelques expressions : *Mourir de male mort.* Autrement, invariable : *Ces armoires ne sont pas mal.*

malabar n. m.

malachite n. f.

malade adj. et n.
maladrerie n. f.
maladresse n. f.
maladroit, oite adj. et n.
malaga n. m. *Du malaga,* mais
du vin de Málaga.
malais, aise adj. et n.
malaise n. m.
malaisé, ée adj.
malaisément adv.
malandrin n. m.
malappris, ise adj. et n.
malaria n. f.
malavisé, ée adj. et n.
malaxer v.
malchance n. f.
malcommode adj.
maldonne n. f.
mâle n. m. et adj.
malédiction n. f.
maléfice n. m.
maléfique adj.
malencontreux, euse adj.
mal en point loc. adj. inv. On
écrit aussi *mal-en-point.*
malentendant, ante n.
malentendu n. m.
malfaçon n. f.
malfaisance n. f.
malfaisant, ante adj. et n.
malfaiteur n. m.
mal famé, ée adj. La graphie
malfamé est vieillie.
malformation n. f.
malfrat n. m.
malgache adj. et n.
malgracieux, ieuse adj.
malgré prép.
malhabile adj.
malheur n. m.
malheureux, euse adj. et n.
malhonnête adj. et n.
malhonnêteté n. f.
malice n. f.
malicieux, ieuse adj. et n.
malien, ienne adj. et n.
malignité n. f.
malin, maligne adj. et n. *Le
Malin :* le Diable.
malingre adj. et n.
malinois n. m.
malintentionné, ée adj.
malle n. f.
malléable adj.
malle-poste n. f. *Des
malles-poste.*
mallette n. f.
malmener v.

malnutrition n. f.
malodorant, ante adj.
malotru, ue n.
malouin, ine adj. et n.
malpropre adj. et n.
malsain, aine adj.
malséant, ante adj.
malsonnant, ante adj.
malstrom n. m. ▷ **maelström.**
malt n. m.
maltais, aise adj. et n.
malter v.
malthusien, ienne adj. et n.
maltôte n. f.
maltraiter v.
malus n. m. inv.
malveillance n. f.
malveillant, ante adj. et n.
malvenu, ue adj.
malversation n. f.
malvoisie n. m. *Du malvoisie,*
mais *du vin de Malvoisie.*
maman n. f.
mamelle n. f.
mamelon n. m.
mamelonné, ée adj.
mamelouk n. m. On écrit
quelquefois *mameluk.*
mammaire adj.
mammifère adj. et n.
mammouth n. m. *Des
mammouths.*
mam'selle n. f. On écrit aussi
mam'zelle.
1. manager n. m.
2. manager v.
manageur n. m.
manant n. m.
manceau, elle adj. et n. *Les
Manceaux.*
1. manche n. m.
2. manche n. f.
mancheron n. m.
manchette n. f.
manchon n. m.
1. manchot n. m. Oiseau.
2. manchot, ote adj. et n.
Privé d'un bras.
mandant, ante n.
mandarin n. m.
mandarinat n. m.
mandarine n. f.
mandat n. m.
mandataire n.
mandater v.
mandchou, oue adj. et n. *Les
Mandchous. Des femmes
mandchoues.*

mander v.
mandibule n. f.
mandoline n. f.
mandragore n. f.
mandrin n. m.
manécanterie n. f.
manège n. m.
mânes n. m. pl.
manette n. f.
manganèse n. m.
mangeable adj.
mangeaille n. f.
mange-disque n. m. *Des
mange-disques.*
mangeoire n. f.
mangeotter v.
1. manger v.
2. manger n. m.
mange-tout n. m. inv. et adj.
inv.
mangeur, euse n.
mangeure n. f.
mangouste n. f.
mangrove n. f.
mangue n. f.
maniable adj.
maniaque adj. et n.
manichéen, éenne n. et adj.
manichéisme n. m.
manie n. f.
maniement n. m.
manier v.
manière n. f.
maniéré, ée adj.
maniériste adj. et n.
manieur, euse n.
manifeste adj. et n. m.
manifester v.
manigance n. f.
manigancer v.
manille n. f.
manillon n. m.
manioc n. m.
manipule n. m.
manipuler v.
manitou n. m. *Des manitous.*
manivelle n. f.
manne n. f.
mannequin n. m.
1. manœuvre n. m. Ouvrier
non qualifié.
2. manœuvre n. f. Action de
manœuvrer.
manœuvrer v.
manœuvrier, ière n. et adj.
manoir n. m.
manomètre n. m.
manouche n.

manque n. m.
1. manqué, ée adj.
2. manqué n. m. Gâteau.
Des moules à manqué.
manquer v.
mansarde n. f.
mansardé, ée adj.
manse n. m. Domaine
agricole. Éviter l'emploi
féminin *une manse.* —
Homophone : *une mense.*
mansuétude n. f.
mante n. f. Manteau ;
insecte. — Homophones ▷
menthe.
manteau n. m. *Des manteaux.*
mantelet n. m.
mantille n. f.
manucure n.
manuel, elle adj. et n. m.
manuellement adv.
manufacture n. f.
manufacturier, ière adj. et n.
manu militari loc. adv.
manuscrit, ite adj. et n. m.
manutention n. f.
manutentionnaire n.
manuterge n. m.
manzanilla n. m.
maoïste adj. et n.
maori, ie adj. et n. *Les Maoris.*
Des femmes maories.
mappemonde n. f.
1. maquereau n. m.
Poisson. *Des maquereaux.*
2. maquereau, elle n.
Proxénète. *Des maquereaux.*
maquette n. f.
maquignon n. m.
maquignonner v.
maquillage n. m.
maquiller v.
maquis n. m. Terrain inculte
et broussailleux. —
Homophone : *maki.*
maquisard n. m.
marabout n. m.
maraîcher, ère n. et adj.
maraîchin, ine adj. et n.
marais n. m.
marasme n. m.
marasquin n. m.
marathon n. m.
marâtre n. f.
maraud, e n.
maraude n. f.
marbre n. m.
marbrier, ière n. m. et adj.

marc n. m.
marcassin n. m.
marchand, ande n. et adj.
marchandise n. f.
marchant, ante adj.
marche n. f.
marché n. m.
marchepied n. m.
marcher v.
marconi adj. inv. et n. m. *Des
gréements marconi,* mais *des
marconis.*
marcotte n. f.
marcotter v.
mardi n. m. *Tous les mardis
matin, tous les mardis soir.*
mare n. f.
marécage n. m.
maréchal n. m. *Des
maréchaux.*
maréchale n. f.
maréchal-ferrant n. m. *Des
maréchaux-ferrants.*
maréchaussée n. f.
marée n. f.
marelle n. f.
marémoteur, trice adj.
marengo n. m. inv. et adj. inv.
marennes n. f.
mareyeur, yeuse n.
margarine n. f.
marge n. f.
margelle n. f.
marginal, ale, aux adj. et n.
margouillis n. m.
margoulette n. f.
margoulin, ine n.
margrave n. m.
marguerite n. f.
marguillier n. m.
mari n. m. Époux. —
Homophone : *marri.*
mariage n. m.
marial, ale, als adj. *Les textes
marials,* mieux que *mariaux.*
marier v.
marigot n. m.
marijuana n. f. On dit aussi
marihuana.
marin, ine adj. et n. m.
marina n. f. *Des marinas.*
marinade n. f.
1. marine n. f. *La Marine
nationale.*
2. marine n. m. Fantassin
de marine anglais ou
américain.
mariner v.

marinier, ière n. *Des moules
marinière.*
marionnette n. f.
mariste n.
marital, ale, aux adj.
maritime adj.
maritorne n. f.
marivauder v.
marjolaine n. f.
mark n. m.
marketing n. m.
marlou n. m. *Des marlous.*
marmaille n. f.
marmelade n. f.
marmite n. f.
marmiton n. m.
marmonner v.
marmoréen, éenne adj.
marmot n. m.
marmotte n. f.
marmotter v.
marmouset n. m.
marne n. f.
marocain, aine adj. *Un
Marocain :* un habitant du
Maroc. — Homophone :
maroquin.
maroilles n. m. On écrit aussi
marolles.
maronite n. et adj. *Les
maronites.*
maronner v. Rager, grogner.
— Homophone : *marronner.*
maroquin n. m. *Du maroquin :*
cuir. — Homophone : *un
Marocain.*
marotique adj.
marotte n. f.
1. maroufle n. m. *Homme
grossier.*
2. maroufle n. f. *Colle forte.*
maroufler v.
marque n. f.
marquer v.
marqueter v.
marqueterie n. f.
marquis, ise n.
marquisat n. m.
marquise n. f.
marraine n. f.
marrane n. et adj.
marre adv. *En avoir marre.*
marrer (se) v.
marri, ie adj. Triste. —
Homophone : *un mari.*
1. marron n. m. et adj. inv.
*Des marrons d'Inde. Des
chaussures marron.*

2. marron, onne adj. *Des esclaves marrons. Une esclave marronne. Des hommes d'affaires marrons.*
marronner v. *Vivre en esclave marron.* — Homophone : *maronner.*
marronnier n. m.
mars n. m. *Le 15 mars.*
marseillais, aise adj. et n.
marsouin n. m.
marsupial, ale, aux adj. et n. m.
marte ▷ **martre.**
marteau n. m. et adj. *Des marteaux. Ils sont marteaux.*
marteau-pilon n. m. *Des marteaux-pilons.*
martel n. m.
martelage n. m.
martèlement n. m.
marteler v.
martial, ale, aux adj.
martien, ienne adj. et n.
martinet n. m.
martingale n. f.
martiniquais, aise adj. et n.
martre n. f. *La forme martre est correcte aussi, mais plus rare.*
martyr, yre n. et adj. *Celui, celle qui a subi le martyre.*
martyre n. m. *Subir le martyre.*
marxiste adj. et n.
maryland n. m. *Du maryland, mais du tabac de Maryland.*
mas n. m. inv. Maison rurale, en Provence. — Homophone : *mât.*
mascarade n. f.
mascaret n. m.
mascaron n. m.
mascotte n. f.
masculin, ine adj. et n. m.
maser n. m.
masochiste adj. et n.
masque n. m.
massacre n. m.
masse n. f.
massé n. m.
massepain n. m.
masser v.
massicot n. m.
massif, ive adj. et n. m. *Le Massif central.*
massue n. f.
mastaba n. m. *Des mastabas.*

mastic n. m. et adj. inv. *Des imperméables mastic.*
masticage n. m.
masticateur, trice adj.
mastication n. f.
masticatoire n. m. et adj.
mastiquer v.
mastoc adj. inv.
mastodonte n. m.
mastroquet n. m.
m'as-tu vu n. m. inv. et adj. inv.
masure n. f.
1. mat n. m. et adj. inv. *Ces joueurs sont mat* (aux échecs).
2. mat, mate adj. *Des peintures mates.*
mât n. m. *Les mâts d'un navire.* — Homophone : *mas.*
matador n. m.
matamore n. m.
match n. m. *Des matchs ou des matches.*
maté n. m.
matefaim n. m. *Des matefaims.* On écrit aussi *un mate-faim, des mate-faim.*
matelas n. m.
matelot n. m.
matelote n. f.
mater v.
mâter v. *Garnir de mâts.*
matérialiser v.
matérialiste adj. et n.
matérialité n. f.
matériau n. m. *Des matériaux.*
matériel, elle adj. et n. m.
matériellement adv.
maternel, elle adj. et n. f.
maternellement adv.
maternité n. f.
mathématicien, ienne n.
mathématique adj. et n. f.
maths n. f. pl.
matière n. f.
matin n. m. et adv. *Tous les lundis matin. Pourquoi sont-ils venus si matin ?*
mâtin, ine n.
matinal, ale, aux adj.
matinée n. f.
mâtiner v.
matines n. f. pl.
matité n. f.
matois, oise adj. et n.
matou n. m. *Des matous.*
matraquage n. m.

matraque n. f.
matraquer v.
matriarcal, ale, aux adj.
matriarcat n. m.
matrice n. f.
matricule n. et adj.
matrimonial, iale, iaux adj.
matrone n. f.
matte n. f.
maturation n. f.
mâture n. f.
maturité n. f.
matutinal, ale, aux adj.
maudire v.
maudit, ite adj.
maugréer v.
maure adj. et n. *La graphie more est vieillie.* — Homophones ▷ *more.*
mauresque adj. et n. *La graphie moresque est vieillie.*
mausolée n. m.
maussade adj.
mauvais, aise adj., n. m. et adv.
mauve n. et adj. *La mauve :* plante. *Le mauve :* couleur. *Des rubans mauves.*
mauviette n. f.
maxillaire n. m. et adj.
maximal, ale, aux adj.
maximum n. m. *Des maximums,* plutôt que *des maxima.*
maya n. et adj. inv. *Les Mayas. Les arts maya. La culture maya.*
mayeur n. m. On écrit aussi *maïeur.*
mayonnaise n. f.
mazagran n. m.
mazarinade n. f.
mazdéen, éenne adj.
mazdéisme n. m.
mazette n. f. et interj.
mazout n. m.
mazurka n. f.
me pron. pers.
mea-culpa n. m. inv.
méandre n. m.
méat n. m.
mécanicien, ienne n.
mécanique adj. et n. f.
mécano n. m. *Des mécanos.*
mécénat n. m.
mécène n. m.
méchamment adv.
méchanceté n. f.

méchant, ante adj. et n.
mèche n. f.
méchoui n. m. *Des méchouis.*
mécompte n. m.
méconnaissance n. f.
méconnaître v.
mécontent, ente adj. et n.
mécréant, ante adj. et n.
médaille n. f.
médailler v.
médaillier n. m.
médailliste n.
médaillon n. m.
mède adj. et n.
médecin n. m.
médecine n. f.
médias n. m. pl.
médian, iane adj. et n.
médianoche n. m.
médiateur, trice n. et adj.
médiation n. f.
médiatrice n. f.
médical, ale,aux adj.
médicinal, ale, aux adj.
médico-légal, ale, aux adj.
médiéval, ale, aux adj.
médiocre adj. et n.
médiocrité n. f.
médique adj. *Les guerres médiques.*
médire v.
médisance n. f.
médisant, ante adj. et n.
méditer v.
méditerranéen, éenne adj. et n. *Les Méditerranéens.*
médium n. m. *Des médiums.*
médius n. m. inv.
méduse n. f.
meeting n. m. *Des meetings.*
méfait n. m.
méfiance n. f.
méfier (se) v.
mégalithe n. m.
mégalithique adj.
mégalomane adj. et n.
mégalomanie n. f.
mégaphone n. m.
mégarde n. f.
mégère n. f.
mégir v.
mégisser v.
mégisserie n. f.
mégissier n. m.
mégot n. m.
mégoter v.
méhari n. m. *Des méharis* ou *des méhara.*

méhariste n. m.
meilleur, eure adj. et n. *Des meilleurs.* ▷ p. 181. *Le meilleur, la meilleure, les meilleurs, les meilleures* ▷ p. 188.
méjuger v.
mélancolie n. f.
mélancolique adj. et n.
mélanésien, ienne adj. et n.
mélange n. m.
mélanger v.
mélasse n. f.
Melba adj. inv. *Des pêches Melba.*
mêlé-casse n. m. inv. On écrit aussi *un mêlé-cass, des mêlé-cass,* ou encore *un mêlécasse, des mêlécasses.*
mêlée n. f.
mêler v.
mélèze n. m.
méli-mélo n. m. *Des mélis-mélos.*
mélisse n. f.
melliflue adj. Avec *e* final même au masculin.
mélo n. m. *Des mélos.*
mélodie n. f.
mélodramatique adj.
mélodrame n. m.
mélomane n. et adj.
melon n. m.
mélopée n. f.
membrane n. f.
membre n. m.
membré, ée adj.
membru, ue adj.
mémé n. f.
même adj. pron. et adv. ▷ p. 188.
mêmement adv.
mémento n. m. *Des mémentos.*
mémère n. f.
mémoire n. f. *La mémoire :* faculté de se souvenir. *Un mémoire :* texte ; communication écrite à une société savante ; facture d'entrepreneur. *Il a écrit ses Mémoires, ils sont intéressants :* livre de souvenirs.
mémorable adj.
mémorandum n. m. *Des mémorandums.*
mémorial n. m. Le pluriel *des*

mémoriaux, indiqué par les dictionnaires, est très rare. On évitera d'employer ce mot au pluriel.
menace n. f.
ménade n. f.
ménage n. m.
1. ménager v.
2. ménager, ère adj.
ménagère n. f.
menchevik n. m. et adj. *Les mencheviks. Les militants mencheviks. La fraction menchevik.*
mendiant, ante n. et adj. m. *Les ordres mendiants.*
mendicité n. f.
mendier v.
mendigot, ote n.
mendigoter v.
meneau n. m. *Des meneaux.*
menées n. f. pl.
mener v.
ménestrel n. m.
ménétrier n. m.
menhir n. m.
méninge n. f.
ménopause n. f.
menotte n. f.
mense n. f. Revenu ecclésiastique. — Homophone : *le manse.*
mensonge n. m.
mensonger, ère adj.
mensongèrement adv.
menstruel, elle adj.
menstrues n. f. pl.
mensualité n. f.
mensuel, elle adj.
mensuellement adv.
mensuration n. f.
mental, ale, aux adj. et n. m.
mentalité n. f.
menteur, euse n. et adj.
menthe n. f. Plante. — Homophones : *mante ; (qu'il) mente, de mentir.*
menthol n. m.
mentholé, ée adj.
mention n. f.
mentionner v.
mentir v.
menton n. m.
mentonnet n. m.
mentonnière n. f.
mentor n. m. *Des mentors.*
1. menu, ue adj. et adv.
2. menu n. m.

menuet n. m.
menuisier n. m.
méphistophélique adj.
méphitique adj.
méplat, ate adj. et n. m.
méprendre (se) v.
mépris n. m.
méprise n. f.
mépriser v.
mer n. f.
mer-air adj. inv.
mercanti n. m. *Des mercantis.*
mercantile adj.
mercenaire adj. et n.
mercerie n. f.
merci n. ▷ **p. 189.**
mercier, ière n.
mercredi n. m. *Tous les mercredis matin.*
mercure n. m.
mercuriale n. f.
Mercurochrome n. m. Nom déposé : un *M* majuscule.
1. **mère** n. f. *Une branche mère. Une maison mère.*
2. **mère** adj. f. *La mère goutte.*
mère-grand n. f. *Des mères-grand.*
merguez n. f. inv.
méridien, ienne adj. et n.
méridional, ale, aux adj. et n. *Les Méridionaux.*
meringue n. f.
mérinos n. m. inv.
merise n. f.
mérite n. m.
mériter v.
méritoire adj.
merlan n. m.
merle n. m.
merlin n. m.
merlon n. m.
merluche n. f.
mérou n. m. *Des mérous.*
mérovingien, ienne adj. et n. *Les rois mérovingiens,* mais *les Mérovingiens.*
merveille n. f.
mes adj. poss. pl.
mésalliance n. f.
mésallier (se) v.
mésange n. f.
mésaventure n. f.
mesdames n. f. pl.
Abréviation : *Mmes.*
mesdemoiselles n. f. pl.
Abréviation : *Mlles.*
mésentente n. f.

mésestime n. f.
mésintelligence n. f.
mésopotamien, ienne adj. et n.
mesquin, ine adj.
mess n. m. inv. Cantine où mangent les officiers. — Homophone : *la messe.*
message n. m.
messager, ère n.
messaline n. f. *Des messalines.*
messe n. f. Office religieux. — Homophone : *le mess.*
messeigneurs n. m. pl. Ce titre ne s'abrège jamais.
messeoir v.
messianique adj.
messidor n. m. *Le 4 messidor an VI.*
messie n. m. *Un messie,* mais *le Messie :* le Christ.
messieurs n. m. pl. Abréviation : *MM.*
messin, ine adj. et n.
messire n. m.
mesure n. f.
mésuser v.
métabolisme n. m.
métairie n. f.
métal n. m. *Des métaux.*
métallifère adj.
métallique adj.
métallisé, ée adj.
métallo n. m. *Des métallos.*
métallurgie n. f.
métamorphique adj.
métamorphose n. f.
métaphore n. f.
métaphysicien, ienne n.
métaphysique n. f. et adj.
métapsychique adj.
métayer, yère n.
métempsycose n. f.
météo n. f. et adj. inv.
météore n. m.
météorite n. f.
météorologie n. f.
métèque n. m.
méthane n. m.
méthanier n. m.
méthode n. f.
méthylique adj.
méticuleux, euse adj. et n.
méticulosité n. f.
métier n. m.
métis, isse adj. et n.
métisser v.
métonymie n. f.

métope n. f.
métrage n. m.
métré n. m.
mètre n. m.
métrer v.
métreur, euse n.
1. **métrique** adj. *Le système métrique.*
2. **métrique** n. f. et adj. *La métrique latine.*
métro n. m. *Des métros.*
métrologie n. f.
métronome n. m.
métropole n. f.
métropolitain, aine adj. et n.
métropolite n. m.
mets n. m. inv.
metteur, euse n.
mettre v.
meuble adj.
meublé, ée adj. et n. m.
meubler v.
meugler v.
meule n. f.
meulier, ière adj. et n. f.
meunier, ière n.
meurt-de-faim n. inv.
meurtre n. m.
meurtrier, ière n. et adj.
meurtrière n. f.
meurtrir v.
meute n. f.
mévente n. f.
mezza voce loc. adv.
mg Symbole du milligramme.
mi n. m. inv.
miasme n. m.
miauler v.
mi-bas n. m. inv.
mica n. m.
mi-carême n. f. *Des mi-carêmes.*
miche n. f.
micheline n. f.
mi-chemin (à) loc. adv.
mi-clos, -close adj.
micmac n. m.
micocoulier n. m.
mi-corps (à) loc. adv.
mi-côte (à) loc. adv.
1. **micro** n. m. Microphone. — *Des micros.*
2. **micro** n. m. Micro-ordinateur. — *Des micros.*
microbe n. m.
microbien, ienne adj.

microcosme n. m.
microfilm n. m.
micron n. m.
micronésien, ienne adj. et n.
micro-onde n. f. *Des micro-ondes.*
micro-ordinateur n. m. *Des micro-ordinateurs.*
micro-organisme n. m. On écrit aussi *microorganisme.* — *Des micro-organismes, des microorganismes.*
microphone n. m.
microprocesseur n. m.
microscope n. m.
microsillon n. m.
miction n. f. Action d'uriner.
midi n. m. ▷ **p. 189.**
midinette n. f.
midship n. m.
mie n. f.
miel n. m.
miellé, ée adj.
mielleux, euse adj.
mien, mienne adj. et pron. poss.
mieux adv., n. m. et adj. *Le mieux, la mieux, les mieux* ▷ **p. 188.**
mieux-être n. m. sing. Inusité au pluriel.
mièvre adj.
mièvrerie n. f.
mignard, arde adj.
mignon, onne adj. et n.
mignonnement adv.
mignonnet, ette adj. et n.
mignoter v.
migraine n. f.
migratoire adj.
migrer v.
mi-jambe (à) loc. adv.
mijaurée n. f.
mijoter v.
mikado n. m. *Des mikados.*
1. mil adj. numéral.
2. mil n. m.
milan n. m.
milanais, aise adj. et n.
mildiou n. m.
mile n. m. *Le mile anglais (1 609 m),* mais *le mille marin (1 852 m).*
milice n. f.
milicien, ienne n.
milieu n. m. *Des milieux.*
militaire adj. et n. m.
militant, ante adj. et n.

militariser v.
militer v.
millas n. m. On dit aussi *la millasse* ou *la milliasse.*
1. mille adj. et n. m. inv. *Deux mille francs.*
2. mille n. m. Unité de longueur.
mille-feuille n. *Un mille-feuille (des mille-feuilles) :* gâteau. *Une mille-feuille (des mille-feuilles) :* plante. — Plus rarement, mais plus logiquement, on écrit les deux noms en un seul mot : *millefeuille, millefeuilles.*
millénaire adj. et n. m.
mille-pattes n. m. inv.
millésime n. m.
millésimé, ée adj.
millet n. m.
milliaire adj. et n. m.
milliard n. m. *Quatorze milliards.*
milliardaire adj. et n.
milliardième adj. et n.
milliasse n. f. ▷ **millas.**
millibar n. m.
millième adj. et n. m.
millier n. m.
milligramme n. m.
millilitre n. m.
millimètre n. m.
million n. m. *Quatorze millions.*
millionième adj. et n.
millionnaire adj. et n.
milord n. m.
mi-lourd adj. et n. m. *Des mi-lourds.*
mime n. m.
mimer v.
mimétisme n. m.
mimique n. f. et adj.
mimodrame n. m.
mimosa n. m. L'emploi au féminin est vieux.
mi-moyen adj. et n. m. *Des mi-moyens.*
minable adj. et n.
minaret n. m.
minauder v.
mince adj. et interj.
mincir v.
mine n. f.
miner v.
minerai n. m.
minéral, ale, aux n. m. et adj.

minéralier v.
minéraliser v.
minéralogie n. f.
minet, ette n.
1. mineur, eure adj. et n.
2. mineur n. m. *Un mineur de fond.*
mini adj. inv. et n. inv.
miniature n. f. *Des trains miniatures.*
minibus n. m. inv.
Minicassette n. f. Nom déposé : un *M* majuscule.
minier, ière adj.
minijupe n. f.
minimal, ale, aux adj.
minime adj. et n.
minimum n. m. et adj. *Des minimums,* plutôt que *des minima.*
ministère n. m.
ministériel, ielle adj.
ministre n. m.
minium n. m. sing. Inusité au pluriel.
minoen, enne adj. et n.
minois n. m.
minoritaire adj. et n.
minorité n. f.
minotier n. m.
minou n. m. *Des minous.*
minuit n. m. ▷ **p. 189.**
minus n. inv.
minuscule adj. et n. f.
minus habens n. inv.
minute n. f.
minutie n. f.
minutieux, euse adj.
mioche n.
mi-parti, ie adj. *Des robes mi-parties noir et blanc.*
mirabelle n. f.
mirabellier n. m.
miracle n. m.
miraculé, ée adj. et n.
mirador n. m.
mirage n. m.
mire n. f.
mire-œufs n. m. inv.
mirer v.
mirifique adj.
mirliflore n. m.
mirliton n. m.
mirmillon n. m.
mirobolant, ante adj.
miroir n. m.
miroiter v.
miroton n. m.

mis, mise adj.
misaine n. f.
misanthrope n. et adj.
miscible adj.
mise n. f.
miser v.
misérable adj. et n.
misère n. f.
miséreux, euse adj. et n.
miséricorde n. f.
misogyne adj. et n. m.
missel n. m.
missi dominici n. m. pl.
missile n. m.
mission n. f.
missionnaire n. m. et adj.
missive n. f. et adj.
mistigri n. m.
mistral n. m. sing.
mitaine n. f.
mite n. f. Insecte. —
Homophone : *mythe*.
mi-temps n. inv. *La mi-temps d'un match. Le mi-temps d'un travailleur* (travail à mi-temps).
miter (se) v.
miteux, euse adj. et n.
mithridatiser v.
mitigé, ée adj.
mitonner v.
mitoyen, yenne adj.
mitoyenneté n. f.
mitraille n. f.
mitraillette n. f.
mitre n. f.
mitré, ée adj.
mitron n. m.
mi-voix (à) loc. adv.
mixage n. m.
mixer v.
mixeur n. m.
mixité n. f.
mixte adj.
mixtion n. f. Action de mélanger.
mixture n. f.
ml Symbole du millilitre.
mm Symbole du millimètre.
mnémotechnique adj.
moabite adj. et n.
mobile adj. et n. m.
mobilier, ière adj. et n. m.
mobiliser v.
mobilité n. f.
mocassin n. m.
moche adj.
modal, ale, aux adj.

modalité n. f.
1. mode n. f.
2. mode n. m.
modelage n. m.
modèle n. m. *Une ferme modèle. Des fermes modèles.*
modelé n. m.
modeler v.
modélisme n. m.
modérantiste n. et adj.
modérément adv.
modérer v.
moderne adj. et n.
modernité n. f.
modern style n. m. et adj. inv.
modeste adj. et n.
modicité n. f.
modifier v.
modique adj.
modiste n.
module n. m.
moduler v.
modus vivendi n. m. inv.
moelle n. f.
moelleux, euse adj.
moellon n. m.
mœurs n. f. pl.
moghrébin, ine adj. et n. ▷
maghrébin.
mohair n. m.
moi pron. pers. et n. m. inv.
Homophone : *un mois.*
moignon n. m.
moindre adj.
moine n. m.
moineau n. m. *Des moineaux.*
moinillon n. m.
moins adv. *Des moins* ▷
p. 181. *Le moins, la moins, les moins* ▷ **p. 188.**
moire n. f.
moiré, ée adj.
mois n. m. Homophone : *moi.*
moïse n. m. *Des moïses.*
moisir v.
moisson n. f.
moissonner v.
moite adj.
moitié n. f.
moka n. m. *Des mokas.*
mol adj. ▷ **p. 189.**
molaire n. f.
molasse n. f. ▷ **mollasse 2**.
moldave adj. et n.
mole n. f. Terme de chimie.
1. môle n. f. Tumeur ; poisson.
2. môle n. m. Jetée.

moléculaire adj.
molécule n. f.
moleskine n. f.
molester v.
molette n. f.
moliéresque adj.
mollah n. m. *Des mollahs.* On écrit aussi, quelquefois, *mullah, mulla.*
1. mollasse adj. Un peu mou.
2. mollasse n. f. Grès friable. La graphie *molasse* existe, mais elle est plus rare.
mollasson, onne adj. et n.
molle adj. f. et n. f.
mollesse n. f.
1. mollet, ette adj.
2. mollet n. m.
molletière n. f. et adj.
molleton n. m.
molletonner v.
mollir v.
mollusque n. m.
moloch n. m. *Des molochs.*
molosse n. m.
molybdène n. m.
môme n.
moment n. m.
momentané, ée adj.
momerie n. f.
momie n. f.
momifier v.
mon, ma, mes adj. poss.
monacal, ale, aux adj.
monachisme n. m.
monarchie n. f.
monarque n. m.
monastère n. m.
monceau n. m. *Des monceaux.*
mondain, aine adj. et n.
mondanité n. f.
monde n. m.
mondial, iale, iaux adj.
monégasque adj. et n.
monétaire adj.
mongol, ole adj. et n.
mongolien, ienne n. et adj.
moniale n. f.
moniteur, trice n.
monition n. f.
monnayer v.
monobloc adj. inv. et n. m. *Des châssis monobloc. Des monoblocs.*
monochrome adj.
monocle n. m.

monocoque adj. et n. m.
monocorde adj.
monoculaire adj.
monoculture n. f.
monogame adj. et n.
monographie n. f.
monokini n. m.
monolingue adj. et n.
monolithe adj. et n. m.
monolithique adj.
monologue n. m.
monôme n. m.
monomoteur, trice adj. et
n. m.
monophysite adj. et n.
monoplace adj. et n.
monoplan n. m.
monopole n. m.
monorail n. m. et adj. inv.
Des monorails. Des bennes
monorail.
monosyllabe adj. et n. m.
monosyllabique adj.
monothéisme n. m.
monothéiste adj. et n.
monotone adj.
monotype adj. et n. m.
monseigneur n. m.
Abréviation : *Mgr* ou *Mgr,* au
singulier. Le pluriel
messeigneurs ne s'abrège pas.
Nosseigneurs s'abrège en
N.N.S.S.
monsieur n. m. Abréviation :
M. Pluriel : *messieurs (MM.).*
monstre n. m. et adj. *Des*
cohues monstres.
monstrueux, euse adj.
mont n. m.
montagnard, arde adj. et n.
montagneux, euse adj.
montant, ante adj. et n. m.
mont-de-piété n. m. *Des*
monts-de-piété.
monte n. f.
monte-charge n. m. inv.
montée n. f.
monte-en-l'air n. m. inv.
monter v.
montgolfière n. f.
monticule n. m.
montjoie n. f.
montre n. f.
montrer v.
montueux, ueuse adj.
monument n. m.
monumental, ale, aux adj.
moque n. f.

moquer v.
moquette n. f.
moraine n. f.
moral, ale, aux adj. et n. m.
morale n. f.
moraliser v.
moratoire n. m.
morave adj. et n.
morbide adj.
morbidesse n. f.
morbidité n. f.
morbleu ! interj.
morceau n. m. *Des morceaux.*
morceler v.
morcellement n. m.
mordant, ante adj. et n. m.
mordicus adv.
mordiller v.
mordoré, ée adj. et n. m.
mordre v.
more adj. et n. Le féminin est
moresque. Cette graphie est
vieillie ▷ *maure.* —
Homophones : *mors ; mort.*
morfondre v.
morganatique adj.
morgue n. f.
moribond, onde adj. et n.
moricaud, aude adj. et n.
morigéner v.
morille n. f.
morion n. m.
morisque n. et adj.
mormon, one n. et adj.
1. morne adj. Triste.
2. morne n. m. Petite
montagne.
3. morne n. f. Anneau de
lance de joute.
morose adj.
morphine n. f.
morphinomane adj. et n.
morphologie n. f.
mors n. m. Pièce métallique
placée dans la bouche du
cheval. — Homophones :
more ou *maure ; mort.*
morse n. m.
morsure n. f.
1. mort, morte adj. et n.
2. mort n. f. Homophones ▷
mors.
mortaise n. f.
mortalité n. f.
mort-aux-rats n. f. inv.
mortel, elle adj. et n.
mortellement adv.
morte-saison n. f. *Des*

mortes-saisons.
mortier n. m.
mortifier v.
mort-né, ée adj. et n. *Une fille*
mort-née. Des enfants
mort-nés. Des filles mort-nées.
mortuaire adj.
morue n. f.
morutier, ière adj. et n. m.
morvandeau, elle, eaux adj.
et n. *Des Morvandeaux.* On dit
aussi *un Morvandiau, des*
Morvandiaux.
morve n. f.
1. mosaïque n. f.
2. mosaïque adj. *La loi*
mosaïque.
mosan, ane adj.
moscoutaire adj. et n.
moscovite adj. et n.
mosquée n. f.
mot n. m.
motard n. m.
motel n. m.
motet n. m.
1. moteur, trice adj.
2. moteur n. m.
motif n. m.
motion n. f.
motiver v.
moto n. f. *Des motos.*
motocross n. m. inv.
motoculteur n. m.
motocyclette n. f.
motocycliste n. et adj.
motonautisme n. m.
motopompe n. f.
motoriser v.
motrice n. f.
motricité n. f.
mots-croisiste n. *Des*
mots-croisistes.
motte n. f.
motu proprio loc. adv. et
n. m. inv.
motus ! interj.
1. mou adj. et n. *Mou, mol,*
molle ▷ **p. 189.**
2. mou n. m. *Du mou (de*
veau). Des mous. —
Homophones ▷ *moue.*
moucharabieh n. m. *Des*
moucharabiehs. La forme
moucharaby est rare.
mouchard, arde n.
mouche n. f. *Un*
bateau-mouche, des
bateaux-mouches.

moucher v.
moucheron n. m.
moucheter v.
mouchetis n. m.
mouchoir n. m.
moudre v.
moue n. f. Petite grimace. —
Homophones : *mou ; mou
(de veau) ; moût.*
mouette n. f.
1. moufle n. f. Gant ; groupe
de poulies.
2. moufle n. m. Vase de
terre ; four.
mouflet, ette n.
mouflon n. m.
mouiller v.
mouillette n. f.
mouise n. f.
moujik n. m. *Des moujiks.*
1. moule n. m. *Un moule à
gâteaux.*
2. moule n. f. Coquillage.
mouler v.
moulin n. m.
moulinet n. m.
moulinette n. f.
moult adv.
moulu, ue adj.
moulure n. f.
moumoute n. f.
mourir v.
mouron n. m.
mourre n. f.
mousquet n. m.
mousquetaire n. m.
mousqueterie n. f.
mousqueton n. m.
moussaillon n. m.
1. mousse n. f. Plante ;
écume.
2. mousse n. m. Apprenti
marin.
3. mousse adj. *Une lame
mousse,* non tranchante.
mousseline n.
mousseron n. m.
mousson n. f.
moussu, ue adj.
moustache n. f.
moustachu, ue adj. et n.
moustiquaire n. f.
moustique n. m.
moût n. m. Jus de raisin, etc.
— Homophones ▷ *moue.*
moutard n. m.
moutarde n. f.
moutier n. m.

mouton n. m.
moutonner v.
moutonnier, ière adj.
mouture n. f.
mouvance n. f.
mouvement n. m.
mouvementé, ée adj.
mouvoir v.
1. moyen, yenne adj.
2. moyen n. m.
Moyen Âge n. m.
moyenâgeux, euse adj.
moyen-courrier n. m. et adj.
m. *Des moyen-courriers. Des
avions moyen-courriers.*
moyennant prép.
moyenne n. f.
moyeu n. m. *Des moyeux.*
mozarabe n. et adj.
mû part. Participe passé de
mouvoir. On écrit avec
accent circonflexe, *il est mû,*
mais *ils sont mus, elle est mue,
elles sont mues.*
mucilage n. m.
mucosité n. f.
mucus n. m. inv.
mudéjar, are n. et adj.
mue n. f.
muer v.
muet, ette adj. et n.
muezzin n. m.
mufle n. m. et adj.
mufti n. m. Graphie à
préférer à *muphti.*
mugir v.
muguet n. m.
muid n. m.
mulâtre, mulâtresse n. et
adj.
mule n. f.
mulet n. m.
muleta n. f.
muletier, ière n. et adj.
mulot n. m.
multicolore adj.
multicoque adj. et n. m.
multiforme adj.
multimilliardaire adj. et n.
multimillionnaire adj. et n.
multinational, ale, aux adj.
et n. f.
multiple adj. et n. m.
multiplicande n. m.
multiplicateur, trice adj. et
n. m.
multiplication n. f.
multiplicité n. f.

multiplier v.
multirisque adj. *Une
assurance multirisque* (ou,
parfois, *multirisques*). *Des
assurances multirisques.*
multitude n. f.
munichois, oise n. et adj.
municipal, ale, aux adj. et n.
municipalité n. f.
municipe n. m.
munificence n. f.
munificent, ente adj.
munir v.
munition n. f.
munster n. m.
muphti n. m. On écrira plutôt
mufti.
muqueuse n. f.
mur n. m. *Les murs d'un
édifice.*
mûr, mûre adj. *Le fruit est
mûr.*
muraille n. f.
mural, ale, aux adj.
mûre n. f. Fruit de la ronce
ou du mûrier. —
Homophones : *mur ; mûr.*
murène n. f.
murer v.
murette n. f.
mûrier n. m.
mûrir v.
mûrissement n. m.
mûrisserie n. f.
murmure n. m.
musagète adj. m.
musaraigne n. f.
musarder v.
musc n. m.
muscade n. f. et adj.
muscadet n. m.
muscadin n. m.
muscat n. m. et adj.
muscle n. m.
musclé, ée adj.
musculaire adj.
muse n. f.
museau n. m. *Des museaux.*
musée n. m.
museler v.
muselière n. f.
musellement n. m.
muséographie n. f.
muser v.
musette n. f.
muséum n. m. *Des muséums.*
musical, ale, aux adj.
musicalité n. f.

music-hall n. f. *Des music-halls.*
musicien, ienne n. et adj.
musicographe n.
musique n. f.
musiquette n. f.
musoir n. m.
musqué, ée adj.
musulman, ane adj. et n. *Les musulmans.*
mutatis mutandis loc. adv.
muter v.
mutiler v.
mutin, ine adj. et n.
mutiner (se) v.

mutisme n. m.
mutité n. f.
mutualité n. f.
mutuel, elle adj. et n. f.
mutuellement adv.
mycénien, ienne adj. et n. m.
mycologie n. f.
mycose n. f.
mygale n. f.
myocarde n. m.
myocardite n. f.
myope adj. et n.
myosotis n. m. inv. et adj. inv.
myriade n. f.

myrrhe n. f.
myrte n. m.
myrtille n. f.
mystère n. m.
mystérieux, ieuse adj.
mysticisme n. m.
mysticité n. f.
mystifier v.
mythe n. m. Légende. — Homophone : *mite.*
mythifier v.
mythologie n. f.
mythomane adj. et n.
mytiliculture n. f.
myxomatose n. f.

N

na ! interj.
nabab n. m.
nabot, ote n. et adj.
nacelle n. f.
nacre n. f.
nacré, ée adj.
nage n. f.
nageoire n. f.
nager v.
naguère adv. La graphie *naguères* est vieillie.
naïade n. f.
naïf, ïve adj. et n.
nain, naine n. et adj.
naissain n. m.
naissance n. f.
naître v.
naïveté n. f.
naja n. m. *Des najas.*
namurien adj. et n.
nandou n. m *Des nandous.*
nankin n. m.
nantir v.
naos n. m. inv.
napalm n. m.
naphtaline n. f.
naphte n. m.
napoléon n. m. *Un napoléon,* pièce d'or, mais *l'empereur Napoléon.*
napoléonien, ienne adj.
napolitain, aine adj. et n. *Un napolitain,* gâteau, bonbon, mais *un Napolitain,* un habitant de Naples.
nappe n. f.
napper v.
napperon n. m.
narcisse n. m. *Un narcisse,*

fleur, mais *Narcisse,* nom propre.
narcose n. f.
narcotique n. m.
narguilé n. m. On évitera les graphies *narguileh, narghilé, narghileh.*
narine n. f.
narquois, oise adj.
narration n. f.
narrer v.
narthex n. m. inv.
narval n. m. *Des narvals.*
nasal, ale, aux adj. et n.
nasarde n. f.
naseau n. m. *Des naseaux.*
nasillard, arde adj.
nasiller v.
nasse n. f.
natal, ale, als adj. On évitera d'employer ce mot au masculin pluriel. La seule forme admise, *natals,* est rare.
natalité n. f.
natation n. f.
natatoire adj.
natif, ive adj. et n.
nation n. f.
national, ale, aux adj. et n.
nationaliser v.
nationalité n. f.
national-socialisme n. m.
national-socialiste adj. et n. *Un national-socialiste. Une national-socialiste. Ces hommes furent des nationaux-socialistes. Ces femmes furent des national-socialistes. Une*

organisation national-socialiste. Des militants nationaux-socialistes. Des organisations national-socialistes.
nativité n. f.
natte n. f.
natter v.
Nattier adj. inv. *Des robes bleu Nattier.*
naturaliser v.
nature n. f. et adj. inv.
naturel, elle adj.
naturellement adv.
naufrage n. m.
naufragé, ée adj. et n.
naufrager v.
naumachie n. f.
nauséabond, onde adj.
nausée n. f.
nauséeux, éeuse, adj.
nautique adj. et n. m.
nautonier, ière n.
naval, ale, als adj. et n. f.
navarin n. m.
navarque n. m.
navet n. m.
navette n. f.
navigable adj.
navigant, ante adj. et n. *Un navigant d'Air France, les équipes navigantes,* mais *en naviguant (*part. prés. de *naviguer).*
navigateur n. m.
navigation n. f.
naviguer v.
Naviplane n. m. Non déposé, donc *N* majuscule.

navire n. m. *Des navires-citernes. Des navires-hôpitaux.*
navrer v.
nazaréen, éenne adj. et n. *Les Nazaréens. Le Nazaréen :* le Christ.
nazi, ie adj. et n. *Un nazi. Une nazie. Les chefs nazis. Les organisations nazies.*
N. B. abrév.
ne adv. On emploie *n'* devant une voyelle ou un *h* muet : *Je n'entre pas. Je n'hésite pas.*
né, née adj.
néanmoins adv.
néant n. m.
nébuleux, euse adj. et n. f.
nébulosité n. f.
nécessaire adj. et n. m.
nécessité n. f.
nécessiter v.
neck n. m. *Des necks.*
nec plus ultra n. m. sing.
nécrologie n. f.
nécromancie n. f.
nécromancien, ienne n.
nécropole n. f.
nécrose n. f.
nectar n. m.
nectarine n. f.
néerlandais, aise adj. et n.
nef n. f.
néfaste adj.
nèfle n. f.
négation n. f.
négligé, ée adj. et n. m.
négligeable adj.
négligemment adv.
négligence n. f.
négligent, ente adj. et n. *Un homme très négligent,* mais *en négligeant (*part. prés. de *négliger).*
négliger v.
négoce n. m.
négociant, ante n.
négocier v.
nègre, négresse n. et adj.
négrier, ière adj. et n. m.
négrillon, onne n.
negro spiritual n. m. *Des negro spirituals.* On écrit quelquefois *negro-spiritual.*
négus n. m. *Des négus.*
neige n. f.
neiger v.
nénies n. f. pl. L'emploi au singulier est correct, mais rare.
nenni adv. Non (vieilli).
nénuphar n. m.
néo-calédonien, ienne adj. et n. *Les Néo-Calédoniens.*
néo-celtique adj.
néoclassicisme n. m.
néo-hébridais, aise adj. et n. *Les Néo-Hébridais.*
néolithique n. m. et adj.
néologisme n. m.
néon n. m.
néophyte n. et adj.
néoréalisme n. m.
néoréaliste adj. et n.
néoténie n. f.
néothomisme n. m.
néo-zélandais, aise adj. et n. *Les Néo-Zélandais.*
népalais, aise adj. et n.
néphrétique adj. et n.
néphrite n. f.
népotisme n. m.
néréide n. f.
nerf n. f.
néronien, ienne adj.
nervi n. m. *Des nervis.*
nervosité n. f.
nervure n. f.
net, nette adj., n. et adv.
nettement adv.
nettoiement n. m.
nettoyer v.
1. neuf adj. et n. m. inv.
2. neuf, neuve adj. et n. m.
neurasthénie n. f.
neurologie n. f.
neurone n. m.
neutraliser v.
neutralité n. f.
neutre adj. et n. m.
neutron n. m.
neuvaine n. f.
neuvième adj. et n.
ne varietur loc. adj.
névé n. m.
neveu n. m. *Des neveux.*
névralgie n. f.
névropathe adj. et n.
névrose n. f.
névrotique adj.
new-look n. m. et adj. inv.
newtonien, ienne adj. et n.
new-yorkais, aise adj. et n. *Les New-Yorkais,* mais *New York.*
nez n. m. inv. *Des nez.*

ni conj.
niable adj.
niais, niaise adj. et n.
niaiserie n. f.
niche n. f.
nichée n. f.
nicher v.
nichoir n. m.
nickel n. m. et adj.
nickeler v.
niçois, oise adj. et n.
nicotine n. f.
nid n. m. *Des serviettes nids-d'abeilles.*
nid-de-poule n. m. *Des nids-de-poule.*
nidifier v.
nièce n. f.
1. nielle n. f. Plante ; maladie du blé.
2. nielle n. m. Émail ; incrustation.
nieller v.
niellure n. f.
nier v.
nietzschéen, éenne adj. et n.
nife n. m.
nigaud, aude adj. et n.
nigérian, iane adj. et n. Du Nigeria.
nigérien, ienne adj. et n. Du Niger.
night-club n. m. *Des night-clubs.*
nihiliste adj. et n.
nihil obstat n. m. inv.
nimbe n. m.
nimber v.
nimbus n. m. inv.
niôle n. f. ▷ **gnôle.**
nipper v.
nippes n. f. pl.
nippon, onne, ou one adj. et n.
nique n. f.
nitouche n. f.
nitre n. m.
nitroglycérine n. f.
niveau n. m. *Des niveaux.*
nivelage n. m.
niveler v.
niveleuse n. f.
nivellement n. m.
nivernais, aise adj. et n.
nivôse n. m. *Le 7 nivôse an III.*
nobiliaire adj. et n. m.
noblaillon, onne n.
noble n. et adj.

noblesse n. f.
nobliau n. m. *Des nobliaux.*
noce n. f. ▷ **p. 189.**
nocher n. m.
nocif, ive adj.
nocivité n. f.
noctambule n. et adj.
nocturne adj. et n. ▷ **p. 189.**
nodosité n. f.
nodule n. m.
Noël n. ▷ **p. 190.**
nœud n. m.
noir, noire adj. et n.
noirâtre adj.
noiraud, aude adj. et n.
noirceur n. f.
noircir v.
noise n. f.
noisetier n. m.
noisette n. f.
noix n. f. inv.
nom n. m.
nomade adj. et n.
no man's land n. m. inv.
nombre n. m.
nombreux, euse adj.
nombril n. m.
nome n. m.
nomenclature n. f.
nomenklatura n. f.
nominal, ale, aux adj.
nominatif, ive adj.
nomination n. f.
nommément adv.
nommer v.
nomothète n. m.
non adv. et n. m. inv.
non-activité n. f.
nonagénaire adj. et n.
non-agression n. f.
non-aligné n. m. *Des non-alignés,* mais *des pays non alignés.*
non-alignement n. m.
nonante adj.
nonantième adj. et n.
non-assistance n. f.
non-belligérance n. f.
non-belligérant n. m. *Des non-belligérants,* mais *des pays non belligérants.*
nonce n. m.
nonchalamment adv.
nonchalance n. f.
nonchalant, ante adj.
nonchaloir n. m.
nonciature n. f.
non-combattant n. m. *Des*

non-combattants, mais *la population non combattante.*
non-conformisme n. m.
non-conformiste n. *Des non-conformistes,* mais *des penseurs non conformistes.*
non-conformité n. f.
non-contradiction n. f.
non-croyant, ante n. *Des non-croyants,* mais *des écrivains non croyants.*
non-dissémination n. f.
none n. f.
non-engagé, ée n. *Des non-engagés,* mais *des pays non engagés.*
nones n. f. pl.
non-être n. m.
non-existence n. f.
non-figuratif, ive n. *Des non-figuratifs,* mais *des artistes non figuratifs.*
non-fumeur, euse n.
nonidi n. m. *Le nonidi 19 ventôse.*
non-ingérence n. f.
non-inscrit, ite n. *Des non-inscrits,* mais *des députés non inscrits.*
non-intervention n. f.
non-lieu n. m. *Des non-lieux.*
nonne n. f.
nonnette n. f.
nonobstant prép. et adv.
nonpareil, eille adj. et n.
non possumus n. m. inv.
non-recevoir n. m.
non-sens n. m.
non-violence n. f.
non-violent, ente n. *Les non-violents,* mais *les mouvements non violents.*
nord n. m. et adj. inv.
nord-africain, aine adj. et n. *Les villes nord-africaines.*
nord-américain, aine adj. et n. *Les villes nord-américaines.*
nord-coréen, éenne adj. et n. *Les soldats nord-coréens.*
nord-est n. m. et adj. inv. *Les régions nord-est.*
nordique adj. et n. *Les nordiques.*
nordir v.
nordiste n. et adj. *Les nordistes.*
nord-ouest n. m. et adj. inv. *Les régions nord-ouest.*

nord-vietnamien, ienne adj. et n. *Les soldats nord-vietnamiens.*
noria n. f. *Des norias.*
normal, ale, aux adj. et n.
normalien, ienne n.
normalité n. f.
normand, ande adj. et n.
normatif, ive adj.
norme n. f.
noroît n. m. Vent du nord-ouest. On écrit aussi *norois.* —Homophone : *norrois.*
norrois, oise n. m. et adj. Ancienne langue germanique. — Homophone : *noroît* ou *norois.*
norvégien, ienne adj. et n.
nos adj. poss. plur.
nostalgie n. f.
nota n. m. inv.
nota bene n. m. inv.
notable adj. et n.
notaire n. m.
notamment adv.
notarial, iale, iaux, adj.
notarié, ée adj.
note n. f.
noter v.
notice n. f.
notifier v.
notion n. f.
notoire adv.
notoriété n. f.
notre, nos adj. poss.
nôtre, nôtres adj. et pron. poss.
notule n. f.
nouba n. f. *Des noubas.*
nouer v.
noueux, euse adj.
nougat n. m.
nougatine n. f.
nouille n. f. et adj. *Des garçons nouilles.*
noumène n. m.
nounou n. f. *Des nounous.*
nourrice n. f.
nourricier, ière adj. et n. m.
nourrir v.
nourrissant, ante adj.
nourrisson n. m.
nourriture n. f.
nous pron. pers. ▷ **p. 190.**
nouure n. f.
nouveau, elle adj. et n.

Nouveau, nouvel ; nouveau-né
▷ **p. 190.**
nouvelle n. f.
nouvellement adv.
nouvelliste n.
novateur, trice n. et adj.
novembre n. m. *Le
2 novembre.*
novice n. et adj.
noviciat n. m.
noyade n. f.
noyau n. m. *Des noyaux.*
noyauter v.
1. noyer v.
2. noyer n. m.
1. nu, nue adj. et n. m.
Nu-pieds, pieds nus ▷ **p. 191.**
2. nu n. m. Lettre grecque.
nuage n. m.
nuance n. f.
nubien, ienne adj. et n.
nubile adj.
nubilité n. f.

nucléaire adj. et n. m.
nudité n. f.
nue n. f.
nuée n. f.
nuement adv. Graphie rare.
On écrit plutôt *nûment.*
nue-propriété n. f. *Des
nues-propriétés.*
nuire v.
nuisance n. f.
nuisible adj.
nuit n. f.
nuitamment adv.
nuitée n. f.
nul, nulle adj. et pron. indéf.
▷ **p. 191.**
nullement adv.
nullité n. f.
nûment adv. La graphie
nuement est rare.
numéraire n. m. et adj.
numéral, ale, aux adj. et
n. m.

numéro n. m.
numéroter v.
numerus clausus n. m. inv.
numide adj. et n.
numismate n.
nu-pieds n. m. pl.
nu-propriétaire n. *Des
nus-propriétaires. Une
nue-propriétaire, des
nues-propriétaires.*
nuptial, ale, aux adj.
nuque n. f.
nursery n. f. *Des nurseries.*
nutrition n. f.
nyctalope adj. et n.
Nylon n. m. Nom déposé : un
N majuscule (en principe).
nymphe n. f.
nymphéa n. m. *Des nymphéas.*
nymphée n. m. *Un nymphée
(préférable à une nymphée).*
nymphette n. f.
nymphomane adj. et n. f.

ô interj. S'emploie devant un
mot en apostrophe. —
Homophones : *oh !,* qui
exprime la surprise,
l'admiration, etc. ; *ho !,* qui
sert surtout à appeler, à
interpeller.
oasis n. f.
obédience n. f.
obéir v.
obéissance n. f.
obéissant, ante adj.
obélisque n. m.
obérer v.
obèse adj. et n.
obésité n. f.
objecter v.
objectif, ive adj. et n. m.
objection n. f.
objectivité n. f.
objet n. m.
objurgation n. f.
oblat, ate n.
oblation n. f.
obligataire adj.
obligeamment adv.
obligeance n. f.
obligeant, ante adj.
obliger v.
oblique adj.
obliquité n. f.

oblitérer v.
oblong, longue adj.
obnubiler v.
obscène adj.
obscénité n. f.
obscur, ure adj.
obscurantisme n. m.
obscurcir v.
obscurément adv.
obscurité n. f.
obsécration n. f.
obséder v.
obsèques n. f. pl.
obséquieux, euse adj.
obséquiosité n. f.
observance n. f.
observatoire n. m.
observer v.
obsession n. f.
obsessionnel, elle adj.
obstacle n. m.
obstétrique n. f. et adj.
obstiner (s') v.
obstruction n. f.
obstruer v.
obtempérer v.
obtenir v.
obtention n. f.
obturer v.
obtus, use adj.
obus n. m.

obusier n. m.
obvier v.
oc adv. et n. m. inv. *La langue
d'oc,* mais le *Languedoc,*
province.
ocarina n. m. *Des ocarinas.*
occasion n. f.
occasionnel, elle adj.
occasionnellement adv.
occasionner v.
occident n. m. *Le soleil se
couche à l'occident,* mais *la
culture de l'Occident.*
occidental, ale, aux adj. et n.
occiput n. m.
occire v.
occitan, ane adj. et n. *Les
Occitans. La littérature
occitane.* La forme *occitanien*
est vieillie.
occlure v.
occlusion n. f.
occulte adj.
occulter v.
occultisme n. m.
occuper v.
occurrence n. f.
occurrent, ente adj.
océan n. m. *L'océan
Atlantique* ou, absolument,
l'Océan.

océane adj. f. *La mer océane.*
océanien, ienne adj. et n.
océanographie n. f.
ocelle n. m.
ocellé, ée adj.
ocelot n. m.
ocre n. f. et adj. inv. *Des ocres brunes,* mais *des murs ocre.*
ocré, ée adj.
octane n. m.
octante adj.
octave n. f.
octavon, onne n. et adj.
octidi n. m. *Le 8 ventôse était un octidi.*
octobre n. m. *Le 27 octobre.*
octogénaire n. et adj.
octogonal, ale, aux adj.
octogone n. m. et adj.
octosyllabe adj. et n. m.
octosyllabique adj.
octroi n. m.
octroyer v.
oculaire adj. et n. m.
oculiste n. et adj.
odalisque n. f.
ode n. f.
odelette n. f.
odéon n. m. *Un odéon,* mais *l'Odéon,* théâtre de Paris.
odeur n. f.
odieux, ieuse adj.
odomètre n. m.
odorant, ante adj.
odorat n. m.
odoriférant, ante adj.
odyssée n. f. *Une odyssée,* mais *l'Odyssée,* épopée grecque.
œcuménisme n. m.
œdème n. m.
œil n. m. *Des yeux, des œils* ▷ **p. 191.**
œil-de-bœuf n. m. *Des œils-de-bœuf* ▷ **p. 191.**
œil-de-perdrix n. m. *Des œils-de-perdrix* ▷ **p. 191.**
œillade n. f.
œillère n. f.
œillet n. m.
œilleton n. m.
œillette n. f.
œnologie n. f.
œnologue n.
œsophage n. m.
œuf n. m. *Des œufs.*
œuvre n. ▷ **p. 191.**

œuvrer v.
offense n. f.
offensif, ive adj. et n. f.
offertoire n. m.
office n. Masculin dans tous les sens, sauf quand *office* désigne la salle de service située près de la cuisine.
officialiser v.
officiel, ielle adj. et n.
officiellement adv.
1. officier v.
2. officier n. m.
officieux, ieuse adj.
officinal, ale, aux adj.
officine n. f.
offrande n. f.
offre n. f.
offrir v.
offset n. m.
offusquer v.
oflag n. m. *Des oflags.*
ogival, ale, aux adj.
ogive n. f.
ogre n. m.
ogresse n. f.
oh ! interj. Homophones ▷ *ô.*
ohé ! interj.
oïdium n. m. *Des oïdiums.*
oie n. f.
oignon n. m.
oïl adv. et n. m. *La langue d'oïl.*
oindre v.
oint, ointe adj. et n.
oiseau n. m. *Des oiseaux.*
oiseau-mouche n. m. *Des oiseaux-mouches.*
oiselet n. m.
oiselle n. f.
oisellerie n. f.
oiseux, euse adj.
oisif, ive adj.
oisillon n. m.
oisiveté n. f.
oison n. m.
O. K. interj., adv. et adj. inv.
okapi n. m. *Des okapis.*
okoumé n. m. *Des okoumés.*
olé ! interj. On évitera la graphie *ollé !*
oléagineux, euse adj. et n. m.
oléoduc n. m.
olé olé adj. inv.
olfactif, ive adj.
olfaction n. f.
olibrius n. m. inv.
olifant n. m. La graphie *oliphant* est vieille.

oligarchie n. f.
oliphant n. m. ▷ *olifant.*
olivaie n. f. On dit aussi *oliveraie* et *olivette.*
olivâtre adj.
olive n. f. et adj. inv. *Des vareuses olive.*
oliveraie n. f. On dit aussi *olivaie* et *olivette.*
olivette n. f. On dit aussi *olivaie* et *oliveraie.*
olivier n. m.
ollé ! interj. On préférera la graphie *olé !*
ollé ollé adj. inv. ▷ *olé olé.*
olographe adj. Graphie à préférer à *holographe,* plus rare.
olympiade n. f.
olympien, ienne adj.
olympique adj. *Les jeux Olympiques,* graphie à préférer à *les Jeux Olympiques,* graphie fautive des journaux.
ombelle n. f.
ombilic n. m.
ombilical, ale, aux adj.
omble n. m.
ombrage n. m.
ombrageux, euse adj.
1. ombre n. f. Zone obscure. — Homophone : *hombre.*
2. ombre n. f. Terre de Sienne. *De la terre d'ombre.*
3. ombre n. m. Poisson.
ombrelle n. f.
oméga n. m.
omelette n. f.
omettre v.
omicron n. m.
omis, ise adj. et n. m.
omission n. f.
omnibus n. m. et adj. inv.
omnipotence n. f.
omnipotent, ente adj.
omniprésence n. f.
omnisports adj. inv.
omnium n. m. *Des omniums.*
omnivore adj. et n.
omoplate n. f.
on pron. pers. indéf. ▷ **p. 192.**
1. onagre n. m. Animal ; machine de guerre.
2. onagre n. f. Plante.
onc adv. On écrit aussi *oncques* et *onques.*
once n. f.

oncial, iale, iaux adj. et n. f.
oncle n. m.
oncques adv. On écrit aussi
onc et *onques*.
onction n. f.
onctueux, euse adj.
onctuosité n. f.
onde n. f.
ondée n. f.
ondin, ine n.
on-dit n. m. inv.
ondoiement n. m.
ondoyer v.
ondulatoire adj.
onduler v.
onéreux, euse adj.
ongle n. m.
onglée n. f.
onglet n. m.
onglon n. m.
onguent n. m.
ongulé adj. et n. m.
onirique adj.
oniromancie n. f.
onomastique adj. et n. f.
onomatopée n. f.
onomatopéique adj.
onques adv. On écrit aussi
onc et *oncques*.
ontologie n. f.
onyx n. m. inv.
onzain n. m.
onze adj. et n. m. inv.
onzième adj. et n.
opacifier v.
opacité n. f.
opale n. f.
opalescence n. f.
opalescent, ente adj.
opalin, ine adj. et n. f.
opaque adj.
openfield n. m. *Des openfields.*
opéra n. m.
opéra-ballet n. m. *Des
opéras-ballets.*
opéra-comique n. m. *Des
opéras-comiques.*
opérationnel, elle adj.
opératoire adj.
opercule n. m.
opérer v.
opérette n. f.
ophicléide n. m.
ophtalmique adj.
ophtalmologie n. f.
ophtalmologiste n. On dit
aussi, moins souvent,
ophtalmologue.

opiacé, ée adj. et n. m.
opimes adj. f. pl.
opiniâtre adj.
opiniâtreté n. f.
opinion n. f.
opium n. m. *Des opiums.*
opossum n. m. *Des
opossums.*
oppidum n. m. *Des oppidums,*
plus fréquent que *des oppida.*
opportun, une adj. et n.
opportunément adv.
opportunité n. f.
opposable adj.
opposé n. m.
opposer v.
opposite n. m.
opposition n. f.
oppression n. f.
opprimer v.
opprobre n. m.
optatif, ive adj. et n. m.
opter v.
opticien, ienne n. et adj.
optimal, ale, aux adj.
optimiste adj. et n.
optimum n. m. *Des optimums,*
mieux que *des optima.*
option n. f.
optique adj. et n. f.
opulence n. f.
opulent, ente adj.
opuscule n. m.
1. or n. m. Métal précieux.
2. or conj. et adv.
Homophones : *or ; hors ;
ores.*
oracle n. m.
oraculaire adj.
orage n. m.
oraison n. f.
oral, ale, aux adj.
orange n. f. et adj. inv. *Des
rubans orange.*
orangé, ée adj. et n. m.
orangeade n. f.
oranger n. m.
orangeraie n. f.
orangiste n.
orang-outan n. m. Préférer la
graphie *orang-outan,*
conforme à l'étymologie
malaise, à *orang-outang,*
orthographe indiquée, à tort,
par l'Académie.
orant, ante n. et adj.
orateur, trice n.
1. oratoire adj.

2. oratoire n. m.
oratorien n. m.
oratorio n. m. *Des oratorios.*
1. orbe n. m.
2. orbe adj.
orbital, ale, aux adj.
orbite n. f.
orchestral, ale, aux adj.
orchestre n. m.
orchestrer v.
orchidée n. f.
ordalie n. f.
ordinaire adj. et n. m.
ordinal, ale, aux, adj.
ordinateur n. m.
ordination n. f.
1. ordonnance n. f.
L'ordonnance du médecin.
2. ordonnance n. f.
Domestique d'un officier. —
Toujours féminin.
ordonnancement n. m.
ordonnancer v.
ordonnée n. f.
ordonner v.
ordre n. m.
ordure n. f.
orée n. f.
oreille n. f.
oreiller n. m.
oreillette n. f.
oreillon n. m. *Les oreillons.*
ores adv. *D'ores et déjà.*
orfèvre n. m.
orfèvrerie n. f.
orfraie n. f.
orfroi n. m.
organdi n. m.
organe n. m.
organeau n. m. *Des organeaux.*
organigramme n. m.
organique adj.
organiser v.
orge n. ▷ **p. 192.**
orgeat n. m.
orgelet n. m.
orgiaque adj.
orgie n. f.
orgue n. ▷ **p. 192.**
orgueil n. m.
orgueilleux, euse adj. et n.
orichalque n. m.
orient n. m. *Le soleil se lève à
l'orient,* mais *les civilisations
de l'Orient.*
oriental, ale, aux adj. et n.
*Les Orientaux. Les palais
orientaux.*

orienter v.
orifice n. m.
oriflamme n. f.
originaire adj.
original, ale, aux adj. et n.
originalité n. f.
origine n. f.
originel, elle adj.
originellement adv.
orignal n. m. *Des orignaux.* — La forme *orignac* est correcte aussi, mais plus rare.
oripeau n. m. *Des oripeaux.*
orléanisme n. m.
orléaniste adj. et n.
orléaniste adj. et n.
orme n. m.
ormeau n. m. *Des ormeaux.*
orne n. m.
ornemaniste n.
ornement n. m.
ornemental, ale, aux adj.
orner v.
ornière n. f.
ornithologie n. f.
ornithorynque n. m.
oronge n. f.
orpaillage n. m.
orpailleur n. m.
orphelin, ine n. et adj.
orphelinat n. m.
orphéon n. m.
orphique adj.
orque n. f.
orteil n. m.
orthodontie n. f.
orthodoxe adj. et n.
orthogonal, ale, aux adj.
orthographe n. f.
orthopédie n. f.
ortie n. f.
ortolan n. m.
orvet n. m.
orviétan n. m.
os n. m.
O. S. n. m.
oscar n. m. *Des oscars,* récompenses cinématographiques, mais *Oscar,* prénom.
oscillatoire adj.
osciller v.
oseille n. f.
oser v.
oseraie n. f.
osier n. m.
osmose n. f.

osque adj. et n.
ossature n. f.
osselet n. m.
ossement n. m.
osseux, euse adj.
ossifier v.
osso buco n. m. inv.
ossu, ue adj.
ossuaire n. m.
ost n. m.
ostensible adj.
ostensoir n. m.
ostentatoire adj.
ostéopathie n. f.
ostracisme n. m.
ostréiculture n. f.
ostrogoth, othe adj. et n. Éviter la graphie *ostrogot.*
otage n. m.
otarie n. f.
ôté, ée part. et prép. ▷ p. 192.
ôter v.
otite n. f.
oto-rhino n. *Des oto-rhinos.*
oto-rhino-laryngologiste n.
ottoman, ane adj. et n.
ou conj. de coordin.
où pron. et adv. relat., adv. interr.
ouailles n. f. pl.
ouais ! interj.
ouate n. f. *De l'ouate.*
ouater v. *Je ouate.*
ouatine n. f. *De la ouatine.*
ouatiner v. *Je ouatine.*
oubli n. m. Action d'oublier.
oublie n. f. Gâteau.
oublier v.
oubliette n. f.
oublieux, euse adj.
oued n. m. *Des oueds.* Le pluriel arabe, *des ouadi,* est rare.
ouest n. m. et adj. inv. *Le soleil se couche à l'ouest,* mais *les relations entre l'Est et l'Ouest.*
ouest-allemand, ande adj. *Les usines ouest-allemandes.*
ouf ! interj.
oui adv. et n. m. Pluriel : *des oui.*
oui-da adv.
ouï-dire n. m. inv.
ouïe n. f.
ouïes n. f. pl.
ouille ! interj. On écrit aussi,

plus rarement, *ouïe !*
ouïr v.
ouistiti n. m. *Le ouistiti. Une queue de ouistiti.*
oukase n. m. Graphie à préférer à *ukase.*
ouolof n. m. Graphie rare. On écrit plutôt *wolof.*
ouragan n. m.
ouralo-altaïque adj.
ourdir v.
ourler v.
ourlet n. m.
ours n. m.
ourse n. f.
oursin n. m.
ourson n. m.
oust ! interj. La graphie *ouste !* est correcte aussi, mais plus rare.
outarde n. f.
outil n. m.
outiller v.
outrage n. m.
outrance n. f.
1. outre n. f.
2. outre adv. et prép.
outré, ée adj.
outrecuidance n. f.
outrecuidant, ante adj.
outremer n. m. et adj. inv. *De beaux outremers. Des écharpes outremer. Des robes bleu outremer.*
outre-mer adv. *La France d'outre-mer.*
outrepasser v.
outrer v.
outsider n. m. *Des outsiders.*
ouvert, erte adj.
ouvrable adj.
ouvrage n. m. Féminin dans l'expression figée (familière) *de la belle ouvrage.*
ouvre-boîtes n. m. inv.
ouvrer v.
ouvreur, euse n.
ouvrier, ière n. et adj.
ouvrir v.
ouvroir n. m.
ovaire n. m.
ovale adj. et n. m.
ovation n. f.
ovationner v.
ove n. m.
overdose n. f.
ovin, ine adj. et n. m.
ovipare adj. et n.

OVNI n. m. *Des OVNI.* On écrit aussi *un O.V.N.I., des O.V.N.I.* et *un ovni, des ovnis.*
ovoïde adj.
ovovivipare adj. et n. m.

ovule n. m.
oxhydrique adj.
oxyacétylénique adj.
oxydant n. m.
oxyde n. m.

oxygène n. m.
oxygéner v.
oxyton n. m.
oyat n. m.
ozone n. m.

P

pacage n. m.
pace (in) n. m. inv. ▷ **in pace.**
pacemaker n. m. *Des pacemakers.*
pacha n. m. *Des pachas.*
pachyderme adj. et n. m.
pacifier v.
pacifique adj.
pack n. m. *Des packs.*
pacotille n. f.
pacte n. m.
pactole n. m.
paella n. f. *Des paellas.*
1. paf ! interj.
1. paf adj. inv.
pagaie n. f. Rame.
pagaille n. f. Désordre. Les graphies *pagaïe* et *pagaye* sont sorties de l'usage.
paganisme n. m.
pagayer v.
1. page n. f. Face d'une feuille.
2. page n. m. Jeune garçon assurant le service d'honneur. — *Des chaussettes page.*
pagne n. m.
pagode n. f. et adj. inv. *Des pagodes,* mais *des manches pagode.*
pagus n. m. *Des pagi.*
paie n. f. On écrira *paie* plutôt que *paye.*
paiement n. m. On écrira *paiement* plutôt que *payement.*
païen, ïenne, adj. et n.
paierie n. f.
paillard, arde adj. et n.
1. paillasse n. f. Matelas de paille.
2. paillasse n. m. Pitre.
paillasson n. m.
paille n. f. et adj. inv. *Des pailles,* mais *des rideaux paille.*
pailler n. m.
pailleter v.

paillette n. f.
paillon n. m.
paillote n. f.
pain n. m. Aliment. — Homophones : *peint* (part. de *peindre*) ; *pin.*
1. pair n. m. *Un pair de France.* — Homophones ▷ *père.*
2. pair, e adj. *Un nombre pair.* — Homophones ▷ *père.*
paire n. f. *Une paire de chaussures.* — Homophones ▷ *père.*
pairesse n. f.
pairie n. f.
paisible adj.
paître v.
paix n. f.
pakistanais, aise adj. et n.
pal n. m. Pieu. — *Des pals.* — Homophone : *pale.*
palabre n. f. De nos jours, est généralement féminin, mais l'emploi au masculin n'est pas vraiment une faute.
palace n. m.
paladin n. m.
palafitte n. m.
palais n. m.
palan n. m.
palanquin n. m.
palatal, ale, aux adj. et n. f.
palatin, ine adj. et n. m.
pale n. f. Partie d'une hélice. — Homophone : *pal.*
pâle adj.
palefrenier n. m.
palefroi n. m.
paléochrétien, ienne adj. et n.
paléographie n. f.
paléolithique adj. et n. m.
paléontologie n. f.
palestinien, ienne adj. et n.
palestre n. f.
palet n. m.
paletot n. m.
palette n. f.

palétuvier n. m.
pâleur n. f.
pâlichon, onne adj.
palier n. m.
palimpseste n. m.
palindrome adj. et n. m.
palinodie n. f.
pâlir v.
palissade n. f.
palissandre n. m.
palisser v.
palladium n. m. *Le Palladium* ou *le Palladion,* statue de Pallas Athéna, mais *un palladium, des palladiums.*
palliatif, ive adj. et n. m.
pallier v.
pallikare n. m. Les graphies *palicare* et *pallicare* sont vieillies.
pallium n. m. *Des palliums.*
palmarès n. m. inv.
1. palme n. f. Feuille de palmier.
2. palme n. m. Ancienne unité de longueur.
palmé, ée adj.
palmer n. m.
palmeraie n. f.
palmette n. f.
palmier n. m.
palmipède adj. et n. m.
palmiste n. m.
palombe n. f.
palonnier n. m.
pâlot, otte adj.
palourde n. f.
palpe n. m. De nos jours, le masculin l'emporte. Cependant le féminin, *une palpe,* reste correct.
palpébral, ale, aux, adj.
palper v.
palpiter v.
palsambleu ! interj.
paltoquet n. m.
paludéen, éenne adj.
paludisme n. m.
palustre adj.

pâmer (se) v.
pâmoison n. f.
pampa n. f. *Des pampas.*
pamphlet n. m.
pamphlétaire n. et adj.
pamplemousse n. m. On dit, de nos jours, *un pamplemousse,* mais le féminin, *une pamplemousse,* n'est pas véritablement incorrect.
pampre n. m.
1. pan n. m. Morceau, partie. — Homophones : *pan ! ; Pan ; paon ; il pend (*de *pendre).*
2. pan ! onomatopée.
panacée n. f.
panache n. m.
panaché, ée adj. et n. m.
panade n. f.
panafricain, aine adj.
panafricanisme n. m.
panama n. m. inv. *Des panama. Du bois de Panama.*
panaméen, éenne adj. et n.
panaméricain, aine adj.
panarabe adj.
panard, arde adj.
panaris n. m. inv.
panathénées n. f. pl.
pancarte n. f.
pancrace n. m.
pancréas n. m.
pandémonium n. m. *Des pandémoniums.*
pandore n. m.
pané, ée adj.
panégyrique n. m. et adj.
panégyriste n.
paner v.
paneterie n. f.
panetier n. m.
panetière n. f.
pangermaniste adj. et n.
pangolin n. m.
panhellénique adj.
panier n. m.
panière n. f.
panifier v.
panique adj. et n. f.
panislamisme n. m.
panne n. f.
panneau n. m. *Des panneaux.*
panneton n. m.
panonceau n. m. *Des panonceaux.*
panoplie n. f.

panorama n. m.
panse n. f.
pansement n. m.
panser v. Soigner. — Homophone : *penser.*
panslavisme n. m.
pansu, ue adj.
pantagruélique adj.
pantalon n. m.
pantalonnade n. f.
panteler v.
panthéiste adj. et n.
panthéon n. m.
panthère n. f.
pantin n. m.
pantographe n. m.
pantois adj. m. Cet adjectif ne peut s'employer avec un nom ou un pronom féminin.
pantomime n. f.
pantoufle n. f.
pantoufler v.
pantoum n. m. On évitera la forme *pantoun,* plus rare. — *Des pantoums.*
panzer n. m. *Des panzers.*
paon, paonne n. Oiseau. — Homophones ▷ *pan.*
papa n. m.
papal, ale, aux adj. Le masculin pluriel, *papaux,* est correct, mais très rare.
papauté n. f.
papaye n. f.
pape n. m.
papegai n. m.
1. papelard, arde adj. Hypocrite.
2. papelard n. m. Papier (familier).
paperasse n. f.
papesse n. f.
papeterie n. f.
papetier, ière n. et adj.
papier n. m.
papilionacé, ée adj. et n. f. pl.
papille n. f.
papillon n. m.
papillonner v.
papillote n. f.
papilloter v.
papiste n. et adj.
papoter v.
papou, e adj. et n. *Un Papou. Une Papoue. Les Papous. Les coutumes papoues.*
paprika n. m.
papyrus n. m. *Des papyrus.*

Le pluriel *des papyri* n'est employé que par les spécialistes.
pâque n. f. ▷ **p. 192.**
Pâques n. f. pl. et n. m. ▷ **p. 192.**
paquebot n. m.
pâquerette n. f.
paquet n. m.
paquetage n. m.
1. par prép.
2. par n. m. Terme de golf.
para n. m. *Des paras.*
parabole n. f.
parabolique adj.
parachèvement n. m.
parachever v.
parachute n. m.
parade n. f.
paradichlorobenzène n. m.
paradigme n. m.
paradis n. m.
paradisiaque adj.
paradisier n. m.
paradoxal, ale, aux adj.
paradoxe n. m.
parafe n. m. On écrit aussi *paraphe.*
parafer v. On écrit aussi *parapher.*
paraffine n. f.
parage n. m.
parages n. m. pl.
paragraphe n. m.
paragrêle n. m. et adj. *Des canons paragrêles.*
paraguayen, enne n. et adj.
1. paraître v.
2. paraître n. m.
parallèle adj. et n. *Un parallèle :* cercle, ligne parallèle à l'équateur. — *Une parallèle :* ligne parallèle à une autre.
parallèlement adv.
parallélépipède n. m. La forme *parallélipipède,* adoptée par l'Académie, est inusitée.
parallélisme n. m.
parallélogramme n. m.
paralogisme n. m.
paralyser v.
paralysie n. f.
paramètre n. m.
paramilitaire adj.
paramnésie n. f.
parangon n. m.

paranoïa n. f.
paranoïaque adj.
paranormal, ale, aux, adj.
parapet n. m.
paraphe n. m. On écrit aussi *parafe*.
parapher v. On écrit aussi *parafer*.
paraphernal, ale, aux adj.
paraphraser v.
parapluie n. m.
parapsychologie n. f.
parascolaire adj.
parasitaire adj.
parasite n. m.
parasol n. m.
paratonnerre n. m.
paravalanche adj.
paravent n. m.
parbleu ! interj.
parc n. m.
parcage n. m.
parcellaire adj.
parcelle n. f.
parcelliser v.
parce que loc. conj.
parchemin n. m.
parcimonie n. f.
parcmètre n. m. La forme *parcomètre* est rare.
parcourir v.
parcours n. m.
pardessus n. m. *Un pardessus*, manteau, mais *il sauta par-dessus la barrière*.
par-devers prép.
pardi ! interj.
pardieu ! interj.
pardon n. m.
pardonner v.
pare-balles n. m. inv. et adj. inv.
pare-boue n. m. inv.
pare-brise n. m. inv.
pare-chocs n. m. inv.
pare-feu n. m. inv. et adj. inv.
pareil, eille adj., adv. et n. ▷ p. 193. — *Elles sont habillées pareil*.
parement n. m.
parent, ente n. et adj.
parentalies n. f. pl.
parenté n. f.
parenthèse n. f. *Par parenthèse*, mais *entre parenthèses*.
paréo n. m. *Des paréos*.
parer v.

pare-soleil n. m. inv.
paresse n. f.
parfaire v.
parfait, aite adj. et n.
parfois adv.
parfum n. m.
pari n. m.
paria n. *Des parias. Une paria*.
pariade n. f.
parier v.
parigot, ote n. et adj.
parisianisme n. m.
parisien, ienne adj. et n.
parisis adj. inv.
parisyllabique adj.
paritaire adj.
parité n. f.
parjure adj. et n.
parka n. f. On a dit *un parka*, mais maintenant on dit *une parka*, le plus souvent.
parking n. m.
parlement n. m.
parlementaire adj. et n.
1. parler v.
2. parler n. m.
parloir n. m.
parlote n. f.
parmesan n. m.
parmi prép.
parnassien, ienne n. et adj. *Les parnassiens*, mais *le Parnasse*.
parodie n. f.
paroi n. f.
paroisse n. f.
paroissial, iale, iaux adj.
paroissien, ienne n.
parole n. f.
parolier, ière n.
paronyme adj. et n. m.
parotide n. f.
parousie n. f.
paroxysme n. m.
paroxystique adj.
paroxyton adj. et n. m.
parpaillot, ote n.
parpaing n. m.
parque n. f. *Les trois Parques*.
parquer v.
parquet n. m.
parqueter v.
parqueterie n. f.
parrain n. m.
parrainer v.
parrainer v.
parricide n. et adj.
parsemer v.

parsi, ie n. et adj. *Les parsis. Une parsie.*
1. part n. f. Portion, partie.
2. part n. m. Mise bas ; enfant nouveau-né (en terme de droit).
partage n. m.
partageable adj.
partager v.
partageux, euse n. et adj.
partance n. f.
1. partant, ante n. et adj.
2. partant conj. Par conséquent (vieux).
partenaire n.
parterre n. m.
parthénogenèse n. f.
1. parti n. m.
2. parti, ie adj.
partial, iale, iaux adj.
partibus (in) loc. adj.
participe n. m.
participer v.
participial, iale, iaux adj.
particulariser v.
particularité n. f.
particule n. f.
particulier, ière adj. et n.
partie n. f.
partiel, ielle adj. et n.
partiellement adv.
partir v.
partisan, ane n. et adj. *Elle est très partisan de cette solution. Les partisanes des maquis* (= femmes francs-tireurs). *Les haines partisanes.*
partitif, ive adj.
partition n. f.
partout adv.
parturiente n. f.
parturition n. f.
parure n. f.
parution n. f.
parvenir v.
parvis n. m.
1. pas n. m.
2. pas adv.
1. pascal, ale adj. De Pâques. — On évitera d'employer ce mot au masculin pluriel. La forme *pascals* est moins rare que *pascaux*.
2. pascal, als n. m.
pascalien, ienne adj.
paso doble n. m. inv.

118

pasquinade n. f.
passacaille n. f.
passager, ère adj. et n.
passavant n. m.
1. passe n. f. *Faire une passe à l'ailier.*
2. passe n. m. *Passe-partout.*
1. passé, ée adj. et prép. ▷ p. 193.
2. passé n. m.
passe-boules n. m. inv.
passe-droit n. m. *Des passe-droits.*
passéiste n. et adj.
passementier, ière n. et adj.
passe-montagne n. m. *Des passe-montagnes.*
passe-partout n. m. inv. et adj. inv.
passe-passe n. m. inv.
passe-plat n. m. *Des passe-plats.*
passepoil n. m.
passeport n. m.
passer v.
passereau n. m. *Des passereaux.*
passerelle n. f.
passe-temps n. m. inv.
passible adj.
passif, ive adj. et n. m.
passim adv.
passion n. f.
passionnel, elle adj.
passionnellement adv.
passionnément adv.
passionner v.
passivité n. f.
passoire n. f.
pastel n. m. et adj. inv. *Des pastels,* mais *des teintes pastel.*
pastelliste n.
pastèque n. f.
pasteur n. m.
pasteuriser v.
pastiche n. m.
pastille n. f.
pastis n. m. inv.
pastoral, ale, aux adj. et n. f.
pastoureau, elle n. *Des pastoureaux.*
patache n. f.
patachon n. m.
patapouf interj. et n. m. *Des gros patapoufs.*
pataquès n. m. inv.
patate n. f.

patati patata onomat. On dit aussi *et patati, et patata.*
patatras ! interj.
pataud, aude adj. et n.
pataugeage n. m.
patauger v.
patchouli n. m.
patchwork n. m. *Des patchworks.*
pâte n. f.
pâté n. m.
pâtée n. f.
1. patelin n. m. Petite ville (familier).
2. patelin, ine n. et adj. Hypocrite doucereux.
patelle n. f.
patène n. f.
patenôtre n. f.
patent, ente adj. et n. f. *Un fait patent. Payer la patente.*
Pater n. m. *Le Pater (des Pater)* : prière. — *Un pater (des paters)* : gros grain d'un chapelet.
patère n. f.
paternaliste adj.
paterne adj.
paternel, elle adj.
paternellement adv.
paternité n. f.
pâteux, euse adj.
pathétique adj. et n. m.
pathogène adj.
pathologie n. f.
pathos n. m. inv.
patibulaire adj.
patiemment adv.
patience n. f.
patient, ente adj. et n.
patin n. m.
patinette n. f.
patinoire n. f.
patio n. m. *Des patios.*
pâtir v.
pâtis n. m. inv.
pâtisserie n. f.
pâtissier, ière n. et adj.
patois, oise n. m. et adj. *Parler patois. Une expression patoise.*
patoiser v.
pâton n. m.
patraque adj.
pâtre n. m.
patres (ad) loc. adv
patriarcal, ale, aux adj.
patriarcat n. m.

patricien, ienne n. et adj.
patrie n. f.
patrimoine n. m.
patrimonial, ale, aux adj.
patriote n. et adj.
patriotique adj.
patron, onne n.
patronage n. m.
patronal, ale, aux adj.
patronat n. m.
patronner v.
patronnesse adj. f.
patronyme n. m.
patrouille n. f.
patte n. f.
patte-d'oie n. f. *Des pattes-d'oie.*
pattemouille n. f.
pattu, ue adj.
pâturage n. m.
pâture n. f.
pâturer v.
paturon n. m.
paume n. f.
paumelle n. f.
paumer v.
paupériser v.
paupière n. f.
paupiette n. f.
pause n. f. Arrêt, repos. — Homophone : *pose.*
pause café n. f. *Des pauses café.*
pauser v.
pauvre adj. et n.
pauvresse n. f.
pauvret, ette n.
pauvreté n. f.
pavane n. f.
pavaner (se) v.
pavé n. m.
paver v.
pavillon n. m.
pavillonnaire adj.
pavois n. m. inv.
pavoiser v.
pavot n. m.
paye n. f. ▷ paie.
payement n. m. ▷ paiement.
payer v.
payeur, euse n. et adj.
pays n. m. Région.
pays, payse n. Compatriote.
paysage n. m.
paysager, ère adj.
paysan, anne n. et adj.
paysannat n. m.
paysannerie n. f.

P.-D.G. n. m. inv.
péage n. m.
péan n. m. La graphie *pæan* est vieillie.
peau n. f. *Des peaux.*
peaufiner v.
peau-rouge adj. et n. *Des Peaux-Rouges. Une Peau-Rouge. Des chefs peaux-rouges.*
peausserie n. f.
pécari n. m. *Des pécaris.*
peccadille n. f.
1. pêche n. f Action de pêcher (le poisson, etc.).
2. pêche n. f. Fruit.
péché n. m. Faute.
pécher v. Commettre une faute.
1. pêcher v. Capturer des poissons, etc.
2. pêcher n. m. Arbre fruitier.
pêcherie n. f.
pécheur, pécheresse n. Celui, celle qui commet une faute.
pêcheur, pêcheuse n. Celui, celle qui pêche.
pécore n. f.
pectoral, ale, aux adj. et n. m.
pécule n. m.
pécuniaire adj.
pécuniairement adv.
pédagogie n. f.
pédale n. f.
pédalier n. m.
Pédalo n. m. Nom déposé : un *P* majuscule, en principe.
pédant, ante adj.
pédestre adj.
pédiatre n.
pédiatrie n. f.
pédicure n.
pedigree n. m. *Des pedigrees.*
pédologie n. f.
pédoncule n. m.
pègre n. f.
peigne n. m.
peigner v.
peigneur, euse n. et adj.
peignoir n. m.
peille n. f.
peinard, arde adj. et n.
peindre v.
peine n. f.
peiner v.

peint, peinte adj. Couvert de peinture. — Homophones : *pain ; pin.*
peintre n. m.
peinture n. f.
peinturlurer v.
péjoratif, ive adj. et n. m.
pékin n. m. On écrit aussi *péquin*, graphie assez rare.
pékinois, oise adj. et n. *Un pékinois,* chien, mais *un Pékinois,* habitant de Pékin.
pelade n. f.
pelage n. m.
pélagien, ienne adj. et n. Qui concerne le moine Pélage.
pélagique adj. Qui concerne la haute mer.
pélasgique adj. Qui appartient au peuple des Pélasges.
pêle-mêle adv. et n. m. inv.
peler v.
pèlerin, ine n.
pèlerinage n. m.
pèlerine n. f.
pélican n. m.
pelisse n. f.
pellagre n. f.
pelletée n. f.
pelleter v.
pelleterie n. f.
pelletier, ière n.
pellicule n. f.
pelotari n. m. *Des pelotaris.*
pelote n. f.
peloter v.
peloton n. m.
pelotonner v.
pelouse n. f.
peluche n. f. *Un ours en peluche,* mais *la corvée de pluches.*
pelucher v.
pelure n. f.
pemmican n. m.
pénal, ale, aux adj.
pénalité n. f.
penalty n. m. *Des penaltys* ou *des penalties* (plus fréquent).
pénates n. m. pl.
penaud, aude adj.
penchant n. m.
pencher v.
pendaison n. f.
1. pendant, ante adj.
2. pendant prép.
3. pendant n. m. *Ces deux*

vases se font pendant, mais *ces deux vases font pendants.*
pendard, arde n.
pendeloque n. f.
pendentif n. m.
penderie n. f.
pendiller v.
pendouiller v.
pendre v.
pendule n. f. et m. ▷ p. 193.
pêne n. m.
pénéplaine n. f.
pénétrer v.
pénible adj.
péniche n. f.
pénicilline n. f.
péninsulaire adj.
péninsule n. f.
pénitence n. f.
pénitencier n. m.
pénitent, ente adj. et n.
pénitentiaire adj.
penne n. f.
pennon n. m.
penny n. m. *Des pennies :* plusieurs pièces. *Des pence :* une valeur globale de plusieurs fois un penny.
pénombre n. f.
pense-bête n. m. *Des pense-bêtes.*
pensée n. f.
1. penser v. Réfléchir. — Homophone : *panser.*
2. penser n. m.
pension n. f.
pensionnaire n.
pensionnat n. m.
pensionner v.
pensum n. m. *Des pensums.*
pentagonal, ale, aux adj.
pentagone n. m. *Un pentagone :* figure à cinq côtés. *Le Pentagone :* ministère de la Défense, aux États-Unis.
pentamètre n. m. et adj.
pentathlon n. m.
pente n. f.
Pentecôte n. f.
pentu, ue adj.
penture n. f.
pénultième adj. et n. f.
pénurie n. f.
péon n. m. *Des péons.*
pépère n. m. et adj.
pépie n. f.

pépiement n. m.
pépier v.
pépin n. m.
pépinière n. f.
pépiniériste n. et adj.
pépite n. f.
péplum n. m. *Des péplums.*
péquin n. m. ▷ **pékin.**
percale n. f.
perce n. f. *Mettre un tonneau en perce.* — Homophone : *perse.*
percée n. f.
perce-neige n. f. inv. On écrira *une perce-neige,* malgré l'usage des botanistes, qui disent *un perce-neige.*
perce-oreille n. m. *Des perce-oreilles.*
percepteur, trice adj. et n.
perception n. f.
percer v.
percevoir v.
perche n. f.
percher v.
percheron, onne adj. et n. *Un percheron,* cheval, mais *un Percheron,* habitant du Perche.
perchoir n. m.
perclus, use adj.
percolateur n. m.
percussion n. f.
percussionniste n.
percuter v.
perdition n. f.
perdre v.
perdreau n. m. *Des perdreaux.*
perdrix n. f. inv.
père n. m. Mari de la mère. — Homophones : *un pair (de France)* ; *(un nombre) pair* ; *il perd (de perdre)* ; *pers* ; *paire.*
pérégrination n. f.
péremptoire adj.
pérenne adj.
pérennité n. f.
péréquation n. f.
perfection n. f.
perfectionner v.
perfide adj. et n.
perforer v.
performance n. f.
perfusion n. f.
pergola n. f. *Des pergolas.*
péricarde n. m.
péricliter v.

périgourdin, ine adj. et n.
péril n. m.
périlleux, euse adj.
périmer (se) v.
périmètre n. m.
périnée n. m.
période n. f. et m. ▷ **p. 193.**
périodicité n. f.
péripatéticien, ienne adj. et n.
péripétie n. f.
périphérie n. f.
périphrase n. f.
périple n. m.
périr v.
périscolaire adj.
périscope n. m.
périssoire n. f.
péristyle n. m.
péritoine n. m.
péritonite n. f.
perle n. f.
perler v.
perlier, ière adj.
perlimpinpin n. m.
permanence n. f.
permanent, ente adj. et n.
perméable adj.
permettre v.
permis n. m.
permission n. f.
permissionnaire n. m.
permutation n. f.
pernicieux, ieuse adj.
péroné n. m.
péronnelle n. f.
péroraison n. f.
pérorer v.
peroxyde n. m.
perpendiculaire adj. et n. f.
perpétrer v.
perpétuel, elle adj.
perpétuellement adv.
perpétuer v.
perpétuité n. f.
perplexe adj.
perplexité n. f.
perquisitionner v.
perron n. m.
perroquet n. m.
perruche n. f.
perruque n. f.
perruquier n. m.
per adj. m. *Des yeux pers.* Il existe un féminin *perse,* attesté, mais extrêmement rare. — Homophones ▷ *père.*

persan, ane adj. et n.
perse adj. et n. De la Perse. — Homophone : *perce.*
persécuter v.
persécuteur, trice adj. et n.
persécution n. f.
persévérance n. f.
persévérer v.
persienne n. f.
persifler v.
persil n. m.
persillé, ée adj.
persique adj.
persistance n. f.
persister v.
persona grata n. f. On évite d'employer ce mot au pluriel.
personnage n. m.
personnaliser v.
personnalité n. f.
personne n. f. et pron. indéf. ▷ **p. 193.**
personnel, elle adj. et n. m.
personnellement adv.
personnifier v.
perspective n. f.
perspicace adj.
perspicacité n. f.
persuader v.
persuasion n. f.
perte n. f.
pertinemment adv.
pertinence n. f.
pertinent, ente adj.
pertuis n. m. inv.
pertuisane n. f.
perturber v.
péruvien, ienne adj. et n.
pervenche n. f. et adj. inv. *Des pervenches,* mais *des robes bleu pervenche.*
pervers, erse adj. et n.
perversion n. f.
perversité n. f.
pervertir v.
pesamment adv.
pesanteur n. f.
pèse-bébé n. m. *Des pèse-bébé* ou *des pèse-bébés.*
pesée n. f.
pèse-lettre n. m. *Des pèse-lettre* ou *des pèse-lettres.*
pèse-personne n. m. *Des pèse-personne* ou *des pèse-personnes.*

peser v.
peseta n. f. *Des pesetas.*
peso n. m. *Des pesos.*
peson n. m.
pessimiste adj. et n.
peste n. f.
pester v.
pestiféré, ée adj. et n.
pestilence n. f.
pestilentiel, ielle adj.
pet n. m.
pétale n. m.
pétanque n. f.
pétarade n. f.
pétard n. m.
pétase n. m.
pétaudière n. f.
pet-de-nonne n. m. *Des pets-de-nonne.*
péter v.
pète-sec adj. inv. et n. inv.
pétiller v.
pétiole n. m.
petiot, iote adj. et n.
petit, ite adj., n et adv
petit-beurre n. m. *Des petits-beurre.*
petit-bourgeois, oise n. et adj. *Des petits-bourgeois. Une petite-bourgeoise. Des petites bourgeoises. Des comportements petits-bourgeois. Des habitudes petites-bourgeoises.*
petite-fille n. f. *Des petites-filles.*
petite-nièce n. f. *Des petites-nièces.*
petitesse n. f.
petit-fils n. m. *Des petits-fils.*
petit-gris n. m. *Des petits-gris.*
pétition n. f.
pétitionnaire n.
petit-lait n. m. *Des petits-laits.*
petit-maître n. m. Jeune élégant. *Des petits-maîtres. — Les petits maîtres :* les bons artistes mineurs.
petit-nègre n. m. Inusité au pluriel.
petit-neveu n. m. *Des petits-neveux.*
petits-enfants n. m. pl. Enfants du fils ou de la fille, mais *des petits enfants,* de jeunes enfants.

petit-suisse n. m. *Des petits-suisses.*
pétoire n. f.
peton n. m.
pétoncle n. m.
pétrarquiste n. et adj.
pétré, ée adj. *l'Arabie Pétrée.*
pétrel n. m.
pétrifier v.
pétrin n. m.
pétrir v.
pétrochimie n. f.
pétrographie n. f.
pétrole n. m.
pétrolette n. f.
pétroleuse n. f.
pétrolier, ière adj. et n. m.
pétrolifère adj.
pétrolochimie n. f.
petto (in) loc. adv.
pétulance n. f.
pétulant, ante adj.
pétun n. m.
pétuner v.
pétunia n. m. *Des pétunias.*
peu adv.
peuh ! interj.
peul, peule n. et adj. *Un Peul. Des Peuls ou des Foulbé. Une Peule, des Peules. Une femme peule. — Le peul :* langue.
peuple n. m. et adj. inv. *Il a des manières peuple.*
peupler v.
peupleraie n. f.
peuplier n. m.
peur n. f.
peut-être adv.
phacochère n. m.
phaéton n. m.
phagocyte n. m.
phalange n. f.
phalangiste n.
phalanstère n. m.
phalanstérien, ienne adj. et n.
phalène n. Les deux genres sont admis. Le féminin est, en principe, plus correct, mais le masculin est plus fréquent.
phallique adj.
phallocrate n. m.
phallus n. m. inv.
pharamine adj. *Bête pharamine.* On écrira plutôt *faramine.*
pharamineux, euse adj. On écrira plutôt *faramineux.*

pharaon n. m.
pharaonique adj.
phare n. m. Lanterne. — Homophones : *far ; fard ; fart.*
pharisaïsme n. m.
pharisien, ienne n.
pharmaceutique adj. et n. f.
pharmacie n. f.
pharmacopée n. f.
pharyngite n. f.
pharynx n. m. inv.
phase n. f.
phénicien, ienne adj. et n.
phénix n. m. inv. *Des phénix. — Le Phénix :* oiseau mythique, seul de son espèce.
phénoménal, ale, aux adj.
phénomène n. m.
phi n. m.
philanthrope n.
philatélie n. f.
philharmonique adj.
philhellène n. et adj.
philhellénisme n. m.
philippin, ine adj. et n.
philippique n. f.
philistin, ine adj. et n.
philo n. f.
philologie n. f.
philosophale adj. f.
philosophe n.
philtre n. m. Breuvage magique. — Homophone : *filtre.*
phlébite n. f.
phlegmon n. m. La graphie *flegmon* est vieillie.
phobie n. f.
phocéen, éenne adj. et n.
phocidien, ienne n. et adj.
phonation n. f.
phonème n. m.
phonétique adj. et n. f.
phonie n. f.
phono n. m. *Des phonos.*
phonographe n. m.
phonologie n. f.
phoque n. m.
phosphate n. m.
phosphore n. m.
phosphorescence n. f.
phosphorescent, ente adj.
photo n. f. *Des photos.*
photocomposition n. f.
photocopie n. f.
photoélectrique adj.
photogénique adj.

photographe n.
photogravure n. f.
photomontage n. m.
phrase n. f.
phrasé n. m.
phraséologie n. f.
phraseur, euse n. et adj.
phratrie n. f. Dans la Grèce antique, subdivision de la tribu. — Homophone : *fratrie.*
phréatique adj.
phrénologie n. f.
phrygien, ienne adj. et n.
phtisie n. f.
phtisiologue n.
phtisique adj. et n.
phylactère n. m.
phylloxéra n. m. On évitera la graphie *phylloxera* donnée, à tort, par l'Académie.
physicien, ienne n.
physico-chimique adj.
physiocrate n. m. et adj.
physiognomonie n. f.
physiologie n. f.
physionomie n. f.
1. physique adj. et n. m.
2. physique n. f.
pi n. m.
piaf n. m. *Des piafs.*
piaffer v.
piailler v.
pianissimo adv. et n. m. inv.
pianiste n.
1. piano n. m. Instrument. *Des pianos.*
2. piano adv. et n. m. inv. *Les piano :* mouvements (d'une œuvre musicale) qu'on joue « piano ».
pianoforte n. m. On écrira *pianoforte* plutôt que *piano-forte.* — *Des pianoforte.*
pianoter v.
piastre n. f.
piauler v.
pic n. m. *La falaise tombe à pic, un rocher à pic,* mais *un à-pic vertigineux.*
1. pica n. m. Goût morbide. *Des picas.*
2. pica n. m. inv. *Des caractères pica.*
picador n. m. *Des picadors.*
picaillons n. m. pl.
picard, arde adj. et n.
picaresque adj.
pichenette n. f.

pichet n. m.
pickles n. m. pl.
pickpocket n. m. *Des pickpockets.*
pick-up n. m. inv. *Des pick-up.*
picoler v.
picorer v.
picoter v.
picotin n. m.
picrique adj.
pictural, ale, aux adj.
pic-vert ou **picvert** n. m. ▷ *pivert.*
1. pie adj. f. *(Faire) œuvre pie* ▷ **p. 193.**
2. pie n. f. et adj. ▷ **p. 193.**
pièce n. f.
piécette n. f.
pied n. m.
pied-à-terre n. m. inv.
pied-bot n. m. ▷ *bot.*
pied-d'alouette n. m. *Des pieds-d'alouette.*
pied-de-biche n. m. *Des pieds-de-biche.*
pied-de-nez n. m. *Des pieds-de-nez.*
pied-de-poule n. m. *Des pieds-de-poule,* mais *des costumes pied-de-poule.*
piédestal n. m. *Des piédestaux.*
pied-noir n. m. et adj. *Un pied-noir. Une pied-noir. Les pieds-noirs. Les communautés pieds-noirs.*
pied-plat n. m. *Des pieds-plats.*
piédroit n. m.
piège n. m.
piéger v.
piégeur n. m.
pie-grièche n. f. *Des pies-grièches.*
pierraille n. f.
pierre n. f.
pierreries n. f. pl.
pierreux, euse adj.
pierrier n. m.
pierrot n. m. *Des pierrots,* mais *le personnage de Pierrot.*
pietà n. f. inv.
piétaille n. f.
piété n. f.
piétiner v.
piétiste n. et adj.
piéton, onne n. et adj. *Une rue piétonne* (et non *une rue piétonnière*).

piètre adj.
pieu n. m. Pièce de bois enfoncée dans le sol. — *Des pieux.* — Homophone : *pieux.*
pieuvre n. f.
pieux, pieuse adj. Plein de piété. — Homophone : *pieu.*
pif ! interj.
pige n. f.
pigeon n. m.
pigeonne n. f.
pigeonneau n. m. *Des pigeonneaux.*
pigeonner v.
pigeonnier n. m.
piger v.
pigment n. m.
pignocher v.
pignon n. m.
pignouf n. m. et adj.
pilaf n. m. *Des pilafs. Du riz pilaf.* Les formes *pilau* et *pilaw* sont vieillies.
pilastre n. m.
1. pile n. f.
2. pile adv.
piler v.
pileux, euse adj.
pilier n. m.
pillard, arde adj. et n.
piller v.
pilon n. m.
pilonner v.
pilori n. m. *Des piloris.*
pilosité n. f.
pilote n. m. *Une ferme pilote, des fermes pilotes.*
piloter v.
pilotis n. m. inv.
pilou n. m. *Des pilous.*
pilule n. f.
pilum n. m. *Des pilums.*
pimbêche n. f. et adj.
piment n. m.
pimpant, ante adj.
pin n. m. Arbre. — Homophones : *pain ; peint.*
pinacle n. m.
pinacothèque n. f.
pinard n. m.
pinasse n. f.
pince n. f.
pinceau n. m. *Des pinceaux.*
pincée n. f.
pince-monseigneur n. f. *Des pinces-monseigneur,* mais *des monseigneurs.*
pince-nez n. m. inv.

pincer v.

pince-sans-rire n. inv. et adj. inv.

pincette n. f.

pinçon n. m. Marque de pincement. — Homophone : pinson.

pindarique adj.

pinéal, ale, aux adj.

pineau n. m. Des pineaux.

pinède n. f.

pingouin n. m.

Ping-Pong n. m. inv. Nom déposé, donc, en principe, deux P majuscules.

pingre n. et adj.

pinson n. m. Oiseau. — Homophone : pinçon.

pintade n. f.

pintadeau n. m. Des pintadeaux.

pinte n. f.

pinter v.

pin-up n. f. inv. La graphie pin up est vieillie.

pioche n. f.

piolet n. m.

pion, pionne n.

pioncer v.

pionnier n. m.

pioupiou n. m. Des pioupious.

pipe n. f.

pipeau n. m. Des pipeaux.

pipée n. f.

pipelet, ette n.

pipeline n. m. Des pipelines. On écrit aussi un pipe-line, des pipe-lines.

piper v.

piperade n. f.

pipette n. f.

pipi n. m.

piquage n. m.

piquant, ante adj. et n. m.

1. pique n. f. Arme.

2. pique n. m. Couleur du jeu de cartes.

piqué, ée adj. et n. m.

pique-assiette n. inv.

pique-bœuf n. m. Des pique-bœufs.

pique-feu n. m. inv.

pique-nique n. m. Des pique-niques.

pique-niquer v.

pique-niqueur, euse n.

piquer v.

piquet n. m.

piqueter v.

piquette n. f.

1. piqueur, euse adj. Qui pique : Un insecte piqueur.

2. piqueur, euse n. Celui, celle qui pique à la machine.

3. piqueur n. m. Ouvrier qui travaille au pic.

piqueux ou piqueur n. m. Valet de chiens ou d'écurie.

piquier n. m. Soldat armé d'une pique.

piqûre n. f.

piranha n. m. La forme piraya est vieillie.

pirate n. m. Des radios pirates. Des émissions pirates.

piraya n. m. ▷ piranha.

pire adj. et n. m. Des pires ▷ p. 181. Le pire, la pire, les pires ▷ p. 188.

pirogue n. f.

pirouette n. f.

pirouetter v.

1. pis n. m.

2. pis adv., adj. et n. m.

pis-aller n. m. inv. Un pis-aller, mais au pis aller.

pisciculture n. f.

piscine n. f.

pisé n. m.

pissaladière n. f.

pisse n. f.

pisse-froid n. m. inv.

pissenlit n. m.

pisse-vinaigre n. m. inv.

pissotière n. f.

pistache n. f. et adj. inv. Des pistaches, mais des robes pistache.

piste n. f.

pistil n. m.

pistole n. f.

pistolet n. m.

piston n. m.

pistonner v.

pistou n. m. Des pistous.

pitance n. f.

pitchpin n. m.

piteux, euse adj.

pithécanthrope n. m.

pithiviers n. m. inv.

pitié n. f.

piton n. m. Crochet ; sommet pointu. — Homophone : python.

pitonner v.

pitoyable adj.

pitre n. m.

pitrerie n. f.

pittoresque adj. et n. m.

pituite n. f.

pivert n. m. Forme usuelle du mot, à préférer. On écrit aussi picvert (des picverts) et pic-vert (des pics-verts).

pivoine n. f.

pivot n. m.

pivoter v.

pizza n. f. Des pizzas.

pizzeria n. f. Des pizzerias.

placage n. m. Un placage de marbre, mais le plaquage d'un adversaire (au rugby) et le plaquage d'une femme (par son amant).

placard n. m.

place n. f.

placebo n. m. Des placebos.

placenta n. m. Des placentas.

1. placer v.

2. placer n. m.

placet n. m.

placette n. f.

placide adj.

placidité n. f.

placier, ière n.

plafond n. m.

plafonner v.

plafonnier n. m.

plage n. f.

plagiaire n.

plagier v.

plaid n. m.

plaider v.

plaidoirie n. f.

plaidoyer n. m.

plaie n. f.

plaignant, ante n. et adj.

plain adj. m. ▷ p. 193. — Homophone : plein.

plain-chant n. m. Des plains-chants.

plaindre v.

plaine n. f.

plain-pied (de) loc. adv. et loc. adj. inv.

plainte n. f. Action de se plaindre. — Homophone : plinthe.

plaire v.

plaisamment adj.

plaisance n. f.

plaisancier, ière n.

plaisanter v.

plaisantin n. m. et adj. m.

plaisir n. m.

1. plan, ane adj.
2. plan n. m. Dessin. —
Homophone : *plant*.
planche n. f.
plancher n. m.
planchette n. f.
plancton n. m.
plane n. f.
plané, ée adj.
planer v.
planétaire adj. et n. m.
planétarium n. m. *Des*
planétariums.
planète n. f.
planeur n. m.
planèze n. f.
planification n. f.
planifier v.
planisphère n. m.
planning n. m. *Des plannings*.
planque n. f.
plant n. m. Jeune végétal ;
plantation. — Homophone :
plan.
plantain n. m.
plantaire adj.
plante n. f.
planter v.
plantigrade adj. et n. m.
plantoir n. m.
planton n. m.
plantureux, euse adj.
plaquage n. m. Action de
plaquer un adversaire, au
rugby, ou d'abandonner
quelqu'un. — Homophone :
placage.
plaqué n. m.
plaque n. f.
plaquer v.
plaquette n. f.
plasma n. m.
plastic n. m. Explosif. —
Homophone : *plastique*.
plasticage n. m. On écrit
aussi *plastiquage*.
plasticité n. f.
plastifier v.
plastiquage n. m. On écrit
aussi *plasticage*.
1. plastique adj. et n. f. *Les*
arts plastiques. Cette femme a
une belle plastique.
2. plastique adj. et n. m. *La*
matière plastique. — Du
plastique : de la matière
plastique. — Homophone :
du plastic.

plastiquer v.
plastiqueur n. m.
plastron n. m.
plastronner v.
1. plat n. m.
2. plat, plate adj. et n. m.
platane n. m.
plateau n. m. *Des plateaux*.
plate-bande n. f. *Des*
plates-bandes.
platée n. f.
plate-forme n. f. *Des*
plates-formes.
1. platine n. m. Métal
précieux.
2. platine n. f. Pièce plate
d'un mécanisme.
platiné, ée adj.
platitude n. f.
platonique adj.
plâtras n. m.
plâtre n. m.
plâtrer v.
plâtrerie n. f.
plâtreux, euse adj.
plâtrier n. m.
plausible adj.
play-back n. m. inv.
play-boy n. m. *Des play-boys*.
plèbe n. f.
plébéien, ienne n. et adj.
plébiscitaire adj.
plébiscite n. m.
plectre n. m.
pléiade n. f. *Une pléiade*, mais
les Pléiades, groupe
d'étoiles, et *la Pléiade*,
groupe de poètes du
XVIᵉ siècle.
plein, pleine adj. ▷ **p. 193.**
— Homophone : *plain*.
plein-emploi n. m. sing.
Inusité au pluriel.
plénier, ière adj.
plénipotentiaire n. m. et adj.
plénitude n. f.
pléonasme n. m.
pléthore n. f.
pleur n. m.
pleurer v.
pleurésie n. f.
pleurnicher v.
pleutre n. m. et adj.
pleuvasser v.
pleuviner v.
pleuvoir v.
pleuvoter v.
plèvre n. f.

Plexiglas n. m. Nom
déposé : un *P* majuscule.
plexus n. m. inv.
pli n. m.
plier v.
plinthe n. f. Planche au bas
d'un mur. — Homophone :
plainte.
plisser v.
pliure n. f.
ploc ! onomatopée.
ploiement n. m.
plomb n. m.
plombée n. f.
plomber v.
plombier n. m.
plombières n. f. inv.
plonge n. f.
plongeant, ante adj.
plongée n. f.
plongeoir n. m.
plongeon n. m.
plonger v.
plot n. m.
plouf ! onomatopée.
ploutocrate n. m.
ploutocratie n. f.
ployage n. m.
ployer v.
pluches n. f. pl. *La corvée de*
pluches, mais *un ours en*
peluche.
pluie n. f.
plumassier, ière n.
plume n. f.
plumeau n. m. *Des plumeaux*.
plumer v.
plumet n. m.
plumetis n. m.
plumier n. m.
plumitif n. m.
plum-pudding n. m. *Des*
plum-puddings.
plupart (la) n. f.
pluralisme n. m.
pluralité n. f.
pluriannuel, elle adj.
pluriel, elle n. m. et adj.
plurilingue adj. et n.
plus adv. et n. m. inv. *Des*
plus ▷ **p. 181.** *Le plus, la plus,*
les plus ▷ **p. 188.**
plusieurs adj. et pron.
indéf. pl.
plus-que-parfait n. m. inv.
plus-value n. f. *Des*
plus-values.
plutonium n. m.

plutôt adv.
pluvial, iale, iaux adj.
pluvier n. m.
pluvieux, euse adj.
pluviner v.
pluviomètre n. m.
pluviôse n. m. *Le 14 pluviôse an VI.*
pluviosité n. f.
pneu n. m. *Des pneus.*
pneumatique n. m.
pneumonie n. f.
pneumothorax n. m. inv.
pochade n. f.
pochard, arde n. et adj.
poche n. f.
pochette n. f.
pochoir n. m.
podagre adj. et n.
podestat n. m.
podium n. m. *Des podiums.*
1. poêle n. m. Appareil de chauffage ; drap mortuaire.
2. poêle n. f. Ustensile de cuisine.
poêlée n. f.
poêler v.
poêlon n. m.
poème n. m.
poésie n. f.
poète n. m. et adj.
poétesse n. f.
poétique adj. et n. f.
pognon n. m.
pogrom n. m. La graphie *pogrome* est correcte aussi, mais un peu moins fréquente.
poids n. m. Mesure de la pesanteur. — Homophones ▷ *pois.*
poignant, ante adj.
poignard n. m.
poigne n. f.
poignée n. f.
poignet n. m.
poil n. m.
poil-de-carotte adj. inv.
poilu, ue adj.
poinçon n. m.
poinçonner v.
poindre v.
poing n. m. Main fermée. — Homophone : *point.*
1. point n. m. Très petite tache. — Homophone : *poing.*
2. point adv.

point de vue n. m. *Des points de vue.*
pointe n. f.
pointeau n. m. *Des pointeaux.*
1. pointer v.
2. pointer n. m.
pointeur, euse n. et adj.
pointillé n. m.
pointilleux, euse adj.
pointillisme n. m.
pointu, ue adj.
pointure n. f.
poire n. f. et adj.
poiré n. m.
poireau n. m. *Des poireaux.*
poireauter v. On écrit aussi *poiroter* (graphie plus rare).
poirier n. m.
poiroter v. On écrit plus souvent *poireauter.*
pois n. m. Légume ; tache ronde. — Homophones : *poids ; poix ; pouah !*
poison n. m.
poissard, arde n. et adj.
poisse n. f.
poisser v.
poisson n. m.
poissonnerie n. f.
poissonneux, euse adj.
poissonnier, ière n.
poitevin, ine adj. et n.
poitrail n. m. *Des poitrails.*
poitrinaire adj. et n.
poitrine n. f.
poivre n. m. et adj. inv.
poivrière n. f.
poivron n. m.
poivrot, ote n.
poix n. f. Matière poisseuse. — Homophones ▷ *pois.*
poker n. m.
polaire adj. et n. f. *Le cercle polaire. L'étoile Polaire* ou *la Polaire.*
polar n. m.
polarité n. f.
Polaroïd n. m. Nom déposé : un *P* majuscule.
polder n. m. *Des polders.*
pôle n. m. *Le pôle Nord, le pôle Sud* (de la Terre). *Aller au Pôle. Le pôle nord, le pôle sud d'un aimant.*
polémarque n. m. et adj.
polémique adj. et n. f.
polémologie n. f.
polenta n. f. *Des polentas.*

poli, ie adj. et n. m.
police n. f.
policeman n. m. *Des policemen.*
polichinelle n. m. *Un polichinelle,* mais *Polichinelle, le personnage. — Un secret de polichinelle.*
policier, ière adj. et n.
policlinique n. f. On distinguera par la graphie *policlinique* et *polyclinique* ▷ polyclinique.
poliment adv.
polio n.
poliomyélite n. f.
poliorcétique adj. et n. f.
polir v.
polissoir n. m.
polissoire n. f.
polisson, onne n. et adj.
polissonner v.
polissonnerie n. f.
politesse n. f.
politicien, ienne n. et adj.
politique adj. et n.
politologue n.
polka n. f. et adj. inv. *Des polkas,* mais *des pains polka.*
pollen n. m.
polluer v.
pollueur, euse adj. et n.
pollution n. f.
polo n. m. *Des polos.*
polochon n. m.
polonais, aise adj. et n.
polonaise n. f. *Une polonaise :* morceau de musique ; gâteau, mais *une Polonaise,* une habitante de la Pologne.
poltron, onne adj. et n.
poltronnerie n. f.
polychrome adj.
polyclinique n. f. Établissement où l'on soigne des maladies relevant de diverses spécialités. — Homophone : *policlinique,* établissement où l'on soigne des malades non hospitalisés.
polycopie n. f.
polyculture n. f.
polyèdre n. m. et adj.
polyester n. m.
polygame adj. et n.
polygamie n. f.

polyglotte adj. et n.
polygonal, ale, aux adj.
polygone n. m.
polygraphe n.
polymorphe adj.
polynésien, ienne adj. et n.
polype n. m.
polyphonie n. f.
polypier n. m.
polysémie n. f.
polystyrène n. m.
polysyllabe adj. et n. m.
polysyllabique adj.
polytechnicien, ienne n.
polytechnique adj. et n. f. *Il est entré à l'École polytechnique. Il est entré à Polytechnique.*
polythéisme n. m.
polyvalence n. f.
polyvalent, ente adj. et n. m.
pomélo n. m. *Des pomélos.*
pomerium n. m. ▷ **pomœrium.**
pommade n. f.
pommard n. m.
pomme n. f.
pommé, ée adj.
pommeau n. m. *Des pommeaux.*
pomme de terre n. f. *Des pommes de terre.*
pommelé, ée adj.
pommeler v.
pommelle n. f.
pommer v.
pommeraie n. f.
pommette n. f.
pommier n. m.
pomœrium n. m. Pluriel latin : *des pomœria.* On écrit aussi *un pomerium, des pomeria, un pomérium, des pomériums.*
pompadour adj. inv. et n. m. *Le style Pompadour ou le Pompadour. Des décors Pompadour.*
pompe n. f.
pompéien, ienne adj. et n.
pompette adj.
1. pompier n. m. Soldat du feu.
2. pompier, ière adj. et n. Académique, vieillot : *L'art pompier. Une sculpture pompière* (l'adjectif est rare au féminin). *Un peintre pompier. Un pompier.*

pompon n. m.
pomponner v.
ponant n. m. *Le vent de ponant ou le ponant,* mais *le Ponant,* l'Atlantique (vieux).
ponçage n. m.
ponce n. f.
1. ponceau n. m. et adj. inv. Coquelicot. *Des ponceaux,* mais *des soies ponceau.*
2. ponceau n. m. Petit pont. — *Des ponceaux.*
poncer v.
poncho n. m. *Des ponchos.*
poncif n. m.
ponction n. f.
ponctionner v.
ponctualité n. f.
ponctuel, elle adj.
ponctuellement adv.
ponctuer v.
pondaison n. f.
pondérer v.
pondoir n. m.
pondre v.
poney n. m. *Des poneys.*
pont n. m.
1. ponte n. f. Action de pondre.
2. ponte n. m. Joueur qui joue contre le banquier ; personnage puissant, haut placé.
ponté, ée adj.
pontet n. m.
pontife n. m.
pontifical, ale, aux adj. et n. m.
pontificat n. m.
pontifier v.
pont-l'évêque n. m. inv.
pont-levis n. m. *Des ponts-levis.*
ponton n. m.
pontonnier n. m.
pool n. m. *Des pools.*
pop adj. inv. et n. sing. *La musique pop. Le pop ou la pop : la pop music.*
pop'art n. m.
pop-corn n. m. *Des pop-corn,* plutôt que *des pop-corns.*
pope n. m.
popeline n. f.
pop music n. f.
popote n. f. et adj. inv. *Des popotes,* mais *elles sont très popote.*

populace n. f.
populacier, ière adj.
populaire adj.
popularité n. f.
populeux, euse adj.
populiste adj. et n.
populo n. m.
porc n. m. Animal. — Homophones : *pore ; port.*
porcelaine n. f.
porcelainier, ière adj. et n.
porcelet n. m.
porc-épic n. m. *Des porcs-épics.*
porche n. m.
porcher, ère n.
porcin, ine adj. et n. m.
pore n. m. Orifice. — Homophones : *porc ; port.*
poreux, euse adj.
porion n. m.
porno adj. et n. m. L'adjectif a été invariable, mais tend à prendre la marque du pluriel : *des revues pornos.* — *Le porno* (inusité au pluriel).
pornographie n. f.
porosité n. f.
porphyre n. m.
porridge n. m.
port n. m. *Un port de mer.* — Homophones : *porc ; pore.*
portail n. m. *Des portails.*
portance n. f.
1. porte n. f. *Ouvrir, fermer une porte.*
2. porte adj. *La veine porte.*
porte-à-faux n. m. inv. *Des porte-à-faux,* mais *être en porte à faux.*
porte-à-porte n. m. inv. *Faire du porte-à-porte,* mais *habiter porte à porte.*
porte-avions n. m. inv.
porte-bagages n. m. inv.
porte-bannière n. *Des porte-bannières ou des porte-bannière.*
porte-bébé n. m. *Des porte-bébés ou des porte-bébé.*
porte-billets n. m. inv.
porte-bonheur n. m. inv.
porte-bouteilles n. m. inv.
porte-cartes n. m. inv.
porte-cigares n. m. inv.
porte-cigarettes n. m. inv.
porte-clés n. m. inv. On écrit aussi *porte-clefs.*

porte-conteneurs n. m. inv.
porte-crayon n. m. *Des porte-crayons ou des porte-crayon.*
porte-croix n. m. inv.
porte-documents n. m. inv.
porte-drapeau n. m. *Des porte-drapeaux ou des porte-drapeau.*
portée n. f.
porte-étendard n. m. *Des porte-étendards ou des porte-étendard.*
portefaix n. m. inv.
porte-fanion n. m. *Des porte-fanions ou des porte-fanion.*
porte-fenêtre n. f. *Des portes-fenêtres.*
portefeuille n. m.
porte-hélicoptères n. m. inv.
porte-jarretelles n. m. inv.
porte-malheur n. m. inv.
portemanteau n. m. *Des portemanteaux.*
portemine n. m. *Des portemines. On écrit aussi un porte-mine, des porte-mine ou des porte-mines. On écrira plutôt portemine.*
porte-monnaie n. m. inv.
porte-parapluies n. m. inv.
porte-parole n. m. inv.
porte-plume n. m. inv.
porter v.
porter n. m. Bière anglaise.
porte-savon n. m. *Des porte-savons ou des porte-savon.*
porte-serviettes n. m. inv.
porte-voix n. m. inv.
portier, ière n.
portière n. f.
portillon n. m.
portion n. f.
portique n. m.
porto n. m. *Des portos.*
portrait n. m.
Port-Salut n. m. inv. Nom déposé : un *P* et un *S* majuscules.
portuaire adj.
portugais, aise adj. et n.
portulan n. m.
pose n. f. Action de poser ; attitude, prétention. — Homophone : *pause.*
posé, ée adj.

posément adv.
posemètre n. m.
poser v.
position n. f.
positionner v.
positiviste adj. et n.
posologie n. f.
posséder v.
possessif, ive adj. et n. m.
possession n. f.
possible adj. et n. m. ▷ **p. 193.**
postal, ale, aux adj.
postdater v.
1. poste n. f.
2. poste n. m.
1. poster v.
2. poster n. m.
postérieur, eure adj. et n. m.
posteriori (a) loc. adv.
postérité n. f.
postface n. f.
posthume adj.
postiche adj. et n. m.
postier, ière n.
postillon n. m.
postillonner v.
postposer v.
postposition n. f.
post-scriptum n. m. inv.
postsynchronisation n. f.
postulat n. m.
postuler v.
pot n. m.
potable adj.
potager, ère adj. et n. m.
potard n. m.
potasse n. f.
potassium n. m.
pot-au-feu n. m. inv. et adj. inv.
pot-de-vin n. m. *Des pots-de-vin. On touche un pot-de-vin, mais on boit un pot de vin.*
pote n. m.
poteau n. m. *Des poteaux.*
potée n. f.
potelé, ée adj.
potence n. f.
potentat n. m.
potentialiser v.
potentiel, elle adj. et n. m.
potentiellement adv.
poterie n. f.
poterne n. f.
potiche n. f.
potier n. m.
potin n. m.

potiner v.
potion n. f.
potiron n. m.
pot-pourri n. m. *Des pots-pourris.*
potron-jaquet n. m. On écrit quelquefois *potron-jacquet.*
potron-minet n. m.
pottok n. m. Poney basque. Pluriel français : *des pottoks.* Pluriel basque : *des pottiok.*
pou n. m. *Des poux.* — Homophone : *pouls.*
pouah ! interj.
poubelle n. f.
pouce n. m. Doigt. — Homophones : *une pousse ; un pousse.*
poucettes n. f. pl.
poucier n. m. Protecteur de pouce. — Homophone : *poussier.*
pou-de-soie n. m. ▷ **pout-de-soie.**
pouding n. m. Graphie rare. On écrit plutôt *pudding.*
poudre n. f.
poudrier n. m.
poudrière n. f.
poudroiement n. m.
poudroyer v.
1. pouf ! interj.
2. pouf n. m. *Des poufs.*
pouffer v.
pouillerie n. f.
pouilles n. f. pl.
pouilleux, euse adj. et n.
poujadiste adj. et n.
poulailler n. m.
poulain n. m.
poulaine n. f.
poularde n. f.
poulbot n. m.
poule n. f.
poulet n. m.
poulette n. f.
pouliche n. f.
poulie n. f.
pouliner v.
poulinière adj. f. et n. f.
poulpe n. m.
pouls n. m. inv. Battement d'une artère. — Homophone : *pou.*
poult-de-soie n. m. ▷ **pout-de-soie.**
poumon n. m.
poupe n. f.

poupée n. f.
poupin, ine adj.
poupon n. m.
pouponner v.
pouponnière n. f.
pour prép. et n. m.
pourboire n. f.
pourceau n. m. *Des pourceaux.*
pourcentage n. m.
pourchasser v.
pourfendre v.
pourlécher v.
pourparler n. m.
pourpoint n. m.
pourpre n. et adj. *Des rideaux pourpres.*
pourpré, ée adj.
pourquoi adv. et n. m. inv.
pourrir v.
pourrissoir n. m.
pourriture n. f.
poursuivre v.
pourtant adv.
pourtour n. m.
pourvoi n. m.
pourvoir v.
pourvoyeur n. m.
pourvu que loc. conj.
poussah n. m. *Des poussahs.*
1. pousse n. f. *Une pousse d'arbre.* — Homophone : *pouce.*
2. pousse n. m.
Pousse-pousse. — Homophone : *pouce.*
pousse-café n. m. inv.
poussée n. f.
pousse-pousse n. m. inv.
pousser v.
poussette n. f.
poussier n. m. Poussière de charbon. — Homophone : *poucier.*
poussière n. f.
poussiéreux, euse adj.
poussif, ive adj. et n.
poussin n. m.
poussoir n. m.
pout-de-soie n. m. *Des pouts-de-soie.* On écrit aussi *pou-de-soie (des poux-de-soie), poult-de-soie (des poults-de-soie).* On préférera *pout-de-soie.*
poutre n. f.
poutrelle n. f.
1. pouvoir v.

2. pouvoir n. m.
pouzzolane n. f.
præsidium n. m. *Des præsidiums.* On écrit aussi *présidium (des présidiums).*
pragmatique adj. et n. f.
praire n. f.
prairial n. m. *Le 11 prairial an VIII.*
prairie n. f.
praline n. f.
praliné, ée adj. et n. m.
praticable adj. et n. m.
praticien, ienne n.
pratiquant, ante adj. et n.
pratique adj. et n. f.
pratiquer v.
pré n. m.
préalable adj. et n. m.
préambule n. m.
préau n. m. *Des préaux.*
préavis n. m. inv.
prébende n. f.
prébendé, ée adj. et n. m.
prébendier n. m.
précaire adj.
précarité n. f.
précaution n. f.
précautionner v.
précautionneux, euse adj.
précédemment adv.
précédent, ente adj. et n.
précéder v.
précellence n. f.
précepte n. m.
précepteur, trice n.
prêche n. m.
prêcher v.
prêcheur, euse n. et adj.
prêchi-prêcha n. m. inv.
préciosité n. f.
précipice n. m.
précipitamment adv.
précipité n. m.
précipiter v.
précis, ise adj. et n. m.
précisément adv.
préciser v.
précité, ée adj.
préclassique adj.
précoce adj.
précocité n. f.
précolombien, ienne adj.
préconçu, ue adj.
préconiser v.
préconscient, ente n. m. et adj.
précontraint, ainte adj.

précurseur n. m. et adj. m.
prédateur, trice n.
prédécesseur n. m.
prédestiner v.
prédéterminer v.
prédicat n. m.
prédicateur, trice n.
prédiction n. f.
prédilecttion n. f.
prédire v.
prédisposer v.
prédominance n. f.
prédominer v.
prééminence n. f.
prééminent, ente adj.
préemption n. f.
préexcellence n. f.
préexistence n. f.
préexister v.
préfabriqué, ée adj. et n. m.
préface n. f.
préfacier n. m.
préfectoral, ale, aux adj.
préfecture n. f.
préférence n. f.
préférer v.
préfet n. m.
préfète n. f.
préfigurer v.
préfix, ixe adj. Impératif ; déterminé. *Jour préfix. Durée préfixe.*
préfixe n. m. *Le préfixe et le suffixe.*
prégnance n. f.
prégnant, ante adj.
préhellénique adj.
préhensile adj.
préhension n. f.
préhistoire n. f.
préhistorique adj.
préjudice n. m.
préjudiciable adj.
préjudiciel, ielle adj.
préjugé n. m.
préjuger v.
prélasser (se) v.
prélat n. m.
prélatin, ine adj.
prélature n. f.
prèle n. f. Les graphies vieilles *prêle* et *presle* sont à éviter.
prélèvement n. m.
prélever v.
préliminaire n. m. et adj.
prélude n. m.
prématuré, ée adj. et n.

prématurément adv.
préméditer v.
prémices n. f. pl. Les premiers produits, donnés en offrande ; les débuts. — Homophone : *prémisse.*
premier, ière adj. et n. ▷ **p. 194.**
première n. f.
premier-né, première-née adj. et n. ▷ **p. 194.**
prémisse n. f. *Une prémisse :* chacune des deux premières propositions d'un syllogisme. *Les prémisses :* les assertions initiales.
prémolaire n. f.
prémonition n. f.
prémonitoire adj.
prémunir v.
prendre v.
preneur, euse adj. et n.
prénom n. m.
prénommer v.
prénotion n. f.
préoccuper v.
préparateur, trice n.
préparatoire adj.
préparer v.
prépondérance n. f.
prépondérant, ante adj.
préposer v.
préposition n. f.
prépositionnel, elle adj.
prépotence n. f.
préretraite n. f.
prérogative n. f.
préromantique adj.
près adv. *Il est près du départ,* mais *il est prêt au départ.*
présage n. m.
présalaire n. m.
pré-salé n. m. *Des prés-salés.*
presbyte adj. et n.
presbytéral, ale, aux adj.
presbytère n. m.
presbytérianisme n. m.
presbytérien, ienne adj. et n.
presbytie n. f.
prescience n. f.
prescient, iente adj.
prescription n. f.
prescrire v.
préséance n. f.
présent, ente adj. et n.
présenter v.
présentoir n. m.
préserver v.

préside n. m.
présidence n. f.
président, ente n.
présidentiel, elle adj. et n. f.
présider v.
présidium n. m. *Des présidiums.* On écrit aussi *præsidium (des præsidiums).*
présomptif, ive adj.
présomption n. f.
présomptueux, euse adj. et n.
presque adv. Ne s'élide jamais, sauf dans presqu'île.
presqu'île n. f.
presse-bouton adj. inv.
presse-citron n. m. inv.
presse-fruits n. m. inv.
pressentiment n. m.
pressentir v.
presse-papiers n. m. inv.
presser v.
pressing n. m. *Des pressings.*
pression n. f.
pressoir n. m.
pressurer v.
pressuriser v.
prestance n. f.
prestataire n.
prestation n. f.
preste adj.
prestesse n. f.
prestidigitateur, trice n.
prestige n. m.
prestigieux, euse adj.
présumer v.
présupposer v.
présure n. f.
1. prêt n. m. Argent prêté.
2. prêt, prête adj. Préparé.
pretantaine ou **prétantaine** n. f. ▷ **pretantaine.**
prêt-à-porter n. m. sing. *Le prêt-à-porter,* mais *des vêtements prêts à porter.*
prêt-bail n. m. sing. Inusité au pluriel.
prétendre v.
prétendument adv.
prête-nom n. m. *Des prête-noms.*
pretantaine n. f. Graphie de l'Académie, à préférer. On écrit aussi *pretantaine* et on dit aussi *prétantaine.*
prétentieux, ieuse adj. et n.
prétention n. f.
prêter v.
prétérit n. m. *Des prétérits.*

prétérition n. f.
préteur n. m. Magistrat romain.
prêteur, euse n. et adj. Celui, celle qui prête de l'argent.
1. prétexte n. m. Fausse raison.
2. prétexte adj. et n. f. *La toge prétexte. La prétexte.*
prétexter v.
prétoire n. m.
prétorien, ienne adj. et n. m.
prêtre n. m.
prêtresse n. f.
prêtrise n. f.
préture n. f.
preuve n. f.
preux n. m. et adj. m.
prévaloir v.
prévaricateur, trice adj. et n.
prévarication n. f.
prévariquer v.
prévenance n. f.
prévenant, ante adj.
prévenir v.
prévention n. f.
préventorium n. m. *Des préventoriums.*
prévenu, ue n. et adj.
prévision n. f.
prévoir v.
prévôt n. m.
prévôté n. f.
prévoyance n. f.
prévoyant, ante adj.
prie-Dieu n. m. inv.
prier v.
prière n. f.
prieur, eure n.
prieuré n. m.
prima donna n. f. Pluriel à l'italienne : *des prime donne.* Quelquefois, on préfère l'invariabilité : *des prima donna*
primaire adj. et n.
primat n. m.
primate n. m.
primauté n. f.
1. prime adj.
2. prime n. f.
primer v.
primerose n. f.
primesautier, ière adj.
primeur n. f.
primevère n. f.
primipile n. m.
primitif, ive adj. et n.
primo adv.

primogéniture n. f.
primordial, iale, iaux adj.
prince n. m. *Elle se sont montrées bon prince.*
prince-de-galles n. m. inv. et adj. inv.
princesse n. f. et adj. inv. *Des amandes princesse. Des haricots princesse.*
princier, ière adj.
principal, ale, aux adj. et n.
principat n. m.
principauté n. f.
principe n. m.
printanier, ière adj.
printemps n. m.
priori (a) loc. adv. et n. m. inv.
prioritaire adj. et n.
priorité n. f.
pris, prise adj.
prise n. f.
priser v.
priseur, euse n. *Des commissaires-priseurs.*
prisme n. m.
prison n. f.
prisonnier, ière n. et adj.
privation n. f.
privatiser v.
privauté n. f.
privé, ée adj. et n. m.
priver v.
privilège n. m.
privilégier v.
prix n. m.
probable adj.
probant, ante adj.
probation n. f.
probatoire adj.
probe adj.
probité n. f.
problématique adj. et n. f.
problème n. m.
procédé n. m.
procéder v.
procédure n. f.
procès n. m.
processif, ive adj.
procession n. f.
processionnaire n. f. et adj.
processionnellement adv.
processus n. m. inv.
procès-verbal n. m. *Des procès-verbaux.*
1. prochain, aine adj.
2. prochain n. m.
proche adj., n. m. et adv.
proclamer v.

proclitique adj.
proconsul n. m.
proconsulat n. m.
procréer v.
procurateur n. m.
procurer v.
procureur n. m.
prodigalité n. f.
prodige n. m.
prodigue adj. et n.
pro domo loc. adv. inv.
prodrome n. m.
producteur, trice n. et adj.
production n. f.
produire v.
produit n. m.
proéminence n. f.
proéminent, ente adj.
profane adj. et n.
profaner v.
proférer v.
profès, esse adj. et n.
professeur n. m.
profession n. f.
professionnalisme n. m.
professionnel, elle adj. et n.
professionnellement adv.
professoral, ale, aux adj.
professorat n. m.
profil n. m.
profilé, ée adj. et n. m.
profiler v.
profit n. m.
profiter v.
profiterole n. f.
profond, onde adj. et adv.
profondément adv.
profus, use adj.
profusément adv.
profusion n. f.
progéniture n. f.
prognathe adj.
programme n. m.
programmer v.
progrès n. m. inv.
progresser v.
progression n. f.
progressiste adj. et n.
prohiber v.
prohibition n. f.
prohibitionnisme n. m.
proie n. f.
projectile n. m.
projet n. m.
projeter v.
prolepse n. f.
prolétaire n. et adj.
prolétariat n. m.

prolétarien, ienne adj.
proliférer v.
prolifique adj.
prolixe adj.
prolixité n. f.
prologue n. m.
prolongation n. f.
prolonge n. f.
prolonger v.
promener v.
promenoir n. m.
promesse n. f.
prometteur, euse adj.
promettre v.
promis, ise adj. et n.
promiscuité n. f.
promontoire n. m.
promotion n. f.
promotionnel, elle adj. et n.
promouvoir v.
prompt, prompte adj.
promptement adv.
promptitude n. f.
promu, ue adj. et n.
promulgation n. f.
promulguer v.
prône n. m.
prôner v.
pronom n. m.
pronominal, ale, aux adj.
prononçable adj.
prononcé, ée adj. et n. m.
prononcer v.
prononciation n. f.
pronostic n. m.
pronostique adj.
pronostiquer v.
pronunciamiento n. m. *Des pronunciamientos.*
propagande n. f.
propagateur, trice n.
propagation n. f.
propager v.
propane n. m.
proparoxyton n. m.
propension n. f.
prophète, prophétesse n.
prophétie n. f.
prophétique adj.
prophylactique adj.
prophylaxie n. f.
propice adj.
propitiation n. f.
propitiatoire adj.
proportion n. f.
proportionnel, elle adj. et n. f.
proportionnellement adv.
proportionner v.

propos n. m.
proposition n. f.
1. propre adj.
2. propre adj. et n. m.
propret, ette adj.
propreté n. f.
propriétaire n.
propriété n. f.
propulser v.
propulsion n. f.
propylée n. m. *Des propylées,* mais *les Propylées,* ceux de l'Acropole.
prorata n. m. inv.
prorogation n. f.
proroger v.
prosaïque adj.
prosaïsme n. m.
prosateur n. m.
proscenium n. m. *Des proscceniums.*
proscription n. f.
proscrire v.
proscrit, ite adj. et n.
prose n. f.
prosélyte n.
prosélytisme n. m.
prosodie n. f.
prosopopée n. f.
prospecter v.
prospection n. f.
prospectus n. m. inv.
prospérité n. f.
prostate n. f.
prosterner v.
prostituée n. f.
prostituer v.
prostitution n. f.
prostré, ée adj.
prostyle adj. et n. m.
protagoniste n.
prote n. m.
protecteur, trice n. et adj.
protectionnisme n. m.
protectorat n. m.
protée n. m.
protégé, ée adj. et n.
protège-cahier n. m. *Des protège-cahiers.*
protège-dents n. m. inv.
protéger v.
protège-tibia n. m. *Des protège-tibias.*
protéiforme adj.
protéine n. f.
protestant, ante n. et adj.
protestataire adj. et n.
protester v.

protêt n. m.
prothèse n. f.
prothésiste n.
protide n. m.
protocolaire adj.
protocole n. m.
proton n. m.
protonotaire n. m.
protoplasme n. m.
prototype n. m.
protoxyde n. m.
protubérance n. f.
protubérant, ante adj.
prou adv. *Peu ou prou.* — Homophone : *proue.*
proudhonien, ienne adj. et n.
proue n. f. Avant du navire. — Homophone : *prou.*
prouesse n. f.
proustien, ienne adj.
prouver v.
provenance n. f.
provençal, ale, aux adj. et n. *Les Provençaux.* — *Le provençal* : langue.
provende n. f.
provenir v.
proverbe n. m.
proverbial, iale, iaux adj.
providence n. f. Avec *P* majuscule : *la Providence,* Dieu.
providentiel, ielle adj.
providentiellement adv.
provigner v.
province n. f.
provincial, iale, iaux adj. et n.
proviseur n. m.
provision n. f.
provocant, ante adj. *Des attitudes provocantes,* mais *en provoquant,* part. prés. invariable.
provocateur, trice adj.
provocation n. f.
provoquer v.
proxène n. m.
proxénète n.
proxénétisme n. m.
proximité n. f.
prude adj. et n.
prudemment adv.
prudence n. f.
prudent, ente adj.
prud'homal, ale, aux adj. *Les tribunaux prud'homaux.* La graphie *prud'hommal* ou *prudhommal* serait plus logique.

prud'hommie n. f. Graphie proposée en 1981 par l'Académie pour remplacer la graphie traditionnelle *prud'homie,* illogique.
prud'homme n. m. *Des prud'hommes.*
prudhommesque adj.
prune n. et adj. inv. *Des écharpes prune.*
pruneau n. m. *Des pruneaux.*
prunelle n. f.
prunier n. m.
prurit n. m.
prussien, ienne adj. et n.
prytane n. m.
prytanée n. m. *Le prytanée d'Athènes* ou, absolument, *le Prytanée. Le Prytanée militaire de La Flèche.*
psalliote n. f. Certains dictionnaires donnent ce mot comme masculin.
psalmiste n. m.
psalmodier v.
psaume n. m.
psautier n. m.
pschent n. m. *Des pschents.*
pseudonyme n. m.
psi n. m.
psitt ! interj. On écrit aussi *pst !*
psittacisme n. m.
psittacose n. f.
pst ! interj. ▷ **psitt !**
psychanalyse n. f.
psychanalyste n.
psychasthénie n. f.
psychasthénique adj.
psyché n. f. *Des psychés.*
psychédélique adj.
psychiatre n.
psychiatrie n. f.
psychiatrique adj.
psychique adj.
psychologie n. f.
psychopathe n.
psychopompe adj.
psychose n. f. *La psychose,* mais *la métempsycose.*
psychosomatique adj. et n. f.
psychothérapeute n.
psychothérapie n. f.
puanteur n. f.
1. pub n. m. Café anglais. — *Des pubs.*
2. pub n. f. Synonyme abrégé et familier de *publicité.*

pubère adj. et n.
puberté n. f.
pubis n. m. inv.
public, ique adj. et n. m.
publicain n. m.
publication n. f.
publicitaire adj. et n.
publicité n. f.
publier v.
publipostage n. m.
publiquement adv.
puce n. f.
pucelle n. f. et adj. f.
puceron n. m.
pudding n. m. La graphie *pouding* est rare.
pudeur n. f.
pudibond, onde adj.
pudibonderie n. f.
pudicité n. f.
pudique adj.
puer v.
puériculture n. f.
puéril, ile adj.
puérilement adv.
puérilité n. f.
pugilat n. m.
pugiliste n. m.
pugnace adj.
pugnacité n. f.
puîné, ée adj. et n.
puis adv. Ensuite. — Homophones : *puits, puy.*
puisard n. m.
puisatier n. m.
puiser v.
puisque conj. S'élide seulement devant *il, ils, elle, elles, on, un, une.* Devant *en,* l'élision est possible, mais n'est pas vraiment obligatoire.
puissamment adv.
puissance n. f.
puissant, ante adj. et n. m.
puits n. m. Trou profond. — Homophones : *puis ; puy.*

pull n. m. *Des pulls.*
pullman n. m. *Des pullmans.*
pull-over n. m. *Des pull-overs.*
pullulation n. f.
pullulement n. m.
pulluler v.
pulmonaire adj.
pulpe n. f.
pulsation n. f.
pulvériser v.
pulvérulence n. f.
pulvérulent, ente adj.
puma n. m. *Des pumas.*
punaise n. f.
1. punch n. m. Boisson. — *Des punchs.*
2. punch n. m. sing. Puissance de frappe. — Inusité au pluriel.
puncheur n. m.
punching-ball n. m. *Des punching-balls.*
punique adj.
punir v.
punition n. f.
punk adj. inv. et n. *Des tenues punk,* mais *des punks.*
1. pupille n. *Un pupille, une pupille :* orphelin, orpheline.
2. pupille n. f. Partie de l'œil.
pupitre n. m.
pur, pure adj. et n.
purée n. f.
pureté n. f.
purgation n. f.
purgatoire n. m.
purge n. f.
purger v.
purificatoire n. m.
purifier v.
purin n. m.
puriste n. et adj.
puritain, aine n. et adj.
puritanisme n. m.
purpurin, ine adj.
pur-sang n. m. inv.
purulence n. f.

purulent, ente adj.
pus n. m.
pusillanime adj.
pusillanimité n. f.
pustule n. f.
putois n. m. inv.
putréfaction n. f.
putréfier v.
putrescible adj.
putridité n. f.
putsch n. m. *Des putsch,* mieux que *des putschs.*
putschiste n. et adj.
putto n. m. *Des putti.*
puy n. m. Montagne. — Homophones : *puis ; puits.*
puzzle n. m. *Des puzzles.*
pygmée n. m. *Un pygmée :* un homme de petite taille. *Un Pygmée :* un homme de la race des Pygmées.
pyjama n. m.
pylône n. m.
pyorrhée n. f.
pyramidal, ale, aux adj.
pyramide n. f.
pyrénéen, enne adj. et n.
pyrèthre n. m.
Pyrex n. m. Nom déposé : un *P* majuscule.
pyrite n. f.
pyrogravure n. f.
pyromane n.
pyrotechnique adj.
pyrrhique n. f.
pyrrhonien, ienne adj. et n. *Les pyrrhoniens.*
pyrrhonisme n. m.
pythagoricien, ienne adj. et n. *Les pythagoriciens.*
pythagorisme n. m.
pythie n. f.
pythique adj. et n. f.
python n. m. Serpent. — Homophone : *piton.*
pythonisse n. f.
pyxide n. f.

quadragénaire adj. et n.
Quadragésime n. f.
quadrangulaire adj.
quadrant n. m. Terme de mathématiques. — Paronyme : *cadran (d'une montre).*

quadrature n. f. *La quadrature du cercle. La Lune est en quadrature. Marée de quadrature.* — Paronyme : *cadrature.*
quadrette n. f.
quadriennal, ale, aux adj.

quadrige n. m.
quadrilatère n. m.
1. quadrille n. m. *Danser le quadrille. Le premier quadrille de l'Opéra.*
2. quadrille n. f. *Une quadrille de toreros.* On dit plutôt *une*

cuadrilla.
quadriller v.
quadrimoteur n. m. et adj. m.
quadripartite adj. On dit aussi *quadriparti, ie.*
quadriréacteur n. m. et adj. m.
quadrirème n. f.
quadrisyllabe n. m.
quadrisyllabique adj.
quadrivium n. m. sing. Inusité au pluriel.
quadrumane adj. et n. m.
quadrupède adj. et n. m.
quadruple adj. et n. m.
quadruplés, ées adj. et n. pl.
quai n. m.
quaker, quakeresse n.
quakerisme n. m.
qualificatif, ive adj. et n. m.
qualifier v.
qualité n. f.
quand conj. et adv.
quant à loc. prép.
quant-à-soi n. m. inv.
quantième n. m.
quantifier v.
quantité n. f.
quarantaine n. f.
quarante adj. et n. m. inv. *Les Quarante :*les membres de l'Académie française.
quarante-huitard, arde adj. et n.
quarantième adj. et n.
1. quart, quarte adj. *Le quart monde. La fièvre quarte.*
2. quart n. m.
quarte n. f. Terme de jeu, de musique ; ancienne mesure de capacité. — Homophone : *carte.*
quarté n. m.
1. quarteron n. m. Quantité de vingt-cinq objets.
2. quarteron, onne n. Métis ayant un quart de sang noir.
quartette n. m.
quartidi n. m. *Le quartidi 4 messidor.*
quartier n. m.
quartier-maître n. m. *Des quartiers-maîtres.*
quarto adv.
quartz n. m. inv.
1. quasi n. m. *Des quasis.*
2. quasi adv. *Elle est quasi folle,* mais *une quasi-folie.*

quasi-délit n. m. *Des quasi-délits.*
quasiment adv.
quater adv.
quaternaire adj. et n. m.
quatorze adj. et n. m. inv.
quatorzième adj. et n.
quatrain n. m.
quatre adj. et n. m. inv.
quatre-cent-vingt-et-un n. m. inv. On dit aussi *quatre-vingt-et-un.*
quatre-mâts n. m. inv.
quatre-quarts n. m. inv.
quatre-saisons n. f. inv.
quatre-temps n. m. pl.
quatre-vingt (s) adj. et n. m. *Quatre-vingts francs. Quatre-vingt-cinq francs.*
quatre-vingt-et-un n. m. inv.
quatre-vingtième adj. et n.
quatrième adj. et n.
quattrocento n. m. sing.
quatuor n. m. *Des quatuors.*
1. que, qu' pron. relatif ou interrogatif.
2. que, qu' conj.
3. que, qu' adv.
québécisme n. m.
québécois, oise adj. et n.
quechua n. m. et adj. On dit aussi *quichua. La phonétique quechua. Des mots quechuas. Des phrases quechuas.*
quel, quelle adj. et n. *Quel que et quelque... que ▷* **p. 194.**
quelconque adj.
quelque adj. et adv. ▷ **p. 194.**
quelque chose pron. indéf. sing.
quelquefois adv.
quelque part loc. adv.
quelqu'un pron. indéf. On écrit : *quelqu'un, quelqu'une, quelques-uns, quelques-unes.*
quémander v.
qu'en-dira-t-on n. m. inv.
quenelle n. f.
quenotte n. f.
quenouille n. f.
querelle n. f.
quereller v.
quérir v.
questeur n. m.
question n. f.
questionnaire n. m.
questionner v.

questionneur, euse n. et adj.
questure n. f.
quête n. f.
quêter v.
quêteur, euse n. et adj.
quetsche n. f.
queue n. f. *A la queue leu leu.* — Homophones : *queux 1 et 2.*
queue-de-cheval n. f. *Des queues-de-cheval.*
queue-de-morue n. f. *Des queues-de morue.*
queue-de-pie n. f. *Des queues-de-pie.*
queue-de-poisson n. f. *Des queues-de-poisson.*
1. queux n. m. *Un maître queux :* cuisinier.
2. queux n. f. Pierre à aiguiser.
qui pron.
quia (à) loc. adv.
quiche n. f.
quichua n. m. et adj. ▷ **quechua.**
quiconque pron.
quidam n. m.
quiet, quiète adj.
quiétisme n. m.
quiétiste adj. et n.
quiétude n. f.
quignon n. m.
quille n. f.
quinaud, aude adj.
quincaille n. f.
quincaillerie n. f.
quincaillier, ière n.
quinconce n. m.
quinine n. f.
quinquagénaire adj. et n.
Quinquagésime n. f.
quinquennal, ale, aux adj.
quinquennat n. m.
quinquet n. m.
quinquina n. m. *Des quinquinas.*
quintaine n. f.
quintal n. m. *Des quintaux.*
quinte n. f.
quintessence n. f.
quintessencié, ée adj.
quintette n. m.
quinteux, euse adj.
quinto adv.
quintuple adj. et n. m.
quintuplés, ées adj. et n. pl.
quinzaine n. f.
quinze adj. et n. m. inv.

quinzième adj. et n.
quiproquo n. m. *Des quiproquos.*
quittance n. f.
quitte adj.
quitter v.
quitus n. m.

qui vive loc. interj. et n. m. inv.
quoi pron. *Quoi que* et *quoique* ▷ **p. 195.**
quoique conj. *Quoique* et *quoi que* ▷ **p. 195.**
quolibet n. m. *Des quolibets.*
quorum n. m. *Des quorums.*

quota n. m. *Des quotas.*
quote-part n. f. *Des quotes-parts.*
quotidien, ienne adj. et n. m.
quotidiennement adv.
quotient n. m.
quotité n. f.

R

rabâcher v.
rabâcheur, euse n. et adj.
rabais n. m. inv.
rabaisser v.
rabane n. f.
rabat n. m.
rabat-joie n. m. inv. et adj. inv.
rabattement n. m.
rabatteur, teuse n.
rabattre v.
rabbin n. m.
rabbinat n. m.
rabelaisien, ienne adj.
rabibocher v.
rabiot n. m.
rabioter v.
rabique adj.
râble n. m.
râblé, ée adj.
rabot n. m.
raboter v.
raboteux, euse adj.
rabougrir v.
rabrouer v.
racaille n. f.
raccommodement n. m.
raccommoder v.
raccommodeur, euse n.
raccompagner v.
raccord n. m.
raccorder v.
raccourci n. m.
raccourcir v.
raccoutumer v.
raccroc n. m.
raccrocher v.
race n. f.
racé, ée adj.
racer n. m. *Des racers.*
rachat n. m.
racheter v.
rachitique adj. et n.
racial, iale, iaux adj.
racine n. f.
racinien, ienne adj.
raciste n. et adj.

racket n. m. Extorsion d'argent, chantage. — Homophone : *raquette.*
racketter v.
racketteur n. m.
raclée n. f.
raclement n. m.
racler v.
raclette n. f.
racloir n. m.
raclure n. f.
racoler v.
racontar n. m.
raconter v.
racornir v.
radar n. m.
rade n. f.
radeau n. m. *Des radeaux.*
radial, iale, iaux adj. et n. f.
radiation n. f.
radical, ale, aux adj. et n.
radical-socialiste adj. et n. *Des députés radicaux-socialistes. La gauche radicale-socialiste. Des motions radicales-socialistes.*
radicelle n. f.
radié, ée adj.
1. radier n. m.
2. radier v.
radiesthésie n. f.
radiesthésiste n.
radieux, euse adj.
radin, ine adj. et n.
radiner v.
1. radio n. f. *Écouter la radio. Passer à la radio.*
2. radio n. m. *Le radio d'un avion* (membre de l'équipage).
3. radio adj. inv. *Des messages radio.*
radioactif, ive adj.
radioactivité n. f.
radioamateur n. m.
radioastronomie n. f.

radiobalise n. f.
radiocassette n. f.
radiocommunication n. f.
radiodiffuser v.
radioélément n. m.
radiogramme n. m.
radiographie n. f.
radioguider v.
radio-isotope n. m.
radiologie n. f.
radiologiste ou **radiologue** n.
radionavigation n. f.
radiophare n. m.
radiophonie n. f.
radio pirate n. f. *Des radios pirates.*
radioreportage n. m.
radioreporter n. m.
radioréveil n. m.
radioscopie n. f.
radiosource n. f.
radio-taxi n. m. *Des radio-taxis.*
radiotélégramme n. m.
radiotélégraphie n. f.
radiotéléphone n. m.
radiotélescope n. m.
radiotélévisé, ée adj.
radiotélévision n. f.
radiothérapie n. f.
radis n. m. inv.
radium n. m.
radius n. m. inv.
radjah n. m. ▷ **raja.**
radoter v.
radoub n. m.
radouber v.
radoucir v.
rafale n. f.
raffermir v.
raffinement n. m.
raffiner v.
raffinerie n. f.
raffineur, euse n.
raffoler v.
raffut n. m.
rafiot n. m.

rafistoler v.
rafle n. f.
rafler v.
rafraîchir v.
rafraîchissement n. m.
ragaillardir v.
rage n. f.
rageant, ante adj.
rager v.
raglan n. m. et adj. inv.
ragondin n. m.
ragot n. m.
ragoût n. m.
ragoûtant, ante adj.
rahat-loukoum n. m. *Des rahat-loukoums.* On dit aussi *rahat-lokoum* ou, le plus souvent, *loukoum.*
rai n. m. La graphie *rais* est vieillie.
raid n. m. *Des raids.*
raide adj. et adv. *Raide mort* ▷ **p. 195.**
raidillon n. m.
raidir v.
raie n. f.
raifort n. m.
rail n. m.
railler v.
railleur, euse adj. et n.
rainette n. f. Petite grenouille. — Homophone : *reinette.*
rainure n. f.
raiponce n. f.
rais n. m. Graphie vieillie ▷ **rai.**
raisin n. m.
raisiné n. m.
raison n. f.
raisonnable adj.
raisonnement n. m.
raisonner v.
raisonneur, euse adj. et n.
raja n. m. *Des raja* ou *des rajas.* La forme *raja* est la meilleure, mais on écrit aussi *un radjah, des radjahs, un rajah, des rajahs.*
rajeunir v.
rajout n. m.
rajouter v.
rajustement n. m.
rajuster v.
raki n. m. *Des rakis.*
râle n. m.
ralenti, ie adj. et n. m.
ralentir v.

râler v.
râleur, euse n. et adj.
ralliement n. m.
rallier v.
rallonge n. f.
rallonger v.
rallumer v.
rallye n. m. *Des rallyes.*
ramadan n. m.
ramage n. m.
ramasse-miettes n. m. inv.
ramasser v.
ramassis n. m. inv.
rambarde n. f.
rame n. f.
rameau n. m. *Des rameaux.*
ramée n. f.
ramener v.
ramequin n. m.
ramer v.
ramette n. f.
rameur, euse n.
rameuter v.
rameux, euse n.
ramier n. m. et adj. m.
ramifier (se) v.
ramille n. f.
ramollir v.
ramoner v.
rampant n. m.
rampe n. f.
ramper v.
ramponneau n. m. La graphie *ramponeau* est vieillie.
ramure n. f.
1. rancard n. m. Rendez-vous ; renseignement. On écrit aussi *rancart, rencard, rencart.*
2. rancart n. m. *Mettre au rancart.*
rance adj. et n. m.
ranch n. m. *Des ranches* ou *des ranchs.*
rancir v.
rancœur n. f.
rançon n. f.
rançonner v.
rancune n. f.
rancunier, ière adj. et n.
randonnée n. f.
randonneur, euse n.
rang n. m.
rangée n. f.
ranger n. m. *Des rangers.*
ranger v.

ranimation n. f.
ranimer v.
rantanplan ! onomat. On dit aussi *rataplan !*
ranz n. m. inv.
raout n. m. *Des raouts.*
rapace adj. et n. m.
rapacité n. f.
râpage n. m.
rapatrié, ée adj. et n.
rapatriement n. m.
rapatrier v.
râpe n. f.
râpé n. m.
râper v.
rapetasser v.
rapetisser v.
râpeux, euse adj.
raphaélique adj. On écrit *raphaélique,* mais *Raphaël.*
raphia n. m.
rapiat, ate adj. et n. La graphie *rapia* est vieillie. — *Ils sont rapiats. Elle est rapiate* ou *elle est rapiat. Elles sont rapiates* ou *elles sont rapiat.*
rapide adj. et n. m.
rapidité n. f.
rapiéçage n. m.
rapiècement n. m.
rapiécer v.
rapière n. f.
rapin n. m.
rapine n. f.
raplapla adj. inv.
raplatir v.
rappareiller v.
rappariement n. m.
rapparier v.
rappel n. m.
rappeler v.
rappliquer v.
rapport n. m.
rapporter v.
rapprendre v.
rapprêter v.
rapprocher v.
rapprovisionner v.
rapsode n. m. ▷ **rhapsode.**
rapsodie n. f. ▷ **rhapsodie.**
rapsodique adj. ▷ **rhapsodique.**
rapt n. m.
râpure n. f.
raquette n. f. *Une raquette de tennis.* — Homophone : *racket.*
raréfier v.

rarement adv.
rareté n. f.
rarissime adj.
1. ras n. m. ▷ raz.
2. ras n. m.
3. ras, rase adj. et adv.
rasade n. f.
rascasse n. f.
rase-mottes n. m. inv.
raser v.
ras-le-bol n. m. inv.
rasoir n. m.
rassasiement n. m.
rassasier v.
rassembler v.
rasseoir v.
rasséréner v.
rassis, ise adj.
rassortiment n. m.
rassortir v.
rassurer v.
rastaquouère n. m.
rat n. m.
rata n. m. *Des ratas.*
rataplan ! onomat. On dit
aussi *rantanplan !*
ratatiner v.
ratatouille n. f.
1. rate n. f. Organe.
2. rate n. f. Femelle du rat.
— La graphie *ratte* est rare.
raté, ée n. et adj.
râteau n. m. *Des râteaux.*
râteler v.
râtelier v.
rater v.
ratiboiser v.
raticide n. m.
ratier n. et adj.
ratière n. f.
ratifier v.
ratine n. f.
ratiociner v.
ration n. f.
rationaliser v.
rationalisme n. m.
rationaliste adj. et n.
rationnel, elle adj. et n. m.
rationnellement adv.
rationner v.
ratisser v.
raton n. m.
rattacher v.
ratte n. f. ▷ rate 2.
rattraper v.
rature n. f.
raucité n. f.
rauque adj.

ravage n. m.
ravager v.
ravalement n. m.
ravaler v.
ravauder v.
rave n. f.
ravi, ie adj.
ravier n. m.
ravigote n. f.
ravigoter v.
ravin n. m.
ravine n. f.
raviner v.
ravioli n. m. inv.
ravir v.
raviser (se) v.
ravitailler v.
raviver v.
ravoir v.
rayer v.
rayon n. m.
rayonne n. f.
rayonnement n. m.
rayonner v.
rayure n. f.
raz n. m. Courant marin. La
graphie *ras* est rare.
razzia n. f. *Des razzias.*
razzier v.
ré n. m. inv.
réabonnement n. m.
réabonner v.
réabsorber v.
réabsorption n. f.
réaccoutumer v.
réacteur n. m.
réaction n. f.
réactionnaire adj. et n.
réactiver v.
réactivité n. f.
réadapter v.
réadmettre v.
réadmission n. f.
réaffirmer v.
réagir v.
réajustement n. m.
réajuster v.
réaliser v.
réaliste adj. et n.
réalité n. f.
réaménager v.
réanimateur, trice n. et adj.
réanimation n. f.
réanimer v.
réapparaître v.
réapprendre v.
réapprovisionner v.
réargenter v.

réarmer v.
réarranger v.
réassortiment n. m.
réassortir v.
réassurer v.
rebaptiser v.
rébarbatif, ive adj.
rebâtir v.
rebattre v.
rebattu, ue adj.
rebec n. m.
rebelle adj. et n.
rebeller (se) v.
rebiquer v.
reboiser v.
rebond n. m.
rebondi, ie adj.
rebondir v.
rebord n. m.
reborder v.
reboucher v.
rebours n. m. *A rebours.*
rebouter v.
rebouteux, euse n. Au
masculin, on dit aussi,
parfois, *rebouteur.*
reboutonner v.
rebrousse-poil (à) loc. adv.
rebrousser v.
rebuffade n. f.
rébus n. m. inv.
rebut n. m.
rebuter v.
recacheter v.
récalcitrant, ante adj. et n.
recaler v.
récapituler v.
recaser v.
recauser v.
recéder v.
recel n. m.
receler v. On évitera la forme
recéler.
receleur, euse n.
récemment adv.
recensement n. m.
recenser v.
recension n. f.
récent, ente adj.
recentrer v.
récépissé n. m.
réceptacle n. m.
récepteur, trice adj. et n. m.
réception n. f.
réceptionnaire n.
réceptionner v.
réceptionniste n.
récessif, ive adj.

récession n. f.
recette n. f.
recevoir v.
rechange n. m.
rechanger v.
rechanter v.
rechaper v. *Rechaper un pneu.*
réchapper v. *Réchapper d'un danger.*
recharge n. f.
rechargeable adj.
recharger v.
réchaud n. m.
réchauffer v.
rechausser v.
rêche adj.
recherche n. f.
rechercher v.
rechigner v.
rechute n. f.
rechuter v.
récidive n. f.
récidiver v.
récif n. m.
récipiendaire n.
récipient n. m.
réciprocité n. f.
réciproque adj. et n. f.
récit n. m.
récital n. m. *Des récitals.*
réciter v.
réclame n. f. *Un panneau-réclame, des panneaux-réclames,* mais *une vente réclame, des ventes réclames.*
réclamer v.
reclasser v.
reclus, use adj. et n.
réclusion n. f.
récognition n. f.
recoiffer v.
recoin n. m.
recollement n. m.
recoller v.
récollet n. m.
récolte n. f.
récolter v.
recommandation n. f.
recommander v.
recommencer v.
récompense n. f.
récompenser v.
recomposer v.
recompter v.
réconcilier v.
reconduction n. f.

reconduire v.
réconfort n. m.
réconforter v.
reconnaissance n. f.
reconnaître v.
reconquérir v.
reconquête n. f.
reconsidérer v.
reconstituer v.
reconstruire v.
reconvertir v.
recopier v.
record n. m.
recordman n. m. *Des recordmen.*
recordwoman n. f. *Des recordwomen.*
recoucher v.
recoudre v.
recoupe n. f.
recouper v.
recourber v.
recourir v.
recours n. m. inv.
recouvrer v.
recouvrir v.
recracher v.
récréatif, ive adj.
récréation n. f.
recréer v. *Créer de nouveau.*
récréer v. *Distraire.*
recrépir v.
récrier (se) v.
récriminer v.
récrire v.
recroqueviller v.
recru, ue adj. *Épuisé.* — Homophone : *recrue.*
recrudescence n. f.
recrudescent, ente adj.
recrue n. f. *Jeune soldat.* — Homophone : *recru.*
recruter v.
recta adv.
rectangle adj. et n. m.
rectangulaire adj.
recteur n. m.
rectifier v.
rectiligne adj.
rectitude n. f.
recto n. m. *Des rectos.*
rectorat n. m.
rectum n. m. *Des rectums.*
reçu n. m.
recueil n. m.
recueillement n. m.
recueilli, ie adj.
recueillir v.

recuire v.
recuit n. m.
recul n. m.
reculer v.
reculons (à) loc. adv.
récupérer v.
récurer v.
récuser v.
recycler v.
rédacteur, trice n.
rédaction n. f.
rédactionnel, elle adj.
reddition n. f.
redécouvrir v.
redéfinir v.
redemander v.
rédempteur, trice adj. *Un rédempteur,* mais *le Rédempteur,* le Christ.
rédemption n. f. *La rédemption des péchés,* mais *le mystère de la Rédemption.*
redéploiement n. m.
redescendre v.
redevance n. f.
redevenir v.
redevoir v.
rédhibitoire adj.
rediffuser v.
rédiger v.
rédimer v.
redingote n. f.
redire v.
redistribuer v.
redite n. f.
redondance n. f.
redondant, ante adj.
redorer v.
redoubler v.
redoute n. f.
redouter v.
redoux n. m. inv.
redresser v.
réducteur, trice adj. et n. m.
réduction n. f.
réduire v.
1. réduit, ite adj.
2. réduit n. m.
réécouter v.
réécrire v.
réécriture n. f.
réédifier v.
rééditer v.
réédition n. f.
rééducation n. f.
rééduquer v.
réel, elle adj. et n. m.
réélection n. f.

réélire v.
réellement adv.
réembarquer v.
réembaucher v.
réémetteur n. m.
réemploi n. m.
réemployer v.
réengager v.
réensemencer v.
réentendre v.
rééquilibrer v.
réévaluer v.
réexaminer v.
réexpédier v.
réexporter v.
refaire v.
réfection n. f.
réfectoire n. m.
refend (de) loc. adj.
refendre v.
référé n. m.
référence n. f.
référendaire adj. et n. m.
référendum n. m. *Des référendums.* Éviter la graphie *referendum.*
référer v.
refermer v.
refiler v.
réfléchi, ie adj.
réflecteur n. m.
reflet n. m.
refléter v.
refleurir v.
reflex adj. inv. et n. m. inv. *Des appareils photographiques reflex.*
réflexe adj. et n. m.
réflexion n. f.
refluer v.
reflux n. m. inv.
refondre v.
refonte n. f.
réforme n. f.
réformé, ée adj. et n.
reformer v. *Reformer un régiment dissous.*
réformer v. *Réformer la législation.*
refouiller v.
refouler v.
réfractaire adj. et n. m.
réfracter v.
réfraction n. f.
refrain n. m.
refrènement n. m.
refréner v. On évitera la forme *réfréner.*

réfrigérer v.
refroidir v.
refuge n. m.
réfugier (se) v.
refus n. m. inv.
refuser v.
réfuter v.
regagner v.
regain n. m.
régal n. m. *Des régals.* — Homophones : *régale 1, 2 et 3.*
régalade n. f.
1. régale n. f. Autrefois, droit, pour le roi, de percevoir les bénéfices des évêchés vacants.
2. régale n. m. L'un des jeux de l'orgue.
3. régale adj. f. *Eau régale :* mélange d'acide chlorhydrique et d'acide nitrique.
régaler v.
régalien, ienne adj.
regard n. m.
regarder v.
regarnir v.
régate n. f.
regel n. m.
regeler v.
régence n. f. *Une régence,* mais *la Régence,* celle de Philippe d'Orléans (1715-1723). — *Des meubles Régence.*
régénérer v.
régent, ente n. *Un régent,* mais *le Régent,* Philippe d'Orléans.
régenter v.
régicide adj. et n.
régie n. f.
regimber v.
régime n. m.
régiment n. m.
régimentaire adj.
région n. f.
régional, ale, aux adj.
régionaliser v.
régionaliste adj. et n.
régir v.
régisseur n. m.
registre n. m.
réglable adj.
réglage n. m.
règle n. f.
réglé, ée adj.
règlement n. m.

réglementaire adj.
réglementairement adv.
réglementation n. f.
réglementer v.
régler v.
réglette n. f.
régleur, euse n.
réglisse n. *La réglisse.* La langue populaire dit *du réglisse,* pour désigner la pâte de réglisse.
réglure n. f.
règne n. m.
régner v.
regonfler v.
regorger v.
regratter v.
regrattier, ière n.
régresser v.
régression n. f.
regret n. m.
regretter v.
regrouper v.
régulariser v.
régularité n. f.
régulateur, trice adj. et n. m.
réguler v.
régulier, ière adj.
régulièrement adv.
régurgiter v.
réhabiliter v.
réhabituer v.
rehaussement n. m.
rehausser v.
rehaut n. m.
réhydrater v.
réimplanter v.
réimpression n. f.
réimprimer v.
rein n. m.
réincarner (se) v.
reine n. f. Souveraine. — Homophone : *rêne.*
reine-claude n. f. *Des reines-claudes.*
reine-marguerite n. f. *Des reines-marguerites.*
reinette n. f. Variété de pomme. — Homophone : *rainette.*
réinsérer v.
réinsertion n. f.
réintégrer v.
réinvestir v.
réitérer v.
reître n. m.
rejaillir v.
rejet n. m.

rejeter v.
rejeton n. m.
rejoindre v.
rejointoiement n. m.
rejointoyer v.
rejouer v.
réjouir v.
réjouissance n. f.
relâche n. *Un relâche :*
détente, repos,
interruption ; fermeture
provisoire d'un théâtre. *Une
relâche :* lieu où un navire fait
escale.
relâchement n. m.
relâcher v.
relais n. m. inv.
relance n. f.
relancer v.
relaps, apse adj. et n.
relater v.
relatif, ive adj.
relation n. f.
relativité n. f.
relaxe n. f.
relaxer v.
relayer v.
relecture n. f.
relégation n. f.
reléguer v.
relent n. m.
relevailles n. f. pl.
relève n. f.
relevé n. m.
relèvement n. m.
relever v.
relief n. m.
relier v.
religieux, euse adj. et n.
religion n. f.
religiosité n. f.
reliquaire n. m.
reliquat n. m.
relique n. f.
relire v.
reloger v.
relouer v.
reluire v.
remâcher v.
remaillage n. m. On dit aussi
remmaillage.
remailler v. On dit aussi
remmailler.
remake n. m. *Des remakes.*
rémanence n. f.
rémanent, ente adj.
remaniement n. m.
remanier v.

remaquiller v.
remarcher v.
remarier v.
remarque n. f.
remarquer v.
remballer v.
rembarquer v.
rembarrer v.
remblai n. m.
remblaiement n. m.
remblayer v.
remboîtement n. m.
remboîter v.
rembourrer v.
rembourser v.
rembrunir (se) v.
1. rembucher n. m.
2. rembucher v.
remède n. m.
remédier v.
remembrer v.
remémorer v.
remerciement n. m.
remercier v.
remettre v.
remeubler v.
remilitariser v.
réminiscence n. f.
remise n. f.
remiser v.
rémission n. f.
remmaillage n. m. On dit
aussi *remaillage.*
remmailler v. On dit aussi
remailler.
remmancher v.
remmener v.
remodeler v.
remonte n. f.
remontée n. f.
remonte-pente n. m. *Des
remonte-pentes.*
remonter v.
remontoir n. m.
remontrance n. f.
remontrer v.
remords n. m. La graphie
un remord est poétique et
rare.
remorquage n. m.
remorque n. f.
remorquer v.
rémoulade n. f.
rémouleur n. m.
remous n. m. inv.
rempailler v.
rempart n. m.
rempiler v.

remplacer v.
remplir v.
remploi n. m.
remployer v.
remplumer (se) v.
rempocher v.
remporter v.
remprunter v.
remue-ménage n. m. inv.
remuement n. m.
remuer v.
remugle n. m.
rémunérer v.
renâcler v.
renaissance n. f. *Une
renaissance,* mais *la
Renaissance,* période
historique (xve-xvie siècle).
Des châteaux Renaissance.
renaître v.
rénal, ale, aux adj.
renard n. m.
renarde n. f.
renardeau n. m. *Des
renardeaux.*
renauder v.
rencaisser v.
renchérir v.
rencogner v.
rencontre n. f.
rencontrer v.
rendement n. m.
rendez-vous n. m. inv.
rendormir v.
rendre v.
rêne n. f. Pièce du harnais.
Généralement au pluriel. —
Homophone : *reine.*
renégat, ate n.
renégocier v.
renfermé n. m.
renfermer v.
renfiler v.
renfler v.
renflouement n. m.
renflouer v.
renfoncer v.
renforcer v.
renfort n. m.
renfrogner (se) v.
rengagé adj. et n. m.
rengager v.
rengaine n. f.
rengainer v.
rengorger (se) v.
rengraisser v.
reniement n. m.
renier v.

renifler v.
renne n. m.
renom n. m.
renommé, ée adj.
renommée n. f.
renoncer v.
renonciation n. f.
renoncule n. f.
renouée n. f.
renouement n. m.
renouer v.
renouveau n. m. *Des renouveaux.*
renouveler v.
renouvellement n. m.
rénover v.
renseigner v.
rentabiliser v.
rentabilité n. f.
rentable adj.
rentamer v.
rente n. f.
rentier, ière n.
rentoiler v.
rentré n. m.
rentrée n. f.
rentrer v.
renverse n. f.
renverser v.
renvoi n. m.
renvoyer v.
réoccuper v.
réorganiser v.
réorienter v.
réouverture n. f.
repaire n. m. Gîte, tanière. — Homophones : *repère ; (il reperd* (de *reperdre).*
repaître v.
répandre v.
reparaître v.
réparer v.
reparler v.
repartie n. f.
repartir v. *Il est reparti pour Lyon. Il a reparti une sottise.*
répartir v. *Il a réparti les tâches.*
répartiteur n. m. et adj.
répartition n. f.
repas n. m.
repasser v.
repayer v.
repêcher v.
repeindre v.
repenser v.
repentance n. f.
1. repentir (se) v.

2. repentir n. m.
répercussion n. f.
répercuter v.
repère n. m. Marque qui permet de retrouver son chemin. — Homophone ▷ *repaire.*
repérer v.
répertoire n. m.
répertorier v.
répéter v.
répétiteur, trice n.
répétition n. f.
repeupler v.
repiquage n. m.
repiquer v.
répit n. m.
replacer v.
replanter v.
replat n. m.
replâtrer v.
replet, ète adj.
réplétion n. f.
repli n. m.
repliement n. m.
replier v.
réplique n. f.
répliquer v.
reploiement n. m.
replonger v.
reployer v.
repolir v.
répondant, ante n.
répondre v.
répons n. m. inv.
réponse n. f.
repopulation n. f.
report n. m.
reportage n. m.
1. reporter v.
2. reporter n. m.
reporteur n. m.
repos n. m. inv.
repose n. f.
reposer v.
repose-tête n. m. inv.
reposoir n. m.
repoudrer v.
repousser v.
repoussoir n. m.
répréhensible adj.
reprendre v.
représailles n. f. pl. Très rare au singulier.
représenter v.
répressif, ive adj.
répression n. f.
réprimande n. f.

réprimander v.
réprimer v.
repris n. m. *Un repris de justice.*
reprise n. f.
repriser v.
réprobateur, trice adj.
réprobation n. f.
reproche n. m.
reprocher v.
reproducteur, trice adj. et n.
reproduction n. f.
reproduire v.
réprouver v.
reps n. m. inv.
reptation n. f.
reptile n. m.
repu, ue adj.
républicain, aine adj. et n.
républicanisme n. m.
république n. f. *La IIIᵉ République.*
répudier v.
répugnance n. f.
répugner v.
répulsif, ive adj.
répulsion n. f.
réputer v.
requérir v.
requête n. f.
Requiem n. m. inv. Avec *r* minuscule : *une messe de requiem.*
requin n. m.
requinquer v.
réquisition n. f.
réquisitionner v.
réquisitoire n. m.
rescapé, ée adj. et n.
rescinder v.
rescision n. f.
rescisoire adj. et n. m.
rescousse n. f.
rescrit n. m.
réseau n. m. *Des réseaux.*
résection n. f.
réséda n. m. et adj. inv. *Des résédas,* mais *des vareuses réséda.*
réséquer v.
réservataire adj. et n. m.
réserve n. f.
réserver v.
réserviste n. m.
réservoir n. m.
résidant, ante adj. et n. *Les Italiens résidant en France* (part. prés. invariable). *La*

ville où elle est résidante (adjectif variable). *Les résidents italiens en France* (nom variable).
résidence n. f.
résident, ente n.
résidentiel, elle adj.
résider v.
résidu n. m.
résiduel, elle adj.
résigner v.
résilier v.
résille n. f.
résine n. f.
résiné, ée adj. et n. m.
résinier, ière n. et adj.
résipiscence n. f.
résistance n. f. *La résistance française à l'occupant*, mais *la Résistance*, l'ensemble des organisations qui combattirent contre l'occupant.
résister v.
résolu, ue adj.
résolument adv.
résolution n. f.
résolutoire adj.
résonance n. f. La graphie *résonnance* est vieillie.
résonant, ante adj. Graphie usuelle dans le sens scientifique : *un circuit résonant.*
résonateur n. m.
résonnant, ante adj. Graphie usuelle dans le sens courant : *une salle très résonnante.*
résonnement n. m.
résonner v.
résorber v.
résorption n. f.
résoudre v.
respect n. m.
respecter v.
respiratoire adj.
respirer v.
resplendir v.
responsable adj. et n.
resquiller v.
ressac n. m.
ressaigner v.
ressaisir v.
ressasser v.
ressaut n. m.
ressauter v.
ressayer v.

ressemblance n. f.
ressembler v.
ressemeler v.
ressemer v.
ressentiment n. m.
ressentir v.
resserre n. f.
resserrement n. m.
resserrer v.
resservir v.
ressort n. m.
1. ressortir v. *Il ressort de chez lui.*
2. ressortir v. *Cette affaire ressortit au tribunal de commerce.*
ressortissant, ante adj. et n.
ressouder v.
ressource n. f.
ressouvenir (se) v.
ressurgir v.
ressusciter v.
ressuyer v.
restaurant n. m.
restaurer v.
reste n. m.
rester v. ▷ **p. 195.**
restituer v.
restitution n. f.
Restoroute n. m. Nom déposé : un *R* majuscule, en principe.
restreindre v.
restrictif, ive adj.
restriction n. f.
restructurer v.
resucée n. f.
résultat n. m.
résulter v.
résumé, ée adj. et n. m.
résumer v.
résurgence n. f.
résurgent, ente adj.
resurgir v.
résurrection n. f. *La résurrection des morts*, mais *la Résurrection*, celle du Christ.
retable n. m.
rétablir v.
retailler v.
rétamer v.
retaper v.
retard n. m.
retardataire adj. et n.
retarder v.
reteindre v.
retendre v.

retenir v.
rétention n. f.
retentir v.
retentissement n. m.
retenue n. f.
rétiaire n. m.
réticence n. f.
réticent, ente adj.
réticulé, ée adj.
rétif, ive adj.
rétine n. f.
rétinien, ienne adj.
retirer v.
rétiveté n. f. On dit aussi *rétivité.*
retombée n. f.
retomber v.
retondre v.
retordre v.
rétorquer v.
retors, orse adj.
rétorsion n. f.
retouche n. f.
retoucher v.
retour n. m.
retourne n. f.
retourner v.
retracer v.
rétractation n. f.
rétracter v.
rétractile adj.
rétraction n. f.
retraduire v.
retrait n. m.
retraite n. f.
retraité, ée adj. et n.
retrancher v.
retranscription n. f.
retranscrire v.
retransmettre v.
retransmission n. f.
retravailler v.
retraverser v.
rétrécir v.
rétrécissement n. m.
retrempe n. f.
retremper v.
rétribuer v.
rétribution n. f.
rétro n. m. et adj. inv.
rétroactif, ive adj.
rétroaction n. f.
rétroactivité n. f.
rétrocéder v.
rétrocession n. f.
rétrograde adj.
rétrograder v.
rétrospectif, ive adj. et n. f.

retrousser v.
retroussis n. m. inv.
retrouvaille n. f. Le plus souvent au pluriel : *des retrouvailles.*
retrouver v.
rétroviseur n. m.
rets n. m. inv. Employé surtout au pluriel.
réunifier v.
réunion n. f.
réunir v.
réussir v.
réussite n. f.
réutiliser v.
revaloir v.
revaloriser v.
revanchard, arde adj. et n.
revanche n. f.
rêvasser v.
rêve n. m.
rêvé, ée adj.
revêche adj.
réveil n. m.
réveille-matin n. m. inv. On dit, dans le même sens, *un réveil, des réveils.*
réveiller v.
réveillon n. m.
réveillonner v.
révéler v.
revenant n. m.
revendicatif, ive adj.
revendication n. f.
revendiquer v.
revendre v.
revenez-y n. m. inv.
revenir v.
revente n. f.
revenu n. m.
rêver v.
réverbération n. f.
réverbère n. m.
réverbérer v.
reverdir v.
révérence n. f.
révérencieux, ieuse adj.
révérend, ende adj. et n. m.
révérer v.
rêverie n. f.
revers n. m. inv.
reverser v.
réversible adj.
réversion n. f.
revêtement n. m.
revêtir v.
rêveur, euse adj. et n.
revient n. m.

revigorer v.
revirement n. m.
réviser v.
révision n. f.
révisionniste adj. et n.
revitaliser v.
revivifier v.
reviviscence n. f.
reviviscent, ente adj.
revivre v.
révocabilité n. f.
révocable adj.
révocation n. f.
révocatoire adj.
revoici adv. présentatif.
revoilà adv. présentatif.
1. revoir v.
2. revoir (au) loc. nominale inv.
revoler v.
révolte n. f.
révolter v.
révolu, ue adj.
révolution n. f.
révolutionnaire adj. et n.
révolutionner v.
revolver n. m. — *Une poche revolver, des poches revolver.*
révolvériser v.
révoquer v.
revue n. f.
revuiste n. m.
révulser v.
révulsion n. f.
1. rewriter v.
2. rewriter n. m. On dit aussi *rewriteur.*
rewriting n. m.
rez-de-chaussée n. m. inv.
rhabdomancie n. f.
rhabdomancien, ienne n.
rhabiller v.
rhapsode n. m. Éviter la graphie vieillie *rapsode.*
rhapsodie n. f. Éviter la graphie vieillie *rapsodie.*
rhapsodique adj. Éviter la graphie vieillie *rapsodique.*
rhénan, ane adj.
rhéostat n. m.
rhésus n. m. inv.
rhéteur n. m.
rhétoricien, ienne n.
rhétorique n. f.
rhéto-roman, ane adj et n. m.
1. rhingrave n. m. Prince rhénan.
2. rhingrave n. f. Haut-de-chausses ample.

rhinite n. f.
rhinocéros n. m. inv.
rhizome n. m.
rhô n. m. Lettre grecque.
rhodanien, ienne adj.
rhododendron n. m.
Rhodoïd n. m. Nom déposé : un *R* majuscule.
rhotacisme n. m.
rhubarbe n. f.
rhum n. m.
rhumatisant, ante adj. et n.
rhumatismal, ale, aux adj.
rhumatisme n. m.
rhumb n. m. La graphie *rumb* est vieillie.
rhume n. m.
rhumerie n. f.
riant, riante adj.
ribambelle n. f.
ribaud, aude n.
ribote n. f.
ricaner v.
richard, arde n.
riche adj. et n.
richelieu n. m. Chaussure. — L'usage hésite sur le pluriel : *des richelieu, des richelieus* ou *des richelieux.*
richesse n. f.
richissime adj.
ricin n. m.
ricocher v.
ricochet n. m.
ric-rac loc. adv.
rictus n. m. inv.
ride n. f.
rideau n. m. *Des rideaux.*
ridelle n. f.
rider v.
ridicule adj. et n. m.
rien pron. indéf., n. m. et adv.
rieur, rieuse n. et adj.
rifain, aine adj. et n.
rigaudon n. m. On écrit aussi, parfois, *rigodon.*
rigide adj.
rigidité n. f.
rigodon n. m. ▷ rigaudon.
rigole n. f.
rigoler v.
rigolo, ote adj. et n. *Un chapeau rigolo, des chapeaux rigolos. Une histoire rigolote, des histoires rigolotes* ou *une histoire rigolo, des histoires rigolo.*

rigoriste n. et adj.
rigoureux, euse adj.
rigueur n. f.
rikiki adj. inv. ▷ **riquiqui**.
rillettes n. f. pl.
rillons n. m. pl.
rimailler v.
rimbaldien, ienne adj. et n.
rime n. f.
rimer v.
Rimmel n. m. Nom déposé :
un *R* majuscule.
rinçage n. m.
rinceau n. m. *Des rinceaux.*
rince-bouche n. m. inv.
rince-bouteilles n. m. inv.
rince-doigts n. m. inv.
rincée n. f.
rincer v.
rinceur, euse n.
rinçure n. f.
ring n. m. inv.
1. ringard n. m. Grand
tisonnier.
2. ringard, arde n. m. et adj.
Vieil acteur médiocre ;
individu incapable. —
Démodé : *des émissions de
télévision ringardes.*
ripaille n. f.
ripailler v.
riper v.
Ripolin n. m. Nom déposé :
un *R* majuscule.
ripoliner v.
riposte n. f.
riposter v.
ripuaire adj.
riquiqui adj. inv. La graphie
rikiki est plus rare.
1. rire v.
2. rire n. m.
ris n. m. Homophones : *riz ;
(il) rit* (de *rire*).
risette n. f.
risible adj.
risotto n. m. *Des risottos.*
risque n. m.
risquer v.
risque-tout n. inv.
rissoler v.
ristourner v.
rite n. m.
ritournelle n. f.
ritualiser v.
ritualiste adj. et n.
rituel, elle adj. et n. et m.
rituellement adv.

rivage n. m.
rival, ale, aux n. et adj.
rivalité n. f.
rive n. f.
river v.
riverain, aine n. et adj.
rivet n. m.
riveter v.
rivière n. f.
rixe n. f.
riz n. m. Homophones ▷ *ris.*
riziculture n. f.
rizière n. f.
riz-pain-sel n. m. inv.
roast-beef n. m. Graphie très
vieillie ▷ **rosbif**.
robe n. f.
robin n. m.
robinet n. m.
robinetterie n. f.
roboratif, ive adj.
robot n. m.
robotique n. f.
robotiser v.
robuste adj.
robustesse n. f.
roc n. m. Rocher. —
Homophones : *Roc* ou *Rock*
ou *Rok,* oiseau fabuleux ;
rock.
rocade n. f.
1. rocaille n. f. Pierraille.
2. rocaille n. m. et adj. inv.
*Des ornements rocaille. Le
rocaille :* le style rocaille.
rocailleux, euse adj.
rocambolesque adj.
roche n. f.
1. rocher n. m.
2. rocher v.
rochet n. m.
rock n. m. Musique très
rythmée. — Homophone ▷
roc.
rock and roll n. m.
rocker n.
rockeuse n. f.
rocking-chair n. m. *Des
rocking-chairs.*
rococo adj. inv et n. m.
rodage n. m.
rôdailler v.
rodéo n. m. *Des rodéos.*
roder v.
rôder v.
rôdeur, euse n. et adj.
rodomont n. m. et adj.
rogations n. f. pl.

rogatoire adj.
rogaton n. m.
rogne n. f.
rogner v.
rognon n. m.
rognonnade n. f.
rogomme n. m.
1. rogue adj.
2. rogue n. f.
roi n. m.
roide adj. et adv.
roitelet n. m.
rôle n. m.
rollmops n. m. inv.
romain, aine adj. et n. De
Rome. *Une Romaine :* une
habitante de Rome.
romaine n. f.
1. roman, ane n. m. et adj.
Le style roman.
2. roman n. m. Récit, livre de
fiction. — Homophones :
roman 1, romand.
romance n. *Une romance* ou,
mieux, *un romance :* poème
épique espagnol. *Une
romance :* chanson
sentimentale.
romancer v.
romanche n. m.
romancier, ière n.
romand, ande adj. et n. De la
Suisse romande : *les
Romands et les Alémaniques.*
— Homophones : *roman 1
et 2.*
romanesque adj. et n. m.
roman-feuilleton n. m. *Des
romans-feuilletons.*
roman-fleuve n. m. *Des
romans-fleuves.*
romanichel, elle n.
romaniser v.
roman-photo n. m. *Des
romans-photos.* — On dit
aussi *photoroman.*
romantique adj. et n.
romarin n. m.
rombière n. f.
rompre v.
romsteck n. m. ▷ **rumsteck**.
ronce n. f.
ronceraie n. f.
ronchonner v.
roncier n. m.
roncière n. f.
rond, ronde adj. et n.
rondache n. f.

rond-de-cuir n. m. *Des ronds-de-cuir.*
ronde n. f.
rondeau n. m. *Des rondeaux.*
ronde-bosse n. f. *Des rondes-bosses. Une ronde-bosse,* mais *une sculpture en ronde bosse.*
rondelet, ette adj.
rondelle n. f.
rondin n. m.
rondouillard, arde adj. et n.
rond-point n. m. *Des ronds-points.*
ronfler v.
ronger v.
ronron n. m.
ronronnement n. m.
ronronner v.
roof n. m. *Des roofs.*
rookerie n. f. La forme *roquerie* est moins fréquente.
roquefort n. m. *Des roqueforts.*
roquer v.
roquerie n. f. ▷ **rookerie.**
roquet n. m.
roquette n. f.
rosace n. f.
rosaire n. m.
rosâtre adj.
rosbif n. m. Seule graphie usuelle et moderne. On a écrit aussi *roast-beef, roastbeef, rosbeef.*
1. rose n. f.
2. rose adj. et n. m. *Des tricots roses. Toute la gamme des roses vifs,* mais *des tricots rose vif, rose pâle.*
rosé, ée adj. et n. m.
roseau n. m. *Des roseaux.*
rose-croix n. inv. *Les frères de la Rose-Croix. Des rose-croix.*
rosée n. f.
roser v.
roseraie n. f.
rosette n. f.
roseur n. f.
rosier n. m.
rosière n. f.
rosiériste n.
rossard, arde n. et adj.
rosse n. f. et adj.
rossée n. f.
rosser v.

rossignol n. m.
rossinante n. f.
rostral, ale, aux adj.
rostre n. m.
rot n. m. Air rejeté de l'estomac.
rôt n. m. Rôti.
rotation n. f.
rotatoire adj.
roter v.
rôti, ie adj. et n.
rotin n. m.
rôtir v.
rôtisserie n. f.
rôtisseur, euse n.
rôtissoire n. f.
rotonde n. f.
rotondité n. f.
rotor n. m.
rotrouenge n. f. La forme *rotruenge* est plus rare.
rotule n. f.
roture n. f.
roturier, ière adj. et n.
rouage n. m.
roublard, arde adj. et n.
roublardise n. f.
rouble n. m.
roucouler v.
roue n. f.
roué, ée adj. et n.
rouelle n. f.
rouer v.
rouerie n. f.
rouet n. m.
rouflaquette n. f.
rouge adj., n. et adv.
rougeâtre adj.
rougeaud, aude adj. et n.
rouge-gorge n. m. *Des rouges-gorges.*
rougeoiement n. m.
rougeole n. f.
rougeoyer v.
rouge-queue n. m. *Des rouges-queues.*
rouget n. m.
rougir v.
rouille n. f. et adj. inv. *Des manteaux rouille.*
rouiller v.
rouir v.
roulé, ée adj. et n.
rouleau n. m. *Des rouleaux.*
roulé-boulé n. m. *Des roulés-boulés.*
rouler v.
roulette n. f.

roulier n. m.
roulis n. m.
roulotte n. f.
roumain, aine adj. et n.
round n. m. *Des rounds.*
roupie n. f.
roupiller v.
roupillon n. m.
rouquin, ine adj. et n.
rouspétance n. f.
rouspéter v.
roussâtre adj.
rousse n. f.
roussi n. m.
roussin n. m.
roussir v.
route n. f.
router v.
routier, ière adj. et n.
routine n. f.
routinier, ière adj. et n.
rouvraie n. f.
rouvre n. m.
rouvrir v.
roux, rousse adj. et n.
royal, ale, aux adj.
royaliste adj. et n.
royalties n. f. pl.
royaume n. m.
royauté n. f.
ru n. m.
ruade n. f.
ruban n. m.
rubicond, onde adj. Rougeaud. — Homophone : *le Rubicon,* fleuve.
rubis n. m. inv. et adj. inv.
rubrique n. f.
ruche n. f.
ruché n. m. Bande d'étoffe plissée.
rucher n. m. Ensemble de ruches.
rude adj.
rudesse n. f.
rudiment n. m.
rudimentaire adj.
rudoiement n. m.
rudoyer v.
rue n. f.
ruée n. f.
ruelle n. f.
ruer v.
ruffian n. m. La graphie *rufian* est plus rare.
rugby n. m.
rugbyman n. m. *Des rugbymen.*

rugir v.
rugosité n. f.
rugueux, euse adj. et n. m.
ruine n. f.
ruiner v.
ruisseau n. m. *Des ruisseaux.*
ruisseler v.
ruisselet n. m.
ruissellement n. m.
rumb n. m. Graphie vieillie ▷
rhumb.
rumba n. f. *Des rumbas.*
rumeur n. f.
ruminer v.
rumsteck n. m. Graphie la

plus fréquente. La graphie
romsteck est correcte aussi,
mais plus rare.
rune n. f.
rupestre adj.
rupin, ine adj. et n.
rupiner v.
rupture n. f.
rural, ale, aux adj. et n.
ruse n. f.
rusé, ée adj. et n.
ruser v.
rush n. m. *Des rushes.*
russe adj. et n.
russifier v.

russophile adj. et n.
russule n. f.
rustaud, aude adj. et n.
rustauderie n. f.
rusticité n. f.
Rustine n. f. Nom déposé :
un *R* majuscule.
rustique adj. et n. m.
rustre n. m. et adj.
rut n. m.
rutabaga n. m. *Des rutabagas.*
rutiler v.
rythme n. m.
rythmer v.
rythmique adj. et n. f.

S

sa adj. poss. f. *Il est venu avec
sa sœur.* — Homophones :
ça ; çà (et là).
sabbat n. m.
sabir n. m.
sable n. m. et adj. inv. *Les
sables du Sahara,* mais *des
vestes sable, jaune sable.*
sablé n. m.
sabler v.
sableux, euse adj.
sablier n. m.
sablière n. f.
sablonneux, euse adj.
sabord n. m.
sabot n. m.
saboter v.
sabotier, ière n.
sabre n. m.
sabretache n. f.
sac n. m.
saccade n. f.
saccadé, ée n. f.
saccager v.
saccharine n. f.
sacerdoce n. m.
sacerdotal, ale, aux adj.
sachem n. m.
sachet n. m.
sacoche n. f.
sacraliser v.
sacramental n. m. *Des
sacramentaux.*
sacramentel, elle adj.
sacre n. m.
sacré, ée adj. et n. m.
sacrebleu ! interj.
sacredieu ! interj.
sacrément adv.

sacrer v.
sacrifice n. m.
sacrifier v.
sacrilège n. m. et adj.
sacripant n. m.
sacristain n. m.
sacristaine n. f. La forme
sacristine est plus fréquente.
sacristi ! interj.
sacristie n. f.
sacristine n. f. Le féminin
sacristaine est plus rare.
sacro-saint, sainte adj. *Les
sacro-saintes traditions.*
sadique adj. et n.
safari n. m. *Des safaris.*
safran n. m. et adj. inv. *Des
rideaux safran.*
safrané, ée adj.
saga n. f. *Des sagas.*
sagace adj.
sagacité n. f.
sagaie n. f.
sage adj. et n.
sage-femme n. f. *Des
sages-femmes.*
sagesse n. f.
1. sagittaire n. m. *Un
sagittaire :* un archer. *Le
Sagittaire :* signe du zodiaque.
2. sagittaire n. f. Plante.
sagouin n. m.
saharien, ienne adj. et n.
sahel n. m. En général : *le
Sahel,* avec *S* majuscule.
sahraoui, ie adj. et n.
saie n. f.
saignée n. f.
saigner v.

saigneur n. m.
saillant, ante adj.
saillie n. f.
saillir v.
sain, saine adj. Bien portant.
— Homophones ▷ *scène.*
saindoux n. m. inv.
sainfoin n. m.
saint, sainte n. et adj. ▷
p. 195. Homophones ▷ *sein.*
saint-bernard n. m. inv.
saint-cyrien n. m. *Des
saint-cyriens.*
sainte-barbe n. f. *Des
saintes-barbes.*
saint-émilion n. m. inv.
sainte nitouche n. f. *Des
saintes nitouches.*
Saint-Esprit n. m. sing.
sainteté n. f.
saint-frusquin n. m. inv.
saint-glinglin (à la) loc. adv.
saint-honoré n. m. inv.
saint-nectaire n. m. inv.
Saint-Office n. m. sing.
Saint-Sépulcre n. m. *Le
Saint-Sépulcre,* édifice, mais
le saint sépulcre, tombeau du
Christ. — *L'ordre du
Saint-Sépulcre.*
Saint-Siège n. m. sing.
saint-simonien, ienne n. et
adj. *Les saint-simoniens.*
saisie n. f.
saisir v.
saison n. f.
saisonnier, ière adj. et n. m.
saké n. m. *Des sakés.*
salace adj.

salacité n. f.

salade n. f.

saladier n. m.

salaire n. m.

salaison n. f.

salamalecs n. m. pl.

salamandre n. f.

salami n. m. *Des salamis.*

salant adj. m. et n. m.

salarial, iale, iaux adj.

salariat n. m.

salarier v.

salaud n. m. et adj. m.

sale adj.

salé n. m.

saler v.

saleté n. f.

salien, lenne adj. *Les Francs Saliens,* mais *la loi salique.*

salière n. f.

salin, ine adj. et n.

salinité n. f.

salique adj.

salir v.

salivaire adj.

salive n. f.

salle n. f.

salmigondis n. m. inv.

salmis n. m. inv.

saloir n. m.

salon n. m.

salonnard, arde n.

saloon n. m. *Des saloons.*

salopard n. m.

saloperie n. f.

salopette n. f.

salpêtre n. m.

salpêtrière n. f. *Une salpêtrière,* mais *la Salpêtrière,* édifice de Paris.

salsifis n. m. inv.

saltimbanque n.

salubre adj.

salubrité n. f.

saluer v.

salut n. m.

salutaire adj.

salutation n. f.

salve n. f.

samaritain, aine adj. et n.

samba n. f. *Des sambas.*

samedi n. m. *Tous les samedis soir.*

samouraï n. m. *Des samouraïs.* La forme *samurai* est plus rare. Elle est généralement invariable.

samovar n. m.

samoyède adj. et n.

sampan n. m. On écrit aussi *sampang,* mais cette graphie est plus rare.

S.A.M.U. n. m. inv.

samurai n. m. ▷ **samouraï.**

sana n. m. *Des sanas.*

san-benito n. m. inv. On évitera le pluriel *des san benitos* et les formes, rares, *sanbenito, sambenito.*

sanctifier v.

sanction n. f.

sanctionner v.

sanctuaire n. m.

Sanctus n. m. inv.

sandale n. f.

sandalette n. f.

sandaraque n. f.

Sandow n. m. Nom déposé : *S* majuscule.

sandwich n. m. De nos jours, toujours masculin. — *Des sandwiches* ou *des sandwichs.*

sang n. m.

sang-froid n. m. sing. Inusité au pluriel.

sanglant, ante adj.

sangle n. f.

sanglier n. m.

sanglot n. m.

sangloter v.

sang-mêlé n. inv.

sangsue n. f.

sanguin, ine adj. et n.

sanguinaire adj. et n.

sanguinolent, ente adj.

sanhédrin n. m.

sanie n. f.

sanitaire adj. et n. m.

sans prép. ▷ **p. 196.**

sans-abri n. inv.

sans-cœur adj. inv. et n. inv.

sans-culotte n. m. *Des sans-culottes.*

sans-façon n. m. sing. *Le sans-façon,* mais *recevoir quelqu'un sans façon.*

sans-fil n. f. et n. m. inv. *La sans-fil* : la télégraphie ou la téléphonie sans fil. — *Un sans-fil* : message transmis par T.S.F.

sans-filiste n. *Des sans-filistes.*

sans-gêne n. m. inv. et adj. inv.

sanskrit, ite n. et adj. La forme *sanscrit* est vieillie.

sanskritiste n. La forme *sanscritiste* est vieillie.

sans-le-sou n. inv.

sans-logis n. inv.

sansonnet n. m.

sans-souci adj. inv. et n. inv.

santal n. m. *Des santals,* sauf dans l'expression *la poudre des trois santaux.*

santé n. f.

santiag n. f. *Des santiags.*

santon n. m. Figurine de terre cuite. — Homophones : *centon ; nous sentons* (de *sentir*).

saoudien, ienne adj. et n. ▷ **séoudien.**

saoul, saoule adj. ▷ **soûl.**

saouler v. ▷ **soûler.**

sape n. f.

saper v.

saperlipopette ! interj.

saperlotte ! interj.

sapeur-pompier n. m. *Des sapeurs-pompiers.*

saphir n. m. et adj. inv. *Des saphirs,* mais *des teintes saphir.*

sapience n. f.

sapin n. m.

sapinière n. f.

saponifier v.

sapristi ! interj.

saquer v. Éviter la graphie *sacquer.*

sarabande n. f.

sarbacane n. f.

sarcasme n. m.

sarcastique adj.

sarcelle n. f.

sarcler v.

sarcloir n. m.

sarcophage n. m.

sardane n. f.

sarde adj. et n.

sardine n. f.

sardinier, ière adj. et n.

sardoine n. f.

sardonique adj.

sargasse n. f. *La mer des Sargasses.*

sari n. m. *Des saris.*

sarigue n. f.

S.A.R.L. n. f. inv.

sarment n. m.

sarouel n. m. *Des sarouels.* On dit aussi *saroual, seroual, séroual, serouel.*

1. sarrasin, ine adj. et n. *Les Sarrasins :* peuple.
2. sarrasin n. m. Blé noir.
sarrau n. m. *Des sarraus.*
sarrois, oise adj. et n.
sas n. m. inv.
sasser v.
satané, ée adj.
satanique adj.
satelliser v.
satellite n. m.
satiété n. f.
satin n. m.
satiné, ée adj.
satinette n. f.
satire n. f. Œuvre qui critique. *Un satyre :* divinité rustique ; individu libidineux.
satirique adj. *Une œuvre satirique :* une critique moqueuse. *Un drame satyrique :* pièce du théâtre grec dans laquelle figuraient des satyres.
satiriser v.
satiriste n.
satisfaction n. f.
satisfaire v.
satisfecit n. m. inv.
satrape n. m.
satrapie n. f.
saturer v.
saturnales n. f. pl. *Les saturnales.*
satyre n. m. ▷ **satire.**
satyrique adj. ▷ **satirique.**
sauce n. f.
saucée n. f.
saucier n. m.
saucière n. f.
saucisse n. f.
saucisson n. m.
saucissonné, ée adj.
1. sauf, sauve adj.
2. sauf prép. ▷ p. 196.
sauf-conduit n. m. *Des sauf-conduits.*
sauge n. f.
saugrenu, ue adj.
saulaie n. f.
saule n. m.
saumâtre adj.
saumon n. m. et adj. inv. *Des saumons,* mais *des écharpes saumon.*
saumoné, ée adj.
saumoneau n. m. *Des saumoneaux.*

saumure n. f.
sauna n. On écrira : *un sauna.* Le féminin *une sauna* est nettement plus rare.
saunier n. m.
saupoudrer v.
saur adj. m.
saurien n. m.
saussaie n. f.
saut n. m. Action de sauter. — Homophones ▷ *sceau.*
saut-de-lit n. m. *Des sauts-de-lit.*
saut-de-loup n. m. *Des sauts-de-loup.*
saut-de-mouton n. m. *Des sauts-de-mouton.* — *Le saut-de-mouton d'une voie ferrée,* mais *les enfants jouent à saute-mouton.*
saute n. f.
saute-mouton n. m. inv. *Jouer à saute-mouton.*
sauter v.
sauterelle n. f.
sauternes n. m. inv.
saute-ruisseau n. m. inv.
sautiller v.
sautoir n. m.
sauvage adj. et n.
sauvageon, onne n.
sauvagesse n. f.
sauvagine n. f.
sauvegarde n. f.
sauvegarder v.
sauve-qui-peut n. m. inv. On écrit *un sauve-qui-peut général,* mais *sauve qui peut !,* locution interjective.
sauver v.
sauveteur n. m.
sauvette (à la) loc. adv.
sauveur n. m. et adj. m. *Jésus-Christ, sauveur des hommes,* mais, absolument, *le Sauveur,* Jésus-Christ.
savamment adv.
savane n. f.
savant, ante adj. et n.
savarin n. m.
savate n. f.
savetier n. m.
saveur n. f.
1. savoir v.
2. savoir n. m.
savoir-faire n. m. sing. Inusité au pluriel.
savoir-vivre n. m. sing.

Inusité au pluriel.
savoisien, ienne adj. et n. ▷ **savoyard.**
savon n. m.
savonner v.
savonnerie n. f. *Une savonnerie* (tapis), mais *un tapis de la Savonnerie.*
savonnette n. f.
savonneux, euse adj.
savonnier, ière adj. et n.
savourer v.
savoyard, arde adj. et n. La forme *savoisien* est plus rare.
saxe n. m. *Un saxe, du saxe,* mais *une porcelaine de Saxe.*
saxhorn n. m. *Des saxhorns.*
saxifrage n. f.
1. saxo n. m. Saxophone.
2. saxo n. Joueur, joueuse de saxophone.
saxon, onne adj. et n.
saxophoniste n.
saynète n. f.
sayon n. m.
sbire n. m.
scabieuse n. f.
scabreux, euse adj.
scaferlati n. m. Rare au pluriel. *Des scaferlatis.*
scalp n. m.
scalpel n. m.
scandale n. m.
scander v.
scandinave adj. et n.
scanner n. m. *Des scanners.*
scansion n. f.
scaphandre n. m.
scaphandrier n. m.
scapulaire n. m. et adj.
scarabée n. m.
scarifier v.
scarlatine n. f. et adj. f.
scarole n. f. La forme *escarole* est à éviter.
scatologie n. f.
sceau n. m. Cachet. — Homophones : *saut ; seau ; sot ; Sceaux,* ville.
scélérat, ate adj. et n.
scélératesse n. f.
scellé n. m.
scellement n. m.
sceller v. Cacheter. *Sceller une lettre,* mais *seller un cheval.*
scénario n. m. *Des scénarios.*
scénariste n.

scène n. f. Plateau d'un théâtre. — Homophones : *saine*, (féminin de *sain*) ; *Cène ; seine* ou *senne ; la Seine*, fleuve.

scénique adj.

scepticisme n. m.

sceptique adj. et n. Qui doute. — Homophone : *(fosse) septique.*

schah n. m. Graphie vieillie et rare. On écrit plutôt *chah.*

schako n. m. ▷ **shako.**

scheik n. m. ▷ **cheikh.**

schelem n. m. ▷ **chelem.**

schéma n. m.

schème n. m.

schilling n. m. *Des schillings. Le schilling* est une monnaie autrichienne. Le nom de la monnaie anglaise s'écrit *shilling.*

schisme n. m.

schiste n. m.

schizophrène n. et adj.

schizophrénie n. f.

schlague n. f.

schlem n. m. ▷ **chelem.**

schlitte n. f.

schlitter v.

schlitteur n. m.

schnaps n. m. inv.

scholiaste n. m. Graphie à éviter ▷ **scoliaste.**

scholie n. f. Graphie à éviter ▷ **scolie.**

schooner n. m. *Des schooners.*

sciage n. m.

sciatique adj. et n. f.

scie n. f. Outil. — Homophones : *si 1, 2 et 3 ; sis ; six* (devant consonne).

sciemment adv.

science n. f.

science-fiction n. f. sing. Inusité au pluriel.

scientifique adj. et n.

scier v.

scierie n. f.

scieur n. m.

scinder v.

scintillation n. f.

scintillement n. m.

scintiller v.

scion n. m.

scission n. f.

sciure n. f.

sclérose n. f.

sclérosé, sclérosée adj.

scléroser (se) v.

scolaire adj. et n. m.

scolastique adj. et n.

scoliaste n. m. Éviter la graphie *scholiaste*

scolie n. f. Éviter la graphie *scholie.*

scoliose n. f.

scolopendre n. f.

sconse n. m. Plusieurs graphies pour ce mot ▷ **skunks.**

scoop n. m. *Des scoops.*

scooter n. m. *Des scooters.*

scootériste n.

scorbut n. m.

score n. m.

scorie n. f.

scorpion n. m.

scorsonère n. f.

1. scotch n. m. Whisky d'Écosse. — *Des scotches.*

2. Scotch n. m. Ruban adhésif. — Nom déposé : un *S* majuscule.

scotcher v.

scout n. m. et adj. *Des scouts.*

scoutisme n. m.

Scrabble n. m. Nom déposé : un *S* majuscule.

scribe n. m.

scribouillard, arde n.

1. script n. m. Scénario d'un film. — *Des scripts.*

2. script n. m. Type d'écriture manuscrite.

scripte n. Secrétaire d'un film : *la scripte* (femme) ou *le scripte* (homme).

script-girl n. f. *Des script-girls.*

scripturaire adj.

scriptural, ale, aux adj.

scrofule n. f.

scrogneugneu ! interj. et n. m. On dit aussi *scrongneugneu !*

scrupule n. m.

scruter v.

scrutin n. m.

sculpter v.

sculpteur n. m.

sculptural, ale, aux adj.

sculpture n. f.

scythe adj. et n. *Les Scythes*, peuple. — Homophones : *il cite* (de *citer*) ; *le site.*

se pron. pers. Homophones : *ce*, adjectif démonstratif ; *ce*, pronom démonstratif.

séance n. f.

1. séant n. m.

2. séant, séante adj. Convenable. — Homophone : *céans.*

seau n. m. Récipient. *Des seaux.* —Homophones ▷ *sceau.*

sébile n. f.

sec, sèche adj., n. et adv.

sécant, ante adj. et n. f.

sécateur n. m.

sécession n. f. *La guerre de Sécession.*

sécessionniste adj. et n.

séchage n. m.

sèche n. f.

sèchement adv.

sécher v.

sécheresse n. f.

séchoir n. m.

second, onde adj. et n.

secondaire adj. et n. m.

secouement n. m.

secouer v.

secourir v.

secouriste n.

secours n. m. inv.

secousse n. f.

1. secret, ète adj.

2. secret n. m.

secrétaire n.

secrètement adv.

sécréter v.

sécréteur, euse ou **trice** adj.

sécrétion n. f.

sécrétoire adj.

sectaire n. et adj.

secte n. f.

secteur n. m.

section n. f.

sectionner v.

sectoriel, elle adj.

séculaire adj.

séculariser v.

séculier, ière adj. et n. m.

secundo adv.

sécurité n. f.

sédatif, ive adj. et n. m.

sédentaire adj. et n.

sédentarité n. f.

sédiment n. m.

sédimentaire adj.

séditieux, ieuse adj. et n.

SÉDITION

sédition n. f.
séducteur, trice n. et adj.
séduire v.
segment n. m.
segmentaire adj.
segmenter v.
ségrégation n. f.
ségrégationnisme n. m.
ségrégationniste n. et adj.
séguedille n. f.
seiche n. f.
séide n. m.
seigle n. m.
seigneur n. m.
seigneurial, iale, iaux adj.
seigneurie n. f.
sein n. m. Mamelle. —
Homophones : *ceint ; sain ;*
saint ; cinq (devant une
consonne) ; *seing.*
seine n. f. Filet. On écrit
aussi *senne.* —
Homophones : *Cène ; saine*
(féminin de sain) ; *scène ; la*
Seine.
seing n. m. Signature. —
Homophones ▷ *sein.*
séisme n. m.
séismicité n. f. ▷ **sismicité.**
séismique adj. ▷ **sismique.**
séismographe n. m. ▷
sismographe.
séismologie n. f. ▷
sismologie.
seize adj. et n. m. inv.
seizième adj. et n.
séjour n. m.
sel n. m.
sélect, ecte adj. *Des réunions*
sélectes. On écrit aussi *select*
(invariable) : *des réunions*
select.
sélectif, ive adj.
sélection n. f.
sélectionner v.
sélénite n. et adj.
self-made man n. m. *Des*
self-made men.
selle n. f.
seller v. *Seller un cheval.* —
Homophone : *sceller.*
sellerie n. f.
sellette n. f.
sellier n. m. Celui qui
fabrique les harnais. —
Homophone : *cellier.*
selon prép.
semailles n. f. pl.

semaine n. f.
sémanticien, ienne n.
sémantique n. f. et adj.
sémaphore n. m.
semblable adj. et n.
semblant n. m.
sembler v.
séméiologie n. f. On dit
plutôt *sémiologie.*
séméiotique n. et adj. On dit
plutôt *sémiotique.*
semelle n. f.
semence n. f.
semer v.
semestre n. m.
semestriel, ielle adj.
semi-circulaire adj. *Les*
canaux semi-circulaires.
séminaire n. m.
sémiologie n. f. On dit plus
rarement *séméiologie.*
sémioticien, ienne n.
sémiotique n. f. et adj. On dit
plus rarement *séméiotique.*
semi-remorque n. *Des*
semi-remorques. —Genre
incertain : les routiers disent
un semi-remorque.
semis n. m. inv.
sémite adj. et n.
sémitique adj.
semi-voyelle n. f. *Des*
semi-voyelles.
semoir n. m.
semonce n. f.
semoule n. f.
sempiternel, elle adj.
sempiternellement adv.
sénat n. m. *Le sénat*
d'Athènes. Le sénat romain. Le
sénat de Venise. — *Le Sénat*
(sous Napoléon). *Le Sénat*
belge. Le Sénat (en France,
aux États-Unis).
sénatus-consulte n. m. *Des*
sénatus-consultes.
séné n. m.
sénéchal n. m. *Des*
sénéchaux.
sénéchaussée n. f.
sénégalais, aise adj. et n.
sénescence n. f.
sénescent, ente adj.
senestre adj. La graphie
sénestre existe, mais elle est
moins bonne.
sénevé n. m.
sénile adj.

sénilité n. f.
senior n. et adj. *Des seniors.*
Les équipes seniors. Une senior.
senne n. f. ▷ **seine.**
sens n. m. Direction ;
sensibilité. — Homophone :
cens.
sensation n. f.
sensationnel, elle adj. et
n. m.
sensé, ée adj. Raisonnable.
— Homophone : *censé.*
sensément adv.
sensibilité n. f.
sensible adj.
sensitif, ive adj. et n. f.
sensoriel, elle adj.
sensualisme n. m.
sensualité n. f.
sensuel, elle adj. et n.
sente n. f.
sentence n. f.
sentencieux, ieuse adj.
sentier n. m.
sentiment n. m.
sentimental, ale, aux adj.
et n.
sentimentalité n. f.
sentine n. f.
sentinelle n. f.
sentir v.
seoir v. Convenir. —
Homophone : *soir.*
séoudien, ienne adj. et n. On
préférera *séoudien* à
saoudien, forme d'origine
anglaise.
sep n. m. Partie de la
charrue. — Homophones :
cep ; cèpe.
sépale n. m.
séparément adv.
séparer v.
sépia n. f.
sept adj. et n. m. inv.
septain n. m.
septante adj. et n.
septantième adj. et n.
septembriseur n. m.
septemvir n. m. *Des*
septemvirs.
septennal, ale, aux adj.
septennat n. m.
septentrion n. m.
septentrional, ale, aux adj.
septicémie n. f.
septidi n. m. *Le septidi*
14 floréal.

septième adj. et n.

septique adj. *Une fosse septique.* — Homophone : *sceptique.*

septuagénaire adj. et n.

Septuagésime n. f.

septuor n. m. *Des septuors.*

septuple adj. et n. m.

sépulcral, ale, aux adj.

sépulcre n. m.

séquelle n. f.

séquence n. f.

séquestre n. m.

séquestrer v.

sequin n. m.

séquoia n. m. *Des séquoias.*

sérac n. m.

sérail n. m. *Des sérails.*

séraphin n. m.

séraphique adj.

serbe adj. et n.

serbo-croate adj. et n.

1. serein, eine adj. Calme, rassuré.

2. serein n. m. Fraîcheur du soir. — Homophone : *un serin.*

sereinement adv.

sérénade n. f.

sérénissime adj.

serf, serve n. et adj.

serfouette n. f.

serfouir v.

serge n. f.

sergent n. m.

sergent-chef n. m. *Des sergents-chefs.*

sergent-major n. m. *Des sergents-majors.*

sériciculture n. f.

série n. f.

sériel, elle adj.

sérier v.

sérieux, ieuse adj.

sérigraphie n. f.

serin n. m. et adj. Oiseau ; niais. — *Ils sont serins, niais, mais des étoffes serin, jaune serin.* — Homophones : *serein 1* et *2.*

seriner v.

seringa n. m. On écrit aussi *seringat.*

seringue n. f.

serment n. m. Promesse solennelle. — Homophone : *un serrement de cœur.*

sermon n. m.

sermonnaire n. m.

sermonner v.

sérologie n. f.

sérosité n. f.

sérothérapie n. f.

seroual, séroual, serouel n. m. ▷ *sarouel.*

serpe n. f.

serpent n. m.

1. serpentaire n. f. Plante.

2. serpentaire n. m. Oiseau.

serpenteau n. m. *Des serpenteaux.*

serpentin, ine adj.

serpette n. f.

serpillière n. f.

serpolet n. m.

serre n. f.

serre-file n. m. *Des serre-files.*

serre-frein n. m. inv. On écrit aussi *un serre-freins, des serre-freins.*

serre-joint n. m. inv. On écrit aussi *un serre-joints, des serre-joints.*

serre-livres n. m. inv.

serrement n. m. *Un serrement de cœur.* — Homophone : *serment.*

serrer v.

serre-tête n. m. inv.

serrure n. f.

serrurier n. m.

sertir v.

sérum n. m. *Des sérums.*

serval n. m. *Des servals.*

servant n. m.

servante n. f.

serve n. f. et adj.

service n. m.

serviette n. f.

serviette-éponge n. f. *Des serviettes-éponges.*

servile adj.

servilité n. f.

servir v.

serviteur n. m.

servocommande n. f.

servofrein n. m.

servomoteur n. m.

ses adj. poss. pl. Homophone : *ces,* adjectif démonstratif pluriel.

sésame n. m.

session n. f. *La session d'une assemblée, d'un tribunal, d'un examen.* — Homophone : *la cession.*

sesterce n. m.

set n. m. *Des sets.*

setier n. m.

séton n. m.

setter n. m. *Des setters.*

seuil n. m.

seul, seule adj. et n. *Seul à seul* ▷ **p. 196.**

seulet, ette adj.

sève n. f.

sévère adj.

sévèrement adv.

sévérité n. f.

sévices n. m. pl. Extrêmement rare au singulier.

sévir v.

sevrer v.

sèvres n. m. *De la porcelaine de Sèvres, mais du sèvres, un beau sèvres.*

sévrienne n. f.

sexagénaire adj. et n.

sexagésimal, ale, aux adj.

Sexagésime n. f.

sex-appeal n. m. sing. Inusité au pluriel.

sexe n. m.

sextant n. m.

sexte n. f.

sextidi n. m. *Le sextidi 6 vendémiaire.*

sexto adv.

sextuor n. m. *Des sextuors.*

sextuple adj. et n. m.

sexualité n. f.

sexué, ée adj.

sexuel, elle adj.

sexuellement adv.

sexy adj. inv.

seyant, ante adj.

shah n. m. On écrit plutôt *chah.*

shaker n. m. *Des shakers.*

shakespearien, ienne adj.

shako n. m. *Des shakos.* La graphie *schako* est vieillie.

shampooing n. m. La graphie *shampoing,* correcte aussi, est plus rare.

shampouiner v. Graphie à préférer. On écrit aussi *shampoiner, shampooigner,* parfois *champouigner.*

shampouineur, euse n. Graphie à préférer. On écrit aussi *shampooineur, shampooigneur,* parfois *champouigneur.*

shérif n. m. Officier de police, aux États-Unis. — Homophone : *chérif.*

sherpa n. m. *Des sherpas.*

sherry n. m. Vin de Xeres. — *Des sherries.* — Homophone : *cherry.*

shetland n. m. *Des shetlands.*

shilling n. m. Monnaie anglaise. Le nom de la monnaie autrichienne s'écrit *schilling.*

shipchandler n. m. *Des shipchandlers.*

shoot n. m. *Des shoots.*

shooter v.

shopping n. m. sing. Inusité au pluriel.

short n. m. *Des shorts.*

show n. m. *Des shows.*

show business n. m. sing. Inusité au pluriel.

shrapnel n. m. Éviter la graphie *shrapnell.*

1. si conj. et n. m. inv.

2. si adv.

3. si n. m. inv.

sial n. m. sing

siamois, oise adj. et n. *Un Siamois,* habitant du Siam, mais *un siamois,* chat.

sibérien, ienne adj. et n.

sibylle n. f.

sibyllin, ine adj.

sic adv.

sicaire n. m.

sicav n. f. inv.

siccatif, ive adj. et n. m.

siccité n. f.

sicilien, ienne adj. et n.

sida n. m.

side-car n. m. *Des side-cars.*

sidéral, ale, aux adj.

sidérer v.

sidérurgie n. f.

siècle n. m. ▷ **p. 196.**

siège n. m.

siéger v.

sien, sienne adj. poss., pron. poss et n.

sierra n. f. *Des sierras.*

sieste n. f.

sieur n. m.

siffler v.

sifflotement n. m.

siffloter v.

sigillaire adj.

sigillé, ée adj.

sigillographie n. f.

sigisbée n. m.

sigle n. m.

sigma n. m. Lettre grecque.

signal n. m. *Des signaux.*

signaler v.

signalétique adj. et n. f.

signaliser v.

signataire n. m.

signe n. m. *Un signe (de tête,* etc.). — Homophone : *cygne.*

signer v.

signet n. m.

signifier v.

sikh n. et adj. *Les sikhs.*

silence n. m.

silène n. m.

silex n. m. inv.

silhouette n. f.

silice n. f. Minéral. — Homophone : *cilice.*

silicium n. m.

silicone n. f.

silicose n. f.

sillage n. m.

sillon n. m.

sillonner v.

silo n. m. *Des silos.*

silure n. m.

sima n. m.

simagrées n. f. pl. Toujours féminin. Presque toujours au pluriel.

simarre n. f.

simien, ienne adj. et n. m.

simiesque adj.

similaire adj.

similarité n. f.

similigravure n. f.

similitude n. f.

simoniaque adj. et n.

simonie n. f.

simoun n. m.

simple adj.

simples n. m. pl.

simplet, ette adj. et n.

simplicité n. f.

simplifier v.

simulacre n. m.

simuler v.

simultané, ée adj.

simultanéité n. f.

simultanément adv.

sinapisme n. m.

sincère adj.

sincèrement adv.

sincérité n. f.

sinécure n. f.

sine die loc. adv.

sine qua non loc. adv.

singe n. m.

singer v.

singularité n. f.

singulier, ière adj. et n. m.

1. sinistre adj.

2. sinistre n. m.

sinistré, ée adj.

sinon conj.

sinople n. m.

sinuosité n. f.

sinus n. m. inv.

sinusite n. f.

sioniste adj. et n.

sioux n. m. inv. et adj. inv. *Des Sioux. Une tribu sioux.*

siphon n. m.

siphonner v.

sire n. m. Titre de politesse. — Homophone : *cire.*

sirène n. f.

sirocco n. m.

sirop n. m.

siroter v.

sirupeux, euse adj.

sirventès n. m. inv. On évitera la forme *un sirvente, des sirventes.*

sis, sise adj. Situé. — Homophones (du masculin) : *si 1, 2* et *3 ; scie ; six* (devant consonne).

sisal n. m. *Des sisals.*

sismicité n. f. Forme à préférer à *séismicité.*

sismique adj. Forme à préférer à *séismique.*

sismographe n. m. Forme à préférer à *séismographe.*

sismologie n. f. Forme à préférer à *séismologie.*

sister-ship n. m. *Des sister-ships.*

sistre n. m. Instrument de musique égyptien. — Homophone : *cistre.*

site n. m. Endroit, paysage. — Homophones ▷ *scythe.*

sitôt adv.

situer v.

six adj. et n. m. Nombre. — Homophones ▷ *scie.*

sixain n. m. ▷ *sizain.*

sixième adj. et n.

six-quatre-deux (à la) loc. adv.

sixte n. f.

sizain n. m. Éviter la graphie *sixain*.

Skaï n. m. Nom déposé : *S* majuscule.

sketch n. m. *Des sketches.*

ski n. m.

skier v.

skiff n. m. *Des skiffs.*

skipper n. m. *Des skippers.*

skunks n. m. La graphie la plus usuelle est *skunks*. La forme la plus française serait *sconse*. On écrit aussi *scons, skuns, skons, sconce.*

slalom n. m.

slalomer v.

slave adj. et n.

slaviser v.

slavon n. m.

sleeping n. m. *Des sleepings.*

slip n. m.

slogan n. m.

sloop n. m. *Des sloops.*

sloughi n. m. *Des sloughis.*

slovaque adj. et n.

slovène adj. et n.

slow n. m. *Des slows.*

smala n. f. *Des smalas.* Cette graphie s'emploie surtout au sens figuré : *Jacques est arrivé avec toute sa smala.*

smalah n. f. *Des smalahs.* Cette graphie s'emploie surtout au sens propre : *la smalah d'Abd-el-Kader.*

smart adj. inv.

smash n. m. *Des smashes.*

smasher v.

S.M.I.C. n. m. inv.

smicard, arde n.

smoking n. m. *Des smokings.*

snack n. m. *Des snacks.*

snack-bar n. m. *Des snack-bars.*

snob n. et adj. *Un snob. Une snob. Des snobs. Elle est snob. Elles sont snobs.*

snober v.

sobre adj.

sobriété n. f.

sobriquet n. m.

soc n. m.

social, iale, iaux adj.

social-démocrate adj. et n. *Les sociaux-démocrates. Les députés sociaux-démocrates. La liste social-démocrate. Les idées social-démocrates.*

social-démocratie n. f.

socialiste adj. et n.

sociétaire adj. et n.

société n. f.

socioculturel, elle adj.

socio-économique adj.

sociologie n. f.

socioprofessionnel, elle adj. et n.

socle n. m.

socque n. m.

socquette n. f. A l'origine, nom déposé. En fait, s'écrit avec *s* minuscule : *des socquettes.*

socratique adj.

soda n. m. *Des sodas.*

sodium n. m.

sœur n. f.

sœurette n. f.

sofa n. m. *Des sofas.*

soi pron. pers. et n. m.

soi-disant adj. inv.

soie n. f.

soierie n. f.

soif n. f.

soigner v.

soigneux, euse adj.

soin n. m.

soir n. m. *Tous les lundis soir* ▷ **p. 196.** — Homophone : *seoir.*

soirée n. f.

soit conj. et adv. ▷ **p. 196.**

soixantaine n. f.

soixante adj. et n. m. inv.

soixante-dix adj. et n. m. inv.

soixante-dixième adj. et n.

soixante-huitard, arde adj. et n.

soixantième adj. et n.

soja n. m. La forme *soya* est rare.

1. sol n. m. Surface de la terre.

2. sol n. m. inv. Note de musique : *Des sol et des si.*

solaire adj.

solarium n. m. *Des solariums.*

soldat n. m.

soldatesque adj. et n. f.

solde n. ▷ **p. 196.**

solder v.

sole n. f.

solécisme n. m.

soleil n. m.

solennel, elle adj.

solennellement adv.

solenniser v.

solennité n. f.

solfatare n. f.

solfège n. m.

solfier v.

solidaire adj.

solidarité n. f.

solide adj. et n. m.

solidité n. f.

soliloque n. m.

soliste n.

solitaire adj. et n.

solive n. f.

soliveau n. m. *Des soliveaux.*

solliciter v.

sollicitude n. f.

solo n. m. et adj. *Des solos, plutôt que des soli* (rare). *Des barytons solos. Une clarinette solo. Des clarinettes solos.*

solstice n. m.

soluble adj.

solution n. f.

solvant n. m.

somali, ie adj. et n.

somalien, ienne adj. et n.

sombre adj.

sombrer v.

sommaire adj. et n. m.

sommation n. f.

1. somme n. f. Total ; quantité d'argent.

2. somme n. m. Court sommeil.

3. somme n. f. *Une bête de somme.*

sommeil n. m.

sommeiller v.

sommelier, ière n.

sommellerie n. f.

sommer v.

sommet n. m.

sommier n. m.

sommité n. f.

somnambule n. et adj.

somnifère adj. et n. m.

somnolence n. f.

somnolent, ente adj.

somptuaire adj.

somptueux, euse adj.

somptuosité n. f.

1. son, sa, ses adj. poss.

2. son n. m.

sonar n. m.

sonate n. f.

sonde n. f.

sonder v.

songe n. m.

songe-creux n. m. inv.
songer v.
sonnaille n. f.
1. sonnailler n. m.
2. sonnailler v.
sonnant, ante adj. ▷ p. 196.
sonner v.
sonnet n. m.
sonnette n. f.
sono n. f. *Des sonos.*
sonore adj.
sonorité n. f.
sophiste n. m.
sophistiqué, ée adj.
soporifique adj. et n. m.
soprano n. m. *Des sopranos,
plutôt que des soprani. —
Cette cantatrice est un
merveilleux soprano.*
sorbet n. m.
sorbetière n. f.
sorbier n. m.
sorbonnard, arde n. et adj.
sorcellerie n. f.
sorcier, ière n.
sordide adj.
sorgho n. m. *Des sorghos.* La
graphie *sorgo* est rare.
sornette n. f.
sort n. m.
sorte n. f.
sortie n. f.
sortilège n. m.
1. sortir v.
2. sortir n. m.
S.O.S. n. m. inv.
sosie n. m. *Un sosie,* mais
Sosie, valet d'Amphitryon.
sot, sotte adj. et n.
sotie n. f.
sottement adv.
sottise n. f.
sottisier n. m.
sou n. m. *Des sous.*
soubassement n. m.
soubresaut n. m.
soubrette n. f.
souche n. f.
souci n. m.
soucier v.
soucoupe n. f.
soudain, aine adj. et adv.
soudaineté n. f.
soudanais, aise adj. et n.
soudard n. m.
soude n. f.
souder v.
soudoyer v.

soue n. f.
souffle n. m.
soufflé n. m.
souffler v.
soufflet n. m.
souffleter v.
souffrance n. f.
souffre-douleur n. m. inv. La
graphie *un souffre-douleurs*
est à éviter.
souffrir v.
soufre n. m.
soufrière n. f.
souhait n. m.
souhaiter v.
souillarde n. f.
souiller v.
souillon n. *Cette fille est un
petit souillon,* plutôt que *une
petite souillon.*
souk n. m. *Des souks.*
soûl, soûle adj. Graphie à
préférer à *saoul.*
soulager v.
soûlard, arde n. Graphie à
préférer à *saoulard.*
soûlaud, aude n. Graphie à
préférer à *saoulaud.*
soûler v. Graphie à préférer
à *saouler.*
soûlerie n. f. Graphie à
préférer à *saoulerie.*
soulèvement n. m.
soulever v.
soulier n. m.
souligner v.
soûlographie n. f. Graphie à
préférer à *saoulographie.*
soûlot, ote n. Graphie à
préférer à *saoulot.*
soumettre v.
soumis, ise adj.
soumission n. f.
soumissionner v.
soupape n. f.
soupçon n. m.
soupçonner v.
soupçonneux, euse adj.
soupe n. f.
soupente n. f.
1. souper v.
2. souper n. m.
soupeser v.
soupière n. f.
soupir n. m.
soupirail n. m. *Des soupiraux.*
soupirer v.
souple adj.

souplesse n. f.
souquenille n. f.
souquer v.
source n. f.
sourcier, ière n.
sourcil n. m.
sourcilier, ière adj.
sourciller v.
sourd, sourde adj. et n.
sourdine n. f.
sourd-muet, sourde-muette
adj. et n. *Des sourds-muets.
Des sourdes-muettes.*
sourdre v.
souriceau n. m. *Des
souriceaux.*
souricière n. f.
1. sourire v.
2. sourire n. m.
1. souris n. f. Animal.
2. souris n. m. Un sourire.
sournois, oise adj. et n.
sous prép.
sous-alimentation n. f.
sous-alimenté, ée adj.
sous-bois n. m. inv.
sous-brigadier n. m. *Des
sous-brigadiers.*
sous-chef n. m. *Des
sous-chefs.*
souscription n. f.
souscrire v.
sous-développé, ée adj. et n.
sous-directeur, trice n. *Des
sous-directeurs.*
sous-emploi n. m. sing.
Inusité au pluriel.
sous-entendre v.
sous-entendu n. m. *Des
sous-entendus.*
sous-estimer v.
sous-évaluer v.
sous-exposer v.
sous-fifre n. m. *Des
sous-fifres.*
sous-jacent, ente adj.
sous-lieutenant n. m. *Des
sous-lieutenants.*
sous-locataire n. *Des
sous-locataires.*
sous-louer v.
sous-marin, ine adj. et n. m.
*Des sous-marins. Des
grenades sous-marines.*
sous-marinier n. m. *Des
sous-mariniers.*
sous-nappe n. f. *Des
sous-nappes.*

sous-œuvre (en) loc. adv. ou loc. adj.
sous-off n. m. *Des sous-offs.*
sous-officier n. m. *Des sous-officiers.*
sous-ordre n. m. *Des sous-ordres.*
sous-payer v.
sous-peuplé, ée adj.
sous-pied n. m. *Des sous-pieds.*
sous-préfecture n. f. *Des sous-préfectures.*
sous-préfet n. m. *Des sous-préfets.*
sous-préfète n. f. *Des sous-préfètes.*
sous-production n. f. *Des sous-productions.*
sous-produit n. m. *Des sous-produits.*
sous-prolétariat n. m. *Des sous-prolétariats.*
sous-seing n. m. *Des sous-seings,* mais *des actes sous seing privé.*
soussigné, ée adj.
sous-sol n. m. *Des sous-sols.*
sous-station n. f. *Des sous-stations.*
sous-tendre v.
sous-titre n. m. *Des sous-titres.*
soustraction n. f.
soustraire v.
sous-traitant, ante adj. et n. m. *Des sous-traitants. Des entreprises sous-traitantes.*
sous-traiter v.
sous-ventrière n. f. *Des sous-ventrières.*
sous-verge n. m. inv.
sous-verre n. m. inv.
sous-vêtement n. m. *Des sous-vêtements.*
soutache n. f.
soutane n. f.
soute n. f.
soutenance n. f.
soutènement n. m.
soutenir v.
souterrain, aine adj. et n. m.
soutien n. m. *Il soutient,* mais *un soutien.*
soutien-gorge n. m. *Des soutiens-gorge.*
soutier n. m.
soutirer v.

souvenance n. f.
1. souvenir (se) v.
2. souvenir n. m.
souvent adv.
souverain, aine adj. et n.
souveraineté n. f.
soviet n. m. *Les soviets,* mais *le Soviet suprême.*
soviétique adj. et n.
sovkhose n. m. *Des sovkhoses.*
soya n. m. ▷ **soja**.
soyeux, euse adj. et n. m.
spacieux, ieuse adj.
spadassin n. m.
spaghetti n. m. inv.
spahi n. m. *Des spahis.*
sparadrap n. m.
sparring-partner n. m. *Des sparring-partners.*
sparterie n. f.
spartiate adj. et n. *Des Spartiates :* habitants de Sparte.
spartiates n. f. pl. *Des spartiates :* chaussures.
spasme n. m.
spasmodique adj.
spath n. m.
spatial, iale, iaux adj.
spatule n. f.
speaker n. m. *Des speakers.*
spécial, iale, iaux adj.
spécialité n. f.
spécieux, ieuse adj.
spécificité n. f.
spécifier v.
spécimen n. m.
spectacle n. m.
spectaculaire adj.
spectateur, trice n.
spectral, ale, aux adj.
spectre n. m.
spéculer v.
spéculum n. m. *Des spéculums.*
speech n. m. *Des speeches.*
spéléologie n. f.
spencer n. m. *Des spencers.*
sphère n. f.
sphéricité n. f.
sphérique adj.
sphinx n. m. inv. *Un sphinx. Le Sphinx* ou parfois *la Sphinx,* monstre grec.
spi n. m. *Des spis.*
spider n. m. *Des spiders.*
spinnaker n. m. *Des spinnakers.*

spinoziste adj. et n. On écrit aussi *spinosiste.* De même : *le spinosisme* ou *le spinozisme.*
spirale n. f.
spire n. f.
spirite n. et adj.
spiritualité n. f.
spirituel, elle adj. et n. m.
spiritueux, euse adj. et n. m.
spleen n. m. *Des spleens.*
splendide adj.
spolier v.
spondée n. m.
spongieux, ieuse adj.
sponsor n. m. *Des sponsors.*
sponsoriser v.
spontané, ée adj.
spontanéité n. f.
spontanément adv.
sporadique adj.
spore n. f.
sport n. m. et adj. inv. *Des costumes sport.*
sportif, ive adj. et n.
sportule n. f.
spot n. m. *Des spots.*
spray n. m. *Des sprays.*
springbok n. m. *Des springboks.*
sprint n. m. *Des sprints.*
sprinter n. m. *Des sprinters.*
sprinter v.
spumeux, euse adj.
squale n. m.
square n. m.
squat n. m. *Des squats.*
squatter n. m. *Des squatters.*
squaw n. f. *Des squaws.*
squelette n. m.
squelettique adj.
stabiliser v.
stable adj.
stabulation n. f.
stade n. m.
1. staff n. m. Mélange de plâtre et de filasse. — Rare au pluriel.
2. staff n. m. Équipe de direction. — *Des staffs.*
stage n. m.
stagner v.
stalactite n. f.
stalag n. m. *Des stalags.*
stalagmite n. f.
stalinien, ienne adj. et n.
stalle n. f.
stance n. f.

stand n. m.
1. standard n. m. et adj. inv.
Modèle, étalon. — *Des standards,* mais *des éléments standard.*
2. standard n. m. *Des standards téléphoniques.*
standing n. m. *Des standings.*
star n. f. *Des stars.*
starlette n. f.
starter n. m. *Des starters.*
statère n. m.
station n. f.
stationnaire adj.
stationner v.
station-service n. f. *Des stations-service.*
statique n. f. et adj.
statisticien, ienne n.
statistique n. f. et adj.
stator n. m. *Des stators.*
statuaire n. *La statuaire :* art de faire des statues. *Un statuaire :* sculpteur qui fait des statues.
statue n. f.
statuer v.
statuette n. f.
statufier v.
statu quo n. m. inv.
statut n. m.
statutaire adj.
steak n. m. *Des steaks.*
steamer n. m. *Des steamers.*
stéarine n. f.
steeple n. m. *Des steeples.*
steeple-chase n. m. *Des steeple-chases.*
stèle n. f.
stellaire adj.
stencil n. m. *Des stencils.*
stendhalien, ienne adj. et n.
sténo n. f. *Des sténos.*
sténodactylo n. f. *Des sténodactylos.*
sténographe n.
sténographier v.
sténotype n. f.
sténotypie n. f.
stentor n. m.
steppe n. f. On a dit *un steppe* autrefois.
steppique adj.
stère n. m.
stéréo n. f. et adj. inv.
stéréophonie n. f.
stérer v.
stérile adj.

stérilité n. f.
sterling adj. inv.
sterne n. f.
sternum n. m. *Des sternums.*
sternutatoire adj.
stéthoscope n. m.
steward n. m. *Des stewards.*
stigmate n. m.
stigmatiser v.
stimuler v.
stimulus n. m. *Des stimuli,* plutôt que *des stimulus.*
stipe n. m.
stipendier v.
stipuler v.
stock n. m. *Des stocks.*
stock-car n. m. *Des stock-cars.*
stocker v.
stoïcien, ienne n. et adj.
stoïque adj. et n.
stomacal, ale, aux adj.
stomachique adj. et n. m.
stomatologie n. f.
stop interj. et n. m. *Des stops.*
stoppage n. m.
stopper v.
store n. m.
stout n. m. *Des stouts.* — Le féminin, *la stout,* est d'une correction douteuse. A éviter.
strabisme n. m.
stradivarius n. m. inv.
strangulation n. f.
strapontin n. m.
strass n. m. inv. Rare au pluriel.
stratagème n. m.
strate n. f.
stratège n. m.
stratégie n. f.
stratifier v.
stratosphère n. f.
stratosphérique adj.
stratus n. m. inv.
stress n. m. inv.
strict, icte adj.
stricto sensu loc. adv.
stridence n. f.
strident, ente adj.
striduler v.
strie n. f.
strier v.
strige n. f. Éviter la graphie *stryge.*
strigile n. m.

strip-tease n. m. inv.
strip-teaseuse n. f. *Des strip-teaseuses.*
striure n. f.
strophe n. f.
structural, ale, aux adj.
structurel, elle adj.
strychnine n. f.
stryge n. f. ▷ **strige.**
stuc n. m.
studieux, ieuse adj.
studio n. m. *Des studios.*
stuka n. m. *Des stukas.*
stupéfaction n. f.
stupéfait, aite adj.
stupéfier v.
stupeur n. f.
stupide adj.
stupidité n. f.
stupre n. m.
stuquer v.
style n. m.
stylé, ée adj.
stylet n. m.
styliser v.
stylistique adj. et n. f.
stylo n. m. *Des stylos à bille. Des stylos-feutres.*
stylographe n. m.
Stylomine n. m. Nom déposé : un *S* majuscule.
suaire n. m.
suave adj.
suavité n. f.
subalterne adj. et n.
subconscient, iente adj. et n. m.
subdélégué n. m.
subdiviser v.
subir v.
subit, ite adj.
subitement adv.
subjectif, ive adj.
subjectivité n. f.
subjonctif, ive adj. et n. m.
subjuguer v.
sublimé n. m.
sublime adj. et n. m.
sublimer v.
sublimité n. f.
sublunaire adj.
submerger v.
submersion n. f.
subodorer v.
subordination n. f.
subordonné, ée adj. et n.
subordonner v.
suborner v.

subreptice adj.
subrogation n. f.
subrogé, ée adj.
subroger v.
subséquemment adv.
subséquent, ente adj.
subside n. m.
subsidiaire adj.
subsistance n. f.
subsister v.
subsonique adj.
substance n. f.
substantiel, ielle adj.
substantiellement adv.
substantif, ive adj. et n. m.
substituer v.
substitut n. m.
substrat n. m.
substratum n. m. *Des substratums.*
subterfuge n. m.
subtil, ile adj.
subtilité n. f.
subtropical, ale, aux adj.
suburbain, aine adj.
subvenir v.
subvention n. f.
subventionner v.
subversion n. f.
subvertir v.
suc n. m.
succédané adj. et n. m.
succéder v.
succès n. m.
succession n. f.
successoral, ale, aux adj.
succinct, incte adj.
succion n. f.
succomber v.
succube n. m.
succulence n. f.
succulent, ente adj.
succursale n. f. et adj.
sucer v.
sucette n. f.
suceur, euse adj. et n.
suçon n. m.
suçoter v.
sucre n. m.
sucrier, ière adj. et n. m.
sud n. m. et adj. inv. *Les régions sud.*
sud-africain, aine adj. et n. *Les villes sud-africaines.*
sud-américain, aine adj. et n. *Les littératures sud-américaines.*
sudation n. f.

sud-coréen, enne adj. et n. *Les villes sud-coréennes.*
sud-est n. m. et adj. inv. *Les régions sud-est.*
sudiste n. et adj. *Les sudistes.*
sudorifique adj. et n. m.
sud-ouest n. m. et adj. inv. *Les régions sud-ouest.*
suède n. m.
suédine n. f.
suédois, oise adj. et n.
suée n. f.
suer v.
sueur n. f.
suffète n. m.
suffire v.
suffisamment adv.
suffisance n. f.
suffixe n. m.
suffocation n. f.
suffoquer v.
suffrage n. m.
suffragette n. f.
suggérer v.
suggestion n. f.
suggestionner v.
suicide n. m.
suicider (se) v.
suie n. f.
suif n. m.
suiffer v.
sui generis loc. adj.
suint n. m.
suinter v.
suisse adj. et n.
suite n. f.
1. suivant, ante adj. et n.
2. suivant prép.
suivez-moi-jeune-homme n. m. inv.
suivi, ie adj. et n. m.
suivre v.
sujet, ette adj. et n.
sujétion n. f.
sulfamide n. m.
sulfate n. m.
sulfure n. m.
sulky n. m. *Des sulkies ou des sulkys.*
sulpicien, ienne adj. et n.
sultan n. m.
sultanat n. m.
sultane n. f.
sumérien, ienne adj. et n.
summum n. m. *Des summums.*
sunlight n. m. *Des sunlights.*

sunna n. f. *Les formes souna et sounna sont rares.*
sunnite adj. et n.
1. super n. m.
2. super adj. inv.
1. superbe n. f.
2. superbe adj.
supercarburant n. m.
supercherie n. f.
supérette n. f. On évitera la graphie *superette.*
superfétatoire adj.
superficie n. f.
superficiel, ielle adj.
superficiellement adv.
superflu, ue adj. et n. m.
superfluité n. f.
supergrand n. m.
supérieur, eure adj. et n.
supérieurement adv.
supériorité n. f.
superlatif, ive adj. et n. m.
superman n. m. *Des supermen.*
supermarché n. m.
superposer v.
superpréfet n. m.
superproduction n. f.
superpuissance n. f.
supersonique adj.
superstar n. f.
superstitieux, euse adj.
superstition n. f.
superstructure n. f.
supertanker n. m. *Des supertankers.*
superviser v.
supin n. m.
supplanter v.
suppléance n. f.
suppléer v.
supplément n. m.
supplétif, ive adj. et n. m.
supplication n. f.
supplice n. m.
supplicier v.
supplier v.
supplique n. f.
support n. m.
1. supporter v.
2. supporter n. m. *Des supporters.*
supposé, ée adj. et prép. ▷ p. 196.
supposer v.
suppositoire n. m.
suppôt n. m.
suppression n. f.

supprimer v.
suppurer v.
supputer v.
supra adv.
supranational, ale, aux adj.
suprématie n. f.
1. suprême adj.
2. suprême n. m.
1. sur prép.
2. sur, sure adj. *Des fruits un peu surs*, acides.
sûr, sûre adj. *Cette nouvelle est sûre*, assurée.
surabondance n. f.
surabonder v.
suraigu, uë adj. Par une décision récente, l'Académie a adopté la graphie *suraigüe*.
surajouter v.
suralimenter v.
suranné, ée adj.
surarmement n. m.
surbaissé, ée adj.
surboum n. f. *Des surboums.*
surcharger v.
surchauffe n. f.
surchauffer v.
surchoix n. m. et adj. inv.
surclasser v.
surcomposé, ée adj.
surcomprimer v.
surconsommation n. f.
surcreusement n. m.
surcroît n. m.
surdi-mutité n. f.
surdité n. f.
surdose n. f.
surdoué, ée adj. et n.
sureau n. m. *Des sureaux.*
surélévation n. f.
surélever v.
sûrement adv.
surenchère n. f.
surenchérir v.
surentraîner v.
suréquiper v.
surestimer v.
suret, ette adj.
sûreté n. f.
surévaluer v.
surexciter v.
surexploiter v.
surexposer v.
surf n. m.
surface n. f.
surfaire v.
surfait, aite adj.

surfer v.
surfin, ine adj.
surgelé, ée adj. et n. m.
surgeon n. m.
surgir v.
surhaussement n. m.
surhausser v.
surhomme n. m.
surhumain, aine adj.
surimpression n. f.
surin n. m.
suriner v.
surintendance n. f.
surintendant, ante n.
surir v.
sur-le-champ loc. adv. Aussitôt : *A mon appel, il est venu sur-le-champ*, mais *la pluie tombe doucement sur le champ.*
surlendemain n. m.
surmener v.
surmonter v.
surmulot n. m.
surmultipliée n. f.
surnager v.
surnaturel, elle adj. et n. m.
surnom n. m.
surnombre n. m.
surnommer v.
surnuméraire adj. et n.
suroît n. m.
surpasser v.
surpayer v.
surpeuplé, ée adj.
surplace n. m. Éviter la graphie *sur-place.* — Faire du *surplace*, mais *je suis sur place.*
surplis n. m. inv.
surplomb n. m.
surplus n. m. inv.
surpopulation n. f.
surprendre v.
surprise n. f.
surprise-partie n. f. *Des surprises-parties.*
surproduction n. f.
surréalisme n. m.
surréaliste adj. et n.
surréel, elle adj. et n. m.
sursaturer v.
sursaut n. m.
sursauter v.
surseoir v.
sursis n. m. inv.
sursitaire adj. et n. m.
surtaxe n. f.
1. surtout adv.

2. surtout n. m. *Des surtouts.*
surveillance n. f.
surveiller v.
survenir v.
survenue n. f.
survêtement n. m.
survie n. f.
survivance n. f.
survivre v.
survol n. m.
survolté, ée adj.
sus adv.
susceptible adj.
susciter v.
suscription n. f.
susdit, ite adj. et n.
susmentionné, ée adj.
susnommé, ée adj. et n.
suspect, ecte adj. et n.
suspendre v.
1. suspens adj. m. *Un prêtre suspens*, suspendu de ses fonctions.
2. suspens n. m. *L'affaire est en suspens*, non terminée.
1. suspense n. f. Sanction religieuse.
2. suspense n. m. *Le suspense d'un film.*
suspension n. f.
suspente n. f.
suspicion n. f.
sustenter v.
susurration n. f.
susurrement n. m.
susurrer v.
susvisé, ée adj.
suture n. f.
suzerain, aine n.
svastika n. m. La graphie *swastika* est assez rare.
svelte adj.
sveltesse n. f.
swastika n. m. ▷ **svastika**.
sweater n. m. *Des sweaters.*
sweepstake n. m. *Des sweepstakes.*
swing n. m. et adj. inv.
sybarite adj. et n.
sycomore n. m.
sycophante n. m.
syllabaire n. m.
syllabe n. f.
syllepse n. f.
syllogisme n. m.
sylphe n. m.
sylphide n. f.
sylvain n. m.

sylve n. f.
sylvestre adj.
sylviculture n. f.
symbiose n. f.
symbole n. m.
symboliste adj. et n.
symétrie n. f.
sympathie n. f.
symphonie n. f.
symposium n. m. *Des symposiums.* Éviter *des symposia.*
symptomatique adj.
symptôme n. m.
synagogue n. f.
synarchie n. f.
synchronisme n. m.
synchrone adj.
synchronie n. f.

synchroniser v.
synclinal, ale, aux adj. et n. m.
syncope n. f.
syncopé, ée adj.
syncrétisme n. m.
syndic n. m.
syndical, ale, aux adj.
syndicaliste n. et adj.
syndicat n. m.
syndiquer v.
syndrome n. m.
synode n. m.
synonyme adj. et n. m.
synopsis n. f. Malgré l'étymologie et l'usage traditionnel, on dit, dans les milieux du cinéma, *un synopsis.*
synoptique adj.

synovie n. f.
syntacticien, ienne n.
syntactique adj.
syntagmatique adj. et n. f.
syntagme n. m.
syntaxe n. f.
syntaxique adj.
synthèse n. f.
synthétique adj.
synthétiser v.
syphilis n. f.
syriaque n. m. et adj.
syrien, ienne adj. et n.
syrinx n. f. inv.
systématique adj. et n. f.
systématiser v.
système n. m.
systole n. f.
syzygie n. f.

T

ta adj. poss. f.
tabac n. m. et adj. inv. *Des écharpes tabac.*
tabagie n. f.
tabasser v.
tabatière n. f.
tabellion n. m.
tabernacle n. m.
tabès n. m. inv. La graphie *tabes* est vieillie.
tablature n. f.
table n. f.
tableau n. m. *Des tableaux.*
tableautin n. m.
tablée n. f.
tabler v.
tabletier, ière n.
tablette n. f.
tabletterie n. f.
tablier n. m.
tabor n. m. *Des tabors.*
tabou, oue n. m. et adj. *Un problème tabou. Une question taboue. Des problèmes tabous. Des questions taboues.* L'invariabilité est possible, mais rare de nos jours.
taboulé n. m.
tabouret n. m.
tabulateur n. m.
tabulatrice n. f.
tac interj. et n. m.
tacaud n. m. Poisson. — Homophone : *tacot.*

tache n. f. Salissure.
tâche n. f. Besogne.
tacher v. Salir.
tâcher v. S'efforcer.
tâcheron n. m.
tacheter v.
tachycardie n. f.
tachygraphe n. m.
tachymètre n. m.
tacite adj.
taciturne adj.
tacot n. m. Vieille voiture. — Homophone : *tacaud.*
tact n. m.
tacticien, ienne n. et adj.
tactile adj.
tactique n. f. et adj.
taffetas n. m. inv.
tafia n. m. *Des tafias.*
tagliatelle n. f. *Des tagliatelles.*
tahitien, ienne adj. et n.
taïaut ! interj. On écrit aussi *tayaut !*
taie n. f.
taillader v.
taillanderie n. f.
taillandier n. m.
taille n. f.
taille-crayon n. m. *Des taille-crayons ou des taille-crayon.*
taille-douce n. f. *Des tailles-douces.*
tailler v.

taillis n. m. inv.
tailloir n. m.
tain n. m. Étamage d'une glace. — Homophone : *le teint ; le thym ; le tin ; il tint (de tenir) ; il teint (de teindre).*
taire v.
talc n. m.
talent n. m.
talentueux, euse adj.
taler v.
talion n. m.
talisman n. m.
talkie-walkie n. m. *Des talkies-walkies.* On dit aussi *walkie-talkie.*
Talmud n. m.
talmudiste n. m.
taloche n. f.
talon n. m.
talonner v.
talonnette n. f.
talonnière n. f.
talquer v.
talure n. f.
talus n. m. inv.
talweg n. m. On écrit aussi, mais moins bien, *thalweg.*
tamanoir n. m.
tamarin n. m.
tamarinier n. m.
tamaris n. m. La forme *tamarix* est rare.
tambouille n. f.
tambour n. m.

tambourin n. m.
tambourinaire n. m.
tambour-major n. m. *Des tambours-majors.*
tamis n. m. inv.
tamiser v.
tamoul, oule n. et adj. *Les Tamouls. Une Tamoule. Des mots tamouls. La langue tamoule.*
tampon n. m.
tamponner v.
tam-tam n. m. *Des tam-tams, plutôt que des tams-tams.*
tan n. m. Produit qui sert à tanner le cuir. — Homophones ▷ *taon.*
tanagra n. Hésitation sur le genre : *un tanagra* (le plus souvent) ou *une tanagra.* — *Des tanagras,* mais *des statuettes de Tanagra.*
tancer v.
tanche n. f.
tandem n. m. *Des tandems.*
tandis que loc. adv.
tangage n. m.
tangent, ente adj. et n. f. *Une tangente.*
tangible adj.
tango n. m. et adj. inv. *Ils dansent des tangos,* mais *des écharpes tango.*
tanguer v.
tanière n. f.
tanin n. m. Graphie plus fréquente que *tannin.*
tank n. m. *Des tanks.*
tanker n. m. *Des tankers.*
tannage n. m.
tannant, ante adj.
tanner v.
tannerie n. f.
tanneur n. m.
tannin n. m. ▷ **tanin.**
tannique adj.
tan-sad n. m. *Des tan-sads. La graphie un tansad, des tansads* est moins fréquente.
tant adv.
tante n. f. Sœur du père ou de la mère. — Homophones : *tente ; il tente* (de *tenter*).
tantième adj. et n. m.
tantine n. f.
tantinet n. m.
tantôt adv. n. m. ▷ **p. 197.**

tanzanien, ienne adj. et n.
taon n. m. Insecte. — Homophones : *tan ; tant ; temps ; il tend* (de *tendre*).
tapage n. m.
tapageur, euse adj.
tapant, ante adj. ▷ **p. 197.**
tape n. f.
tape-à-l'œil adj. inv. et n. m. inv.
tapée n. f.
tapement n. m.
taper v.
tapette n. f.
tapeur, euse n.
tapinois (en) loc. adv.
tapioca n. m. *Des tapiocas.*
1. tapir n. m.
2. tapir (se) v.
tapis n. m. inv.
tapisser v.
tapissier, ière n.
tapotement n. m.
tapoter v.
taquet n. m.
taquin, ine adj. et n.
taquiner v.
tarabiscoté, ée adj.
tarabuster v.
tarama n. m.
tarare n. m.
tarasque n. f. *La Tarasque.*
taratata ! interj.
taraud n. m. Outil. — Homophone : *tarot.*
tarauder v.
tard adv. et n. m.
tare n. f.
taré, ée adj. et n.
tarentelle n. f.
tarentin, ine adj. et n. *Une Tarentine :* habitant de Tarente.
tarentule n. f.
taret n. m.
targe n. f.
targette n. f.
targuer (se) v.
targui, ie n. m. sing. et adj. *Un Targui. Une Targuia, des Targuiat* (femmes). *Des Touareg* (hommes). — *Un chef targui. La société targuie. Des chefs touareg. Des tribus touareg.*
tarière n. f.
tarif n. m.
tarifaire adj.

tarifer v.
tarir v.
tarlatane n. f.
tarot n. m. Carte à jouer. — Homophone : *taraud.*
tarsier n. m.
tartane n. f.
tartare n. et adj.
tartarin n. m. *Un tartarin, des tartarins,* mais *Tartarin,* personnage de Daudet.
tarte n. f. et adj.
tartelette n. f.
Tartempion n. m. Généralement avec un *T* majuscule.
tartine n. f.
tartre n. m.
tartufe n. m. *Un tartufe, un hypocrite,* mais *Tartuffe,* personnage de Molière.
tartuferie n. f. Éviter la graphie *tartufferie.*
tas n. m.
tasmanien, ienne adj. et n.
tasse n. f.
tasseau n. m. *Des tasseaux.*
tasser v.
taste-vin n. m. inv. *Un taste-vin, des taste-vin,* mais *la Confrérie des chevaliers du Tastevin.* — On dit aussi *un tâte-vin, des tâte-vin.*
tata n. f.
tatar, are adj. et n. *Un Tatar. Une Tatare. Les Tatars. Le tatar* (langue). *La langue tatare.*
tâter v.
tâte-vin n. m. inv. ▷ **taste-vin.**
tatillon, onne adj. et n.
tatillonner v.
tâtonnement n. m.
tâtonner v.
tâtons (à) loc. adv.
tatou n. m. *Des tatous.*
tatouer v.
tau n. m. Lettre grecque.
taud n. m. Abri de toile. — Homophones : *tau ; taux ; tôt.*
taudis n. m.
taulard, arde adj.
taule n. f. Prison ; chambre. — Homophone : *tôle.*
taulier, ière n. Patron d'hôtel, de meublé. — Homophone : *tôlier.*

taupe n. f.
taupé, ée n. m. et adj.
taupe-grillon n. m. *Des taupes-grillons.*
taupin n. m.
taupinière n. f.
taure n. f. Génisse. — Homophones ▷ *tore.*
taureau n. m. *Des taureaux.*
taurillon n. m.
taurin, ine adj.
taurobole n. m.
tauromachie n. f.
tautologie n. f.
taux n. m. inv. Proportion, pourcentage. — Homophones ▷ *taud.*
taveler v.
taverne n. f.
tavernier n. m.
taxe n. f.
taxi n. m. *Des taxis.*
taxi-girl n. f. *Des taxi-girls.*
taximètre n. m.
taxiphone n. m.
tayaut ! interj. On écrit aussi *taïaut !*
tayloriser v.
tchadien, ienne adj. et n.
tchécoslovaque adj. et n.
tchèque adj. et n.
tchin-tchin ! interj. On écrit aussi *tchin tchin !* ou *tchin' tchin'.*
te, t' pron. pers.
1. té n. m. Instrument de dessinateur.
2. té ! interj.
technicien, ienne n.
technicité n. f.
technocrate n. m.
technologie n. f.
teck n. m. La graphie *tek* est correcte aussi, mais moins fréquente.
teckel n. m.
tectonique n. f. et adj.
Te Deum n. m. inv.
teenager n. On écrit aussi *teen ager* ou *teen-ager.* Pluriel : *des teenagers, des teen agers, des teen-agers.*
tee-shirt n. m. On écrit aussi *tee shirt, T-shirt* ou *T shirt.* Pluriel : *des tee-shirts, des tee shirts, des T-shirts, des T shirts.*
tégument n. m.

teigne n. f.
teigneux, euse adj. et n.
teindre v.
teint n. m. *Le teint du visage.* — Homophones ▷ *tain.*
teinte n. f.
teinter v. Colorer. — Homophone : *tinter.*
teinture n. f.
teinturerie n. f.
teinturier, ière n.
tek n. m. ▷ **teck.**
tel, telle adj. et pron. ▷ **p. 197**.
télé n. f. *Des télés.*
télécabine n. f.
télécommande n. f.
télécommunication n. f.
téléenseignement n. m.
téléférique n. m. La graphie *téléphérique* est correcte aussi, mais moins fréquente.
téléfilm n. m.
télégramme n. m.
télégraphe n. m.
téléguider v.
téléimprimeur n. m.
téléinformatique n. f. et adj.
télématique n. f. et adj.
télémètre n. m.
téléobjectif n. m.
télépathie n. f.
téléphérique n. m. On préférera la graphie *téléférique.*
téléphone n. m.
télescope n. m.
téléscripteur n. m.
télésiège n. m.
téléspectateur, trice n.
téléski n. m.
télétype n. m.
télévisé, ée adj.
télévision n. f.
télex n. m. inv.
tell n. m. *Des tells.*
tellement adv.
tellurien, ienne adj.
téméraire adj. et n.
témérité n. f.
témoigner v.
témoin n. m. ▷ **p. 197**.
tempe n. f.
tempérament n. m.
tempérance n. f.
tempérant, ante adj.
température n. f.
tempérer v.
tempête n. f.

tempêter v.
tempétueux adj.
temple n. m. *Le Temple,* celui de Jérusalem. *Louis XVI fut enfermé au Temple,* mais *un temple, le temple de Zeus.*
templier n. m.
tempo n. m. *Des tempos.*
temporaire adj.
temporal, ale, aux adj. et n. m.
temporel, elle adj. et n. m.
temporellement adv.
temps n. m. Durée. — Homophones ▷ *taon.*
tenable adj.
tenace adj.
ténacité n. f.
tenaille n. f.
tenailler v.
tenancier, ière n.
tenant, ante adj. et n. m.
tendance n. f.
tendancieux, ieuse adj.
tender n. m. *Des tenders.*
tendeur, euse n.
tendon n. m.
1. tendre adj. et n. *Un cœur tendre. La carte de Tendre. Le pays de Tendre.*
2. tendre v.
tendresse n. f.
tendreté n. f.
tendron n. m.
ténèbres n. f. pl.
ténébreux, euse adj. et n. m.
1. teneur n. f. *La teneur d'un message.*
2. teneur, euse n. *Un teneur de livres.*
ténia n. m. *Des ténias.*
ténifuge adj. et n. m.
tenir v.
tennis n. m. inv.
tennisman n. m. *Des tennismen.*
tenon n. m.
ténor n. m. et adj. *Des ténors.*
ténorino n. m. *Des ténorinos.*
tension n. f.
tentaculaire adj.
tentacule n. m.
tentative n. f.
tente n. f. Abri de toile. — Homophones : *tante ; il tente* (de *tenter*).
tente-abri n. f. *Des tentes-abris.*

tenter v.
tenture n. f.
tenu, ue adj. et n. m.
ténu, ue adj.
tenue n. f.
ténuité n. f.
tenure n. f.
téorbe n. m. ▷ **théorbe**.
tepidarium n. m. *Des tepidaria.* On écrit aussi *un tépidarium, des tépidariums.*
ter adv. et adj. inv.
tératogène adj.
tératologie n. f.
tercet n. m.
térébenthine n. f.
térébinthe n. m.
térébrant, ante adj.
Tergal n. m. Nom déposé : un *T* majuscule.
tergiverser v.
terme n. m. Limite ; échéance. — Homophone : *thermes.*
terminaison n. f.
terminal, ale, aux adj. et n.
terminer v.
terminologie n. f.
terminus n. m. inv.
termite n. m.
termitière n. f.
ternaire adj.
terne adj.
terrain n. m.
terrasse n. f.
terrasser v.
terrassier n. m.
terre n. f. *La Terre :* le globe terrestre, la planète Terre.
terreau n. m.
terre-neuvas n. m. inv.
terre-neuve n. m. inv.
terre-neuvien, ienne adj. et n. On dit aussi *terre-neuvas, terre-neuvier.* — *Des terre-neuviens.*
terre-plein n. m. *Des terre-pleins.*
terrer v.
terrestre adj.
terreur n. f. *La Terreur, la Grande Terreur* (sous la Révolution). *La Terreur blanche.*
terreux, euse adj.
terri n. m. ▷ **terril**.
terrible adj. et n.
terrien, ienne adj. et n.

terrier n. m.
terrifier v.
terril n. m. Éviter la graphie *terri.*
terrine n. f.
territoire n. m.
territorial, ale, aux adj. et n.
terroir n. m.
terroriser v.
terroriste n. m. et adj.
tertiaire adj. et n.
tertio adv.
tertre n. m.
tes adj. poss. pl.
tessère n. f.
tessiture n. f.
tesson n. m.
1. test n. m. Récipient. On dit aussi *têt.* — *Des tests.*
2. test n. m. Épreuve. — *Des tests.*
testament n. m.
testamentaire adj.
tester v.
testicule n. m.
testimonial, ale, aux adj.
teston n. m.
1. têt n. m. Récipient ▷ **test 1**.
2. Têt n. m. *La fête du Têt.*
tétaniser v.
tétanos n. m. inv.
têtard n. m.
tête n. f.
tête-à-queue n. m. inv.
tête-à-tête loc. adv. et n. m. inv. *Un tête-à-tête, conversation,* mais *ils ont déjeuné tête à tête.*
tête-bêche loc. adv.
tête-de-loup n. f. *Des têtes-de-loup.*
tête-de-Maure n. et adj. *Des têtes-de-Maure* (fromages), mais *des manteaux tête-de-Maure.*
tête-de-nègre adj. inv. et n. m. inv.
tétée n. f.
téter v. La forme *teter* est vieillie.
têtière n. f.
tétin n. m.
tétine n. f.
téton n. m.
tétraèdre n. m.
tétralogie n. f.
tétrapode adj. et n. m.

tétras n. m. inv.
trétrasyllabe adj. et n. m.
tétrasyllabique adj.
têtu, ue adj. et n.
teuf-teuf n. m. inv.
teuton, onne adj. et n.
teutonique adj. *L'ordre Teutonique. Les chevaliers Teutoniques* ou *les Teutoniques.*
texan, ane adj. et n.
texte n. m.
textile adj. et n. m.
textuel, elle adj.
textuellement adv.
texture n. f.
T.G.V. n. m. inv.
thaïlandais, aise adj. et n.
thalassocratie n. f.
thalassothérapie n. f.
thaler n. m. *Des thalers.*
thalweg n. m. On écrira plutôt *talweg.*
thaumaturge n. m.
thé n. m.
théâtral, ale, aux adj.
théâtre n. m.
thébaïde n. f. *Une thébaïde,* mais *la Thébaïde,* province d'Égypte.
1. théier, ière adj.
2. théier n. m.
théière n. f.
théine n. f.
théisme n. m.
théiste n. et adj.
thématique adj. et n. f.
thème n. m.
théocratie n. f.
théodicée n. f.
théodolite n. m.
théogonie n. f.
théologal, ale, aux adj. et n. m.
théologie n. f.
théorbe n. m. On écrit aussi, parfois, *téorbe.*
théorème n. m.
théoricien, ienne n.
théorie n. f.
théosophe n.
thérapeute n.
thérapeutique adj. et n. f.
thérapie n. f.
thériaque n. f.
thermal, ale, aux adj.
thermes n. m. pl. Bains publics. — Homophone : *terme.*

thermidor n. m. *Le 9 thermidor an II*, mais, absolument, *le 9 - Thermidor* ou *Thermidor*, journée révolutionnaire.

thermique adj. et n. f.

thermodynamique n. f. et adj.

thermomètre n. m.

thermonucléaire adj.

Thermos n. Nom déposé : un *T* majuscule. L'usage hésite sur le genre, mais on tend à dire *une Thermos* plutôt que *un Thermos*.

thermostat n. m.

thésauriser v.

thésaurus n. m. inv. On écrit aussi parfois *thesaurus*, forme latine qu'il vaut mieux réserver pour les titres d'ouvrages en latin : *Thesaurus linguae latinae*.

thèse n. f.

thesmophories n. f. pl.

thesmothète n. m.

thessalien, ienne adj. et n.

thêta n. m. Lettre grecque.

thibaude n. f.

tholos n. f. *Des tholoi*, plutôt que *des tholos*.

thomisme n. m.

thon n. m. Poisson. — Homophones : *ton* (adjectif possessif) ; *le ton*.

thonier n. m.

Thora n. f. *La Thora* : le texte de la Loi. *Des thoras* : des exemplaires. On écrit aussi *Torah*.

thoracique adj.

thorax n. m. inv.

thrace adj.

thrène n. m.

thriller n. m. *Des thrillers.*

thrombose n. f.

thune n. f.

thuriféraire n. m.

thurne n. f. ▷ **turne**.

thuya n. m. *Des thuyas.*

thym n. m. Plante. — Homophones ▷ *tain.*

thymus n. m. inv.

thyroïde adj. et n. f.

thyrse n. m.

tiare n. f.

tibétain, aine adj. et n. La graphie *thibétain* est vieillie.

De même, on doit écrire *Tibet.*

tibia n. m. *Des tibias.*

tic n. m. Geste, mouvement machinal. — Homophones : *tique ; il tique* (de *tiquer*).

ticket n. m.

tic-tac n. m. inv. *Le tic-tac de la pendule*, mais *la pendule fait « tic tac, tic tac ».*

tie-break n. m. *Des tie-breaks.*

tiédasse adj.

tiède adj., n. et adv.

tièdement adv.

tiédeur n. f.

tiédir v.

tien, tienne adj. poss. et pron. poss.

tierce n. f.

tiercé n. m.

tiers, tierce adj. et n. m.

tiers-point n. m. *Des tiers-points.*

tige n. f.

tignasse n. f.

tigre n. m.

tigré, ée adj.

tigresse n. f.

tilbury n. m. *Des tilburys.*

tilde n. m.

tillac n. m.

tilleul n. m.

tilt n. m. *Des tilts.*

timbale n. f.

timbalier n. m.

timbre n. m.

timide adj. et n.

timidité n. f.

timon n. m.

timonerie n. f.

timonier n. m.

timoré, ée adj. et n.

tin n. m. Support d'une coque en construction. — Homophones ▷ *tain.*

tinctorial, ale, aux adj.

tinette n. f.

tintamarre n. m.

tinter v. Retentir, sonner. — Homophone : *teinter.*

tintinnabuler v.

tintouin n. m.

tique n. f. Insecte. — Homophones : *tic ; il tique* (de *tiquer*).

tiquer v.

tir n. m.

tirade n. f.

tirailler v.

tirant n. m. *Le tirant d'eau.* — Homophone : *tyran.*

tire-au-flanc n. m. inv.

tire-bouchon n. m. *Des tire-bouchons.*

tire-bouchonner v.

tire-d'aile (à) loc. adv. Éviter la graphie *à tire-d'ailes*, rare.

tire-laine n. m. inv.

tire-larigot (à) loc. adv.

tire-ligne n. m. *Des tire-lignes.*

tirelire n. f.

1. tirer v.

2. tirer v.

tirette n. f.

tiroir n. m.

tiroir-caisse n. m. *Des tiroirs-caisses.*

tisane n. f.

tisanière n. f.

tison n. m.

tisonner v.

tisonnier n. m.

tisser v.

tisserand, ande n.

tisserin n. m.

tissu n. m.

titan n. m. *Les Titans*, personnages de la mythologie, mais *un titan*, un grand homme.

titane n. m.

titanesque adj.

titanique adj.

titi n. m. *Des titis.*

titillation n. f.

titiller v.

titre n. m.

titré, ée adj.

titrer v.

tituber v.

titulaire adj. et n.

titulariser v.

toast n. m.

toboggan n. m.

1. toc n. m. et onomatopée. *Des tocs. Toc-toc !*

2. toc n. m. et adj. inv. *Du toc. Des bijoux toc.*

tocade n. f. Graphie rare. On écrira *toquade.*

tocante n. f. On écrit aussi *toquante* (graphie moins courante, semble-t-il).

tocard, arde adj. et n. On écrit plus rarement *toquard.*

toccata n. f. *Des toccatas,* plutôt que *des toccate.*

tocsin n. m.

toge n. f.

togolais, aise adj. et n.

tohu-bohu n. m. *Des tohu-bohu,* plutôt que *des tohu-bohus.*

toi pron. pers.

toile n. f.

toilette n. f.

toiletter v.

toise n. f.

toiser v.

toison n. f.

toit n. m.

tôle n. f. Feuille de métal. — Homophone : *taule.*

tôlée adj. f.

tolérance n. f.

tolérer v.

tôlerie n. f.

tolet n. m.

tôlier n. m. Ouvrier qui travaille la tôle. — Homopohone : *taulier.*

tollé n. m.

tomahawk n. m. *Des tomahawks.*

tomaison n. f.

tomate n. f.

tombal, ale adj. Adjectif inusité au masculin pluriel.

tombe n. f.

tombé n. m.

tombeau n. m. *Des tombeaux.*

tombée n. f.

tomber v.

tombereau n. m. *Des tombereaux.*

tombola n. f. *Des tombolas.*

tome n. m. Chacun des volumes d'un livre en plusieurs volumes. — Homophone : *tomme.*

tomette n. f. ▷ **tommette.**

tomme n. f. Fromage. — Homophone : *tome.*

tommette n. f. La graphie *tomette* est correcte aussi, mais un peu moins fréquente.

1. ton, ta, tes adj. poss.

2. ton n. m. *Le ton de la voix.* — Homophone : *thon.*

tonal, ale, als adj.

tonalité n. f.

tondre v.

tonicité n. f.

tonifier v.

tonique adj. et n.

tonitruer v.

tonnage n. m.

tonne n. f.

tonneau n. m. *Des tonneaux.*

tonnelet n. m.

tonnelier n. m.

tonnelle n. f.

tonnellerie n. f.

tonner v.

tonnerre n. m.

tonsure n. f.

tonte n. f.

tontine n. f.

tonton n. m.

tonture n. f.

tonus n. m. inv.

top n. m. *Des tops.*

topaze n. f. et adj. inv.

toper v.

topette n. f.

topinambour n. m.

topique adj. et n. m.

topo n. m. *Des topos.*

topographe n. m.

toponyme n. m.

toquade n. f. Éviter la graphie *tocade.*

toquante n. f. La graphie *tocante,* semble-t-il, est plus courante.

toquard, arde adj. et n. Graphie assez rare. On écrit généralement *tocard.*

toque n. f.

toqué, ée adj. et n.

1. toquer v.

2. toquer (se) v.

Torah n. f. ▷ **Thora.**

torche n. f.

torche-cul n. m. *Des torche-culs.* La graphie *torchecul* est rare.

torcher v.

torchère n. f.

torchis n. m. inv.

torchon n. m.

torchonner v.

tord-boyaux n. m. inv.

tordoir n. m.

tordre v.

tore n. m. Moulure, anneau. — Homophones : *il tord* (de *tordre*) ; *une taure* ; *tors* ; *tort.*

toréador n. m.

toréer v.

torero n. m. *Des toreros.*

torgnole n. f.

toril n. m.

tornade n. f.

torpédo n. f. *Des torpédos.*

torpeur n. f.

torpille n. f.

1. torque n. m. Collier antique.

2. torque n. f. Rouleau de fil métallique ; ornement de l'écu.

torréfier v.

torrent n. m.

torrentiel, ielle adj.

torrentueux, euse adj.

torride adj.

tors, torse adj. Tordu ; en forme de torsade. — Homophones du masculin ▷ *tore.* Homophone du féminin : *torse.*

torsade n. f.

torse n. m. Buste. — Homophone : *torse* (féminin de *tors*).

torsion n. f.

tort n. m. *Être dans son tort. Avoir des torts.* Homophones ▷ *tore.*

torticolis n. m. inv.

tortil n. m.

tortillard n. m.

tortillement n. m.

tortiller v.

tortionnaire n.

tortis n. m.

tortu, ue adj. Tordu.

tortue n. f. Animal.

torture n. f.

torve adj.

tory n. et adj. *Des tories. Un député tory. Des députés tories.*

toscan, ane adj. et n.

tôt adv. De bonne heure. — Homophones ▷ *taud.*

total, ale, aux adj. et n. m.

totalitaire adj.

totalité n. f.

totem n. m. *Des totems.*

totémique adj.

totémisme n. m.

toton n. m.

touage n. m.

touareg adj. pl. et n. pl. *Des chefs touareg. Des Touareg.* Pour le singulier ▷ **targui.**

toubib n. m.
toucan n. m.
1. touchant prép.
2. touchant, ante adj. et n. m.
touchau n. m. *Des touchaux.* La graphie *toucheau* est correcte aussi, mais plus rare.
touche n. f.
touche-à-tout n. m. inv.
1. toucher v.
2. toucher n. m.
touer n. m.
toueur n. m.
touffe n. f.
touffeur n. f.
touffu, ue adj.
touiller v.
toujours adv.
toulonnais, aise adj. et n.
touloupe n. f. Le mot est masculin en russe, mais, en français, il est le plus souvent féminin dans l'usage courant.
toulousain, aine adj. et n.
toundra n. f. *Des toundras.*
toupet n. m.
toupie n. f.
1. tour n. m. *Faire le tour de la ville. Le tour du potier.*
2. tour n. f. *La haute tour du château.*
tourangeau, gelle adj. et n. *Des Tourangeaux.*
tourbe n. f.
tourbière n. f.
tourbillon n. m.
tourbillonner v.
tourelle n. f.
tourier, ière adj. et n.
tourillon n. m.
touriste n.
tourlourou n. m. *Des tourlourous.*
tourment n. m.
tourmente n. f.
tourmenter v.
1. tournant n. m.
2. tournant, ante adj.
tournebroche n. m.
tourne-disque n. m. *Des tourne-disques.*
tournedos n. m.
tournemain (en un) loc. adv.
tourner v.
tournesol n. m.

tournevis n. m. inv.
tourniquer v.
tourniquet n. m.
tournis n. m. inv.
tournoi n. m. *Des tournois.*
tournoiement n. m.
tournois adj. inv.
tournoyer v.
touron n. m.
tourte n. f.
tourteau n. m. *Des tourteaux.*
tourtereau n. m. *Des tourtereaux.*
tourterelle n. f.
tourtière n. f.
tous adj. et pron. indéf. ▷ **tout.**
Toussaint n. f.
tousser v.
toussoter v.
tous terrains loc. adj. inv. ▷ **tout terrain.**
tout, toute, tous, toutes adj. indéf., pron indéf., adv. et n. m. ▷ **p. 197.**
tout-à-l'égout n. m. inv.
toute adj. et pron. indéf. ▷ **tout.**
toutefois adv.
toute-puissance n. f.
toutes adj. et pron. indéf. ▷ **tout.**
toutou n. m. *Des toutous.*
tout-petit n. m. *Des tout-petits.*
tout-puissant, toute-puissante adj. et n. m. *Des reines toutes-puissantes,* mais *des rois tout-puissants. Le Tout-Puissant :* Dieu.
tout terrain loc. adj. inv. *Des camions tout terrain.* On écrit aussi *un camion tous terrains.*
tout-venant n. m.
toux n. f.
toxicité n. f.
toxicologie n. f.
toxicomane adj. et n.
toxine n. f.
traboule n. f.
trac n. m. Peur. — Homophone : *traque.*
trac (tout à) loc. adv.
traçage n. m.
tracas n. m. inv.
tracasser v.
tracassier, ière adj. et n.
trace n. f.

tracé n. m.
tracer v.
trachée-artère n. f.
trachéite n. f.
trachéotomie n. f.
trachome n. m.
traçoir n. m.
tract n. m.
tractation n. f.
tracter v.
traction n. f.
trade-union n. f. *Des trade-unions.*
trade-unionisme n. m.
tradition n. f.
traditionaliste adj. et n.
traditionnel, elle adj.
traditonnellement adv.
traduction n. f.
traduire v.
trafic n. m.
traficoter v.
trafiquant, ante n.
trafiquer v.
tragédie n. f.
tragédien, ienne n.
tragi-comédie n. f. *Des tragi-comédies.*
tragi-comique adj. *Des incidents tragi-comiques.*
tragique adj. et n. m.
trahir v.
trahison n. f.
train n. m.
traînailler v.
traînard, arde n.
traînasser v.
traîne n. f.
traîneau n. m. *Des traîneaux.*
traînée n. f.
traîne-misère n. m. inv.
traîner v.
traîne-savates n. m. inv. La graphie *un traîne-savate, des traîne-savates,* est rare.
trainglot n. m. ▷ **tringlot.**
train-train n. m. Inusité au pluriel. On écrit aussi *traintrain* et on dit aussi *tran-tran* ou *trantran.*
traire v.
trait n. m.
traite n. f.
traité n. m.
traiter v.
traître, traîtresse n. et adj. *Ils m'ont pris en traître* (invariable).

traîtrise n. f.
trajectoire n. f.
trajet n. m.
tralala n. m. *Des tralalas.*
tram n. m. *Des trams.*
trame n. f.
tramer v.
traminot n. m.
tramontane n. f.
trampoline n. m.
tramway n. m. *Des tramways.*
tranche n. f.
tranchée n. f.
tranchée-abri n. f. *Des tranchées-abris.*
tranche-montagne n. m. *Des tranche-montagnes.*
trancher v.
tranchet n. m.
tranchoir n. m.
tranquille adj.
tranquilliser v.
transaction n. f.
transalpin, ine adj.
transaméricain, aine adj.
transandin, ine adj.
transat n. *Un transat :* chaise longue. *Des transats. — La Transat :* la Compagnie générale transatlantique ou la course transatlantique.
transatlantique adj. et n.
transbahuter v.
transborder v.
transcanadien, ienne adj. et n. f.
transcendance n. f.
transcendant, ante adj.
transcendantal, ale, aux adj. et n. m.
transcender v.
transcontinental, ale, aux adj.
transcription n. f.
transcrire v.
transe n. f.
transept n. m.
transfèrement n. m.
transférer v.
transfert n. m.
transfiguration n. f. *Une transfiguration,* mais *la Transfiguration,* épisode de la vie du Christ.
transfigurer v.
transfo n. m. *Des transfos.*
transformer v.
transformiste n. et adj.

transfuge n.
transgression n. f.
transhumance n. f.
transhumer v.
transiger v.
transir v.
transistor n. m. *Des transistors.*
transit n. m.
transitaire adj. et n.
transiter v.
transition n. f.
transitoire adj. et n. m.
translation n. f.
translittérer v. Graphie à préférer à *translitérer.* De même, on écrira *translittération* plutôt que *translitération.*
translucide adj.
translucidité n. f.
transmetteur, trice adj. et n. m.
transmettre v.
transmigrer v.
transmission n. f.
transmuer v.
transmuter v.
transocéanique adj.
transparaître v.
transparence n. f.
transparent, ente adj. et n. m.
transpercer v.
transpirer v.
transplanter v.
transport n. m.
transporter v.
transposer v.
transpyrénéen, éenne adj.
transsaharien, ienne adj.
transsonique adj.
transsubstantiation n. f.
transvaser v.
transversal, ale, aux adj. et n. f.
transverse adj.
transvider v.
tran-tran n. m. Inusité au pluriel ▷ **train-train.**
trapèze n. m.
trapéziste n.
trappe n. f.
trappeur n. m.
trappiste n. m.
trapu, ue adj.
traque n. f. Poursuite. — Homophone : *trac.*

traquenard n. m.
traquer v.
trattoria n. f. *Des trattorias. —* Le pluriel italien est *des trattorie.*
traumatiser v.
1. travail n. m. Besogne, ouvrage. *Des travaux.*
2. travail n. m. Bâti qui sert à maintenir les chevaux ou les bœufs. *Des travails.*
travailler v.
travailloter v.
travée n. f.
travelling n. m. *Des travellings.*
travers n. m. inv.
traverse n. f.
traversée n. f.
traverser v.
traversière n. f.
traversin n. m.
travestir v.
trayeur, euse n.
trébucher v.
trébuchet n. m.
tréfiler v.
trèfle n. m.
tréflé, ée adj.
tréfonds n. m. inv. Rare au pluriel.
treillage n. m.
treille n. f.
treillis n. m. inv.
treize adj. et n. m. inv.
treizième adj. et n.
tréma n. m.
tremble n. m.
trembler v.
tremblote n. f.
trembloter v.
trémie n. f.
trémière adj. f.
trémolo n. m. *Des trémolos.*
trémousser (se) v.
trempe n. f.
tremper v.
trempette n. f.
tremplin n. m.
trémulation n. f.
trench-coat n. m. *Des trench-coats.*
trentaine n. f.
trente adj. et n. *Les Trente :* oligarques d'Athènes.
trentenaire adj.
trentième adj. et n.
trépan n. m.

trépaner v.

trépas n. m. inv.

trépasser v.

trépider v.

trépied n. m.

trépigner v.

très adv.

trésor n. m.

trésorier, ière n.

tressaillir v.

tressauter v.

tresse n. f.

tresser v.

tréteau n. m. *Des tréteaux.*

treuil n. m.

trêve n. f.

tri n. m.

triade n. f.

triage n. m.

trial n. m. *Des trials.*

triangle n. m.

triangulaire adj.

trianguler v.

triathlon n. m.

tribal, ale adj. L'usage est flottant pour le masculin pluriel : *des usages tribals* ou *tribaux.* Éviter d'employer ce mot au masculin pluriel.

tribord n. m.

tribordais n. m.

tribraque n. m.

tribu n. f. Groupe humain. — Homophone : *tribut.*

tribulation n. f.

tribun n. m.

tribunal n. m. *Des tribunaux.*

tribunat n. m.

tribune n. f.

tribunitien, ienne adj.

tribut n. m. Impôt, contribution. — Homophone : *tribu.*

tributaire adj. et n.

tricentenaire n. m. et adj.

triceps n. m. inv.

tricher v.

trichine n. f.

trichloréthylène n. m.

triclinium n. m. *Des triclinia,* plutôt que *des tricliniums.*

tricolore adj. et n. m.

tricorne adj. et n. m.

tricot n. m.

tricoter v.

trictrac n. m. *Des trictracs.*

tricycle n. m.

trident n. m.

tridentin, ine adj.

tridi n. m. *Le tridi 13 fructidor.*

triennal, ale aux adj.

trier v.

triérarque n. m.

trière n. f.

triforium n. m. *Des triforiums.*

trifouiller v.

triglyphe n. m.

trigonométrie n. f.

trilingue adj. et n.

trille n. m.

trilobé, ée adj.

trilogie n. f.

trimaran n. m.

trimard n. m.

trimbalage n. m. On écrit aussi *trimballage.*

trimbalement n. m. On écrit aussi *trimballement.*

trimbaler v. On écrit aussi *trimballer.*

trimer v.

trimestre n. m.

trimestriel, ielle adj.

trimètre n. m.

trimoteur n. m.

tringle n. f.

tringlot n. m. La graphie *trainglot* est correcte aussi, mais moins fréquente.

trinitaire adj. et n.

trinité n. f. *La Sainte Trinité,* l'ensemble des trois personnes divines, mais *la Sainte-Trinité,* fête de la Trinité.

trinquer v.

trinquette n. f.

trio n. m. *Des trios.*

triolet n. m.

triomphal, ale, aux adj.

triomphe n. m.

triompher v.

triparti, ie adj.

tripartite adj.

tripartition n. f.

tripatouiller v.

tripe n. f.

tripette n. f.

triphtongue n. f.

tripier, ière n.

triple adj. et n. m.

triplé, ée adj.

1. triplement n. m.

2. triplement adv.

triplés, ées n. pl.

triplet n. m.

triplette n. f.

tripode adj.

tripoli n. m.

triporteur n. m.

tripot n. m.

tripotée n. f.

tripoter v.

tripous n. m. pl. On écrit aussi *des tripoux.*

triptyque n. m.

trique n. f.

triqueballe n. m. La forme *trinqueballe* est vieillie.

trirème n. f.

trisaïeul, ïeule n. *Des trisaïeuls, des trisaïeules.*

trisannuel, elle adj.

Trismégiste adj. m. sing.

trisoc n. m.

trisser v.

trisyllabe n. m. et adj. On écrit aussi *trissyllabe.*

trisyllabique adj. On écrit aussi *trissyllabique.*

triste adj.

tristesse n. f.

tristounet, ette adj.

triton n. m. Batracien. — Avec *T* majuscule : *Triton,* dieu marin, *Les Tritons,* divinités marines.

triturer v.

triumvir n. m. *Des triumvirs.*

triumvirat n. m.

trivial, ale, aux adj.

trivialité n. f.

trivium n. m. sing. Inusité au pluriel.

troc n. m.

trochaïque adj. et n. m.

trochée n. m.

troène n. m.

troglodyte n. m.

trogne n. f.

trognon n. m.

troïka n. f. *Des troïkas.*

trois adj. et n. m.

trois-étoiles n. m. et adj. inv. *Un trois-étoiles :* hôtel luxueux. — *Monsieur de trois-étoiles* ou *de trois étoiles* ou *de * * ** (personne qu'on ne veut pas nommer).

troisième adj. et n.

trois-mâts n. m. inv.

trois-quarts n. m. inv. *Des trois-quarts* (au rugby), mais *les trois quarts de la population.*

trois-quatre n. m. inv.
trois-six n. m. Rare au pluriel.
trolley n. m. *Des trolleys.*
trolleybus n. m. inv.
trombe n. f.
trombine n. f.
tromblon n. m.
trombone n. m.
trompe n. f.
trompe-la-mort n. inv.
trompe-l'œil n. m. inv. Parfois, *des peintures en trompe l'œil.*
tromper v.
trompette n. f. et m. *Une trompette* : instrument de musique. *Un trompette* : celui qui joue de la trompette.
trompettiste n.
tronc n. m.
tronche n. f.
tronçon n. m.
tronconique adj.
tronçonner v.
trône n. m.
trôner v.
tronquer v.
trop adv.
trope n. m.
trophée n. m.
tropical, ale, aux adj.
tropique n. m. et adj.
tropisme n. m.
trop-perçu n. m. *Des trop-perçus.*
trop-plein n. m. *Des trop-pleins.*
troquer v.
troquet n. m.
trot n. m.
trotskisme n. m. Éviter la graphie *trotskysme.*
trotskiste adj. et n. Éviter la graphie *trotskyste.*
trotte n. f.
trotte-menu adj. inv.
trotter v.
trottin n. m.
trottiner v.
trottinette n. f.
trottoir n. m.
trou n. m. *Des trous.*
troubadour n. m. et adj. inv.
1. trouble adj.
2. trouble n. m.
trouble-fête n. inv.
troubler v.

trouée n. f.
trouer v.
troufion n. m.
trouillard, arde adj. et n.
trouille n. f.
troupe n. f.
troupeau n. m. *Des troupeaux.*
troupier n. m. et adj. m.
trousse n. f.
trousseau n. m. *Des trousseaux.*
trousser v.
trou-trou n. m. *Des trou-trous.*
trouvaille n. f.
trouver v.
trouvère n. m.
troyen, yenne n. et adj.
truand, ande n.
trublion n. m.
truc n. m.
trucage n. m. Graphie à préférer à *truquage.*
truchement n. m.
trucider v.
truculence n. f.
truculent, ente adj.
truelle n. f.
truellée n. f.
truffe n. f.
truffer v.
truffier, ière adj. et n.
truie n. f.
truisme n. m.
truite n. f.
trumeau n. m. *Des trumeaux.*
truquage n. m. On préférera la graphie *trucage.*
truquer v.
trust n. m. *Des trusts.*
truster v.
tsar n. m. Seule graphie actuelle.
tsarévitch n. m. Seule graphie actuelle.
tsarine n. f. Seule graphie actuelle.
tsarisme n. m.
tsariste adj.
tsé-tsé n. f. inv.
T.S.F. n. f. inv.
T-shirt n. m. ▷ tee-shirt.
tsigane adj. et n. *Des tsiganes*, mais *les Tsiganes*, peuple. — Éviter la graphie *tzigane.*
tsunami n. m. *Des tsunamis.*

tu pron. pers.
tuant, ante adj.
tub n. m.
tuba n. m.
tube n. m.
tubercule n. m.
tuberculose n. f.
tubéreuse n. f.
tubulaire adj.
tubulure n. f.
tudesque adj.
tudieu ! interj.
tue-mouches adj. inv. La graphie *tue-mouche* est plus rare et moins conseillée.
tuer v.
tuerie n. f.
tue-tête (à) loc. adv.
tuf n. m.
tuffeau n. m. *Des tuffeaux.* La graphie *tufeau* est plus rare. En revanche, on écrit *tufier, tufacé.*
tuile n. f.
tuilerie n. f.
tulipe n. f.
tulle n. m.
tuméfaction n. f.
tuméfier v.
tumescence n. f.
tumescent, ente adj.
tumeur n. f.
tumulte n. m.
tumulus n. m. *Des tumulus*, plutôt que *des tumuli.*
tuner n. m.
tungstène n. m.
tunique n. f.
tunisien, ienne adj. et n.
tunnel n. m.
turban n. m.
turbine n. f.
1. turbo n. m. inv. Mollusque. *Des turbo.*
2. turbo n. m. et adj. inv. Turbotrain ; moteur spécial. — *Des turbos.* — *Des moteurs turbo.* — Homophone : *turbot.*
turbo-alternateur n. m.
turbocompresseur n. m.
turbopompe n. f.
turbopropulseur n. m.
turboréacteur n. m.
turbot n. m. Poisson. — Homophones : *turbo 1* et *2.*
turbotière n. f.
turbotin n. m.

turbotrain n. m.
turbulence n. f.
turbulent, ente adj.
turc, turque adj. et n.
turf n. m. *Des turfs.*
turfiste n.
turgescence n. f.
turgescent, ente adj.
turgide adj.
turkmène adj. et n.
turlupinade n. f.
turlutaine n. f.
turlututu ! interj.
turne n. f. La graphie usuelle
est *turne.* Dans l'argot de
l'École normale supérieure,
on écrit *thurne.*
turpitude n. f.
turquerie n. f.
turquoise n. f. et adj. inv.
tussor n. m. La graphie
tussore est vieillie.

tutélaire adj.
tutelle n. f.
tuteur, trice n.
tutoiement n. m.
tutoyer v.
tutti frutti loc. adj. inv.
tutti quanti loc. nom. inv.
tutu n. m. *Des tutus.*
tuyau n. m. *Des tuyaux.*
tuyauter v.
tuyère n. f.
tweed n. m. *Des tweeds.*
tympan n. m.
tympanon n. m.
type n. m.
typé, ée adj.
typhoïde adj. et n. f.
typhon n. m.
typhus n. m. inv.
typique adj.
typo n. *Un typo :* un
typographe. Il existe un

féminin *typote. — La typo :*
la typographie.
typographe n.
typographie n. f.
typologie n. f.
typomètre n. m.
tyran n. m. Despote. —
Homophone : *tirant.*
tyranneau n. m. *Des
tyranneaux.*
tyrannicide n.
tyrannie n. f.
tyranniser v.
tyrien, ienne adj. et n.
tyrolien, ienne adj. et n.
tyrrhénien, ienne adj. et n. *La
mer Tyrrhénienne.*
tzar n. m. Graphie vieillie. On
écrit maintenant *tsar,* et
aussi *tsarine, tsarévitch.*
tzigane adj. et n. Graphie à
éviter ▷ **tsigane.**

U

ubac n. m.
ubiquité n. f.
ubuesque adj.
uhlan n. m. *Le uhlan. La lance
du uhlan.*
ukase n. m. ▷ **oukase.**
ukrainien, ienne adj. et n.
ukulele n. m. On écrit aussi
ukulélé.
ulcération n. f.
ulcère n. m.
ulcérer v.
ulcéreux, euse adj.
ultérieur, ieure adj.
ultimatum n. m. *Des
ultimatums.*
ultime adj.
ultra n. et adj. *Les ultras
(sous la Restauration). La
tendance ultra. Des opinions
ultras. Des députés ultras.*
ultracourt, courte adj.
ultramoderne adj.
ultramontain, aine adj. et n.
ultramontanisme n. m.
ultrason n. m.
ultraviolet adj. et n. m.
ululement n. m. *Le ululement*
ou *l'ululement* ou *le
hululement.*
ululer v. *Je ulule* ou *j'ulule* ou
je hulule.

1. un, une art. indéf.
2. un, une adj. numéral et n.
unanime adj.
unanimisme n. m.
unanimité n. f.
underground adj. inv. et n. m.
une n. f.
Unetelle n. f. ▷ **Untel.**
uni, ie adj. et n. m.
uniate n. et adj.
unicellulaire adj. et n. m.
unicité n. f.
unicolore adj.
unifier v.
uniforme adj. et n. m.
uniformément adv.
uniformité n. f.
unijambiste adj. et n.
unilatéral, ale, aux adj.
unilinéaire adj.
unilingue adj.
uniment adv.
union n. f.
unique adj.
unir v.
unisexe adj. *Des pantalons
unisexes.*
unisson n. m.
unitaire adj.
unité n. f.
univers n. m. inv.
universalité n. f.

universaux n. m. pl.
universel, elle adj. et n. m.
universellement adv.
universitaire adj. et n.
université n. f.
univoque adj.
Untel, Unetelle n. On écrit
M. Untel, Mme Unetelle ou
parfois, *M. Un tel, Mme Une
telle.*
uppercut n. m. *Des uppercuts.*
upsilon n. m. Lettre grecque.
uranium n. m. *Des uraniums.*
urbain, aine adj.
urbaniser v.
urbanisme n. m.
urbaniste n. et adj.
urbanité n. f.
urbi et orbi loc. adv.
urée n. f.
urémie n. f.
uretère n. m.
urètre n. m.
urgence n. f.
urgent, ente adj. et n. m.
urger v.
urinaire adj.
urinal n. m. *Des urinaux.*
urine n. f.
urinoir n. m.
urique adj.
urne n. f.

urologie n. f.
ursuline n. f.
urticaire n. f.
urticant, ante adj.
uruguayen, enne adj. et n.
us n. m. pl.
usage n. m.
usagé, ée adj.
usager n. m.
user v.
usine n. f.

usiner v.
usinier, ière adj.
usité, ée adj.
ustensile n. m.
usuel, elle adj. et n. m.
usuellement adv.
usufruit n. m.
usufruitier, ière n. et adj.
usuraire adj.
usure n. f.
usurier, ière n.

usurper v.
ut n. m. inv.
utérin, ine adj.
utérus n. m. inv.
utile adj. et n. m.
utiliser v.
utilitaire adj. et n.
utilitarisme n. m.
utilité n. f.
utopie n. f.
uval, ale, aux adj.

va ! interj.
vacance n. f. *La vacance d'un poste*, mais *être en vacances*.
vacancier, ière n.
vacant, ante adj. *Un poste vacant*, mais *en vaquant à ses occupations*.
vacarme n. m.
vacataire n. m. et adj.
vacation n. f.
vaccin n. m.
vaccine n. f.
vacciner v.
vache n. f. et adj.
vacher, ère n.
vacherin n. m.
vachette n. f.
vacillation n. f.
vacillement n. m.
vaciller v.
vacuité n. f.
vade-mecum n. m. inv.
vadrouille n. f.
va-et-vient n. m. inv. *Des va-et-vient*, mais *il va et vient sans arrêt*.
vagabond, onde adj. et n.
vagin n. m.
vagir v.
1. vague n. f.
2. vague adj. et n. m.
vaguelette n. f.
vaguemestre n. m.
vaguer v.
vahiné n. f. *Des vahinés*.
vaillamment adv.
vaillance n. f.
vaillant, ante adj.
vain, vaine adj. Inutile. — Homophones : *vin ; vingt*.
vaincre v.
vainqueur n. m. et adj.
vair n. m. Fourrure ; élément

héraldique. — Homophones ▷ *ver*.
1. vairon adj. m. *Des vairons*. Le féminin *vaironne* est très rare.
2. vairon n. m. Petit poisson.
vaisseau n. m. *Des vaisseaux*.
vaisselier n. m.
vaisselle n. f.
val n. m. *Des vals* (pluriel moderne). On ne rencontre plus *les vaux* que dans *les Vaux-de-Cernay* et dans *par monts et par vaux*.
valable adj.
valdotain, aine adj. et n.
valence n. f.
valenciennes n. f. inv. *De la valenciennes*, mais *de la dentelle de Valenciennes*.
valériane n. f.
valérianelle n. f.
valet n. m.
valetaille n. f.
valétudinaire adj. et n.
valeur n. f.
valide adj.
validité n. f.
valise n. f.
valkyrie n. f. ▷ **walkyrie**.
vallée n. f.
valleuse n. f.
vallon n. m.
vallonné, ée adj.
vallonnement n. m.
valoir v.
valoriser v.
valse n. f.
valve n. f.
vamp n. f. *Des vamps*.
vampire n. m.
van n. m. Homophone : *vent*.
vandale adj. et n. *Des*

vandales, des gens qui détruisent, mais *les Vandales*, peuple germanique.
vandoise n. f.
vanille n. f.
vanillé, ée adj.
vanillier n. m.
vanité n. f.
vannage n. m.
vanne n. f.
vanneau n. m. *Des vanneaux*.
vanner v.
vannerie n. f.
vanneur, euse n.
vannier, ière n.
vannure n. f.
vantail n. m. Panneau de porte. — *Des vantaux*. — Homophone : *ventail*.
vantard, arde adj. et n.
vanter v. Faire l'éloge. — Homophones : *venter ; venté*.
va-nu-pieds n. inv.
vapeur n. *Une vapeur* : un gaz. *Un vapeur* : un navire à vapeur.
vaporeux, euse adj.
vaporiser v.
vaquer v.
varan n. m.
varangue n. f.
varappe n. f.
varapper v.
varech n. m.
vareuse n. f.
varia n. m. pl.
variante n. f.
variation n. f.
varice n. f.
varicelle n. f.
varier v.
variété n. f.
varietur (ne) loc. adv. et loc.

adj. inv.
variole n. f.
varioleux, euse adj. et n.
variqueux, euse adj. et n.
varlet n. m.
varlope n. f.
varloper v.
vasculaire adj.
vascularisé, ée adj.
1. vase n. f. Boue.
2. vase n. m. Récipient.
vaseline n. f.
vaseux, euse adj.
vasière n. f.
vasistas n. m. inv.
vasouiller v.
vasque n. f.
vassal, ale, aux n. et adj.
vassalité n. f.
vaste adj.
vaticane adj. f. *La Bibliothèque vaticane*, mais *la Vaticane*.
vaticiner v.
va-tout n. m. sing.
vau n. m. Pièce qui soutient une voûte pendant sa construction. — *Des vaux.* — Homophones : *veau ; vaux (pluriel ancien de val) ; il vaut (de valoir) ; vos (adjectif possessif).*
vauclusien, ienne adj. et n.
vaudeville n. m.
vaudevilliste n. m.
vaudois, oise n. et adj. *Les vaudois* : hérétiques du Moyen Âge. — *Les Vaudois* : habitants du canton de Vaud.
vaudou n. m. et adj. inv.
vau-l'eau (à) loc. adv.
vaurien, ienne n.
vautour n. m.
vautrer (se) v.
va-vite (à la) loc. adv.
veau n. m. Petit de la vache. — Homophones ▷ *vau.*
vecteur n. m. et adj. m.
vécu, ue adj. et n. m.
véda n. m. *Les védas.*
vedettariat n. m.
vedette n. f.
védique adj.
védisme n. m.
végétal, ale, aux n. m. et adj.
végétarien, ienne adj. et n.
végétation n. f.

végéter v.
véhémence n. f.
véhément, ente adj.
véhiculaire adj.
véhicule n. m.
veille n. f.
veillée n. f.
veiller v.
veilleur n. m.
veilleuse n. f.
veinard, arde n. et adj.
veine n. f.
veiner v.
veineux, euse adj.
vêlage n. m.
vélaire adj. et n. f.
vélarium n. m. *Des vélariums.* On écrit aussi, moins souvent, *un velarium, des velariums.*
velche n. *Les Velches.* On écrit aussi *Welche.*
vêlement n. m.
vêler v.
vélin n. m.
véliplanchiste n.
vélite n. m.
vélivole adj. et n.
velléitaire adj. et n.
velléité n. f.
vélo n. m. *Des vélos.*
véloce adj.
vélocipède n. m.
vélocité n. f.
vélodrome n. m.
vélomoteur n. m.
velours n. m. inv.
velouté, ée n. m. et adj.
velu, ue adj.
vélum n. m. *Des vélums.* On écrit aussi, moins souvent, *un velum, des velum.*
venaison n. f.
vénal, ale, aux adj.
vénalité n. f.
vendange n. f.
vendanger v.
vendangeur, euse n.
vendéen, enne adj. et n. *Les Vendéens*, les habitants de la Vendée, mais *les vendéens*, les insurgés de l'ouest, sous la Révolution.
vendémiaire n. m. *Le 14 vendémiaire an VI.*
vendetta n. f. *Des vendettas.*
vendeur n. m. *La vendeuse du magasin*, mais *la venderesse*,

femme qui vend un bien immeuble.
vendre v.
vendredi n. m. *Tous les vendredis soir.*
venelle n. f.
vénéneux, euse adj.
vénération n. f.
vénérer v.
vénerie n. f.
vénérien, ienne adj. et n.
venette n. f.
veneur n. m.
vénézuélien, ienne adj. et n. *Un Vénézuélien*, mais *le Venezuela.*
vengeance n. f.
venger v.
vengeur, vengeresse adj.
véniel, ielle adj.
venimeux, euse adj.
venin n. m.
venir v.
vénitien, ienne adj. et n.
vent n. m. Air en mouvement. — Homophone : *van.*
ventail n. m. *Le ventail* ou *la ventaille* : partie d'un casque médiéval. *Des ventaux ; des ventailles.* — Homophone : *un vantail.*
vente n. f.
venté, ée adj. Où il y a du vent. — Homophones ▷ *vanter.*
venter v. *Il vente* : il y a du vent. — Homophones ▷ *vanter.*
venteux, euse adj.
ventilateur n. m.
ventilation n. f.
ventiler v.
ventôse n. m. *Le 19 ventôse an III.*
ventouse n. f.
ventral, ale, aux adj.
ventre n. m.
ventrée n. f.
ventricule n. m.
ventrière n. f.
ventriloque n. et adj.
ventripotent, ente adj.
ventru, ue adj. et n.
venue n. f.
vénusté n. f.
vêpres n. f. pl.
ver n. m. Animal invertébré. — Homophones : *vair ; verre ; vers 1 et 2 ; vert.*

véracité n. f.
véranda n. f. *Des vérandas.* —
La graphie *vérandah* est
vieillie.
verbal, ale, aux adj.
verbalisation n. f.
verbaliser v.
verbalisme n. m.
verbe n. m.
verbeux, euse adj.
verbiage n. m.
verbosité n. f.
verdâtre adj.
verdeur n. f.
verdict n. m.
verdir v.
verdissement n. m.
verdoiement n. m.
verdoyant, ante adj.
verdoyer v.
verdure n. f.
véreux, euse adj.
verge n. f.
vergé, ée adj.
verger n. m.
vergeté, ée adj.
vergette n. f.
vergeture n. f.
verglacé, ée adj.
verglas n. m. inv.
vergogne n. f.
vergue n. f.
véridique adj.
vérificateur, trice n.
vérification n. f.
vérifier v.
vérin n. m.
vérisme n. m.
vériste adj. et n.
véritable adj.
vérité n. f.
verjus n. m. inv.
1. vermeil, eille adj.
2. vermeil n. m.
vermicelle n. m.
vermiculé, ée adj.
vermifuge adj. et n. m.
vermillon n. m.
vermillonner v.
vermine n. f.
vermineux, euse adj.
vermisseau n. m. *Des
vermisseaux.*
vermouler (se) v.
vermoulu, ue adj.
vermoulure n. f.
vermouth n. m. Éviter la
graphie *vermout.*

vernaculaire adj.
vernal, ale, aux adj. En fait,
ne s'emploie que dans
l'expression *le point vernal.*
verni, ie adj. et n.
vernir v.
vernis n. m. inv.
vernisser v.
vernisseur, euse n.
vérole n. f.
verrat n. m.
verre n. m. Matière
transparente ; vase pour
boire. — Homophones ▷
ver.
verrerie n. f.
verrier n. m.
verrière n. f.
verroterie n. f.
verrou n. m. *Des verrous.*
verrouiller v.
verrue n. f.
verruqueux, euse adj.
1. vers prép.
2. vers n. m. Ligne d'un
poème. — Homophones ▷
ver.
versaillais, aise adj. et n.
versant n. m.
versatile adj.
verse n. f.
verse (à) loc. adv. *Il pleut à
verse,* mais *une averse.*
verseau n. m. *Des verseaux.*
Le signe du Verseau. —
Homophone : *le verso.*
versement n. m.
verser v.
verset n. m.
verseur, euse adj.
verseuse n. f.
versicolore adj.
versificateur n. m.
versification n. f.
versifier v.
version n. f.
vers-librisme n. m.
vers-libriste n. et adj.
verso n. m. Envers d'une
feuille. — Homophone :
verseau.
vert, verte adj. et n. m.
vert-de-gris n. m. inv. et adj.
inv.
vert-de-grisé, ée adj.
vertébral, ale, aux adj.
vertèbre n. f.
vertébré, ée adj. et n. m.

vertical, ale, aux adj. et n. f.
verticalité n. f.
vertige n. m.
vertigineux, euse adj.
vertu n. f.
vertueux, euse adj.
vertugadin n. m.
verve n. f.
verveine n. f.
1. verveux n. m. Filet.
2. verveux, euse adj. Plein
de verve.
vesce n. f. Plante fourragère.
— Homophone : *vesse.*
vésicant, ante adj. et n. m.
vésicatoire adj. et n. m.
vésicule n. f.
vespasienne n. f.
vespéral, ale, aux adj. et n. m.
vesse n. f. Pet émis sans
bruit. — Homophone :
vesce.
vesse-de-loup n. f. *Des
vesses-de-loup.*
vesser v.
vessie n. f.
vestale n. f.
veste n. f.
vestiaire n. m.
vestibule n. m.
vestige n. m.
vestimentaire adj.
veston n. m.
vêtement n. m.
vétéran n. m.
vétérinaire adj. et n.
vétille n. f.
vétiller v.
vétilleux, euse adj.
vêtir v.
vétiver n. m. Éviter la graphie
vétyver.
veto n. m. inv.
vêtu, ue adj.
vêture n. f.
vétuste adj.
vétusté n. f.
vétyver n. m. Graphie vieillie
▷ **vétiver.**
veuf, veuve n.
veule adj.
veulerie n. f.
veuve n. f.
vexateur, trice adj. et n.
vexation n. f.
vexatoire adj.
vexer v.
via prép.

viabilité n. f.
viable adj.
viaduc n. m.
viager, ère adj. et n. m.
viande n. f.
viatique n. m.
vibratile adj.
vibratoire adj.
vibrer v.
vibrion n. m.
vibrisse n. f.
vicaire n. m.
vicariat n. m.
vice n. m. Grave défaut. — Homophone : *vis.*
vice-amiral n. m. *Des vice-amiraux.*
vice-consul n. m. *Des vice-consuls.*
vice-légat n. m. *Des vice-légats.*
vice-présidence n. f. *Des vice-présidences.*
vice-président, ente n. *Des vice-présidents.*
vice-recteur n. m. *Des vice-recteurs.*
vice-roi n. m. *Des vice-rois.*
vice-royauté n. f. *Des vice-royautés.*
vice versa loc. adv.
vichy n. m. *De la toile de Vichy,* mais *du vichy.* — *Des vichys.*
vichyssois, oise adj. et n.
vicier v.
vicinal, ale, aux adj.
vicissitude n. f.
vicomte n. m.
vicomté n. f.
vicomtesse n. f.
victimaire n. m.
victime n. f.
victoire n. f.
victoria n. f. *Des victorias.*
victorien, ienne adj.
victorieux, ieuse adj.
victuailles n. f. pl.
vidame n. m.
vidange n. f.
vidanger v.
vide adj. et n. m.
vide-gousset n. m. *Des vide-goussets.*
vidéo n. f. et adj. inv. *Des vidéos. Des bandes vidéo.*
vidéocassette n. f.
vidéodisque n. m.
vide-ordures n. m. inv.

vide-poches n. m. inv.
vider v.
videur, euse n.
vide-vite n. m. inv.
vidoir n. m.
viduité n. f.
vie n. f.
vieil adj. ▷ **vieux.**
vieillard n. m.
vieillesse n. f.
vieillir v.
vieillot, ote adj.
vielle n. f.
vieller v.
vielleur, euse n. La forme *vielleux, euse* est plus rurale.
vierge adj. et n. f.
vietnamien, ienne adj. et n.
vieux (ou vieil), vieille adj. ▷ **p. 199.**
1. vif, vive adj. *Avoir l'esprit vif.*
2. vif n. m. *La pêche au vif.*
vif-argent n. m. sing.
vigie n. f.
vigilance n. f.
vigilant, ante adj.
1. vigile n. f. Veille d'une fête religieuse.
2. vigile n. m. Gardien.
vigne n. f.
vigneron, onne n. et adj.
vignette n. f.
vignoble n. m.
vigogne n. f.
vigoureux, euse adj.
vigueur n. f.
viking adj. et n. *Les Vikings. Une Viking. Un navire viking. Des barques vikings.*
vil, vile adj.
1. vilain, aine adj. et n. *Cet enfant est vilain, est un vilain.*
2. vilain n. m. Paysan du Moyen Âge.
vilebrequin n. m.
vilenie n. f.
vilipender v.
villa n. f. *Des villas.*
village n. m.
villageois, oise adj. et n.
villanelle n. f.
ville n. f.
villégiature n. f.
villosité n. f.
vin n. m. Boisson. — Homophones ▷ *vain.*
vinaigre n. m.

vinaigrette n. f.
vinaigrier n. m.
vinasse n. f.
vindicatif, ive adj.
vindicte n. f.
vineux, euse adj.
vingt adj. et n. m. Nombre. — Homophones ▷ *vain.*
vingtaine n. f.
vingtième adj. et n.
vinicole adj.
vinifier v.
vinyle n. m.
viol n. m. Action de violer. — Homophone : *viole.*
violacé, ée adj.
violâtre adj.
viole n. f. Instrument de musique. — Homophone : *un viol.*
violemment adv.
violence n. f.
violent, ente adj. et n.
violenter v.
violer v.
violet, ette adj. et n. m.
violette n. f.
violine n. f. et adj. *Des robes violines.*
violon n. m.
violoncelle n. m.
violoncelliste n.
violoniste n.
vipère n. f.
vipérin, ine adj.
virage n. m.
virago n. f. *Des viragos.*
viral, ale, aux adj.
virée n. f.
virelai n. m.
virer v.
virevolte n. f.
virevolter v.
virginal, ale adj. et n. m. *Des cœurs virginaux,* mais *des virginals,* instruments de musique.
virginité n. f.
virgule n. f.
viril, ile adj.
virilement adv.
virilité n. f.
virole n. f.
virtualité n. f.
virtuel, elle adj. et n. m.
virtuellement adv.
virtuose n. et adj.
virtuosité n. f.

virulence n. f.
virulent, ente adj.
virus n. m. inv.
vis n. f. inv. Tige filetée servant à fixer. — Homophone : *vice.*
visa n. m. *Des visas.*
visage n. m.
VIsagIsme n. m. Nom déposé : un *V* majuscule.
Visagiste n. Nom déposé : un *V* majuscule.
vis-à-vis loc. prép., adv. et n. m. inv.
viscéral, ale, aux adj.
viscère n. m.
viscose n. f.
viscosité n. f.
visée n. f.
viser v.
visière n. f.
visigoth, othe adj. et n. Graphie rare. On écrit généralement *wisigoth, othe.*
vision n. f.
visionnaire adj. et n.
visionner v.
visitandine n. f.
Visitation n. f.
visite n. f.
visiter v.
visiteur, euse n.
vison n. m.
visqueux, euse adj.
visser v.
visu (de) loc. adv.
visualisation n. f.
visualiser v.
visuel, elle adj. et n.
visuellement adv.
vit n. m.
vital, ale, aux adj.
vitalité n. f.
vitamine n. f.
vitaminé, ée adj.
vite adv. et adj. *Ces coureurs vont vite. Ces coureurs sont vites.*
vitellus n. m. inv.
vitesse n. f.
viticole adj.
viticulture n. f.
vitrail n. m. *Des vitraux.*
vitre n. f.
vitré, ée adj. et n. m.
vitrier n. m.
vitrifier v.
vitrine n. f.

vitriol n. m.
vitro (in) loc. adv. et loc. adj. inv.
vitupérer v.
vivace adj.
vivacité n. f.
vivandier, ière n.
vivat n. m. *Des vivats.*
vIve ! interj. De nos jours, on préfère l'invariabilité : *Vive les républicains !* plutôt que *Vivent les républicains.*
vivement adj. et interj.
vivent ! interj. ▷ **vive !**
vivier n. m.
vivifier v.
vivipare adj. et n.
vivisection n. f.
vivo (in) loc. adv. et loc. adj. inv.
vivoter v.
vivre v.
vivres n. m. pl.
vivrier, ière adj.
vizir n. m.
vlan ! interj. et onomatopée. On écrit aussi, parfois, *v'lan.*
vocable n. m.
vocabulaire n. m.
vocal, ale, aux adj.
vocalise n. f.
vocaliser v.
vocatif n. m.
vocation n. f.
vociférer v.
vodka n. f. *Des vodkas.*
vœu n. m. *Des vœux.*
vogue n. f.
voici prép.
voie n. f. Route, chemin. — Homophone : *la voix.*
voilà prép.
1. voile n. f.
2. voile n. m.
voiler v.
voilette n. f.
voilier n. m.
voir v. *D'ici on peut voir la mer.* — Homophone : *voire.*
voire adv. *Son visage est joyeux, voire même hilare.* — Homophone : *voir.*
voirie n. f.
voisin, ine adj. et n.
voisiner v.
voiture n. f.
voiturette n. f.
voiturier n. m.

voix n. f. Son, parole. — Homophone : *voie.*
vol n. m.
volage adj.
volaille n. f.
volailler, ère n.
volant n. m.
volatil, ile adj.
volatile n. m.
volatiliser v.
vol-au-vent n. m. inv.
volcan n. m.
volcanique adj.
volcanologie n. f. On dit aussi *vulcanologie.*
volcanologue n. On dit aussi *vulcanologue.*
volée n. f.
voler v.
volet n. m.
voleter v.
voleur, euse adj. et n.
volière n. f.
volition n. f.
volley-ball n. m. sing. Inusité au pluriel.
volleyeur, euse n.
volontaire adj. et n.
volontariat n. m.
volontarisme n. m.
volonté n. f.
volontiers adv.
volt n. m. Unité électrique. — *Des volts.* — Homophone : *volte.*
1. voltaïque adj. *La pile voltaïque. L'arc voltaïque.*
2. voltaïque n. et adj. De la Haute-Volta.
voltaire n. m. *Des voltaires, mais des fauteuils Voltaire.*
voltairianisme n. m.
voltairien, ienne adj. et n.
voltamètre n. m.
volte n. f. Terme d'équitation. — Homophone : *volt.*
volte-face n. f. inv.
voltige n. f.
voltmètre n. m.
volubile adj.
volubilis n. m. inv.
volubilité n. f.
volume n. m.
volumineux, euse adj.
volupté n. f.
volute n. f.
volve n. f.

vomi n. m.
vomique adj.
vomir v.
vomitif, ive adj. et n. m.
vomitoire n. m.
vomito-negro n. m. sing. Inusité au pluriel.
vorace adj.
voracité n. f.
vos adj. poss. pl.
vosgien, ienne adj. et n.
vote n. m.
voter v.
votif, ive adj.
votre, vos adj. poss. *Votre voiture. Vos bicyclettes.*
vôtre adj. poss. et pron. poss.
vouer v.
vouivre n. f.
1. vouloir v.
2. vouloir n. m.
vous pron. personnel ▷ **p. 199.**
voussoir n. m.

voussure n. f.
voûte n. f.
voûter v.
vouvoiement n. m.
vouvoyer v.
vox populi n. f. sing. Inusité au pluriel.
voyage n. m.
voyager v.
voyance n. f.
voyant, ante n. *Ce poète est un voyant.*
voyant n. m. *Un voyant s'allume sur le tableau de bord.*
voyelle n. f.
voyer n. m. *Des agents voyers.*
voyou n. m. et adj. *Des voyous. Un air voyou, des airs voyous. Elle est un peu voyou. Le féminin voyoute ou voyouse est rare.*
vrac n. m.
vrai, vraie adj., n. m. et adv.
vraiment adv.
vraisemblable adj.

vraisemblance n. f.
vrille n. f.
vrillette n. f.
vrombir v.
vrombissement n. m.
vu participe passé et prép. ▷ **p. 199.**
vue n. f.
vulcaniser v.
vulcanologie n. f. On dit aussi *volcanologie.*
vulcanologue n. On dit aussi *volcanologue.*
vulgaire adj. et n. m.
vulgariser v.
vulgarité n. f.
Vulgate n. f.
vulgo adv.
vulnérable adj.
vulnéraire adj. et n. *L'eau vulnéraire. — Un vulnéraire : remède qui guérit les blessures. — La vulnéraire : plante.*
vulve n. f.

W

wagnérien, ienne adj. et n.
wagon n. m.
wagonnet n. m.
Walkman n. m. inv. Nom déposé : un *W* majuscule.
walkie-talkie n. m. *Des walkies-talkies.* On dit aussi *talkie-walkie.*
walkyrie n. f. La graphie *valkyrie* est plus rare.
wallon, onne adj. et n.
wallonisme n. m.
warrant n. m.
water-ballast n. m. *Des water-ballasts.*
water-closet n. m. *Les water-closets* ou *les waters.*

water-polo n. m. sing. Inusité au pluriel.
waterproof n. m. et adj. inv. *Des waterproofs.*
waters n. m. pl.
watt n. m. *Des watts.*
wattman n. m. *Des wattmen.*
w.-c. n. m. pl. Souvent écrit *W.-C.*
week-end n. m. *Des week-ends.*
Welche n. On écrit aussi *Velche,* rarement *Welsch.*
welter n. m. *Des welters.*
western n. m. *Des westerns.*
wharf n. m. *Des wharfs.*
whig n. m. et adj. *Les whigs.*

Les députés whigs. Les idées whigs.
whisky n. m. *Des whiskies.* — Réserver la forme *whiskey* pour le whisky irlandais.
whist n. m.
white-spirit n. m. sing.
winch n. m. *Des winches.*
winchester n. f. Pas un nom déposé.
— Des winchesters.
windsurf n. m. inv.
wisigoth adj. et n. La graphie *visigoth* est assez rare.
wisigothique adj. La graphie *visigothique* est assez rare.
wolfram n. m.

X

xénophobe adj. et n.
xénophobie n. f.
xérès n. m. *Du vin de Xeres* ou

du vin de Jerez, mais *du xérès* ou *du jerez.*
xi n. m. Lettre grecque.

xoanon n. m. *Des xoana.*
xylographie n. f.
xylophone n. m.

Y

y adv. et pron.
yacht n. m. *Des yachts.*
yachtman n. m. *Des yachtmen.*
La graphie *yachtsman* est
rare en français.
yachting n. m.
yak n. m. La graphie *yack* est
moins fréquente.
yankee n. et adj. *Les
Yankees. Les armées yankees.*
yaourt n. m. On dit aussi
yogourt.
yaourtière n. f.
yard n. m. *Des yards.*

yatagan n. m.
yearling n. m. *Des yearlings.*
yéménite adj. et n.
yen n. m. inv.
yéti n. m. *Des yétis.*
yeuse n. f. *L'yeuse.*
yeux n. m. pl.
yiddish n. m. et adj. inv. Les
formes *yidish* et *yddish* sont
rares.
yoga n. m. sing. Très rare au
pluriel.
yogi n. m. *Des yogis.*
yogourt n. m. On dit aussi

yaourt. Éviter la graphie
yoghourt.
yole n. f. *La yole.*
Yom Kippour n. m.
yougoslave adj. et n.
youyou n. m. *Des youyous.* —
Le youyou : canot. *Les
you-you :* cris stridents.
Yo-Yo n. m. inv. Nom
déposé : deux fois *Y*
majuscule.
ypérite n. f.

Z

zaïrois, oise adj. et n.
zakouski n. m. pl. Mot
féminin en russe, masculin
en français.
zambien, ienne adj. et n.
zanzibar n. m.
zèbre n. m.
zébrure n. f.
zébu n. m. *Des zébus.*
zèle n. m.
zélé, ée adj.
zélote n. m.
zénith n. m.
zéphyr n. m. *Le zéphyr,* mais
Zéphyr, personnage
mythologique.
zeppelin n. m.
zéro n. m.
zest n. m. *Entre le zist et le*

zest.
zeste n. m. *Un zeste de citron.*
zêta n. m. Lettre grecque.
zézaiement n. m.
zézayer v.
zibeline n. f.
zigzag n. m. *Des zigzags.*
zigzaguer v.
zinc n. m.
zingage n. m. La forme
zincage est vieille.
zinguer v.
zircon n. m.
zist n. m. ▷ **zest.**
zizanie n. f.
zodiacal, ale, aux adj.
zodiaque n. m. *Les signes du
zodiaque,* mais *un Zodiac,*
canot pneumatique (marque

déposée).
zombie n. m. *Des zombies.* —
La graphie *zombi* est rare.
zona n. m. *Des zonas.*
zonard n. m.
zone n. f.
zoo n. m. *Des zoos.*
zoolâtrie n. f.
zoologie n. f.
zoologiste n.
zoom n. m. *Des zooms.*
zoophobie n. f.
zootechnie n. f.
zoroastrien, ienne adj. et n.
zoroastrisme n. m.
zouave n. m.
zozoter v.
zut ! interj.

Cas

PARTICULIERS

aigle Ce nom peut être masculin ou féminin.

I Est masculin dans les cas suivants.

1 Quand il désigne l'espèce zoologique : *L'aigle n'est nullement dangereux pour les troupeaux.*

2 Quand il désigne l'oiseau mâle : *Cet aigle cherche une femelle pour s'accoupler.*

3 Au sens figuré : *Cet homme est un aigle* (= un génie).

4 Dans les dénominations d'ordres honorifiques : *Ordre de l'Aigle blanc de Pologne.*

5 Quand il désigne un lutrin d'église (*Un bel aigle en chêne sculpté*), un format de papier *(format grand aigle, petit aigle)*, une pièce d'or américaine de dix dollars *(L'aigle américain peut être une pièce de collection)*, une fougère *(la fougère grand aigle)*.

II Est féminin dans les cas suivants.

1 Quand il désigne la femelle : *Voyez cette aigle qui porte la pâture à ses petits.*

2 En termes de blason : *Écu orné d'une aigle.*

3 Quand il désigne une enseigne militaire : *Les aigles romaines.*

4 Quand, écrit avec une majuscule, il désigne une constellation : *L'Aigle brillante scintillait dans le ciel.*

air n. m. Accord de l'adjectif après **avoir l'air, avoir un air.**

1 Le sujet de *avoir* est un nom de personne, et *air* n'est pas suivi d'une détermination (complément de nom, relative, participiale ou apposition). L'adjectif s'accorde alors généralement avec le sujet du verbe *avoir* : *Ces fillettes ont l'air malicieuses.* Dans ce cas, l'adjectif est attribut du sujet et *avoir l'air* équivaut à un verbe tel que *paraître, sembler.* Cependant on peut donner à *air* son sens plein de « aspect, apparence, mine, expression du visage » et considérer que l'adjectif est épithète de *air* et doit s'accorder avec ce mot : *Cette fillette*

a l'air malicieux (= elle a l'expression malicieuse). Cet accord, quoique correct, est rare.

2 Le sujet de *avoir* est un nom de chose, et *air* n'est pas suivi d'une détermination. L'adjectif s'accorde obligatoirement avec le sujet : *Ces voitures ont l'air neuves* (= semblent neuves). On ne peut considérer qu'une chose a une « mine », une « expression », à la manière d'une personne.

3 Le nom *air* est suivi d'une détermination (complément de nom, relative, participiale, apposition). L'adjectif s'accorde toujours avec *air* : *Elles ont l'air malicieux des filles de Paris* (= l'expression malicieuse particulière aux filles de Paris). *Ces maisons ont l'air discret et cossu qui convient aux vieilles demeures bourgeoises. Ses amis avaient l'air triste convenant à de telles circonstances. Ces bâtisses avaient l'air rébarbatif propre aux pensionnats, aux prisons et aux casernes.* Il faut observer d'ailleurs que, s'il s'agit d'une chose, on dit plus volontiers *avoir l'aspect, avoir l'apparence.*

4 Avoir un air. L'adjectif s'accorde toujours avec *air* précédé de l'article indéfini : *Ces fillettes ont un air bien doux. Au printemps, la campagne a un air joyeux.* On peut dire aussi, au pluriel : *Ces fillettes ont des airs bien doux.*

amour Attention au genre.

1 Au sens de « passion amoureuse, aventure amoureuse », masculin au singulier : *Le souvenir de cet amour merveilleux.* L'usage de la langue soutenue est de mettre le mot au féminin quand il est au pluriel : *Le souvenir de ces belles amours.* — L'emploi du féminin au singulier est rare, archaïque et poétique : *Une amour délicieuse.*

2 Au sens de « enfant peint ou sculpté symbolisant l'amour », est toujours masculin : *Des amours ailés ornent le plafond.*

appât Deux pluriels.

1 Des appâts, quand il s'agit de la nourriture qu'on place dans un piège pour attirer un animal ou qu'on jette dans l'eau ou qu'on accroche à l'hameçon pour attirer le poisson : *Les vers de terre et les asticots sont d'excellents appâts.* Peut très bien s'employer au singulier : *La graine de chènevis est un excellent appât.*

2 Des appas, quand il s'agit des charmes physiques d'une femme (désigne spécialement la poitrine) ou quand on emploie le mot au sens figuré (=ce qui attire) : *Les appas de la gloire.* Ces deux sens sont d'ailleurs vieillis, sauf quand on parle des *appas d'une femme* avec une nuance d'ironie ou de plaisanterie. — Au sens de « ce qui attire », peut s'employer au singulier *(L'appât du gain).* Au sens de « charmes d'une femme », ne peut jamais s'employer au singulier. ▼ Par une décision récente, l'Académie autorise le pluriel *des appâts* même quand il s'agit des charmes d'une femme.

attendu Accord et emploi.

1 Comme adjectif, s'accorde normalement avec le nom : *J'ai reçu les documents attendus.*

2 *Attendu* placé immédiatement devant le nom au sens de « en raison de, étant donné » est considéré comme une préposition et reste invariable : *Attendu les services qu'il a rendus, nous ne pouvons le renvoyer.*

3 Comme nom masculin, prend la marque du pluriel : *Les attendus d'un jugement.*

aucun, aucune adj. *ou* pron. indéfini.

Aucun, adjectif, ne s'emploie au pluriel qu'avec des mots qui n'ont pas de singulier *(Cette modification n'entraînera aucuns frais supplémentaires)* ou qui changent de sens au pluriel *(Les domestiques n'avaient reçu aucuns gages).*

B

1. bas, basse adj. Question du trait d'union.

I Dans les dénominations géographiques.

1 Prend un *B* majuscule et se lie par un trait d'union au nom qui suit, si la dénomination désigne une unité administrative ou politique bien définie : *Le département du Bas-Rhin. La région économique de la Basse-Seine.*

2 Un *b* minuscule et pas de trait d'union, s'il s'agit d'une région mal définie : *La basse Normandie, le bas Limousin, la basse Auvergne, le bas Languedoc* (anciennes divisions, aux limites mal précisées, de ces provinces). De même : *La basse Égypte* (région du delta et du cours inférieur du Nil). *Le cours de la basse Seine* (partie du fleuve située le plus près de l'embouchure).

3 Il est préférable d'écrire avec un *b* minuscule et sans trait d'union : *Le bas breton* (langue). *Les bas Bretons* (habitants). *Le bas allemand* (langue).

4 Les règles ci-dessus ne sont pas toujours appliquées strictement. On rencontre parfois l'orthographe : *Le bas-allemand* (langue).

5 Dans les emplois adjectifs d'une expression géographique, en principe, *bas* s'écrit avec un *b* minuscule et n'est pas joint au mot suivant par un trait d'union : *Un paysan bas normand. Les paysages bas alpins. Des fermes bas bretonnes* (*bas* invariable, l'autre adjectif accordé en nombre et en genre). Cependant il est conseillé de ne pas employer adjectivement les formes composées formées avec *bas.* Il vaut mieux dire, par exemple : *La syntaxe du bas breton* (plutôt que *la syntaxe bas bretonne*). *Un paysan de basse Normandie*

(plutôt que *un paysan bas normand*). *Des paysannes du bas Limousin* (plutôt que *des paysannes bas limousines*).

6 Dans les emplois substantifs au féminin, en principe, *bas* s'écrit avec un *b* minuscule et n'est pas joint au mot suivant par un trait d'union. Il reste en principe invariable : *Une bas Normande* (plutôt que *une Basse-Normande*). Cependant il est conseillé de ne pas employer au féminin les formes composées formées avec *bas.* Il vaut mieux dire, par exemple : *Une femme originaire de la basse Normandie* (plutôt que *une bas Normande*). *Les femmes du bas Limousin* (plutôt que *les bas Limousines*).

II Dans les dénominations historiques (bas = tardif). Pas de majuscule ni de trait d'union : *Le bas Moyen Age. Le bas latin. La basse latinité. Une œuvre de basse époque.* ▼ Exception : *Le Bas-Empire* (période la plus tardive de l'Empire romain).

2. bas adv. Employé adverbialement, est toujours invariable : *Les hirondelles volent bas. Porter bas la tête.*

battant, ante Participe présent adjectivé.

I Il est préférable d'écrire *à dix heures battantes* (=à dix heures exactement) plutôt que *à dix heures battant* (formule cependant correcte).

II Battant neuf (=tout neuf). Trois possibilités pour l'accord.

1 *Battant* et *neuf* restent invariables : *Des villas battant neuf.*

2 *Battant* et *neuf* s'accordent : *Des fauteuils battants neufs.*

3 *Battant* reste invariable, *neuf* s'accorde : **Des tentures battant neuves.** Cette dernière formule semble la meilleure.

beau, bel, belle adj. Attention à la forme du masculin.

1 Après le substantif ou en fonction d'attribut, la seule forme employée est **beau** : *Un homme beau. Ce garçon est beau.*

2 Placé immédiatement devant le substantif, l'adjectif prend la forme **bel** si le substantif commence par une voyelle ou un *h* muet *(Un bel été. Un bel hiver)*, mais garde la forme **beau** si le substantif commence par une consonne ou un *h* aspiré *(Un beau printemps. Un beau héros).*

3 Devant *et* joignant deux adjectifs, on emploie **bel** si les adjectifs précèdent un nom qui commence par une voyelle ou un *h* muet *(Un bel et brillant officier)*, **beau** si le nom commence par une consonne ou un *h* aspiré *(Un beau et brillant capitaine. Un beau et glorieux héros)* ou si les adjectifs suivent le nom *(Un officier beau et brillant).*

4 On emploie toujours **bel** dans les locutions figées **bel et bien, bel et bon.**

bon enfant, bon prince Ces expressions sont invariables en nombre et en genre. *Ces filles sont bon enfant. Elles ont été bon prince.*

C

cessant On écrit, au singulier ou au pluriel : **toute chose cessante** ou **toutes choses cessantes, toute affaire cessante** ou **toutes affaires cessantes.** Le pluriel est plus fréquent.

châtain Pour ce qui concerne l'invariabilité de l'adjectif, l'usage est resté longtemps flottant. Les grammairiens recommandaient de laisser *châtain* invariable : *Des cheveux châtain. Des fillettes châtain. Des tresses châtain.* Cette recommandation est périmée. Elle est en contradiction avec l'usage courant des bons écrivains. On peut, pour la langue actuelle, poser les règles suivantes.

1 *Châtain* peut s'accorder en nombre et en genre quand il est employé seul : *Un enfant châtain. Des cheveux châtains. Une chevelure châtaine. Des tresses châtaines.*

2 *Châtain* doit rester invariable quand il est suivi d'un autre adjectif qui modifie le sens : *Des tresses châtain clair* (pas de trait d'union, car *clair* n'est pas un adjectif de couleur). *Des chevelures châtain-roux* (trait d'union, parce que *roux* est un adjectif de couleur).

chose Expressions (orthographe et questions d'accord).

1 On écrit, avec -s, **beaucoup de choses, état de choses, toutes choses égales** et, sans -s, **peu de chose.**

2 Grand-chose. Avec un trait d'union et sans article. N'est usité que dans une phrase négative : *Il reste à payer soixante-deux francs, ce n'est pas grand-chose. Il n'y a pas grand-chose d'intéres-* *sant dans ce livre.* — (Populaire) *Un pas-grand-chose, une pas-grand-chose :* un homme, une femme sans moralité. ▼ Ne pas écrire comme **une grande chose** (avec l'article) : *C'est une grande chose que la solidarité. Ce n'est pas une grande chose que le succès mondain.*

3 Certaines expressions sont de genre neutre et entraînent obligatoirement l'emploi de l'adjectif au masculin singulier. Ce sont **autre chose de, quelque chose de, peu de chose de, pas grand-chose de :** *Avez-vous autre chose de nouveau à me dire ? Il y a quelque chose d'important dans son rapport. Il y a peu de chose de nouveau. Je n'ai pas vu grand-chose d'intéressant.* ▼ **Quelque chose (que)** entraîne l'accord quand l'expression signifie « quelle que soit la chose (que) » : *Quelque chose que vous ayez faite pour lui, il ne vous en saura aucun gré.*

ci-annexé, ci-inclus, ci-joint Règles d'accord.

I Invariabilité. Dans les deux cas suivants.

1 Au commencement d'une phrase : *Ci-annexé les pièces complémentaires demandées. Ci-inclus les photocopies des documents. Ci-joint les deux quittances.*

2 Dans l'intérieur d'une phrase, quand *ci-annexé* ou *ci-inclus* ou *ci-joint* précède directement un nom et n'est pas suivi d'un déterminant (article, adjectif démonstratif, possessif ou indéfini) : *Vous trouverez ci-annexé photocopie du document. Je vous adresse ci-inclus quittance de votre versement. Veuillez trouver ci-joint copie de la lettre d'engagement.*

II Accord en nombre et en genre. Dans les deux cas suivants.

1 Dans l'intérieur d'une phrase, quand *ci-annexé* ou *ci-inclus* ou *ci-joint* suit le nom : *Les pièces ci-annexées. Les quittances ci-jointes. Les copies ci-incluses.*

2 Dans l'intérieur d'une phrase, quand *ci-annexé* ou *ci-inclus* ou *ci-joint* précède le nom accompagné d'un déterminant (article, adjectif démonstratif, possessif ou indéfini) : *Je vous adresse ci-annexées les copies demandées. Vous avez ci-incluses ces pièces complémentaires. Vous trouverez ci-jointes quelques notices.*

ciels, cieux Le mot *ciel* a deux pluriels.

I Les cieux. C'est le pluriel le plus usuel. Il s'emploie dans les cas suivants.

1 Au sens usuel : *L'immense voûte des cieux.*

2 Dans des expressions toutes faites, dans lesquelles *ciel* a le sens de « pays » ou de « climat » : *Fuir **vers d'autres cieux. Sous des cieux plus cléments.***

3 Dans la langue religieuse, quand *les cieux* désigne le paradis *(Notre père qui êtes aux cieux. Le Royaume des Cieux)* ou la divinité elle-même *(Oh ! Justes cieux !).*

II Les ciels. Ne s'emploie que dans quelques cas.

1 En peinture, quand on veut parler du ciel peint dans un tableau : *Les ciels d'Eugène Boudin sont souvent admirables. Les ciels tourmentés de Vlaminck.*

2 Au sens de « climat », en dehors de quelques expressions toutes faites (voir ci-dessus, *I, 2*) : *La douceur des ciels méditerranéens.*

3 Dans des sens techniques. — Intérieur d'une voûte ou d'une coupole d'église, qui porte une peinture ou une mosaïque représentant le ciel avec le Christ en majesté, les saints : *Les ciels éblouissants des églises byzantines.* — Tenture au-dessus d'un trône, d'un lit : *Des ciels de lit.* — Voûte d'une carrière : *Les ciels toujours humides des carrières désaffectées.*

ci-inclus, ci-joint ▷ ci-annexé.

compris, ise Accord de *compris, y compris, non compris* employés sans auxiliaire.

1 Devant le nom ou le pronom. Le participe reste invariable : *Un loyer de huit cents francs, y compris les charges. Un devis de six mille francs, non compris les taxes.*

2 Derrière le nom ou le pronom. Le participe s'accorde en nombre et en genre : *Un loyer de mille francs, charges comprises. Cela faisait cinq personnes à transporter, elle comprise. Un prix de sept cents francs, taxes non comprises.*

comptant Il vaut mieux laisser *comptant* invariable, surtout après *payer, vendre, verser :* *Il a payé deux cents francs comptant. Il a vendu sa voiture six mille francs comptant. Vous versez trois mille francs comptant.* Surtout jamais d'accord quand le nom de la monnaie est féminin : *Dix mille lires comptant. Cent cinquante livres comptant. Cinq cents couronnes comptant.*

court, courte adj. *ou* adv. Employé comme adverbe, est toujours invariable : *Elle porte les cheveux coupés court* (mais *Elle porte les cheveux courts,* car ici *court* est adjectif). — De même : *Ils furent pendus haut et court. Je les ai arrêtés court. Ces entreprises ont tourné court.* De même, *court* toujours invariable dans **demeurer court, rester court** « être vivement surpris, décontenancé, ne savoir que répondre » : *Devant une telle audace, elles sont restées court.*

D

délice Genre ; orthographe des expressions.

1 Masculin au singulier, féminin au pluriel (comme *amour* et *orgue*) : *Un délice puissant. Des délices profondes.* — Avec *un de,* il vaut mieux employer *délice* au masculin : *Un de ses plus grands délices était d'entendre de la musique en rêvant dans la pénombre.*

2 On écrit, avec le mot *délices* au pluriel : **avec délices, un lieu de délices**.

demi Adjectif et élément de composition.

1 ***Demi** + nom ou adjectif.* Toujours un trait d'union. *Demi* toujours invariable. Le nom prend la marque du pluriel (sauf *demi-sang, demi-sel* et parfois *demi-solde,* voir ces mots), et l'adjectif prend la marque du pluriel et du féminin : *demi-cercle (des demi-cercles), demi-heure (des demi-heures), demi-teinte (des demi-teintes), demi-fin (des aiguilles demi-fines).*

2 Et demi. Ne prend pas la marque du pluriel mais prend la marque du féminin : *Un kilogramme et demi. Trois kilogrammes et demi. Une livre et demie. Trois livres et demie. Une heure et demie. Trois heures et demie.*

3 Midi et demi, minuit et demi. Ce sont les graphies les plus usuelles. Éviter : *midi et demie, minuit et demie.*

4 A demi. Pas de trait d'union devant un adjectif : *Elles sont à demi mortes de fatigue.* — Trait d'union dans les expressions dont le deuxième élément est un substantif : *Parler à demi-voix. Se faire entendre à demi-mot.*

demi-sang n. m. Cheval issu de reproducteurs dont l'un seulement est un pur-sang. ▼ L'un des rares mots invariables en *demi-* : *des demi-sang.*

demi-sel n. m. Fromage frais légèrement salé. ▼ L'un des rares mots invariables en *demi-* : *des demi-sel.*

demi-solde Attention au genre et au pluriel :

1 Une demi-solde Solde, réduite de moitié, versée à un militaire en non-activité. — Pl. : *des demi-soldes.*

2 Un demi-solde Sous la Restauration, nom donné aux officiers de l'armée de Napoléon Ier qui, après Waterloo, avaient été mis en non-activité. — Invariable en ce sens : *des demi-solde.*

des meilleurs ▷ des plus.

des moins ▷ des plus.

des pires ▷ des plus.

des plus Orthographe de l'adjectif qui suit la locution.

1 Que le nom soit au singulier ou au pluriel, l'adjectif se met normalement au pluriel et s'accorde en genre avec le nom : *Ce procédé est des plus légaux. Ces procédés sont des plus légaux. Cette femme est des plus belles. Ces femmes sont des plus belles. Voilà une maison des plus élégantes.* ▼ En revanche, invariabilité quand l'adjectif se rapporte à un pronom neutre ou à un verbe : *Cela n'est pas des plus facile. Il lui est des plus naturel de se conduire en galant homme. Connaître le secret du code n'était pas des plus compliqué.* — L'usage normal est de répéter *des plus* s'il y a plusieurs adjectifs : *Un garçon des plus robustes et des plus résolus.*

2 La même règle s'applique à l'adjectif précédé de *des moins* et à *des meilleurs* (des meilleures), **des pires.**

égal, ale, aux adj. *ou* n. Attention à l'accord des expressions.

I Sans égal. Deux possibilités.

1 Accord. *Égal* prend la marque du féminin singulier et pluriel, mais non celle du masculin pluriel : *Une merveille sans égale. Des merveilles sans égales. Un succès sans égal. Des succès sans égal.*

2 Invariabilité. *Des merveilles sans égal.*

II N'avoir d'égal que. Trois possibilités, quand le nom ou le pronom qui est sujet de *avoir* est d'un genre ou d'un nombre différent de celui du nom ou du pronom qui suit *que.*

1 Accord avec le sujet. *Sa faconde n'a d'égale que son pédantisme. Son génie n'a d'égal que sa modestie.*

2 Accord avec le nom qui suit *que*. *Son orgueil n'a d'égale que son incapacité.*

3 Invariabilité. *Son habileté et son zèle n'ont d'égal que sa modestie et sa courtoisie.* Cette construction semble l'emporter de nos jours.

III D'égal à égal. Toujours invariable : *De nos jours, les femmes veulent traiter d'égal à égal avec les hommes.*

excepté Invariable devant le nom : *Tous étaient venus, excepté mes deux cousines.* S'accorde s'il est placé après le nom : *Dans ma famille, tout le monde habite Paris, mes deux cousines exceptées.*

F

faire Accord du participe passé.

I Accord du participe passé à la forme active.

1 Verbe *faire* non suivi d'un infinitif. On applique la règle générale : *J'ai fait des révisions. Les révisions que j'ai faites.*

2 Verbe *faire* impersonnel. Le participe reste invariable : *Quelle tempête il a fait cette nuit ! La chaleur qu'il a fait aujourd'hui.*

3 Verbe *faire* suivi d'un infinitif. Le participe reste invariable : *Les barrières que j'ai fait repeindre.*

II Accord du participe passé à la forme pronominale.

1 Réfléchi direct. Accord du participe avec le sujet : *Ils se sont faits marins ou soldats. Elle s'est faite belle.*

2 Réfléchi indirect. Accord du participe avec le complément d'objet direct si celui-ci est placé avant le verbe : *Les idées qu'il s'est faites sur notre compte* (mais *Il s'est fait des idées étranges sur notre compte*).

3 Devant un infinitif. Participe invariable : *Ces filles se sont fait renvoyer du lycée.*

feu, feue adj. Défunt. — Mot vieilli qui ne s'emploie que pour qualifier une personne qui vivait à une époque récente, qu'on a connue ou qu'on aurait pu connaître. — Prend la marque du féminin seulement s'il est placé entre l'article (ou le possessif) et le nom *(La feue duchesse. Ma feue sœur)*, mais reste invariable devant le nom ou le possessif *(Feu la duchesse. Feu ma sœur)*. La même règle s'applique à la marque du pluriel : *Les feus rois. Feu les rois.* Le pluriel est d'ailleurs extrêmement rare.

fin, fine adj. Employé adverbialement, est toujours invariable : *Ces lignes sont écrites trop fin, je ne puis les lire. Elles sont fin prêtes pour l'examen. Ils sont rentrés fin soûls.*

flambant neuf (= tout neuf). Trois possibilités pour l'accord.

1 *Flambant* et *neuf* restent invariables : *Des villas flambant neuf.*

2 *Flambant* et *neuf* s'accordent : *Des fauteuils flambants neufs.*

3 *Flambant* reste invariable, *neuf* s'accorde : *Des tentures **flambant neuves**.* Cette dernière formule semble la meilleure.

fort, forte adj. *ou* adv. Problèmes d'accord.

1 Comme adverbe, toujours invariable : *Elles parlent fort. Elles sont fort belles.*

2 Se faire fort de. Au sens de « se vanter de », participe invariable : *Ces filles se sont fait fort de nous battre.* — Au sens de « tirer sa force de », accord du participe avec le sujet : *Ces nations se sont faites fortes de la faiblesse de leurs voisins.*

fou, fol, folle adj. *ou* n. Orthographe des expressions et forme du mot.

1 Sans trait d'union : ***fou rire, fou furieux, folle avoine*** (plutôt que *folle-avoine*). Au pluriel : *des fous rires, des fous furieux, des folles avoines.*

2 Au féminin, toujours **folle** : *Une folle aventure. Une folle gaieté. Une folle honte. Cette fille est une folle.*

3 Au masculin, la forme du substantif est **un fou** : *Un fou vient d'être arrêté par la police.* — La forme **un fol** est vieille ou très littéraire : *Un fol, dit-on, en sait parfois plus qu'un sage.*

4 Au masculin, la forme de l'adjectif est **fou** (*Un amour fou. Un espoir fou. Un héroïsme fou*), sauf si l'adjectif est placé devant un nom au singulier commençant par une voyelle ou un *h* muet, auquel cas on emploie **fol** : *Un fol amour. Un fol espoir. Un fol héroïsme.* ▼ Pratiquement, on ne place jamais l'adjectif *fou* directement devant un nom commençant par une consonne ou un *h* aspiré. On le place après un tel nom : *Un désespoir fou. Un héros fou.* De même, au pluriel : *Des espoirs fous.*

5 Devant **et** joignant deux adjectifs, on emploie **fol** si les adjectifs précèdent un nom qui commence par une voyelle ou un *h* muet : *Un fol et prodigue aventurier. Un fol et inutile héroïsme.* — Si le nom commence par une consonne ou un *h* aspiré, il est préférable de placer les adjectifs après le nom : *Un garçon fou et charmant* (éviter *Un fol et charmant garçon* ou *Un fou et charmant garçon*).

6 En dehors des cas indiqués ci-dessus (aux § 4 et 5), l'emploi de **fol** au lieu de **fou** est archaïque ou très littéraire : *Souvent femme varie, Bien fol est qui s'y fie.*

foudre Attention au genre.

I foudre (du latin *fulgur*).

1 Féminin au sens propre : *La foudre est dangereuse, ne vous mettez pas sous un arbre quand il* y a de l'orage. — (Par comparaison) *Agir, frapper avec la rapidité de la foudre.*

2 Masculin au sens de « représentation symbolique de l'éclair, arme de Zeus, de Jupiter » : *Zeus avait à la main le foudre étincelant.* — Masculin aussi au sens de « meuble de l'écu ou emblème en forme d'éclair » : *D'azur au foudre d'argent.*

3 Toujours masculin dans l'expression *un foudre de guerre,* un grand capitaine, un vaillant combattant (vieux ou employé par plaisanterie) : *Notre ami n'était pas un grand foudre de guerre !*

4 Féminin au pluriel, de nos jours, dans *les foudres,* la colère, les sanctions : *Les foudres menaçantes de la colère divine.* — Dans ce sens, a été souvent masculin dans la langue classique.

5 Féminin de nos jours au sens de « artillerie, feu des canons, etc. » (très littéraire) : *Mille canons aussitôt allument leur foudre destructrice.*

II foudre (de l'allemand *Fuder*) Grand tonneau. — Toujours masculin : *Des foudres colossaux s'alignent dans le chai.*

franc-comtois adj. *ou* n. De Franche-Comté. — Attention aux majuscules et à l'accord : *Un village franc-comtois. Des villages francs-comtois. Une maison franc-comtoise. Des maisons franc-com-*toises. *Un Franc-Comtois. Une Franc-Comtoise. Des Francs-Comtois. Des Franc-Comtoises.* L'élément *franc-* reste invariable au féminin.

franc-maçon Pluriel et féminin.

1 Emploi substantif. Au masculin, le premier élément prend la marque du pluriel, le second aussi : *Un franc-maçon, des francs-maçons.* — Au féminin, l'élément *franc-* reste invariable, le second élément est variable : *Une franc-maçonne, des franc-maçonnes.*

2 Emploi adjectif. Mêmes règles que pour l'emploi substantif : *L'idéal franc-maçon. Les symboles francs-maçons. La politique franc-maçonne. Les influences franc-maçonnes.*

franc-maçonnerie n. f. Avec des minuscules : *L'influence de la franc-maçonnerie.* — Pl. : *des franc-maçonneries* (à préférer à *des francs-maçonneries*).

franc-maçonnique adj. En ce qui concerne le pluriel et le féminin, *franc-maçonnique* suit les mêmes règles que *franc-maçon* : *Un symbole franc-maçonnique, des symboles francs-maçonniques. Une cérémonie franc-maçonnique, des cérémonies franc-maçonniques.*

G

garde- (mots composés) Plusieurs cas sont à considérer.

1 Le premier élément est le substantif masculin *un garde* **et le second élément est un adjectif.** Dans ce cas, pas de trait d'union. Les deux éléments prennent la marque du pluriel : *Un garde mobile, des gardes mobiles. Un garde champêtre, des gardes champêtres. Un garde municipal, des gardes municipaux.* ▼ Exception : *Un garde-française* ▷ **garde (-) française.**

2 Le second élément est un substantif. Dans ce cas, un trait d'union : *Un, une garde-barrière. Un garde-chasse. Un garde-boue. Une garde-robe.*

3 Le composé désigne une personne. Au pluriel, le premier élément *garde-* prend un *-s.* Le second élément prend un *-s* dans certains cas. La forme du pluriel dépend souvent du sens : *Il y a deux gardes-malades seulement dans notre ville* (= des personnes dont le métier est de garder *des malades*). *Au cours de sa maladie, il a eu successivement deux gardes-malade* (= des personnes qui ont gardé *un* malade).

4 Le composé désigne une chose. Le premier élément reste invariable. L'usage régit pour chaque mot la présence ou l'absence de la marque du pluriel au second élément : *Des garde-boue. Des garde-cendre* ou *des garde-cendres. Des garde-fous.*

garde à vous ! et **garde-à-vous** Distinguer par l'orthographe le commandement militaire *Garde à vous !* (sans traits d'union) et *le* **garde-à-vous** (avec des traits d'union), nom masculin invariable qui désigne la position réglementaire correspondante : *Le capitaine s'avança et cria : « Garde à vous ! » Le soldat s'immobilisa au garde-à-vous.*

garde-barrière n. m. *ou* f. — Pl. : *des gardes-barrière* ou *des gardes-barrières.*

garde-bœuf n. m. Petit héron. — Pl. : *des gardes-bœuf* ou *des gardes-bœufs.*

garde-boue n. m. Invariable : *des garde-boue.*

garde-cendre ou **garde-cendres** n. m. Plaque métallique devant le foyer d'une cheminée. — Pl. : *des garde-cendre* ou *des garde-cendres*.

garde champêtre n. m. Pas de trait d'union. — Pl. : *des gardes champêtres*.

garde-chasse n. m. — Pl. : *des gardes-chasse*.

garde-chiourme n. m. — Pl. : *des gardes-chiourme*. — Pas de forme spéciale pour le féminin quand le mot, au figuré, s'applique à une femme : *Cette surveillante est un garde-chiourme*.

garde-corps n. m. Parapet, rambarde. — Invariable : *des garde-corps*.

garde-côte n. m. Deux sens, deux pluriels.

1 *(autrefois)* Membre d'une milice qui surveillait le littoral, en temps de guerre. — Pl. : *des gardes-côtes*.

2 *(de nos jours)* Navire ou embarcation qui patrouille le long des côtes. — Pl. : *des garde-côtes*.

garde-feu n. m. Invariable : *des garde-feu*.

garde forestier n. m. Pas de trait d'union. — Pl. : *des gardes forestiers*.

garde-fou n. m. — Pl. : *des garde-fous*.

garde française, garde-française Distinguer par l'orthographe *le régiment des gardes françaises* (sans trait d'union) et *un garde-française* (avec un trait d'union), soldat faisant partie de ce régiment (pl. : *des gardes-françaises*).

garde-frein n. m. — Pl. : *des gardes-frein* ou *des gardes-freins*.

garde-frontière n. m. — Pl. : *des gardes-frontière* ou *des gardes-frontières*.

garde-magasin n. m. — Pl. : *des gardes-magasin* ou *des gardes-magasins*.

garde-main n. m. Partie du fusil. — Pl. : *des garde-main* ou *des garde-mains*.

garde-malade n. m. — Pl. : *des gardes-malades* ou parfois *des gardes-malade* ▷ **garde** (3).

garde-manège n. m. — Pl. : *des gardes-manège* ou *des gardes-manèges*.

garde-manger n. m. — Invariable : *des garde-manger*.

garde-marine, garde maritime Ces deux noms masculins ne sont pas synonymes.

1 Un **garde-marine** (avec un trait d'union) Sous l'Ancien Régime, élève officier de marine. — Pl. : *des gardes-marine*.

2 Un **garde maritime** (sans trait d'union) Dans certains pays, militaire ou policier qui veille à la sécurité du littoral ou surveille le trafic portuaire. — Pl. : *des gardes maritimes*.

garde-meuble n. m. — Pl. : *des garde-meuble* ou, plus souvent, *des garde-meubles*.

garde-mites n. m. *(argot militaire)* Garde-magasin. — Pl. : *des gardes-mites*.

garde mobile n. m. Pas de trait d'union. — Pl. : *des gardes mobiles*.

garde municipal n. m. Pas de trait d'union. — Pl. : *des gardes municipaux*.

garde-nappe n. m. Plateau qui protège une nappe. — Invariable : *des garde-nappe*.

garde-pêche n. m. Deux sens, deux pluriels.

1 Garde chargé de faire respecter les règlements concernant la pêche. — Pl. : *des gardes-pêche*.

2 Embarcation ou navire qui surveille la pêche en mer. — Pl. : *des garde-pêche*.

garde-place n. m. Dans une voiture de chemin de fer, petit cadre dans lequel on insère le ticket de réservation. — Pl. : *des garde-places*.

garde-port n. m. Celui qui surveille un port fluvial. — Pl. : *des gardes-port* ou *des gardes-ports*.

garde-rats n. m. Disque en tôle qui empêche les rats de grimper le long des amarres d'un navire à quai. — Invariable. Un *-s* à rat, même au singulier. — Pl. : *des garde-rats*.

garde républicain n. m. Pas de trait d'union. — Pl. : *des gardes républicains*.

garde-rivière n. m. — Pl. : *des gardes-rivière* ou *des gardes-rivières*.

garde-robe n. f. — Pl. : *des garde-robes*.

garde sanitaire n. m. Pas de trait d'union. — Pl. : *des gardes sanitaires*.

garde-temps n. m. Invariable : *des garde-temps*.

garde-voie n. m. — Pl. : *des gardes-voie* ou *des gardes-voies.*

garde-vue n. m. Visière ; abat-jour. — Invariable : *des garde-vue.*

gens Ce mot s'emploie toujours au pluriel. Il peut être masculin ou féminin.

1 **L'adjectif épithète précède immédiatement** *gens.* Dans ce cas, l'adjectif se met au féminin : *De bonnes gens. De vieilles gens.*

2 **L'adjectif suit** *gens.* Dans ce cas, l'adjectif se met au masculin : *Des gens bons et honnêtes. Des gens courageux.*

3 **Adjectif attribut ou participe (dans un temps composé).** Se met toujours au masculin : *Ces bonnes gens sont bien naïfs. Ces vieilles gens n'ont pas été compris. Tous ces gens sont heureux. Ces gens paraissent peureux.*

4 **L'adjectif ou le participe précède** *gens,* **mais n'est pas épithète.** Il se met au masculin : *Compris par un homme de cœur, ces pauvres gens auraient eu une attitude moins agressive. Heureux les gens qui savent se contenter de peu !*

5 **Deux adjectifs précèdent** *gens,* **le second se terminant par un** *e* **muet au masculin comme au féminin.** Le premier adjectif se met au masculin : *Quels honnêtes gens ! De faux braves gens. Tous ces braves gens.*

6 **Deux adjectifs précèdent** *gens,* **le second ayant une forme masculine qui diffère du féminin par l'absence d'***e* **muet.** Les deux adjectifs se mettent alors au féminin : *De méchantes vieilles gens. Toutes ces vieilles gens.*

7 **Cas de** *tous.* On emploie la forme masculine *tous* quand cet adjectif précède *gens* et qu'il en est séparé par un déterminant : *Tous les gens. Tous ces gens.* — Forme masculine aussi quand l'adjectif *tous* précède *gens* et qu'il en est séparé par un autre adjectif terminé par un *e* muet au masculin comme au féminin (voir ci-dessus, § 5) : *Tous ces braves gens.* — Forme masculine enfin quand l'adjectif *tous* précède immédiatement *gens* et que ce nom est accompagné d'une précision : *Ils étaient assemblés, tous gens sérieux et respectables. Ils étaient admirés, tous gens d'esprit et de valeur.* — En revanche, on emploie la forme féminine *toutes* quand cet adjectif précède *gens* et qu'il en est séparé par un autre adjectif ayant une forme masculine qui diffère du féminin par l'absence d'*e* muet (voir ci-dessus, § 6) : *Toutes ces vieilles gens.* — Forme féminine aussi dans le groupe *toutes gens* non accompagné d'une précision : *Il sut s'accommoder de toutes gens.* Cet emploi est rare et très littéraire.

8 Les expressions *gens de guerre, gens de robe, gens d'Église, gens de lettres,* etc., sont toujours du masculin : *De courageux gens de guerre.*

9 **Jeunes gens.** Toujours au masculin : *De beaux jeunes gens. D'heureux jeunes gens.*

10 *Les gens,* **désignant les domestiques, les partisans.** Toujours du masculin : *Les gens du comte étaient fort dévoués et courageux.*

1. grand, grande adj. Peut s'employer adverbialement.

1 Employé adverbialement devant un participe, s'accorde en genre et en nombre : *Des fenêtres grandes ouvertes. Des yeux grands ouverts.* L'invariabilité, qu'on rencontre quelquefois, est moins conseillée.

2 On accorde *grand* en nombre et en genre dans les expressions telles que : *des grands malades, des grands mutilés, des grands brûlés, une grande malade, les grands tuberculeux,* etc.

2. grand(-) Premier élément de composé.

1 L'orthographe avec une apostrophe, du type *grand'mère,* est vieillie. De nos jours, on emploie un trait d'union : *grand-mère.* On écrira donc : *grand-chambre, grand-chère, grand-chose, grand-croix, avoir grand-faim, grand-garde, en grand-hâte* (très vieilli ; de nos jours, on dit plutôt *en grande hâte*), *avoir grand-honte, grand-maman, grand-mère, grand-messe, à grand-peine, grand-peur, faire grand-pitié, grand-place, grand-route, grand-rue, grand-salle, avoir grand-soif, grand-tante, grand-vergue, grand-voile.* — Beaucoup de ces composés sont archaïques et on dira plutôt, par exemple, *grande route, grande rue, grande salle* que *grand-route, grand-rue, grand-salle.*

2 Pour les composés féminins de *grand-* énumérés au § 1 précédent, l'usage est flottant en ce qui concerne le pluriel : *des grands-mères* ou *des grand-mères.* L'usage le meilleur est de laisser le premier élément invariable. On écrira donc : *des grand-chambres, des grand-mamans, des grand-routes, des grand-messes, des grand-mères, des grand-tantes,* etc.

3 Pour les noms masculins, le trait d'union est obligatoire, sauf dans quelques noms (notamment dans des noms désignant des dignitaires) : *grand officier, grand prêtre, grand prix, grand vizir, grand ensemble,* etc. ▼ Les mots *grand(-) duc, grand(-) livre* ont la graphie avec trait d'union et la graphie sans trait d'union, selon le sens ▷ **grand(-)duc, grand(-)livre.**

4 Dans les composés masculins de *grand-*, les deux éléments prennent la marque du pluriel : *des grands-angulaires* (mais *des objectifs grand-angulaires* ▷ **grand-angulaire**), *des grands-ducs, des grands-duchés, des grands-livres, des grands-oncles, des grands-papas, des grands-pères, des grands-parents.* ▼ Le nom ***grand-croix*** est normalement invariable ▷ **grand-croix**.

5 Les adjectifs composés en *grand-* s'écrivent tous avec le trait d'union. — Le premier élément reste invariable : *des objectifs grand-angulaires* (mais *des grands-angulaires* ▷ **grand-angulaire**), *les demeures grand-ducales, des scènes grand-guignolesques.*

grand-angulaire ▼ Dans l'emploi adjectif, le premier élément est invariable : *Des objectifs grand-angulaires.* Dans l'emploi substantif, il prend la marque du pluriel : *Des grands-angulaires.*

grand-croix Peut être féminin (= la plus haute dignité d'un ordre honorifique) : *On lui a décerné la grand-croix de la Légion d'honneur.* Peut être masculin (= titulaire de ce grade) : *Un grand officier et un grand-croix de la Légion d'honneur.* — Que le mot soit masculin ou féminin, on préférera l'invariabilité.

grand duc, grand-duc Attention au trait d'union.

1 Un **grand duc** (sans trait d'union) Oiseau rapace nocturne. — Pl. : *des grands ducs.*

2 Un **grand-duc** (avec un trait d'union) Souverain d'un grand-duché. — Prince du sang, dans la Russie tsariste. — Pl. : *des grands-ducs. La tournée des grands-ducs.*

grand-ducal, ale, aux adj. L'élément *grand-* reste invariable : *Le palais grand-ducal. La garde grand-ducale. Les héritiers grand-ducaux. Les demeures grand-ducales.*

grand-guignolesque adj. L'élément *grand-* reste invariable : *des scènes grand-guignolesques.*

grand livre, grand-livre n. m. Attention au trait d'union.

1 **Le grand livre de la Dette publique** (sans trait d'union) ou **le grand-livre** (avec un trait d'union) Liste des créanciers de l'État.

2 Un **grand-livre** (avec un trait d'union) Registre de comptabilité commerciale. — Pl. : *des grands-livres.*

H

1 haut, haute adj. Question de la majuscule et du trait d'union.

I Dans les dénominations géographiques.

1 Prend un *H* majuscule et se lie par un trait d'union au nom qui suit, si la dénomination désigne une unité administrative ou politique bien définie : *Le département du Haut-Rhin. Le département des Hautes-Alpes.*

2 Un *h* minuscule et pas de trait d'union s'il s'agit d'une région mal définie : *La haute Normandie, le haut Limousin, la haute Auvergne, le haut Languedoc* (anciennes divisions, aux limites mal précisées, de ces provinces). De même : *La haute Égypte* (région située au sud du delta et du cours inférieur du Nil). *Le cours du haut Amazone* (partie du fleuve située le plus loin de l'embouchure).

3 Il est préférable d'écrire, avec un *h* minuscule et sans trait d'union : *Le haut allemand* (langue). *Un haut Normand* (habitant).

4 Les règles ci-dessus ne sont pas toujours appliquées strictement. On rencontre parfois les orthographes : *Le haut-allemand* (langue). *Un Haut-Normand,* etc.

5 Dans les emplois adjectifs d'une expression géographique, en principe, *haut* s'écrit avec un *h* minuscule et n'est pas joint au mot suivant par un trait d'union : *Un paysan haut normand. Les paysages haut alpins. Des fermes haut limousines* (*haut* invariable, l'autre adjectif accordé en nombre et en genre). Cependant il est conseillé de ne pas employer adjectivement les formes composées formées avec *haut*. Il vaut mieux dire, par exemple : *La phonétique du haut allemand* (plutôt que *la phonétique haut allemande*). *Un paysan de haute Normandie* (plutôt que *un paysan haut normand*). *Des paysannes du haut Limousin* (plutôt que *des paysannes haut limousines*).

6 Dans les emplois substantifs au féminin, en principe, *haut* s'écrit avec un *h* minuscule et n'est pas joint par un trait d'union au mot suivant. Il reste en principe invariable : *Une haut Normande* (plutôt que *une Haute-Normande*). Cependant il est conseillé de ne pas employer au féminin les formes composées avec *haut*. Il vaut mieux dire : *Une femme originaire de haute Normandie* (plutôt que *une haut Normande*). *Les femmes du haut Limousin* (plutôt que *les haut Limousines*).

II Dans les dénominations historiques (haut = le plus ancien). Pas de majuscule ni de trait d'union : *Le haut Moyen Age. Une œuvre de haute époque.* ▼ Exception : *Le Haut-Empire* (période la plus ancienne de l'Empire romain).

2. haut adv. Employé adverbialement, est toujours invariable : *Les hirondelles volent haut. Ces filles parlent haut. Des juments haut-jointées. Porter haut la tête* (mais *marcher la tête haute*). *Tenir haut la bannière. Haut les mains ! Haut les cœurs ! Des personnages haut placés* (mais *de hauts personnages*).

heure n. f. Orthographe et accord des expressions.

1 On écrit, avec un trait d'union et *demi* invariable : *une demi-heure, des demi-heures.* — Sans trait d'union et avec *demie* au féminin singulier : *une heure et demie, deux heures et demie,* etc. — On écrit toujours, avec *demi* au masculin : *midi et demi, minuit et demi.*

2 On écrit : *à quatre heures précises,* mais *à une heure précise, à midi précis ; à cinq heures dix précises,* mais *à une heure dix précise, à midi dix précis.*

3 On écrit : *trois heures sonnent,* mais *une heure sonne, midi sonne, minuit sonne, une heure et demie a sonné, midi et demi a sonné, la demie de sept heures a sonné.* — On peut écrire *trois heures et demie sonnent* ou *sonne* (selon qu'on considère qu'il s'agit de l'ensemble de l'expression ou bien du coup unique qui marque la demie). Dans un cas de ce genre, il vaut mieux écrire, par exemple : *La demie de trois heures sonne.*

4 On écrit : *à huit heures battantes, à huit heures sonnantes* (plutôt que *à huit heures battant, à huit heures sonnant*), mais toujours *à une heure sonnant, à midi sonnant ; il est trois heures sonnées,* mais *il est midi sonné.*

hymne Attention au genre. Presque toujours masculin *(Les hymnes grecs. Les hymnes nationaux. Un hymne merveilleux à la beauté),* sauf quand le mot désigne un chant liturgique de l'Église catholique en latin *(Les belles hymnes de saint Ambroise).*

I

importer v. Accord des expressions.

1 N'importe. Toujours invariable : *N'importe quelles plantes auraient aussi bien fait l'affaire pour orner le jardin.*

2 Peu importe, qu'importe. S'accorde le plus souvent, surtout quand le verbe n'est pas au présent : *Peu m'importaient ces critiques stupides. Et qu'importaient, après tout, ces petites difficultés ?* Cependant l'invariabilité ne constitue nullement une faute : *Peu importe ses protestations, il devra obéir. Et qu'importe les plaintes des faibles et les critiques des envieux ?*

inclus, use participe passé de *inclure.* — **Ci-inclus** ▷ ci-annexé. — **Y inclus** se place généralement devant le nom et est alors invariable : *Je vous envoie les documents demandés, y inclus les notes rectificatives.* On emploie d'ailleurs plus souvent : *y compris.*

ivre adj. On écrit, sans trait d'union : *ivre mort.* Les deux éléments s'accordent en genre et en nombre : *Elle est ivre morte. Ils sont ivres morts. Elles sont ivres mortes.*

L

laisser v. t. Accord du participe passé de *laisser* suivi d'un infinitif.

1 A la forme active. S'il n'y a pas de complément direct, *laissé* reste invariable : *Elle a laissé faire.* — Si le complément direct est placé après le verbe, *laissé* reste invariable : *Elles ont laissé partir leurs filles. Elles ont laissé insulter leurs filles.* — Si le complément direct est placé avant le verbe, on distinguera deux cas : **a)** le complément d'objet direct est aussi le sujet de l'infinitif, et le participe s'accorde avec le complément : *Ses filles, il les a laissées partir* (ses filles sont parties) ; **b)** le complément d'objet direct de *laisser* est aussi le complément de l'infinitif, et le participe reste invariable : *Ses filles, il les a laissé insulter* (on a insulté ses filles). ▼ Dans l'usage moderne, on rencontre souvent *laissé* invariable dans des cas où la règle exigerait l'accord.

2 A la forme pronominale. Deux cas à distinguer : **a)** le sujet de *se laisser* est aussi le sujet de l'action exprimée par l'infinitif, et le participe s'accorde avec le sujet de *laisser* : *Ces filles se sont* *laissées tomber* (ces filles sont tombées) ; **b)** le sujet de *se laisser* est l'objet de l'action exprimée par l'infinitif, et le participe *laissé* reste invariable : *Ces filles se sont laissé séduire* (on a séduit ces filles). ▼ Cette règle n'est pas toujours strictement appliquée, même par les bons écrivains modernes.

laque Attention au genre qui varie selon le sens.

I Féminin.

1 Gomme résineuse fournie par un arbre d'Extrême-Orient *(arbre à laque)* et par divers autres végétaux.

2 Peinture fabriquée en Occident avec divers produits chimiques et qui imite la *laque* (sens II) d'Extrême-Orient. — Peinture de fabrication industrielle qui a un aspect très lisse et brillant : *De la laque blanche, verte. Peindre un meuble en bois blanc avec de la laque rose.*

3 Produit de beauté pour les ongles : *De la laque très claire.* — Produit qu'on vaporise sur les cheveux pour les fixer : *Une laque nouvelle pour les cheveux.*

II Masculin le plus souvent, parfois féminin. Vernis tiré de la *laque* (au sens I, 1) et utilisé pour recouvrir des meubles ou des objets d'art (surtout en Extrême-Orient) : *Du laque japonais brillant* (plutôt que *De la laque japonaise brillante*).

III Toujours masculin. Objet d'art recouvert de *laque* (au sens II) : *Une collection de beaux laques chinois.*

large adj. *ou* adv. Orthographe dans les emplois adverbiaux.

1 Invariable dans l'emploi adverbial : *Ces femmes voient large.*

2 Dans l'expression *large ouvert*, le mot *large* est traité comme un adjectif et prend la marque du pluriel : *Des fenêtres larges ouvertes. Des portails larges ouverts.*

le meilleur, la meilleure, les meilleurs, les meilleures ▷ le plus, la plus, les plus.

le moins, la moins, les moins ▷ le plus, la plus, les plus.

le pire, la pire, les pires ▷ le plus, la plus, les plus.

le plus, la plus, les plus Accord ou invariabilité de l'article quand l'expression est suivie d'un adjectif.

1 La comparaison explicite ou implicite est établie avec des êtres ou des objets différents. Dans ce cas, l'article s'accorde avec le nom exprimé ou sous-entendu : *Elle est la plus gracieuse des jeunes filles de ce bal. Ces villes sont les moins riches en monuments de tout le pays. C'est la famille la mieux pourvue de tout le canton.*

2 La comparaison est établie entre les différents moments de la vie d'un être ou de la durée d'un objet ou entre ses différents états. Dans ce cas, l'article est *le*, invariable : *C'est au Moyen Age que cette ville fut le plus prospère. Même aux endroits où la route est le plus étroite, un camion peut passer. C'est le matin qu'ils sont le mieux disposés à nous recevoir.*

3 Les mêmes règles sont valables pour *le moins* (la moins, les moins), *le meilleur* (la meilleure, les meilleurs, les meilleures), *le pire* (la pire, les pires).

M

matin n. m. Avec *matin* au singulier : *tous les lundis matin, tous les mardis matin...*

meilleur *Des meilleurs* ▷ des plus. — *Le meilleur, la meilleure, les meilleurs, les meilleures* ▷ le plus.

même Peut être adjectif, pronom, adverbe ou s'employer dans les locutions.

I Adjectif ou pronom variable.

1 Quand *même* signifie « identique, semblable », il prend la marque du pluriel, qu'il soit ou non précédé d'un déterminant (article, démonstratif, etc.) : *Lui et moi, nous avons les mêmes habitu-*

des. *Tout nous rendait semblables : nous avions même apparence, mêmes habitudes, mêmes goûts.* — Marque du pluriel aussi quand *même* est pronom : *Vos chaussures sont belles, mon frère a les mêmes.*

2 *Même* prend la marque du pluriel quand il est joint par un trait d'union à un pronom personnel *(nous-mêmes, vous-mêmes, eux-mêmes, elles-mêmes)* : *Nous avons fait nous-mêmes le travail. Ils sont venus eux-mêmes.* ▼ Quand *nous-même* est un pluriel de « majesté » ou de modestie et quand *vous-même* est un pluriel de politesse (vouvoiement), *-même* reste au singulier : *Nous-même, Président de la République, nous déciderons... Mais, vous-même, madame, vous m'aviez dit que...*

3 *Même* est adjectif et prend la marque du pluriel quand il équivaut à « eux-mêmes, elles-mêmes » : *Il est le courage et la loyauté mêmes* (accord au pluriel, car *même* se rapporte à deux noms). *Ces protestations qui viennent des profondeurs mêmes du peuple* ▷ aussi ci-dessous, II, 2.

II Adverbe invariable.

1 Au sens de « aussi, jusqu'à », *même* (placé devant l'article ou le déterminant) est adverbe et reste invariable : *Même les savants peuvent se tromper.*

2 Au sens de « aussi, jusqu'à », *même*, adverbe invariable, est placé parfois après le nom. Dans cet emploi il se distingue souvent assez mal de *même* adjectif (voir ci-dessus I, 3). On pourra donc, selon le sens qu'on veut donner à *même*, employer la forme invariable ou la forme variable : *Les savants même peuvent se tromper* (=jusqu'aux savants peuvent se tromper). *Ceux même qui étaient les plus assurés dans leurs convictions commencent à douter* (=même ceux). *Ceux mêmes qui furent les plus prompts à nous critiquer reconnaissent maintenant que nous avons raison* (=les gens eux-mêmes qui..., les mêmes gens qui...).

merci Attention au genre.

1 Masculin. Au sens usuel de « remerciement » : *De tout cœur, un grand merci !*

2 Féminin. Dans l'expression *à la merci de* (*Il est à la merci d'un accident. Il tenait enfin son adversaire à sa merci*) ou au sens archaïque de « pitié, miséricorde » (*La merci de Dieu*).

midi Attention au genre et aux expressions.

1 Toujours masculin : *Il est midi précis. Il est midi et demi.*

2 Toujours singulier : *Midi sonne. Sur le midi. Vers midi.*

3 On écrit : *midi dix, midi vingt, midi vingt-cinq,* en toutes lettres.

minuit Attention au genre et aux expressions.

1 De nos jours, masculin : *A minuit précis. Il est minuit et demi.* Le féminin *la minuit* est archaïque, très littéraire ou poétique : *Ce soir, à la minuit, le spectre reviendra.*

2 Toujours au singulier : *Minuit sonne. Vers minuit.* Malgré certains auteurs, on écrira plutôt *sur le minuit* que *sur les minuit*. A ce tour on préférera d'ailleurs *vers minuit.*

3 On écrit : *minuit dix, minuit vingt, minuit vingt-cinq,* en toutes lettres.

moins *Des moins* ▷ *des plus. — Le moins, la moins, les moins* ▷ *les plus.*

mou, mol, molle adj. Attention à la forme du masculin singulier.

1 Le masculin pluriel est toujours *mous*, le féminin singulier *molle*, le féminin pluriel *molles*.

2 La langue courante utilise toujours le masculin *mou (mous)* et le féminin *molle (molles)* en les plaçant après le nom : *Un oreiller mou. Des oreillers mous. Une tige molle. Des tiges molles. Une ondulation molle. Des ondulations molles.*

3 Le masculin singulier *mou* ne peut s'employer devant un nom commençant par une voyelle ou un *h-* muet. Il est donc impossible de dire *un *mou oreiller.*

4 La langue littéraire place parfois le féminin *molle(s)* devant le nom, surtout si celui-ci est polysyllabique : *De molles ondulations.* Elle emploie au masculin singulier la forme *mol* quand l'adjectif est placé devant un nom commençant par une voyelle ou un *h-* muet : *Un mol oreiller.* De même : *Un mol et doux oreiller.*

noce n. f. Pluriel ou singulier.

I Pluriel au sens de « mariage » : *Le jour de ses noces. —* (Expressions) *En secondes noces. Noces d'argent, d'or, de diamant. Nuit de noces. Voyage de noces.*

II Singulier dans les autres sens.

1 Fête qui accompagne le mariage : *Je vais à la noce de mon ami. Seras-tu de la noce ? —* (Expression) *Repas de noce.*

2 Cortège, ensemble des personnes invitées à un mariage : *Toute la noce se rend à l'auberge.*

3 Vie joyeuse ; débauche : *Faire la noce. Une vie de noce.*

nocturne Attention au genre dans l'emploi substantif.

I Nom masculin.

1 Oiseau rapace qui chasse la nuit : *La chouette est un petit nocturne.*

2 Chacune des parties de l'office de nuit catholique : *Réciter le second nocturne.*

3 Désigne divers morceaux de musique : *Un beau nocturne de Chopin.*

II Nom féminin (ou parfois masculin).

1 Match, compétition qui a lieu la nuit à la lumière des projecteurs : *Match en nocturne au stade municipal.*

2 Ouverture d'un grand magasin jusqu'à une heure assez avancée : *Nocturne le mercredi jusqu'à 20 heures.*

▼ Dans ces sens II, 1 et 2, le mot est presque toujours usité dans des emplois figés sans article ni adjectif, ce qui fait que le genre est flottant dans l'usage. Cependant on écrira : *Ce soir, grande nocturne au stade municipal*, plutôt que *grand nocturne.*

noël Orthographe, genre, emploi de l'article et emploi de la majuscule.

I Orthographe. Toujours un tréma sur le *e.*

II Genre et emploi de l'article défini (quand le nom *Noël* désigne la fête).

1 Avec le masculin, pas d'article défini *(A Noël* ou *pour Noël, j'irai passer quelques jours chez mon oncle)*, sauf s'il y a une détermination par un complément de nom *(Le Noël des pauvres et des vieillards)*, par un adjectif *(Les Noëls heureux d'autrefois)* ou par une proposition *(Le Noël dont j'ai gardé le meilleur souvenir).*

2 Avec le féminin, article *la* obligatoire : *A la Noël* (ou *pour la Noël), j'irai passer quelques jours chez mon oncle.*

3 Le féminin ne s'emploie pas au pluriel. On écrira donc : *Les Noëls joyeux de jadis.*

4 On dit toujours : *Bon Noël ! Heureux Noël !*

5 L'emploi du féminin appartient à un registre légèrement plus familier que l'emploi du masculin : *à la Noël* plus familier que *à Noël.* Le féminin *la Noël* fait surtout référence à la date ou à la fête familiale : *Pour la Noël, j'aurai huit jours de congé. Passer la Noël en famille.* Dans ces sens, on peut aussi employer le masculin sans article : *Pour Noël, j'aurai un congé. Passer Noël en famille.*

6 Quand on fait allusion à la fête religieuse, on emploie toujours le masculin : *C'est à Noël que les chrétiens célèbrent la naissance de Jésus*, et non *à la Noël.*

III Emploi de la majuscule.

1 Majuscule, quand le nom désigne la fête : *La crèche de Noël. Fêtons Noël ! Bientôt, c'est la Noël !* — (Expressions) *La bûche de Noël. L'arbre de Noël. — Le père Noël. Le bonhomme Noël.*

2 Majuscule, quand le nom signifie « cadeau » : *Qu'as-tu reçu pour ton petit Noël ?*

3 Minuscule, quand le nom désigne un chant : *Nous chantons de vieux noëls poitevins.*

nous Pronom personnel de la première personne du pluriel.

1 On écrit, avec un trait d'union et un *-s* à *même : nous-mêmes* (sauf s'il s'agit du pluriel de majesté ou de modestie).

2 Pluriel de majesté ou de modestie (= je). Le verbe se met à la première personne du pluriel, mais l'adjectif ou le participe se met au masculin singulier (ou au féminin singulier si c'est une femme qui s'exprime) : *Nous, président de la République, sommes tenu par la Constitution de veiller... Nous avons été conduite, en écrivant ce livre, par le souci...* (signé : Jacqueline Duval). *Nous, qui sommes contraint, par notre responsabilité de chef de l'État, de veiller à...* ▼ Quand *nous* est le *nous* de majesté ou de modestie, on écrit *nous-même*, sans *-s* à *même.*

3 Nous qui. Entraîne obligatoirement l'emploi du verbe à la première personne du pluriel : *Nous qui ne possédons rien.*

4 Beaucoup d'entre nous *(quelques-uns, certains, la plupart, plusieurs, un grand nombre, la moitié... d'entre nous).* Après ces expressions, on met généralement le verbe à la troisième personne du pluriel : *Beaucoup d'entre nous ont été informés.* L'accord à la première personne du pluriel est rare et s'emploie seulement si celui qui parle ou écrit veut souligner qu'il s'inclut lui-même dans le groupe : *Beaucoup d'entre nous, Français de la génération de 1900, avons été élevés dans ces principes.*

6 Nous employé à la place de tu et aussi parfois de il, elle. Cet emploi est familier et appartient à la langue parlée. L'adjectif ou le participe se met au singulier et s'accorde en genre selon le sexe de la personne à laquelle on s'adresse. Le verbe est toujours à la première personne du pluriel : *Eh bien ! mon petit lapin, nous sommes méchant, ce soir ? Alors, ma petite fille, nous sommes contente ?*

nouveau, nouvel, nouvelle adj. Forme du mot, emploi de la majuscule, emploi adverbial.

I Nouveau, nouvel. Deux formes pour le masculin singulier.

1 Après le substantif ou en fonction d'attribut. La seule forme employée est *nouveau : Un avion nouveau. Ce modèle est nouveau.*

2 Placé immédiatement devant le substantif.
L'adjectif prend la forme *nouvel* si le substantif commence par une voyelle ou un *h-* muet *(Un nouvel avion. Un nouvel hélicoptère)*, mais garde la forme *nouveau* si le substantif commence par une consonne ou un *h-* aspiré *(Un nouveau dispositif. Un nouveau hangar)*.

3 Devant *et* joignant deux adjectifs. On emploie la forme *nouvel* si les adjectifs précèdent un nom qui commence par une voyelle ou un *h-* muet *(Un nouvel et remarquable avion)*, mais on emploie *nouveau* si le nom commence par une consonne ou un *h-* aspiré *(Un nouveau et très efficace dispositif. Un nouveau et vaste hangar)* ou si les adjectifs suivent le nom *(Un appareil nouveau et très efficace)*.

II Sans majuscules : *le nouvel an*. — Avec des majuscules : *le Nouveau Testament, le Nouveau Monde* (l'Amérique).

III Emploi adjectif et emploi adverbial.

1 Emploi quasi adjectif de *nouveau*, qui varie en nombre et en genre, dans les expressions dont le deuxième élément est un adjectif substantivé : *un nouveau venu (des nouveaux venus, une nouvelle venue, des nouvelles venues), un nouveau riche (des nouveaux riches, une nouvelle riche, des*

nouvelles riches), un nouveau marié (des nouveaux mariés, une nouvelle mariée, des nouvelles mariées), etc. ▼ Le composé *nouveau-né* fait exception. Il s'écrit avec un trait d'union, et *nouveau* reste invariable : *un enfant nouveau-né, des enfants nouveau-nés, une fille nouveau-née, des filles nouveau-nées, des nouveau-nés, des nouveau-nées*. On évitera les formes *une nouvelle-née, des nouveaux-nés*, que l'on rencontre parfois.

2 Emploi purement adverbial de *nouveau*, qui reste invariable, dans les expressions dont le second élément est un adjectif ou un participe-adjectif. Ces expressions sont d'ailleurs rares et vieillies : *Des vins nouveau tirés.* On dirait de nos jours : *des vins nouvellement tirés.*

nu Devant le nom désignant une partie du corps, s'écrit avec un trait d'union et reste invariable : *Il va nu-pieds, nu-jambes, nu-tête.* — Derrière le nom, s'écrit sans trait d'union et s'accorde : *Il va pieds nus, jambes nues, tête nue.*

nul, nulle Comme adjectif indéfini, s'emploie normalement au singulier *(Nul solliciteur ne se présenta)*, sauf avec un nom qui ne s'emploie qu'au pluriel *(Nuls appas ne purent le séduire. Nulles obsèques somptueuses)*.

O

œil n. m. Ce nom a deux pluriels, *des yeux* et *des œils*.

1 Yeux dans presque tous les cas : *Il a les yeux bleus. Les yeux du bouillon, du gruyère, du pain. Les yeux* (bourgeons) *d'une branche d'arbre fruitier.*

2 Œils dans les termes de marine *(Les œils d'une voile. Les œils des étais, des haubans. Les œils des ancres)* et dans la langue de la typographie *(Dans la même force de corps, on distingue deux œils, le gros œil et le petit œil)*.

3 Œils- dans les noms composés : *des œils-de-bœuf*, etc. (voir ces mots à l'ordre alphabétique).

œil-de-bœuf n. m. Fenêtre ronde. — Pl. : *des œils-de-bœuf.*

œil-de-bouc n. m. Plante. — Pl. : *des œils-de-bouc.*

œil-de-chat n. m. Pierre précieuse. — Pl. : *des œils-de-chat.*

œil-de-cheval n. m. Plante. — Pl. : *des œils-de-cheval.*

œil-de-faucon n. m. Minéral. — Pl. : *des œils-de-faucon.*

œil-de-perdrix n. m. Cor entre les orteils. — Pl. : *Des œils-de-perdrix.*

œil-de-pie n. m. Orifice rond dans une voile. — Pl. : *des œils-de-pie.*

œil-de-serpent n. m. Pierre précieuse. — Pl. : *des œils-de-serpent.*

œil-de-vache n. m. Plante. — Pl. : *des œils-de-vache.*

œuvre Attention au genre.

1 Féminin. Dans la plupart des cas : *Une bonne œuvre. L'œuvre législative du Consulat. Une œuvre charmante de Fragonard.*

2 Masculin. Quand le mot désigne l'ensemble de la production d'un artiste, surtout quand cette production est recueillie dans un ou plusieurs volumes formant un tout : *Ce livre d'art contient tout l'œuvre peint de Fragonard.*

3 Masculin. Dans les expressions suivantes : *le grand œuvre* (transmutation des métaux en or, objet de la recherche des alchimistes), *le gros œuvre* (les murs, les planchers et la toiture d'un édifice), *dénonciation de nouvel œuvre* (terme de droit).

on pron. indéfini. Question de l'accord du participe ou de l'attribut.

1 Quand *on* a la valeur d'indéfini. L'attribut ou le participe se met toujours au masculin singulier : *Quand on est jeune, on est insouciant. Quand on arrive sur la place, on est surpris par la majesté de l'édifice.*

2 Quand *on* équivaut à « nous », à « tu, vous » ou à « il, elle, ils, elles ». L'attribut ou l'adjectif se met au genre et au nombre correspondant au sujet que remplace *on* : *Mon ami et moi, on est prêts. Mais oui, dirent-elles en chœur, on est heureuses ! Ainsi, mes gaillards, on est partis sans permission ! Eh bien ! mesdames, on est impatientes ? Quand on est jeune fille, on est coquette. Alors, ma petite fille, on est revenue ?*

orge Féminin dans la plupart des cas : *Cette orge va être moissonnée. De l'orge dégermée.* — Masculin seulement dans *orge mondé* (grains d'orge qu'on a débarrassés de leurs glumelles) et dans *orge perlé* (grains d'orge qu'on a débarrassés de leur son).

orgue Genre et expressions.

I Masculin ou féminin.

1 Désignant l'instrument de musique à clavier et à tuyaux, est toujours masculin au singulier : *L'orgue de cette église est vraiment très beau.*

2 Au pluriel et désignant plusieurs de ces instruments, est toujours masculin : *De tous les orgues de Paris, ceux de Saint-Eustache et de Saint-Étienne-du-Mont sont les plus merveilleux.*

3 Désignant un seul de ces instruments, mais employé au pluriel (pluriel emphatique), est toujours féminin : *Les orgues de cette petite église sont anciennes et très belles. Le clavier des grandes orgues de Notre-Dame.*

4 Désignant divers instruments de musique autres que l'orgue au sens primitif, est toujours masculin : *Des orgues de Barbarie anciens. Ces orgues électroniques sont très harmonieux.*

5 Désignant des objets autres que des instruments de musique, est toujours masculin : *Les orgues basaltiques de Bort sont très étonnants.*

II Orthographe des expressions.

1 Avec *orgue* au singulier : *souffleur d'orgue.* — Avec *orgue* plutôt au singulier : *buffet d'orgue.* — Avec *orgue* au singulier (usage moderne préférable) : *clavier d'orgue, jeu d'orgue, tuyau d'orgue* (mieux que *clavier d'orgues, jeu d'orgues, tuyau d'orgues*).

2 Sans trait d'union et avec un *B* majuscule : *orgue de Barbarie.*

ôté Placé (sans auxiliaire) devant le nom ou devant le numéral, est préposition, donc invariable : *Ôté ces descriptions, il n'y a pas grand-chose dans ce roman. De dix ôté quatre* (= si l'on ôte), *que reste-t-il ?* — En revanche, placé après le nom, est participe, donc variable : *Ces descriptions ôtées, il n'y a pas grand-chose dans ce roman.*

P

pâque, Pâques Attention au genre, au nombre, à l'emploi de l'article et de la majuscule.

I La pâque (féminin singulier, avec l'article et un *p* minuscule).

1 La pâque. Fête juive : *Les israélites célèbrent la pâque.* — (Expression) *Manger la pâque :* manger l'agneau pascal.

2 La pâque. Désigne la fête chrétienne des Églises d'Orient qui correspond à la fête de Pâques des catholiques romains : *La grande pâque russe.*

II Pâques (féminin pluriel, sans article et avec un *P* majuscule).

1 Pâques. Fête chrétienne : *J'ai reçu une carte me souhaitant « Joyeuses Pâques ! »* Ne s'emploie qu'avec une épithète.

2 Pâques fleuries. Le dimanche des Rameaux *(vieux).*

III Pâques (masculin singulier, sans article et avec un *P* majuscule). Désigne également la fête chrétienne : *Enfin Pâques est arrivé !* N'est jamais accompagné d'une épithète. — On dit aussi : *le jour de Pâques.*

IV Les Pâques véronaises (féminin pluriel, avec article et avec un **P** majuscule). Massacre des soldats français à Vérone par les habitants de cette ville. Il eut lieu le jour de Pâques, en 1797.

V Faire ses pâques (féminin pluriel, avec un **p** minuscule). Se confesser et communier à la période de Pâques.

pareil, eille adj. L'expression **sans pareil**, à la différence de *sans égal*, prend non seulement la marque du féminin singulier ou pluriel *(Une beauté sans pareille. Des beautés sans pareilles)*, mais aussi celle du masculin pluriel *(Un joyau sans pareil. Des joyaux sans pareils)*. — Parfois on préfère l'invariabilité : *Des joyaux sans pareil* (tour assez rare).

passé Attention à l'accord.

1 Devant le nom. Est préposition et reste invariable : *Passé la barrière de l'octroi, on traversait un faubourg plein de guinguettes. Passé huit heures du soir, les rues sont désertes.*

2 Après le nom. Est adjectif et s'accorde : *La barrière de l'octroi passée, on se trouve dans une banlieue assez plaisante. A six heures passées, il n'était pas encore rentré.*

pendule Le genre varie selon le sens.

1 Une pendule. Petite horloge : *Une pendule ancienne orne la cheminée.*

2 Un pendule. Objet oscillant, balancier : *Un petit pendule de radiesthésiste.*

période Normalement féminin : *La période la plus glorieuse de cet empire.* — Masculin de nos jours seulement dans l'expression **au plus haut période**, au point le plus haut, le plus brillant : *Le conquérant reçut du destin un avertissement, au moment même où sa gloire était à son plus haut période* (tour très littéraire). — L'expression **dernier période**, phase ultime, est très vieillie.

personne Ce nom féminin est employé aussi, sans article, comme pronom indéfini. Employé comme indéfini, *personne* entraîne l'accord au masculin singulier : *Personne n'est génial, personne n'est parfait. N'y aura-t-il donc personne d'assez audacieux pour tenter cette entreprise ? Je ne connais personne de plus beau.* — Cependant, on peut faire l'accord au féminin singulier, quand la phrase, manifestement, ne peut s'appliquer qu'à une femme : *Personne n'était, à la cour, plus belle et plus gracieuse que cette princesse.*

1. pie adj. Pieux. — Seulement dans l'expression *(faire) œuvre pie.* — Pl. : *des œuvres pies.*

2. pie n. f. *ou* adj. Oiseau. — Comme nom, prend la marque du pluriel : *Les pies s'apprivoisent facilement.* — Comme adjectif, est invariable : *Des chevaux pie, des vaches pie*, blanc et noir. — Sans trait d'union : *Des chevaux pie noir*, blanc et noir. *Des chevaux pie rouge*, blanc et brun-rouge.

pire *Des pires* ▷ *des plus.* — *Le pire, la pire, les pires* ▷ *le plus.*

plain adj. m. (du latin *planus* « plat, plan, uni ») Adjectif vieux. S'emploie encore en héraldique (**écu plain**, sans figure ni partition) et dans les expressions **plain-chant** et **de plain-pied**. ▼ Ne pas écrire comme *plein* « rempli ».

plein, pleine adj. Attention à l'orthographe et à l'accord de certaines expressions.

1 Ne pas écrire *plein* (empli) comme *plain* (plan, uni). On doit écrire : **plain-chant**, **de plain-pied**.

2 Toujours invariable dans les tours suivants : *Il a du sable **plein les cheveux**. Ils ont des billets de banque **plein les poches*** (à distinguer de l'emploi adjectif *Leurs cheveux sont pleins de sable* et *Leurs poches sont pleines de billets*). Dans la langue soutenue, on préférera l'emploi adjectif *(... sont pleins de sable, ... sont pleines de billets)* au tour *plein les cheveux, plein les poches.*

3 Toujours invariable aussi dans les tours suivants : *Il y a **plein** (il y a **tout plein**) de feuilles mortes dans la cour. J'ai vu plein de belles villas au bord de la mer.* Ce tour est nettement familier. Dans la langue soutenue, on écrira **beaucoup de** : *Il y a beaucoup de feuilles mortes... J'ai vu beaucoup de belles villas...*

4 Toujours invariable aussi dans le tour *Elles sont **tout plein gentilles*** ou *Elles sont **gentilles tout plein**.* Ce tour est populaire. Dans le registre normal, on dira **très, tout à fait** : *Elles sont très gentilles* ou *tout à fait gentilles.*

plus *Des plus* ▷ *des plus.* — *Le plus, la plus, les plus* ▷ *le plus.*

possible adj. Problèmes d'accord.

1 Quand *possible* n'est pas accompagné d'un superlatif relatif et qu'il est attribut ou épithète d'un nom, il prend la marque du pluriel : *Ces solutions sont très possibles. Nous avons deux moyens possibles. Il a commis toutes les erreurs possibles.* ▼ On écrit **Le meilleur des mondes possibles**. Ici il ne s'agit pas de l'expression *le meilleur possible*, mais il faut analyser en « le meilleur des mondes parmi les divers mondes qui ont la possibilité d'exister ». Voir ci-dessous, § 5.

2 Dans les expressions adverbiales *le plus possible, le moins possible, le mieux possible* portant sur un verbe, un participe ou un adverbe, *possible* est toujours invariable : *Elles travaillent le plus possible. Les cordes doivent être tendues le plus possible. Les charpentes doivent être construites le mieux possible. Les longueurs seront calculées le plus exactement possible.*

3 *Le plus (le moins) possible de* + nom. *Possible* reste invariable : *Trouvez-moi le plus possible de photographies inédites. Essayons de commettre le moins possible d'erreurs.*

4 *Le plus (le moins) de* + nom + *possible. Possible* reste normalement invariable : *Nous inviterons le plus de collègues possible. J'ai essayé d'oublier le moins de noms possible.*

5 *Les plus (les moins)* + adjectif (ou participe) + *possible, les mieux* + participe + *possible, les meilleurs possible. Possible* reste normalement invariable : *Donnez-moi les statistiques les plus récentes possible* (= qu'il est possible de donner). *Choisissons les textes les moins altérés possible. Il faut obtenir les meilleurs résultats possible* (= qu'il est possible d'atteindre). ▼ A distinguer du tour *Le meilleur des mondes possibles*, tour dans lequel *possible* ne se rapporte pas à un pronom impersonnel *il* sous-entendu, mais au nom pluriel *mondes*. Voir ci-dessus, § 1. De même, on distinguera *Choisissons la meilleure des solutions possible* (= la meilleure des solutions qu'il soit possible de choisir) et *Choisissons la meilleure des solutions possibles* (= la meilleure des solutions parmi celles qui sont possibles, c'est-à-dire applicables).

premier, première adj. *ou* n. Abréviation et expressions.

1 Abréviation. En chiffre arabe, *premier* s'abrège en *1ᵉʳ*. ▼ Le féminin *première* s'abrège en *1ʳᵉ*, et non en * *1ᵉʳᵉ*. — En chiffre romain, *premier* s'abrège en *Iᵉʳ*, et *première* en *Iʳᵉ* : *Napoléon Iᵉʳ, Elizabeth Iʳᵉ, reine d'Angleterre.*

2 Usage du trait d'union. Pas de trait d'union dans l'usage normal, notamment dans les dates (*Il part le 1ᵉʳ juillet prochain*), sauf si la date désigne une fête : *Le 1ᵉʳ-Mai, fête des travailleurs.* On écrit d'ailleurs plutôt : *le Premier Mai.* — Sans trait d'union : *le premier adjoint, le premier clerc, le premier secrétaire, la première vendeuse, le premier violon,* etc.

3 Usage de la majuscule. Avec un *P* et un *C* majuscules : *le Premier Consul* (Bonaparte). — Avec un *P* et un *M* majuscules : *le Premier Ministre* (anglais) ou *le Premier.* — Avec un *P* majuscule et un *m* minuscule : *le Premier ministre* (français).

4 Emploi adverbial. *Premier* est variable en nombre et en genre dans les expressions telles que : *les premiers servis, les premiers arrivés, les premières venues, la première réveillée,* etc.

5 Le tout premier. *Premier* s'accorde en nombre et en genre, *tout* reste invariable au masculin et s'accorde au féminin : *Le tout premier flot des arrivants. Il est arrivé parmi les tout premiers. La toute première période de son règne. Elle se classe parmi les toutes premières de sa classe.*

6 Tout le premier. Les deux mots, *tout* et *premier,* varient en nombre et en genre : *Moi, tout le premier, je suis d'accord. Élise, toute la première, approuve ce choix. Les enfants, tous les premiers, étaient enchantés. Les fillettes, toutes les premières, applaudissaient.*

premier-né, première-née adj. *ou* n. Les deux éléments s'accordent en genre et en nombre : *Un (enfant) premier-né. Des (enfants) premiers-nés. Une (fille) première-née. Des (filles) premières-nées.* — Le féminin est assez rare. On dit plutôt : *aînée.*

Q

quelque adj. indéfini *ou* adv. ▼ Le *-e* ne s'élide jamais, sauf dans *quelqu'un, quelqu'une.*

I Quelque vingt mille francs. Devant un nom de nombre, *quelque* signifie « environ » et, étant adverbe, il reste invariable.

II Quelques personnes attendaient. Quelques vieilles maisons bordaient le chemin. Devant un substantif ou un groupe adjectif + substantif, *quelque* signifie « un certain nombre de » et, étant

adjectif, il prend la marque du pluriel (si le nom est au pluriel) : *Il possédait quelques hectares de terrain. Il avait amassé quelque argent.*

III Trois tours à bien distinguer.

1 Quelques efforts qu'il fasse, il ne peut réussir. Quelques grands efforts qu'il fasse, il ne peut réussir. Ici, *quelque* précède un substantif ou un groupe adjectif + substantif. Il est adjectif et s'accorde.

2 Quelque grands que soient ses efforts, il ne peut réussir. Quelque vite qu'il aille, il ne peut nous rattraper. Ici, *quelque* précède un adjectif qui n'est pas l'épithète d'un substantif placé immédiatement après lui ou bien précède un adverbe *(quelque vite)*. Dans ce cas, *quelque* est adverbe et reste invariable.

3 Quels que soient ses efforts, il ne peut réussir. Immédiatement devant le verbe *être*, on écrit : *quel que, quelle que, quels que, quelles que*. Il en va de même devant les verbes d'état *(sembler, paraître)* et devant les semi-auxiliaires *(devoir, pouvoir)* : *Quelles que doivent être les conséquen-*

ces de nos actes, nous devons les assumer. Il en va de même devant un pronom personnel : *Quels qu'ils soient, les hommes doivent être traités avec respect.*

quoi que, quoique On fera attention à la graphie de ces deux tours différents : *Quoi que nous fassions, nous échouerons. Quoique nous fassions des efforts, nous avons de la peine à réussir.* On ne confondra pas la locution concessive indéfinie *quoi que* (= quelque chose que) avec la conjonction concessive *quoique* (= bien que). ▼ Écrire : *quoi qu'il en soit*, et non * *quoique il en soit.*

R

raide adj. *ou* adv. Variable dans l'expression *raide mort* : *Ils tombèrent raides morts.* — Invariable dans les emplois adverbiaux : *Ils parlent raide. Les chemins montent raide.*

rester v. i. Problèmes d'accord.

1 Il reste. Toujours invariable : *Il restait dix mille francs en caisse.*

2 Il reste. S'abrège souvent en *reste* (forme un peu familière) : *Reste à savoir s'il acceptera. Reste*

que rien n'est encore décidé. ▼ La construction avec *de* + infinitif est vieillie : *Il restait de convaincre les autres conjurés.* On écrirait de nos jours : *Il restait à convaincre...*

3 Restaient quelques difficultés. Dans ce tour elliptique sans *il*, avec inversion, accord avec le sujet. Cependant on rencontre parfois *rester* invariable : *Restait quelques difficultés.*

4 Reste 3. Dans les tours tels que *5 ôté de 8, reste 3*, la forme *reste* demeure invariable.

S

saint, sainte adj. Orthographe des expressions.

1 Les noms de saints. Quand l'expression désigne une personne canonisée par l'Église, on écrit *saint* avec *s* minuscule et on ne met pas le trait d'union : *Selon la tradition, saint Pierre fut le premier pape. C'est à Lyon que sainte Blandine subit le martyre. Jésus fut baptisé par saint Jean-Baptiste.* — De même : *Ils invoquèrent saint Michel Archange.* — On écrit cependant avec un *S* majuscule : *La Sainte Vierge* et parfois *Saint Louis* (quand il s'agit de Louis IX, roi de France). — On écrit traditionnellement : *La sainte Famille. Les saints apôtres. Les saints anges. Les saints Innocents.*

2 Les noms de fêtes, d'églises, de villes, de lieux, d'édifices. Avec un *S* majuscule et un trait d'union : *Les feux de la Saint-Jean. L'été de la Saint-Martin. C'est demain la Sainte-Barbe. La cathédrale Saint-Jean, à Lyon. Il entendit la messe à Sainte-Clotilde. Il habite à Saint-Omer. Elle part pour Saint-Étienne. Il est né à Sainte-Geneviève-des-Bois. Au n° 13 de la rue Saint-Vincent. Le magasin est situé place Saint-Sulpice. La gare*

Saint-Lazare. La bibliothèque Sainte-Geneviève. Le lycée Saint-Louis. La porte Saint-Martin. — De même : *L'ordre de Saint-Michel, de Saint-Louis. L'herbe de Saint-Jean. Le feu Saint-Elme. Le feu Saint-Antoine.*

3 Avec un *s* minuscule et sans trait d'union : *La sainte Bible. L'Écriture sainte. La sainte ampoule. Le saint chrême. Le saint ciboire. Les saintes espèces. Les saintes huiles. La sainte messe. Les saintes reliques. Le saint sacrement* (mais *la compagnie du Saint-Sacrement). Le saint sacrifice de la messe. La sainte table.* De même : *La semaine sainte. Le jeudi saint.* — On écrit : *La Terre sainte* (la Palestine, pays où vécut Jésus). *Les Lieux saints* (les lieux où Jésus a vécu et où il a souffert), mais *un lieu saint* (lieu sacré), *le saint lieu* (l'église).

4 Avec un *S* majuscule et sans trait d'union : *La Sainte face. Le Saint Empire romain germanique.*

5 Avec un *S* majuscule et avec un trait d'union : *le Saint-Esprit* (mais *l'Esprit saint). Notre Très Saint-Père le pape. Le Très Saint-Père. Le Saint-Office. Le Saint-Siège. La Sainte-Alliance.*

sans prép. *Sans* peut être suivi d'un nom au singulier ou au pluriel. C'est généralement le sens qui décide. On écrira : *Une boîte sans couvercle* (puisqu'une boîte a un seul couvercle), mais *un gilet sans manches* (puisqu'un gilet a deux manches). Parfois l'usage impose le singulier *(Il nous accuse sans preuve)* ou le pluriel *(Un ménage sans enfants).*

sauf prép. Emploi et expressions.

1 Toujours invariable : *Ils étaient tous venus, sauf les deux frères malades. Tous sont partis, sauf elle.*

2 On écrit : *sauf erreur ou omission* (au singulier).

seul à seul Invariable dans l'usage ancien : *Il parla seul à seul à sa maîtresse.* De nos jours, on accorde selon le sens : *Il parla seul à seule à sa maîtresse.*

siècle n. m. Orthographe des expressions.

1 Le numéral s'écrit en toutes lettres *(Le dix-huitième siècle)* ou bien en chiffres romains *(Le xviiie siècle).* ▼ Ne pas employer les chiffres arabes. La graphie *Le 18e siècle* est contraire à l'usage.

2 Avec *G* et *S* majuscules : *le Grand Siècle* (le siècle de Louis XIV). — Avec *S* majuscule et *l* ou *o* minuscule : *le Siècle des lumières* (le xviiie siècle), *le Siècle d'or* (le xvie siècle espagnol).

3 On écrit : *l'art des xiie et xiiie siècles, l'art des douzième et treizième siècles.* On évitera le tour cursif *l'art des douze et treizième siècles.*

4 ▼ On écrit : *le xiie et le xiiie siècle* (le douzième et le treizième siècle) ou bien *le xiie siècle et le xiiie* (le douzième siècle et le treizième) ou bien *les xiie et xiiie siècles* (les douzième et treizième siècles) ou bien *les xiie-xiiie siècles.* Cette dernière forme est moins soutenue. — On écrira, quand on met une parenthèse : *La ville possède un château ancien (xiie-xiiie siècle)* ou *La ville possède un château ancien (xiie et xiiie siècle). Cette institution dura longtemps (xie-xve siècle).*

5 Avec *siècle* au singulier : *de siècle en siècle.*

soir n. m. Avec *soir* au singulier : *tous les lundis soir, tous les mardis soir...*

soit Forme du verbe *être* figée comme adverbe ou comme conjonction ou comme formule d'introduction.

1 Toujours invariable au sens de « ou bien... ou bien » : *Il faudrait soit deux camions, soit quatre fourgonnettes.*

2 Toujours invariable au sens de « c'est-à-dire » : *Une longueur de quinze toises, soit trente mètres.*

3 Invariable le plus souvent au sens de « supposons » : *Soit deux droites parallèles AB et CD.* L'accord au pluriel *(soient deux droites)* est toléré, mais tend à sortir de l'usage.

solde n. m. Attention au genre.

1 **Le solde.** Différence entre le crédit et le débit : *Le solde est créditeur.*

2 **Un solde.** Marchandise vendue au rabais. ▼ Ne pas employer ce mot au féminin (faute fréquente) : *Des soldes avantageux* (et non **avantageuses*). — Normalement employé au pluriel : *Soldes du 15 au 28 février.* On écrit cependant toujours : *Vendu en solde. Marchandises en solde.*

3 **La solde.** Rémunération d'un militaire : *Aux colonies, la solde était plus forte.* — (Expressions) *Être à la solde de quelqu'un, d'un parti,* etc.

sonnant, ante adj. Avec deux *n*. — On écrit : *à midi sonnant,* mais *à huit heures sonnantes.*

supposé, ée Accord et expressions.

1 **Après le nom,** est adjectif et s'accorde : *Les intentions supposées de notre adversaire.*

2 **En tête de phrase,** est préposition et reste invariable : *Supposé ces conclusions exactes, il resterait à montrer que...*

T

tantôt adv. Quand deux sujets au singulier sont mis en corrélation par *tantôt... tantôt...*, l'accord du verbe se fait au singulier : *Tantôt la chaleur excessive, tantôt la pluie l'empêchait de se promener.* Quand l'un des sujets est au pluriel, l'accord se fait au pluriel : *Tantôt la sécheresse, tantôt les pluies diluviennes ruinaient les récoltes.*

tapant, ante adj. On dit : *à huit heures tapantes, à dix heures tapantes* (plutôt que *à huit heures tapant, à dix heures tapant*), mais toujours *à une heure tapant, à midi tapant, à minuit tapant.*

tel, telle adj. *ou* pron. indéfini.

I Accord de *tel*.

1 Tel (non suivi de *que*). Accord préférable avec le nom qui suit : *La falaise était absolument droite, tel un mur.* L'accord avec le nom qui précède est possible, mais moins recommandé : *La falaise était droite, telle un mur.* L'accord de *tel* avec le mot qui le suit semble de rigueur quand *tel* est en tête de phrase : *Tel un mur, la falaise était absolument droite.*

2 Tel que. Accord obligatoire avec le nom auquel *tel* se rapporte : *Des écrivains modernes, tels que Simone de Beauvoir ou Colette. Telles que des chevaux emballés, les vagues bondissaient sur le rivage.*

3 Comme tel, en tant que tel, reconnaître, tenir pour tel, considérer, traiter comme tel, etc. Accord de *tel* avec le nom auquel il se rapporte : *Ces populations forment **un peuple** unique et doivent être traitées comme **tel**. De toute évidence, l'occitan est **une langue** littéraire et, comme **telle**, il peut être enseigné dans les facultés.*

4 Tel quel. Accord obligatoire avec le mot auquel cette locution se rapporte : *Ces vieilles rues, je les ai retrouvées telles quelles.* ▼ On distinguera par la graphie : *Cette histoire, je vous la raconte **telle quelle*** et *Cette histoire, je vous la raconte **telle qu'elle** m'a été rapportée.*

II Tel et tel, tel ou tel.

1 Singulier ou pluriel. En général, ces locutions s'emploient au singulier : *S'il veut me demander tel ou tel renseignement. Selon qu'il agira de telle ou telle façon.* L'emploi au pluriel se rencontre, mais il est assez rare : *L'influence de telles ou telles œuvres.*

2 Accord du verbe. Après *tel et tel*, le verbe peut se mettre, selon le sens, au singulier ou bien au pluriel (cas le plus fréquent) : *Si tel et tel prétendent le contraire. Telle et telle solution sera adoptée.* — Après *tel ou tel*, le verbe se met en général au singulier : *Selon que telle ou telle tendance prévaut. Tel ou tel a bien pu affirmer le contraire.*

témoin n. m. Féminin, accord, expressions.

1 Pas de forme pour le féminin : *Cette femme fut un témoin sérieux. Elle fut témoin de ces événements.*

2 Témoin ces œuvres admirables. On laisse *témoin* invariable en tête de phrase ou de membre de phrase : *Cette époque fut glorieuse et féconde, témoin ces œuvres admirables.*

3 Il prit ses amis à témoin. La locution *à témoin* est toujours invariable.

4 Il prit ses amis pour témoins. La locution *pour témoin* s'accorde avec le nom dont *témoin* est attribut.

5 Tous ses amis furent témoins que... Quand *témoin* est attribut direct, il s'accorde avec le nom.

6 Sans témoins. Toujours un *-s* à *témoin (La scène s'est passée sans témoins)*, sauf avec *aucun* ou *nul* : *sans aucun témoin, sans nul témoin.*

7 Sans trait d'union et avec la marque du pluriel aux deux éléments : ***des buttes témoins, des lampes témoins, des échantillons témoins***, etc.

tout, toute, tous, toutes adj., pron. indéfini *ou* adv.

I Accord du verbe après *tout*.

1 Après plusieurs sujets au singulier précédés de *tout*, le verbe s'accorde avec le dernier sujet (accord au singulier) : *Tout livre, toute œuvre, tout discours peut être l'objet d'une telle analyse.*

2 *Tout ce que* suivi d'un verbe. Généralement, accord au singulier : *Tout ce que la cour comptait de jolies femmes était réuni à ce bal,* plutôt que *étaient réunies.*

3 *Tout ce qu'il y a de* suivi d'un verbe. Généralement, accord au singulier : *Tout ce qu'il y avait de femmes élégantes à la cour était réuni à ce bal,* plutôt que *étaient réunies.*

II Elles sont tout ce qu'il y a de plus charmant ou **charmantes** (=aussi charmantes qu'on peut l'être). Tour assez familier. En général, l'accord se fait au masculin singulier *(tout ce qu'il y a de plus* *charmant*), mais l'autre accord (*tout ce qu'il y a de plus charmantes*) se rencontre aussi, assez fréquemment.

III Accord de *tout*.

1 Ils sont tout beaux. Ils sont tout heureux. Ils sont tout hargneux. Devant un adjectif au masculin, *tout* adverbe est toujours invariable.

2 Elle est tout effrayée. Elles sont tout heureuses. Devant un adjectif au féminin qui commence par une voyelle ou un *h* muet, *tout* adverbe est toujours invariable. C'est le cas notamment de **tout entier** : *Il a mangé la tarte tout entière. Des journées tout entières.*

3 Elle est toute belle. Elles sont toutes folles. Elle est toute hargneuse. Elles sont toutes honteuses. Devant un adjectif au féminin qui commence par une consonne ou un *h* aspiré, *tout* adverbe prend la marque du féminin et celle du pluriel. ▼ On prendra garde à l'équivoque d'une phrase telle que *Elles sont toutes folles*, qui peut signifier « toutes sont folles » ou « elles sont très folles ». Une telle ambiguïté peut être très gênante dans une phrase telle que : *Elles étaient toutes honteuses, certaines étaient désespérées.*

4 Tout autre. ▼ Variable si *tout autre* signifie « n'importe quel » : *Toute autre solution serait inacceptable.* — Invariable si *tout autre* signifie « complètement différent » : *Cette solution, tout autre, peut nous permettre de sortir de l'impasse.* — Dans **un(e) tout autre**, *tout* est toujours invariable : *Il proposa une tout autre hypothèse.*

5 Il est tout indulgence. Il est tout harmonie. Ils sont tout courage. Devant un nom féminin commençant par une voyelle ou un *h* muet ou devant un nom masculin, *tout*, employé comme une sorte d'adverbe, est invariable.

6 Il est toute finesse et toute bonté. Elles sont toute douceur et tendresse. Elles sont toute haine. Ils sont toute hargne et fureur. Devant un nom féminin singulier commençant par une consonne ou un *h* aspiré, on emploie en général *tout* au féminin singulier : **toute**. Cependant l'invariabilité n'est pas incorrecte : *Elles sont tout haine.*

7 Ils sont tout sourires et prévenances. Une robe du soir, tout dentelles et falbalas. Devant un nom au pluriel, on laissera *tout* invariable.

8 Tout feu, tout flamme. Tout yeux, tout oreilles. Des étoffes tout laine, tout soie. Dans ces expressions, *tout* est invariable.

9 Toute une affaire, toute une histoire. Dans ces expressions, *tout* s'accorde : *Ce voyage, c'est toute une histoire !*

10 Le tout premier ▷ **premier** (5). — **Tout le premier** ▷ **premier** (6).

11 Tout aussi. Attention à la confusion possible : *Une tâche nouvelle, mais tout aussi difficile* (*tout* invariable). *Le début est difficile, la version sera-t-elle toute aussi difficile ?* Ici, *tout* est variable, car la phrase signifie : « la version, dans sa totalité, sera-t-elle aussi difficile ? »

12 Tout à. Accord de *tout*, si le mot auquel *tout* se rapporte est un féminin singulier : *Elle est toute à ses occupations.* En revanche : *Il est tout à ses occupations. Ils sont tout à leurs occupations. Elles sont tout à leurs occupations.* — De même : *Elle voulait être tout à tous. Ils sont tout à tous.* — Une femme écrira : *Je suis tout à vous* (formule de politesse). La forme *Je suis toute à vous* exprime la tendresse.

13 Tout de. En règle générale, accord de *tout* si le mot auquel se rapporte *tout* est un féminin singulier : *Une poésie toute d'enthousiasme.* En revanche : *Un poème tout de spontanéité. Des poèmes tout de spontanéité.* Si le mot est un féminin pluriel, on emploie *tout de* quand il y a lieu d'éviter une équivoque : *Certaines de ces odes sont très belles, elles sont tout d'enthousiasme et de passion.* En revanche, on écrit plutôt *toutes de* s'il n'y a aucun risque d'équivoque : *Nul artifice dans ses félicitations, elles sont toutes de spontanéité et de sensibilité.*

14 Elle est tout de blanc vêtue. Avec un adjectif de couleur, invariabilité.

15 Tout d'une pièce, tout de travers. Invariabilité quand ces expressions portent sur un verbe : *Cette sculpture est tout d'une pièce. Elle va tout de travers.* Invariabilité fréquente quand ces locutions portent sur un nom : *Une table tout d'une pièce. Une planche tout de travers.* Cependant on rencontre parfois l'accord au féminin singulier : *Une table toute d'une pièce. Une planche toute de travers.*

16 Tout d'une traite. Invariabilité dans tous les cas : *Une longue étape, tout d'une traite.*

17 Tout en. Au pluriel, invariabilité : *Des murs tout en marbre. Des robes tout en coton.* Usage hésitant au féminin singulier : *Une robe tout en coton* ou *toute en coton. Une plante tout en fleurs. Une fillette tout en blanc. Une maison toute en granit. Une couronne tout en or.* — On écrit toujours : ***Elle est tout en larmes, tout en pleurs.***

18 Tout contre. Invariabilité : *Il posa la valise tout contre l'armoire.*

19 Ça, c'est tout Monique ! Devant un nom de personne (expression familière), *tout* est invariable.

20 Toute Venise, tout Venise. Devant un nom de ville féminin, il y a accord si l'on considère la ville au sens matériel : *Toute Venise, dorée par le soleil levant, s'allongeait au bord de la lagune.* — Invariabilité, si le nom, employé par métonymie, désigne l'ensemble des habitants : *Tout Venise acclama le nouveau doge.*

21 Le Tout-Paris, tout Paris. Avec l'article, on met des majuscules et un trait d'union dans l'expression désignant la haute société, l'élite d'une ville : *On voit le Tout-Paris se presser à ses réceptions.* De même : *le Tout-Rome, le Tout-Athènes.* — En revanche, un *t* minuscule et pas de trait d'union dans les autres sens : *Du haut de Notre-Dame, il voyait tout Paris s'étendre jusqu'à l'horizon. Ce jour-là, tout Paris acclamait les libérateurs.*

22 Tout devant un titre d'œuvre. L'adjectif indéfini *tout* est variable seulement devant l'article défini féminin *la, les,* quand le titre ne constitue pas une phrase : *Il a lu toute « la Débâcle » de Zola et toutes « les Fleurs du mal ».* Dans tous les autres cas, invariabilité : *Il a lu tout « Une ville d'autrefois » et tout « Les affaires sont les affaires » et aussi tout « le Père Goriot », tout « les Employés », tout « Eugénie Grandet », tout « A la recherche du temps perdu ».*

IV Tout... que à valeur concessive. *Tout professeurs qu'ils sont, bien des choses leur restent inconnues. Toute rusée qu'elle est, elle n'a pu réussir.* Pour l'accord de *tout* ▷ ci-dessus (III, 1, 2 et 3).

V

vieux, vieil, vieille adj. On écrit *vieil* devant un nom masculin singulier qui commence par une voyelle ou un *h* muet : *Un vieil arbre. Un vieil habit.* — Le féminin est toujours *vieille*.

vous Pronom personnel de la deuxième personne du pluriel.

1 Après le *vous* de politesse. Accord de l'adjectif (ou du participe) au singulier : *Vous êtes, madame, très moqueuse. Vous êtes, monsieur, très matinal. Ma chère amie, vous serez surprise.*

2 Beaucoup d'entre vous (*peu d'entre vous, combien d'entre vous, un grand nombre d'entre vous, plusieurs d'entre vous,* etc.). Accord du verbe à la troisième personne du pluriel : *Quelques-uns d'entre vous seront désignés. Trop de vous, mesdemoiselles, sont trop souvent absentes.*

3 Vous-même(s). Avec un trait d'union. ▼ Attention à la marque du pluriel de *même* : *Vous-même, monsieur, serez d'accord* (pas de -*s*, car il s'agit du *vous* de politesse). *Vous-mêmes, mes amis, vous serez d'accord* (avec un -*s*, car *vous* représente plusieurs personnes). — De même, attention à **vous seul, vous seule, vous seuls, vous seules** : *Vous seul, monsieur, pouvez me dire,* mais *Vous seule, madame... Vous seuls, messieurs... Vous seules, mesdames...*

vu, vue Participe passé de *voir*.

1 Vu les circonstances, la réunion est reportée. Employé devant le nom, sans auxiliaire, *vu* est préposition et reste invariable.

2 Ces femmes que j'ai vues danser. Accord avec le complément direct placé avant le verbe, si le complément direct de *j'ai vu* est aussi le sujet de l'action exprimée par l'infinitif (= ces femmes qui dansaient).

3 Ces danses que j'ai vu danser. Participe invariable, car le complément de *j'ai vu* n'est pas le sujet, mais l'objet de l'action exprimée par l'infinitif (= ces danses que l'on dansait).

4 J'ai vu ces femmes accablées de fatigue. Accord du deuxième participe passé *(accablées)*. De même : *Elles se sont vues contraintes de partir.* De même aussi : *Ces femmes que j'ai vues accablées* de fatigue.

5 J'ai vu ces femmes accablant de travail leurs enfants. Le participe présent *(accablant)* est toujours invariable.

ACCORD
DU PARTICIPE PASSÉ

I PARTICIPE PASSÉ EMPLOYÉ SEUL.

1 Participe passé employé comme épithète. Il s'accorde en genre et en nombre avec le nom qu'il qualifie : *Des fillettes fatiguées.*

2 Participe passé employé comme attribut sans verbe attributif exprimé. Il s'accorde en genre et en nombre avec le nom ou le pronom dont il est l'attribut : *Ah ! si vous aviez vu les plates-bandes après le passage des garnements ! Écrasées, piétinées, saccagées !*

3 Participe passé attribut du complément d'objet direct. Il s'accorde en genre et en nombre avec le complément d'objet direct : *Nous jugeons ces plaisanteries usées.*

4 Cas des participes *entendu ! compris ! terminé !* employés seuls comme adverbes ou comme exclamations. Ils sont toujours invariables : *Vous viendrez demain, à onze heures. — Entendu !*

5 Cas du participe *fini* employé dans une phrase exclamative sans verbe. L'accord peut se faire, mais n'est pas obligatoire : *Fini, les soucis !* ou *Finis les soucis !* ▼ Dans la locution *fini de...*, le participe est toujours invariable : *Fini de toutes ces lenteurs !*

6 Cas des participes *attendu, compris, non compris, y compris, excepté, ôté, ouï, passé, supposé, vu.*

a/ Placés devant le nom ou le pronom. Ils restent invariables et sont considérés comme des prépositions : *Toutes les maisons du village sont abandonnées, excepté deux ou trois.*

b/ Placés après le nom ou le pronom. Ces participes s'accordent en genre et en nombre : *Ces deux fillettes exceptées, toutes les écolières furent punies.*

7 Ci-annexé, ci-joint, ci-inclus. Ces trois expressions sont invariables dans les deux cas suivants :

a/ Au commencement d'une phrase : *Ci-joint la photocopie que vous avez demandée.*

b/ Dans le corps d'une phrase, quand le nom suit sans être isolé de *ci-annexé, ci-joint* ou *ci-inclus* par un article ou un adjectif démonstratif, possessif, indéfini ou numéral : *Veuillez trouver ci-inclus copie de la facture.* — Dans tous les autres cas, *ci-annexé, ci-joint, ci-inclus* s'accordent en genre et en nombre : *Veuillez trouver ci-annexées les copies des lettres. Les factures ci-jointes.*

8 Étant donné. Est généralement invariable, mais de bons auteurs modernes l'emploient en faisant l'accord : *Étant donné les circonstances, nous resterons ici. Étant données les difficultés de l'entreprise, restons-en là.*

II PARTICIPE PASSÉ EMPLOYÉ AVEC LE VERBE *ÊTRE* OU UN AUTRE VERBE ATTRIBUTIF.

1 Participe passé employé avec le verbe *être*, soit comme attribut, soit dans un verbe à la forme passive. Il s'accorde en genre et en nombre avec le sujet : *Cette page est froissée. Cette maison a été construite par des maçons limousins.*

2 Participe passé employé aux temps composés de certains verbes intransitifs. Il s'accorde en genre et en nombre avec le sujet : *Elles sont venues me trouver.*

3 Participe passé conjugué avec le verbe *être*, quand le sujet est *on* ou le *nous* de majesté ou de modestie ou le *vous* de politesse. Quand le sujet est *on*, le participe passé se met normalement au masculin singulier : *On n'est jamais déçu par un pareil spectacle.* — Cependant, l'accord peut se faire avec le sujet réel qui est sous-entendu sous le pronom indéfini *on* : *Mes camarades et moi, on est tous fatigués.* — Il en va de même pour le participe passé employé avec le verbe *être* ou employé en apposition, quand le sujet est le *nous* de majesté ou de modestie, ou le *nous* de « participation » ou d'intérêt, ou le *vous* de politesse désignant une seule personne : *Nous, président de la République, nous sommes convaincu de la nécessité... Alors, dit le médecin à la fillette, nous sommes toujours fatiguée ? Vous, madame, qui êtes persuadée, comme moi, de cette vérité.*

4 Participe passé employé dans la conjugaison d'un verbe impersonnel avec l'auxiliaire *être*. Il reste toujours invariable : *Voici l'affaire qu'il m'est advenu.* ▼ Dans un cas de ce genre, en français moderne, on emploie plutôt, aux temps composés, le tour personnel : *Voici l'affaire qui m'est advenue.*

5 Participe passé employé avec un verbe attributif autre que *être*. Il s'accorde en genre et en nombre avec le sujet : *Ces salles demeureront fermées.*

III PARTICIPE EMPLOYÉ DANS LA CONJUGAISON D'UN VERBE AVEC L'AUXILIAIRE *AVOIR*, DANS LES TEMPS COMPOSÉS.

A — Règles générales.

1 Il n'y a pas de complément direct. Dans ce cas, le participe reste invariable : *Nous avons discuté longtemps.*

2 Il y a un complément d'objet direct, placé après le verbe. Dans ce cas, le participe reste invariable : *Nous avons discuté ces propositions.*

3 Il y a un complément d'objet direct, placé avant le verbe. Dans ce cas, le participe s'accorde en genre et en nombre avec le complément d'objet direct : *Les propositions que nous avons discutées. Ces propositions, nous les avons discutées.*

B — Accord dans le cas d'un temps surcomposé. S'il doit y avoir accord, seul le dernier participe passé est normalement accordé : *La maison a été vendue, dès que je l'ai eu visitée.*

C — Participe passé employé avec un complément de durée ou de mesure (cas de verbes comme *courir, coûter, durer, marcher, mesurer, peser, régner, valoir, vivre*, etc.). Dans ce cas, le complément introduit sans préposition doit être assimilé aux compléments circonstanciels et n'est nullement un complément d'objet direct. C'est pourquoi le participe reste invariable : *Les deux cents francs que ce livre a coûté. Les six kilogrammes que ce sac a pesé. Les trois ans que ce prince a régné.* — En revanche, il doit y avoir accord quand ces verbes sont employés transitivement *(Les sacs que l'épicier a pesés)* ou au sens figuré *(Les peines que son éducation m'a coûtées).*

D — Participe employé de manière invariable dans deux expressions figées, *l'échapper belle, la bailler belle*. Le participe est toujours invariable : *Ils l'ont échappé belle. Vraiment, vous me l'avez baillé belle.*

E — Participe passé suivi d'un attribut. Il s'accorde normalement en genre et en nombre avec le complément d'objet direct qui précède cet attribut : *Ces tâches que j'avais crues faciles.* Cependant l'absence d'accord est fréquente et tolérée : *Cette affaire que nous avions cru avantageuse.*

F — Participe passé d'un verbe impersonnel. Il est toujours invariable : *Toutes les peines qu'il a fallu pour mener à bien cette entreprise.*

G — Participe passé employé en relation avec des « antécédents » spéciaux.

1 Participe passé employé avec le pronom neutre *l'* représentant non un être ou un objet, mais l'idée contenue dans la proposition précédente. Il reste invariable : *Cette maison est moins ancienne que nous ne l'avons cru.* ▼ On doit cependant faire l'accord dans le cas où l'on considère que le pronom *l'* représente un nom déterminé : *J'ai retrouvé la vieille demeure telle que je l'avais laissée.*

2 Accord avec un complément d'objet direct à valeur collective. Si le complément est placé avant le verbe, l'accord se fait soit avec le nom au singulier à valeur collective (accord selon la forme), soit avec le complément au pluriel de ce nom à valeur collective (accord selon le sens). Le choix entre ces deux accords est déterminé par l'intention de celui qui parle ou écrit, suivant qu'il veut insister sur l'aspect collectif et unitaire ou, au contraire, sur l'aspect de pluralité : *Le régiment de parachutistes que nous avons vu défilait admirablement. Une foule de dévots que la nouvelle du miracle avait attirés accouraient de tous côtés.*

3 Participe passé employé dans une forme verbale précédée de *en*. La règle généralement admise veut que, même avec un complément d'objet direct placé avant le verbe, le participe reste invariable : *Ces villes d'Italie, j'en ai visité beaucoup.* Il arrive cependant que, même chez de bons écrivains, on rencontre dans ce cas le participe accordé en genre et en nombre : *Ces chansons paysannes, il en avait entendues quelques-unes dans sa jeunesse.*

4 Participe passé suivi de l'infinitif et précédé de *en*. Il reste toujours invariable : *Ces femmes, j'en ai vu tomber dans la misère.*

5 Participe passé en relation avec un adverbe de quantité. Il s'accorde en genre et en nombre avec le complément de l'adverbe : *Combien de personnes avez-vous vues ?*

6 Participe passé en relation avec les locutions *le peu de, ce peu de, son peu de*. On distingue deux cas.

a/ Le mot *peu* exprime l'idée principale et l'accord se fait au masculin singulier : *Le peu d'ardeur qu'il a montré.*

b/ Le complément de *peu* exprime l'idée principale et l'accord se fait en genre et en nombre avec le complément : *Le peu de villes italiennes qu'il avait visitées.*

7 Participe passé en relation avec *un des, une des, un de* et employé avec un complément d'objet direct placé avant la forme verbale. On distingue quatre cas.

a/ L'action porte sur tous les êtres ou sur tous les objets du groupe. Dans ce cas, il y a accord au pluriel : *Voici l'une des lettres que j'ai reçues à ce sujet.*

b/ L'action porte spécialement sur l'un des êtres ou des objets du groupe. Dans ce cas, il y a accord au singulier : *L'une des lettres, que j'avais reçue le matin même, m'annonçait l'arrivée de mon ami.* ▼ On observe que, dans cet exemple, la relative est encadrée par des virgules.

c/ Avec *un de ceux, une de celles*. L'accord se fait généralement au pluriel : *C'est l'un de ceux que j'ai bien connus.*

d/ Avec *un des, une des, un de, une de*, suivi d'un nom et d'un adjectif. L'accord se fait généralement au pluriel : *C'est l'une des plus belles villes que j'aie vues.*

8 Participe passé en relation avec deux antécédents unis par *ou*, par *et* ou par *ni*. On distingue deux cas.

a/ L'idée d'addition domine. Le participe s'accorde au pluriel : *La gloire et la richesse, qu'on a recherchées comme les biens suprêmes.*

b/ L'idée de disjonction est seule présente. Le participe s'accorde avec le second antécédent : *Est-ce un chien ou une chienne que vous avez adoptée ?*

9 Participe passé en relation avec deux antécédents unis par des locutions telles que *ainsi que, aussi bien que, autant que, comme, de même que, non moins que, non plus que*, etc. On distingue deux cas.

a/ Si le premier antécédent exprime l'idée principale. C'est avec lui que se fait l'accord : *C'est sa réussite, autant que son échec, que j'ai étudiée. C'est sa persévérance, non moins que son savoir, que nous avons admirée.*

b/ Si l'on considère que les deux antécédents sont d'importance égale. L'accord se fait au féminin pluriel si les deux antécédents sont féminins *(C'est sa bonne humeur aussi bien que son ardeur au travail que nous avons admirées)*, au masculin pluriel si les deux antécédents sont masculins *(C'est son courage aussi bien que son savoir que nous avons admirés)*, au masculin pluriel si l'un des antécédents est masculin et l'autre féminin *(C'est sa patience aussi bien que son savoir que nous avons admirés)*.

10 Participe passé en relation avec deux antécédents unis par les locutions *moins que, plus que, non, et non, et non pas, plutôt que*. L'accord se fait avec le premier antécédent : *C'est son ardeur au travail, et non son savoir, que j'ai admirée.*

H — Participe passé suivi d'un infinitif.

1 Règle générale. On distingue quatre cas.

a/ Il n'y a pas de complément d'objet direct. Le participe reste alors invariable : *J'ai entendu chanter.*

b/ Le complément d'objet direct est placé après la forme verbale comprenant le participe passé. Le participe reste alors invariable : *J'ai entendu cette femme chanter. J'ai entendu chanter cette chanson.*

c/ Le complément d'objet direct est placé avant la forme verbale comprenant le participe passé et il est aussi sujet de l'action exprimée par l'infinitif. Le participe s'accorde alors en genre et en nombre avec lui : *Cette femme que j'ai entendue chanter* (= qui chantait).

d/ Le complément d'objet est placé avant la forme verbale comprenant le participe passé et il est aussi objet de l'action exprimée par l'infinitif. Il reste alors invariable : *La chanson que j'ai entendu chanter* (= que l'on chantait).

2 Participe passé de *faire, devoir, pouvoir, vouloir* suivi de l'infinitif. Il reste invariable : *Les robes qu'elle a fait faire. Toutes les démarches que j'ai dû faire. Ces œuvres que nous avons pu admirer.*

3 Participe passé de *laisser* suivi de l'infinitif. Il suit, en principe, la règle commune (voir ci-dessus, III, H, 1) : *Les gens que j'ai laissés partir. Les erreurs que j'ai laissé commettre.* Cependant on rencontre assez souvent, dans l'usage moderne, *laissé* invariable, dans des cas où la règle exigerait l'accord.

4 Participe d'un verbe déclaratif ou d'un verbe d'opinion (*affirmer, assurer, croire, dire, espérer, estimer, nier, penser, prétendre, supposer*, etc.), **suivi d'un infinitif.** Il reste normalement invariable : *Ces femmes qu'il a affirmé connaître. Ces mots que l'on a cru venir du gaulois.*

5 Participe passé des verbes qui ont pour complément un infinitif sous-entendu. Il s'agit du participe des verbes *croire, devoir, dire, penser, permettre, pouvoir, prévoir, savoir, vouloir,* etc. Il reste, dans ce cas, toujours invariable : *J'ai lu tous les livres que j'ai voulu* (= que j'ai voulu lire).

6 Participe passé des verbes *avoir à, donner à, laisser* à suivis d'un infinitif et précédés d'un complément d'objet direct. Ce participe est invariable quand le complément d'objet direct est complément manifeste de l'infinitif : *Les plantes qu'on m'a donné à décrire* (= on m'a donné à décrire des plantes). En revanche, on peut accorder, facultativement, le participe, si le complément d'objet direct est perçu comme étant d'abord complément de *avoir, donner, laisser : Les terres qu'on lui avait données à cultiver* (= qu'on lui avait données, pour qu'il les cultivât).

IV PARTICIPE PASSÉ EMPLOYÉ AVEC LE VERBE *ÊTRE* DANS LA CONJUGAISON D'UN VERBE PRONOMINAL.

A — Participe passé employé avec le verbe *être* dans la conjugaison d'un verbe pronominal réfléchi direct (le pronom personnel réfléchi étant complément d'objet direct : *Je me suis lavé*=j'ai lavé moi).

1 Règle générale. Le participe s'accorde en genre et en nombre avec le sujet : *Ces filles se sont baignées.*

2 Participe passé d'un verbe pronominal suivi d'un attribut du pronom réfléchi. Il s'accorde normalement en genre et en nombre avec le sujet : *Elles se sont crues habiles.*

3 Participe passé du verbe *se persuader* suivi d'une proposition complétive introduite par *que*. Il s'accorde facultativement en genre et en nombre avec le sujet : *Elles se sont persuadées* (ou *Elles se sont persuadé*) *que nous leur voulions du mal.*

B — Participe passé employé dans la conjugaison d'un verbe pronominal réfléchi indirect (le pronom personnel réfléchi étant complément d'attribution : *Je me suis lavé les mains*=j'ai lavé les mains à moi).

1 Le complément d'objet direct est placé après le verbe. Dans ce cas, le participe reste invariable : *Je me suis donné cette louange.*

2 Le complément d'objet direct est placé avant le verbe. Dans ce cas, le participe s'accorde en genre et en nombre avec le complément d'objet direct : *Les droits qu'il s'est arrogés.*

3 Cas spécial, où il n'y a pas de complément d'objet direct *(se plaire, se complaire, se déplaire, se rire)*. Dans ce cas, le participe reste invariable : *Elles se sont ri de nous. Ils se sont complu à nous tracasser.*

C — Participe passé d'un verbe pronominal suivi de l'infinitif.

1 Règle générale.

a/ Le participe s'accorde en genre et en nombre quand le sujet du pronominal est aussi sujet de l'action exprimée par l'infinitif : *Elles se sont senties mourir* (= elles ont senti qu'elles mouraient).

b/ Il reste invariable quand le sujet du pronominal est objet de l'action exprimée par l'infinitif : *Elles se sont senti entraîner par le courant* (= elles ont senti que le courant les entraînait).

2 Cas de *se faire* suivi d'un infinitif. Le participe reste toujours invariable : *Les robes qu'elle s'est fait faire.*

3 Cas de *se laisser* suivi d'un infinitif. La règle veut qu'on distingue deux cas.

a/ Le sujet de *se laisser* est aussi le sujet de l'action exprimée par l'infinitif. Dans ce cas, *laissé* s'accorde en genre et en nombre avec le sujet : *Elles se sont laissées tomber.*

b/ Le sujet de *se laisser* est l'objet de l'action exprimée par l'infinitif. Dans ce cas, *laissé* reste invariable : *Elles se sont laissé enlever.* ▼ Cette règle n'est pas toujours appliquée, même par les bons écrivains modernes.

D — Participe passé employé dans la conjugaison d'un verbe essentiellement pronominal (verbe qui n'est usité qu'à la forme pronominale).

1 Règle générale. Le participe s'accorde en genre et en nombre avec le sujet : *Elles se sont enfuies. Elles se sont souvenues. Elles se sont repenties.*

2 Exception. Le participe passé du verbe *s'arroger* ne s'accorde jamais avec le sujet : *Elles se sont arrogé des privilèges injustifiés.* ▼ Le participe passé de ce verbe s'accorde avec le complément d'objet direct quand celui-ci est placé avant le verbe : *Les privilèges injustifiés qu'il s'est arrogés* (voir ci-dessus IV, B, 2).

E — Participe passé employé dans la conjugaison d'un verbe pronominal à sens réciproque.

1 Le pronom personnel réfléchi a valeur de complément direct. Le participe s'accorde alors en genre et en nombre avec le sujet du verbe pronominal : *Elles se sont embrassées.*

2 Le pronom personnel réfléchi a valeur de complément indirect. On distingue alors trois cas.

a/ Il n'y a pas de complément d'objet direct. Dans ce cas, le participe reste invariable : *Elles se sont parlé. Ils se sont plu* (= chacun a plu à l'autre).

b/ Le complément d'objet direct est placé après le verbe. Dans ce cas, le participe reste invariable : *Ils se sont mutuellement reproché leurs fautes.*

c/ Le complément d'objet direct est placé avant le verbe. Dans ce cas, le participe s'accorde en genre et en nombre avec ce complément d'objet direct : *Les fautes qu'ils se sont mutuellement reprochées.*

F — Participe passé employé dans la conjugaison d'un verbe pronominal à sens passif. Il s'accorde toujours en genre et en nombre avec le sujet : *Ces marchandises se sont bien vendues* (= ont été bien vendues).

LISTE DES VERBES LES PLUS USITÉS
QUI SE CONJUGUENT AVEC L'AUXILIAIRE *AVOIR*
ET DONT LE PARTICIPE EST TOUJOURS INVARIABLE

abonder	dîner	muser	rire
accéder	discourir	naviguer	rivaliser
affluer	divaguer	nuire	rôder
agir	douter	obtempérer	ronfler
agioter	durer	obvier	ruisseler
agoniser	errer	officier	ruser
appartenir	éternuer	opiner	sautiller
badauder	étinceler	opter	scintiller
badiner	être	osciller	séjourner
baguenauder	exceller	pactiser	sembler
banqueter	exciper	palabrer	sévir
batifoler	exister	parlementer	siéger
bavarder	exploser	participer	sombrer
boiter	faiblir	patauger	sommeiller
bondir	faillir	pâtir	somnoler
boursicoter	fainéanter	patienter	songer
brigander	falloir	pécher	souper
briller	finasser	péricliter	sourciller
broncher	flamboyer	pérorer	sourire
cabrioler	flâner	persévérer	subsister
caracoler	flotter	persister	subvenir
chanceler	foisonner	pester	succéder
cheminer	folâtrer	pétiller	succomber
circuler	fourmiller	philosopher	suffire
clignoter	fraterniser	pivoter	surnager
coexister	frémir	plaire	survivre
coïncider	frétiller	poudroyer	sympathiser
commercer	frissonner	pouvoir	tâcher
comparaître	fructifier	préexister	tarder
compatir	gambader	préluder	tâtonner
complaire	graviter	procéder	tempêter
concourir	grisonner	profiter	temporiser
condescendre	guerroyer	progresser	tituber
contrevenir	hésiter	proliférer	toper
contribuer	influer	prospérer	tournoyer
converser	insister	pulluler	tousser
convoler	intercéder	radoter	transiger
coopérer	jaboter	raffoler	trébucher
correspondre	jaser	ramper	trépigner
culminer	jeûner	réagir	trimer
daigner	jouir	récriminer	trinquer
découcher	jouter	regimber	triompher
déflagrer	lambiner	regorger	trôner
dégoutter	lésiner	reluire	trottiner
déjeuner	lofer	remédier	vaciller
démériter	louvoyer	renâcler	vaquer
démordre	luire	résider	végéter
déplaire	lutter	résister	verdoyer
déroger	marauder	résonner	vivoter
détoner	marcher	resplendir	voguer
détonner	médire	ressembler	voyager
deviser	mésuser	retentir	

LISTE DES VERBES PRONOMINAUX DONT LE PARTICIPE S'ACCORDE TOUJOURS AVEC LE SUJET

s'absenter	s'ébouler	se féliciter	se presser
s'abstenir	s'échapper	se formaliser	se prévaloir de
s'acharner	s'écouler	se gausser de	se prosterner
s'acheminer	s'écrier	se gendarmer	se railler de
s'adonner	s'écrouler	se hâter	se ratatiner
s'affaiblir	s'efforcer	s'immiscer	se raviser
s'agenouiller	s'embusquer	s'infatuer	se rebeller
s'apercevoir de	s'emparer de	s'infiltrer	se rebiffer
s'approcher	s'empresser	s'ingénier	se recroqueviller
s'arrêter	s'en aller	s'ingérer	se rédimer
s'attacher à	s'endormir	s'insurger	se réfugier
s'attaquer à	s'enfuir	s'invétérer	se réjouir
s'attendre	s'ennuyer	se jouer de	se rengorger
s'avancer	s'enorgueillir	se lamenter	se repentir
s'aviser de	s'enquérir	se lever	se résoudre à
se blottir	s'en retourner	se louer de	se ressentir de
se cabrer	s'en revenir	se méfier de	se saisir de
se carrer	s'ensuivre	se méprendre	se sauver
se chamailler	s'entendre à	se moquer	se servir de
se connaître à	s'envoler	s'opiniâtrer	se soucier de
se dédire	s'éprendre de	s'oublier	se souvenir de
se démener	s'escrimer	se pâmer	se suicider
se départir de	s'étonner	se parjurer	se taire
se désister	s'évanouir	se plaindre	se targuer
se disputer (avec)	s'évaporer	se prélasser	se tromper
se douter de	s'éveiller	se prendre à	
s'ébahir	s'évertuer	s'en prendre à	
s'ébattre	s'extasier	s'y prendre	

I.M.E. - 25110 Baume-les-Dames - Dépôt légal : juillet 1988
Dépôt légal 1re édition : 1er trimestre 1988
N° imprimeur : 7112
Imprimé en France